华为简史

——三十年管理变革之路

孙 旻 / 编著

清华大学出版社

北京

内容简介

这是一本聚焦华为各个时期管理变革演化过程的图书，以华为当年发展的实际状况为背景，以针对性管理变革的进化脉络为主线，最后回归到变革对业务发展的推动。

本书贯穿了两条主线，互为因果，展现了华为发展的脉络。一条是华为的业务发展历史线，另一条是相应的管理变革历史线，时间跨度从创业初期一直到近期。业务发展历史线逐年列举了华为的业务规模、研发产品、对外合作机构、各种奖项和荣誉、竞争格局和行业地位等成果；管理变革历史线也用逐年列举的方式，介绍了华为针对企业存在的问题进行管理变革的思想和哲学、宏观微观战略、核心价值观、人力资源管理体系、组织架构、机构设置、作战队形和方式等管理内容。

本书通过战略思想等宏观概念与微观管理描述相结合，阐述了华为从小到大、从弱到强的演变过程，尤其指出了华为随着发展壮大在不同阶段出现的问题，以及问题的产生背景、分析思路、管理措施、执行纠偏的过程及其闭环效果。华为在发展过程中的有益经验能够帮助广大中小企业家更好地管理企业。

本书封面贴有清华大学出版社防伪标签，无标签者不得销售。

版权所有，侵权必究。 举报：010-62782989，beiqinquan@tup.tsinghua.edu.cn。

图书在版编目（CIP）数据

华为简史：三十年管理变革之路 / 孙旻编著. —北京：清华大学出版社，2022.11
ISBN 978-7-302-61265-0

Ⅰ. ①华… Ⅱ. ①孙… Ⅲ. ①通信企业－企业管理－研究－深圳 Ⅳ. ① F632.765.3

中国版本图书馆 CIP 数据核字（2022）第 118260 号

责任编辑：贾小红　杜春杰
封面设计：长沙鑫途文化传媒
版式设计：文森时代
责任校对：马军令
责任印制：宋　林

出版发行：清华大学出版社
　　　网　　址：http://www.tup.com.cn，http://www.wqbook.com
　　　地　　址：北京清华大学学研大厦 A 座　　邮　　编：100084
　　　社 总 机：010-83470000　　邮　　购：010-62786544
　　　投稿与读者服务：010-62776969，c-service@tup.tsinghua.edu.cn
　　　质量反馈：010-62772015，zhiliang@tup.tsinghua.edu.cn
印 装 者：三河市东方印刷有限公司
经　　销：全国新华书店
开　　本：170mm×230mm　　印　　张：23　　字　　数：359 千字
版　　次：2022 年 11 月第 1 版　　印　　次：2022 年 11 月第 1 次印刷
定　　价：79.80 元

产品编号：093480-01

序一

国家兴，企业强。中国企业的发展离不开国家宏观经济发展的历史进程和政策背景。改革开放四十多年来，随着内外部环境不断变化、竞争加剧、技术革新，国内各行各业涌现出一大批既能应对当前事务又具有变革能力的领先企业。正是这些企业精准的战略定位、追求卓越的创新精神，以及独特的运营模式，推动着我国企业现代化管理能力不断提升，支撑了国家富强和民族复兴，为学界和实践界开辟了一条中国本土企业管理之路。

毋庸置疑，华为技术有限公司（以下简称"华为"）是中国本土企业的先锋代表，它作为中国民营企业的标杆，通过草根创业，一步步从小到大、从弱到强逐渐发展成为全球领先的高科技企业，引领中国在新一轮的科技革命中成功实现了赶超。由此，学习华为的优秀管理实践，研究和总结其发展模式，发展本土化管理理论，在中国企业的市场化和国际化进程中显得格外重要且必要。

华为为什么能成功？华为成功的因素包括哪些？华为在发展过程中遇到过哪些艰难险阻？又是通过哪些管理变革措施实现了经营和管理的持续突破？这些问题都是广大中小企业家和管理者在学习华为的过程中亟须探寻的。对于管理者而言，更重要的课题是如何通过学习华为使自己的组织从中受益。

基于以上现实需求，本书立足任正非讲话、撰述、发言稿等丰富的原始资料，通过审视华为的业务发展历史和管理变革历史这两条主线，不仅动态展现了华为宏观的管理哲学、经营智慧和战略谋划的演变历程，也阐释了其针对具体情况进行的微观管理实践和变革。与此同时，本书系统地梳理了华为发展壮大过程中曾经面对的困境和问题，揭示了问题产生的背景，描摹出华为分析问题以及管理措施拟定、纠偏和实施的全过程，以便读者深入理解华为的管理逻辑，了解其运营操作系统，并据此对标企业自身发展阶段和管理系统的成熟程度，构建合理匹配的管理框架。

纵览此书，华为公司最令人瞩目的管理实践在于：基于客户需求的创新、"力出一孔"和国际化的战略导向，以及基于价值贡献的人才理念。华为过去 30 年的成功，是客户导向的工程、技术、产品、解决方案创新的成功。华为运用这种创新的理念和方法论构建起组织的二元性，即组织的开发能力和探索能力。一方面，华为能够利用已有的知识和技能改善产品和服务，提高已有资源的利用效率，站在"巨人"的肩膀上，搭"大船"出海；另一方面，华为敢于冒险、试验，不断探索信息与通信技术（information and communication technology，ICT）基础设施的市场（如 5G、物联网、AI 等），构建智能世界的基石。华为的实践表明，通过敏锐地把握环境变化，在市场压力下主动创新可以获得行业引领地位。此外，华为一直奉行"管道战略"。无论是最初作为电信设备供应商，还是后来进军消费者和企业市场，拓展云服务，华为都是沿着信息管道这一既定战略予以拓展和推进的。任正非说："华为管道拓展的具体路径是：向全世界最智慧的大脑开放，包容所有的智慧，接纳一切新发生，促使管道变粗。终端是管道战略的一环，是水龙头，可以撑大管道。华为终端，就是要不断把这个管道拓宽。借助终端战略，华为直接接触最终客户，直接把华为大树的根须深深扎在最终客户需求的沃土里。"国际化更是华为全球影响力形成的关键。通过对发展中国家的投资，华为收获颇丰：一是凭借良好的技术服务开辟了国际市场，合作共赢；二是实现了资金、技术和企业管理经验的积累；三是逐步建立了一支拥有国际化投资与经营能力的人才队伍。再者，华为的人力资源管理体系尤其值得关注。总体而言，华为注重人力资源管理的均衡，稳定核心人才队伍，探索知识型员工管理的新模式，如全员导师制、基于价值贡献的分配制度、倡导责任和契约精神，为员工赋能。任正非多次强调"要让听得见炮声的人来决策"，实现集中管理和充分授权之间的动态平衡。可以说，华为的人力资源管理是企业经营成功并持续发展的关键驱动力。

现代管理学大师彼得·德鲁克说："没有人能够左右变化，唯有走在变化之前。"任正非也指出，华为正逐步攻入行业的无人区：无人领航，无既定规则，无人跟随。探寻华为的成长经验，对于目前处于转型升级过程中的中国经济，对于那些有志于做大做强的中国企业而言，都是一件非常有意义的事。本书通过对华为的管理策略和经营成果进行逐年对比，层层剖析了任正非管理思想的精髓，以及华为管理团队的集体智慧，能帮助读者充分领略华为发展历史上的每一步洞见与预测，有利于企业家和管理者敏锐地把握环境的变化，从理论和实践两方面进行思考并获得启迪。

受作者之邀，特作此序。

南京大学人文社科资深教授、南京大学商学院名誉院长
南京大学行知书院院长、博士生导师
赵曙明　博士
2022 年 10 月 21 日于南京

《旧唐书·魏征传》里讲："夫以铜为镜，可以正衣冠；以古为镜，可以知兴替；以人为镜，可以明得失。"如果把铜比作企业，把人看成企业家，那么任老和华为公司应该是很多企业可以借鉴的"镜"。

《华为简史》的作者既是华为公司的前老员工，也拥有多年的上市公司管理经验。本书以编年体的形式呈现华为公司自成立以来从小到大的发展历程，以业务和管理互为主线，对关键事件做了深入浅出的精彩点评，对现代商业案例亦信手拈来。通篇读下来，犹如坐在华为公司每年的总结大会上聆听汇报，无论是精简的内容，还是精辟的观点，都令人激赏。

管理的终点是人性，商业的终点是兴替。无论是华为，还是我们服务过的企业客户，我们发现不管是中国企业"出海"，还是外国企业进入中国市场，时刻保持危机感和尊重市场规律才是企业的命根子。作者深谙此理，在书中翔实地、多视角地描绘了华为公司三十余年的发展、起伏与转折。"一千个读者就有一千个哈姆雷特"，相信每个读者都能从此书中读出各自的感悟。

弗若斯特沙利文咨询有限公司大中华区总裁

头豹科技创新网创始人、董事长

王昕

2022 年 10 月 23 日于上海

自序

随着华为的发展壮大及为人熟知，书店里涌现出很多关于华为的书，它们从不同角度对华为的成功经验进行总结和分析，可谓精彩纷呈。这些书，有的描写华为的商业智慧和战略思想，有的描写华为的人力资源体系，有的描写华为的海外拓展情况，有的描写华为的管理精髓……

但是，这些书普遍存在以下几个方面的缺憾。

第一，只站在当今华为成功的局面，阐述普适性的成功经验，并没有讲清楚华为从小到大、从弱到强的具体过程，尤其是随着华为的发展壮大，在不同阶段出现了什么问题，这些问题产生的背景、分析思路、管理措施、执行纠偏的过程及其闭环效果等都没有讲清楚。

第二，大部分书只侧重于华为的一两个方面，如战略、人力资源、组织架构等，缺少对华为的全盘介绍，包括研发、市场、服务、财经、人力资源、战略、内控、公共关系……

第三，对商业智慧、战略思想等宏观概念阐述过多，对微观管理描述太少，对企业家而言可参考性不高。

这些欠缺导致企业家，尤其是广大中小企业家读完后，很难把书中的有益经验吸取到自身企业的成长中。

本人有幸于2001—2006年在华为工作，其间华为处在重要的发展时期。本人离开华为去了一家上市公司后，仍然一直密切关注华为的发展和管理变革。在和众多企业交流的过程中，很多企业家让本人推荐一本聚焦华为各个时期管理变革演化的书。在广泛查阅后，本人发现市面上还没有把华为的管理变革历史串起来的书，所以萌生了写一本关于"华为历史"的书的念头，打算从华为当年发展的实际情况出发，以针对性的管理变革的进化脉络为主线，最后回归变革对业务发展的推动。

30多年来华为在行业领域砥砺深耕、披荆斩棘，用一本书全面展现其发展壮大的方方面面颇为困难，因此本人决定采用编年简史的方式进行叙述，拟定书名为《华为简史》。

本书的内容主要有两条主线，一条是华为的业务发展历史线，另一条是相应的管理变革历史线；时间跨度从创业初期一直到近期，包括初创期、发展期、成长期、成熟期等全部阶段。本书通过业务发展历史这条线，逐年列举了华为的业务规模、研发产品、对外合作机构、各种奖项和荣誉、竞争格局和行业地位等成果；通过管理变革历史这条线，同样用逐年列举的方式，动态描写了华为针对企业存在的问题进行管理变革的思想和哲学、宏观微观战略、核心价值观、人力资源管理体系、组织架构、机构设置、作战队形和方式等管理内容。两条主线互为因果，尽量展现华为发展的脉络。

市面上关于华为的书大多数是定性的，几乎没有一本定量的书。在飞速发展的时代背景下，定性描述能获得相对持久的影响力，但也损失了定量描述的精准性。如何把定性和定量结合起来，让书中的内容对广大中小企业产生更大的价值呢？本书把华为的发展用编年史的方式进行定格，算是一种定性与定量的变相结合，让处在不同阶段的企业家在《华为简史》中对标和找到自身企业目前所处的阶段，反思自己的企业在发展现状中遇到的问题，借鉴华为当初所采取的经营管理措施，同时也通过《华为简史》，领略华为在发展过程中对未来的每一步预见，从而启发企业家未雨绸缪，做好未来的管理部署。

华为的成长与发展历程是一部中国电信行业的发展史,是一部中国民营企业的管理史,是一部中国企业从中国市场走出国门与国际标杆企业同台竞技的追赶史,是一部初创公司披荆斩棘为梦想而负重前行最终走向辉煌的奋斗史,更是一部ICT(信息通信技术)与中国高科技平行发展的同步史。

华为的发展史可粗略分为以下三个大的阶段。

1987—1996年是华为的创业期,这个时期华为经历了彷徨和八年艰苦奋战,通过自主研发解决了活下来的问题,成为通信行业里具有中等规模、具备一定行业地位的冉冉升起的新星。华为开始思考如何从游击队转向正规军,对市场进行策划和管理,对组织架构进行设计,总结创业期的成败,开始筹划系统引入国际先进管理方法,架构有自身特色的管理体系,从ISO 9000开始逐步走上了规范化管理的轨道。

1997—2011年是华为的成长期,这是华为从一个普通成长型企业走向第二次创业的阶段。在此期间,华为经历了多次危机:在"华为的冬天"差一点被卖给摩托罗拉;2006—2010年度过全行业毛利率下降的产业最困难时期;等等。这段时期是华为凤凰涅槃的核心阶段。在这关键的15年,华为的经营管理理念在反复的破与立之间得到升华,通过不断进行管理哲学的总结与思辨、组织架构的调适与变革、管理体系的构建与优化，最终完成了历时 14 年的巨大的管理工程变革，并培养出一个强大的、具有自我批判意识和能力的职业化管理阶层。同时，这个阶段华为逐渐成长为国际化企业，从一往无前且一无所知踏进国际化，最终一步步迈向全球化的巅峰。

这个阶段也正是值得大多数企业深入探究和学习的阶段，这段历史像一本教科书，也如同一部电影，讲述了华为人的峥嵘岁月。

2012 年至今是华为的成熟期。华为从一个行业外少有人知的通信企业，变为童叟皆知的国际知名标杆企业，业务上形成 4 个 BG（业务集团）的多元化架构，叱咤国际风云，不断荣获国际最高奖项。这个阶段的华为，没有自满，没有止步，不断自我批判，不断夯实和优化管理体系，从跟随国外行业巨头，最终走向无人区，成为真正意义上的行业领导者，建立行业标准和规则，引领行业走向未知而广阔的未来。

华为为什么能成功？华为的成功秘诀是什么？在贸工技与技工贸两条发展路线的验证过程中，华为带给企业界什么启示？要想回答这些问题，必须慢慢研究华为的发展历史。

从宏观大势上看，华为从创业之初就一直有着对市场深刻的洞察和预见，并及时采取了有效措施，这些措施刚好和时代发展同步、合拍。归结为一句话，华为的经营管理措施步步踩在鼓点上。

从企业基因上看，华为用创新的员工持股方式，作为一种特有的惠及广大员工的利益分享机制，构建了内部利益共同体，形成了强大的人性动力源泉。华为用奋斗者文化和共同愿景很好地引导了这些汇聚的动力，激励全体员工不懈努力、不断思考和探索。这是华为快速发展的关键因素。

从战略思维上看，无论是发展战略框架，还是业务战略、竞合战略、人力资源战略等子战略，华为始终有深刻的认知、明确的方向和清晰的管理逻辑。在我国经济发展过程中，浮躁的企业界在面对机会主义的诱惑时，常常忘记初心，失去了战略方向，而华为基于愿景使命、价值观的长期战略定力，尤其显得难能可贵。

从组织能力上看，华为汇集了大量的高素质人才，采用了相当复杂的矩阵式组织结构，但整体性和协作性非常强，打仗阵形法度严密。通过流程化再造牵引组织再造，将纵向与横向的不同部门、不同职级、不同专业的人员编织成一张内部一体化的协同网，构建了统一的、高效的、大规模集约化的能力平台。这种能力平台将专业领域分工和职能服务分工有机结合起来，兼顾市场快速反应和前后台能力打造，充分体现组织的力量。

从人力资源管理体系上看，经过长期探索和积累，华为打造了知识型员工管理和价值评价的结构化体系，完成了"高绩效、高回报、高激励"之间的人力资本良性循环。华为以客户贡献为导向，在任职资格体系的基础上，把招聘、薪酬、考核、选拔、培训等多个子模块融合为一体，兼顾组织氛围和企业核心价值观，建立了独特的公平、公开、公正的组织规则。

从企业文化上看，华为长期遵循和践行企业管理的普遍规律，并提炼出愿景使命及核心价值观，使之成为重要的组织制约框架和内在牵引机制。华为不仅提出各种响亮的文化口号，还注重长期积累文化案例，形成一个强大的文化势场，激励着一代代奋斗者前赴后继，也使一批批"将军"和"英雄"带领全体员工把华为推上一个个"高峰"。

多年来，任正非一直是华为的旗手和舵手。作为企业的掌舵人，他深知营造"上下同欲者胜"的氛围至关重要。无论是战略思想还是企业文化，无论是管理哲学还是工作部署，都需要通过一个载体和通道层层传递给全体员工。任正非把写文章作为传达自己管理思想的一种载体，几十年的时间，呕心沥血写了许多文章。文章有的是发言稿，有的是感悟，有的是管理宣导，几乎所有文章都由他自己思考和执笔。这些质朴的文章，字里行间既有对华为各级干部关于企业发展战略和管理措施的宣贯，又有对行业的洞见和对未来的预见，还有对管理者人生和事业的循循教导，更有对广大员工的殷殷期待和人生启迪。这些文章发表在《管理优化报》《华为人报》等内部刊物上。这些内部刊物好像强力宣传机器，为华为树立起一面面思想和理论的旗帜，宣传自己，教育别人，号召全体员工认清形势，坚定信心，团结一心争取更大胜利。

最后，假如用赛车来比喻企业的竞争和发展，更容易让读者理解华为的优势。

一家企业的创立和发展，就如一辆赛车奔驰在发展的道路上。赛车能取得什么样的成绩，离不开赛道（行业选择、业务战略选择和切换）、赛车（组织架构、组织能力、大规模协同动员）、赛车手（奋斗文化、利益机制、激励体系）、持续升级换代（管理变革、管理水准）。华为就像一辆表现优异的赛车，对每一次直道、弯道、变道，几乎都能提前预知，油门与刹车恰到好处，稳健地把握住每一次风口；不断更新迭代赛车的制动、转向、行驶、传动等几大系统；同时，赛车手分秒必争、奋斗不息，用时间换速度。高额分配的股权机制让华为这辆赛车的赛车手有较高的物质保障，心无旁骛的工作作风让赛车手精力高度集中，国家、民族、家庭三位一体的企业文化让赛车手信念坚定、忘我拼搏……华为这辆赛车在高难度赛场上，凭借天赋异禀和后天磨炼，超过了一个个国际对手，走上了事业的巅峰。

目录
CONTENTS

001 ·第一部分　创业维艰·

（创业期，1987—1996年，10年）

002 ○ **第一章　一粒种子**

（种子期，1987—1988年，2年）

002　● 1987年　华为公司成立

002　● 1988年　混沌的小微企业

003 ○ **第二章　初入江湖**

（初创期，1989—1993年，5年）

003　● 1989年　第一款自主产品问世

004　● 1990年　被迫实现从研发到生产的突破

005　● 1991年　快速迭代，快速验证，快速探索方向

005　● 1992年　切换赛道，进入高附加值快车道

006　● 1993年　C&C08，一只会生金蛋的鸡

007　　初创期总结

009 ○ 第三章 鸿鹄之志

（发展期，1994—1996 年，3 年）

011 • 1994 年 管理的起点：市场部推行 ISO 9000
016 • 1995 年 启动管理体系变革，实现从观念到组织的五个转变
026 • 1996 年 第二次创业规划：国际接轨十年三步走

043 · 第二部分 15 年巨大管理变革工程 ·

（成长期，1997—2011 年，15 年）

044 ○ 第四章 大飞跃式超大规模增长时期

（1997—1999 年，3 年）

045 • 1997 年 Hay Group 人力资源管理变革与 IBM 的管理诊断
062 • 1998 年 第二次创业元年，定海神针——《华为基本法》
079 • 1999 年 与众不同的对创新的理解和实践

090 ○ 第五章 凤凰涅槃的困难时期

（国际化初期，2000—2003 年，4 年）

091 • 2000 年 英雄化与去英雄化，职业管理者的责任与使命
108 • 2001 年 华为的冬天——变局、困局与破局
121 • 2002 年 崩溃的边缘——勇气、智慧和信念
127 • 2003 年 静待冬逝春转：一面抵抗严冬，一面思考商业模式和流程的本质

142 ○ 第六章 全面国际化时期

（从海外新兴市场走向发达市场，2004—2011 年，8 年）

144 • 2004 年 核心价值观的系统阐述与 EMT 轮值主席制

160　● 2005 年　思科事件的启发：知识产权与友商意识

163　● 2006 年　洋葱头文化——开放、继承与思辨

179　● 2007 年　权力体系的变革：计划权、预算权、核算权的
　　　　　　　　 陆续下放

188　● 2008 年　什么是精细化管理？从大一统走向差异化

202　● 2009 年　铁三角牵引组织变革，主业务流指引流程优化

214　● 2010 年　详解"让听得见炮声的人来呼唤炮火"管理模式

234　● 2011 年　轮值 CEO 制度，华为治理体系的新阶段

255　·第三部分　从领航者走向无人区·

　　　　（成熟期，2012 年至今）

256　○ 第七章　全球化架构

　　　　（构建全球化组织模式和经营模式，2012—2014 年，3 年）

256　● 2012 年　主航道，主流程，主战场——业务、组织架构
　　　　　　　　 和流程优化

266　● 2013 年　对外建设全球化能力中心，对内提升组织活力

287　● 2014 年　打通部门墙的两大利器：端到端与流程责任制

307　○ 第八章　无人区探索

　　　　（仰望星空，开放合作，2015—2018 年，4 年）

307　● 2015 年　自我批判与纠偏机制——红蓝对抗，主动发现
　　　　　　　　 黑天鹅

322　● 2016 年　如何掌握不确定性？战略框架五层架构

334　● 2017 年　企业机体健康的保障——内控三层防线

341　● 2018 年　5G 方法论：多梯次，多路径，多场景

346　○ 参考文献

347　○ 后记

第一部分

创业维艰

（创业期 1987—1996 年，10 年）

华为的创业期分为三个阶段：种子期、初创期、发展期。

在整个创业期里，华为在经营管理的各个维度上都有探索和变化。例如，经营模式从做代理起家，走向自主研发，再走向自主研发生产；研发方向从集成组装到完全自主研发；产品从模拟交换机到数字程控交换机；客户从普通企事业单位转向电信局；面对的主要竞争对手从国内同行小公司到跨国公司；管理体系从几乎空白到规范化管理之路；市场方面从中国农村市场起步，通过农村包围城市，走向城市。

华为 1987 年自手起家，1996 年实现营收 26 亿元，员工达到 2400 人，位列中国电子百强企业第 26 名。

第一章
一粒种子

（种子期，1987—1988 年，2 年）

初入江湖的华为，走进通信行业，刚起步时做代理商，在一片混沌的红海中不断遭遇困难，不断突围，努力寻找希望和方向。

○ 1987 年　华为公司成立

1987 年 7 月 27 日，在任正非的带领下，华为的 6 位股东在深圳集资，用 2.1 万元注册资金创立华为公司。"华为"的寓意为：中华有为。

尽管胸怀大志，但刚起步时，华为以初创的微薄实力，仅能租用南油大厦一户居民楼，业务模式是成为一家销售代理，所代理的是香港康力公司生产的用户级交换机（private branch exchange，PBX），产品销售的主要对象是国内一些中小型企事业单位。

○ 1988 年　混沌的小微企业

1988 年，华为继续代理香港康力公司的产品，唯一的变化是在公司的经营范围里增加了小型程控交换机、火灾警报器、气浮仪等工程承包咨询业务。该年，员工达到 14 人。

第二章
初入江湖

（初创期，1989—1993 年，5 年）

做代理不过是华为进入通信市场的尝试，志向远大的华为深知这绝不是长久之计；而且，华为看到了行业转型升级的机会窗，更看到了行业大发展前期的征兆。在历史机遇前，华为没有丝毫犹豫，下定决心走向自主研发，立志大展宏图。

自主研发从来就不轻松，资金短缺，技术需要艰难攻关，人员需要招募，团队需要稳定……尽管困难重重，但华为在自主研发的道路上不断探索，顶住巨大压力，迅速进行技术迭代，背水一战，一战成名。

○ 1989 年　第一款自主产品问世

1989 年，在致力于自主研发一年后，华为的第一款自主产品终于问世，它的名字叫 BH01。然而，作为第一个新生儿的 BH01 只是一个 24 口的用户交换机，属于低端机，这种产品只能在小型的医院、矿山使用，市场有限，营销受限。

实际上，BH01 是一款从国营单位买散件自行组装集成的产品。一方面，华为认为，尽管 BH01 的功能和外观同市面上其他商家的产品没有太大差异，但只要坚持把优质服务注入其中，就一定能够打造自己的品牌。另一方面，华为认为，自己控制散件的好处是可以控制设备的备件，能够有效帮助华为提升对客户的技术响应度和服务质量。

华为的策略是自主研发，虽然只是集成的产品，但毕竟有了自己的品牌。这样一来，华为不仅省了买代理权的费用，也免去了提前半年订货的被动。同时，随着自主品牌知名度和美誉度的提升，自己也可以在全国发展代理，反过来收取代理费，缓解现金流的紧张状况。事实证明，由于华为公司的服务好，销售价格也低，第一款产品 BH01 在市场上供不应求。从此，华为拥有了属于自己的产品，开始打造自主品牌，走上了有别于代理的新模式。

但是，问题随之而来，依赖外部散件有个致命的弱点，就是容易被供应商卡住脖子。不久，华为所需的散件货源断了，虽然签订了大量订单，却因缺少散件，无法组装产品，无货可发。新模式遇到了第一个无法避开的挑战。

○ 1990 年　被迫实现从研发到生产的突破

华为被"逼上梁山"，必须在最短的时间内完成突破，再往上游走，实现真正的自主研发，包括控制研发、控制生产，自己能够完全控制产品，否则等客户追上门来要货要退款，公司就会面临断流及关门的风险。

1990 年，华为开始模仿 BH01 的电路和软件，进行自主知识产权的电路设计和软件开发。为了向客户表现出型号的延续性，这个产品的型号叫 BH03。从客户端来看，新产品仅仅是换了个更漂亮的外壳，功能上没什么太大的区别，用户体验丝毫不受影响。但客户不知道，BH03 产品的每块电路板的设计、生产和话务软件的研发，都是华为百分百自己完成的。

自主研发相对容易，但一下子从集成模式改变为自主研发加自主生产的模式，对当时的华为而言是非常不容易的。即便放在今天，很多企业依然会把生产的环节外包。然而，正是初创期的这个决定，让华为有机会打造世界一流的生产基地，也为未来打通研发、生产、销售全流程的管理体系提供了可能。

○ 1991 年　快速迭代，快速验证，快速探索方向

1991 年，华为似乎找到了适应市场节奏的感觉，研发开始不断加速迭代：先是推出 HJD48 小型模拟空分式用户交换机，一台交换机可以带 48 个用户；很快又研制开发了 500 门的 HJD-04 用户交换机。研发快速迭代，产品迅速更新和投放，华为在产品发展方向上不断进行市场验证。

1990 年，华为打通了"研发加生产"的产业链。1991 年 9 月，华为办公地迁到深圳宝安县蚝业村工业大厦三楼。办公地点的搬迁，也使得华为有了更大的物理空间进行设计、制造、焊接、安装、调试，"研发加生产"的产业链能力得以加强。

当年，员工增加到 20 人。

○ 1992 年　切换赛道，进入高附加值快车道

1992 年，当时的国内通信市场面临巨大的缺口，同时期欧美发达国家的电话普及率已达到 90%，而中国则仅为 1.1%。华为预测，中国的电话普及率 2000 年只能达到 6%，传统的模拟交换机仍有市场。

刚刚在自主研发"单位用小交换机"的胜利中尝到了甜头的华为，基于上述判断，坚定又无畏地进入了"电信局用交换机"市场，很快研发出针对农村交换解决方案的局交换机 JK1000。这是华为投入巨资研发的、针对中国电信领域使用的电话交换机，采用的仍然是传统的空分模拟技术。这是华为的一个重大转折点，意味着华为正式进入了电信设备供应商行列。

同年，华为又推出了农村数字交换解决方案，凭借自主研发的 HJD48 交换机，华为销售额首次突破 1 亿元。经过一年的招兵买马，员工迅速扩充，超过 200 人。

年末，华为启动了 C&C08（华为自主研发的第一台数字程控交换机的型号名称）系列 2000 门数字程控交换机的开发项目。这个项目刚立项时，并未

作为华为的主攻方向，没想到这一充满挑战性的研发决策大获成功，不久之后竟然使得华为在相当长一段时间内拥有了快速发展的立足之本。

○ 1993 年 C&C08，一只会生金蛋的鸡

商场如战场，正把主力部队放在传统模拟交换机 JK1000 研发上的华为，遭遇国外竞争对手的强力阻击。1993 年，西门子、阿尔卡特等看到中国同行的崛起趋势，开始祭出杀手锏，向市场推出了更先进的数字交换机。数字交换机在功能、性价比上都大大优于空分交换机，企图把中国的民族企业绞杀在萌芽状态。

同时，国家在通信网设备选型上确立了"一步到位"赶超式的建设思路，市场竞争和行业政策两个不利因素双叠加，导致华为自主研发的传统模拟交换机刚刚发布就面临被市场淘汰的尴尬局面。

痛定思痛，华为开始大量招兵买马，开足马力投入更大的力量，全力研发 C&C08 这款 2000 门数字程控交换机。

当时的华为，情况相当不乐观。尽管前几年陆续有些收入，但面对巨额的研发投入，实在捉襟见肘。为了筹措资金，任正非孤注一掷，甚至借了年息 30% 的高利贷。由于所有现金流都投入了研发，华为不得不用"打白条"的方式给员工发工资。当年 49 岁的任正非半开玩笑地同大家说："如果这次研发失败了，我只有从楼上跳下去，你们还可以另谋出路。"

1993 年，华为全力投入大型数字程控交换机研发的豪赌终于有了回报。好消息传来，C&C08 2000 门数字程控交换机研发成功，并在浙江义乌首次开局。

2000 门数字程控交换机研发成功之后，如何乘胜追击，在最短的时间内巩固研发成果，对华为而言是迫在眉睫的重大任务。为此，华为急需大笔资金投入研发和稀缺研发人才招聘中。然而，1993 年的华为知名度不足，缺少固定资产，根本无法从银行获得贷款，进一步发展遭遇了资金困境。华为没有坐以待毙，而是采用了两个在当时看来非常新颖的方式解决资金问题：一种方式是内部员

工股权激励，另一种方式是资本联合。

在广东省和深圳市的支持下，华为与全国 21 家省会城市的邮电局联合成立了合资公司莫贝克（华为电气的前身，后改名"安圣电器"，并于 2001 年出售）。该公司总资本为 8900 万元，其中华为出资 5000 万元（陆续到账），各电信局共出资 3900 万元。莫贝克的成立对于华为有两大意义：第一，获得 3900 万元资金，保障了具有战略意义的 C&C08 程控交换机研发；第二，通过这种方式，华为与作为客户的电信局之间形成了资金和市场的利益共同体。资金解决了，市场打开了，华为成功跨过生死关。

很快，当年 9 月份华为完成了标杆性爆品 C&C08 万门数字程控交换机的研发。从此，华为一炮打响，抓住数字程控交换机大发展的行业机会，结束初创期，走上快速发展的阳关大道。

1993 年，华为一直采取农村包围城市的市场策略，当年销售额达到 4.1 亿元，主要营收来自农村市场。该年的员工达到 400 人。

初创期总结

华为于 1987 年进入电信行业，正值程控交换机从模拟向数字转型的快速发展时期。华为初创期总共有 5 年的时间，通过探索—试错—再探索的方式，不断厘清方向，坚定地从代理交换机走向自主研发，主要是为市场竞争所逼，为了更好地活下去。但是，自主研发之路，既是一条给未来带来丰厚回报的康庄大道，又是一条充满艰辛、考验战略定力的不归路。

短短 5 年时间，尚显稚嫩的华为在与市场磨合的过程中，经历了三条产品路线的变更：第一条是从模拟交换机到数字交换机，第二条是从小型用户交换机逐渐到中大型用户交换机，第三条是从用户交换机转向电信局局用交换机。这三条路线融合在一起，很多新一代产品研发计划重叠进行，华为通过敏锐的市场洞察，迅速调整战略方向，快速进行研发迭代，准确地从交换机的红海中找到了"局用数字机"这个蓝海，牢牢地抓住了国内电信发展第一波浪潮中的机会。

C&C08这个史诗级产品的研发成功是华为第一次凤凰涅槃。值得一提的是，C&C08不仅是一款单一型号的功勋级产品，它更重要的价值在于提供了一个产品平台。事实上，华为后来的所有产品，包括传输、移动、智能、数据通信等，都是在C&C08这个平台上逐渐发展起来的。C&C08就像一颗种子，孕育了后续庞大的多元化产品系列。

初创期，无论是研发团队还是营销战线，都在异常艰难的困境中顽强地拼搏着，这些创始团队的艰苦奋斗精神造就了使华为日后可持续发展的文化基因。

第三章
鸿鹄之志

（发展期，1994—1996 年，3 年）

短短几年时间，华为从一个微不足道的小公司迅速成长为一个颇有实力的公司。在云谲波诡的市场环境中，它没有放弃自己"中华有为"的梦想，而是努力坚持提升技术的先进性，经受着市场上各类产品的冲击，承受着较大的价格压力，艰难地负重前行。

1994—1996 年，华为的营业收入以农村市场为主，因为农村市场是华为创业发展期的主战场。

C&C08 交换机横空出世并在市场上披荆斩棘，实现销售飞跃后，华为开始关注管理和制度，着手进行组织架构设置，形成管理架构雏形，开始了最基础的制度环境建设。同时，任正非开始在营销、研发体系等各类会议上讲话，宣贯经营和管理思想，统一团队共识，推动管理举措，布置阶段性任务。他通过各类会议讲话对年轻的团队循循教导，并整理讲话稿，在内部刊物上发表。这些讲话稿包含的各种思想认知、价值观、使命感和企业文化，像种子一样撒在员工的心里，慢慢长出参天大树。

重整业务流程、引进管理信息系统、贯彻 ISO 9000，是 1995 年、1996 年华为的战略重点。通过实施这些管理手段，华为的管理体系开始向标准化、科学化靠拢。

华为本阶段所进行的体制改革、组织改革、工资改革、企业文化教育、业务流程重整、管理信息系统的引进工作等，都在为华为迈向一个大集团公司做好起点准备。经过初创期的探索和发展期的实践，华为以"大市场、大科研、大系统、大结构"为目标，初步建立了一个运作良好的组织体系和服务网络。

> 经历了两年的公司组织改革、体制改革，再有6个月就会有初步的结果，这是公司发展的一次基础平台革命，它使具有高度责任心和强烈敬业精神，大公无私、廉洁奉公，努力学习、有较高技能，善于协作、勇于合作、能团结群众，踏踏实实、一步一个脚印的骨干员工，团结在一起，成为企业的核心。保持企业发展的稳定，增强承受风险的能力，以此事业的火车头为基础，加快加大人才的吸收，使越来越多的优秀人才愿意进入、补充和壮大我们的队伍，并具有持之以恒的奋斗精神。
>
> ——《目前我们的形势和任务》，1995年12月26日，任正非在总结大会上的讲话

华为对国家政策的嗅觉非常敏锐，善于从国家政策导向中看出产业大方向。1994年5月，《人民日报》刊登了党中央号召青少年加强爱国主义教育的消息，华为就预测国产机的地位会得到上升，并从1994年下半年开始加大各方面投入，结果趁势得到长足发展。后来，1996年党的六中全会确定了加强精神文明建设的方针，里面蕴含着大量的要促进信息产业进步的信息，华为又坚定地加大投入。

关心国家大政方针，关注市场变化，从行业变化和社会环境变化中推测可能出现的宏观走势，这就是敏锐的市场感知，是企业掌舵人的核心能力。这种精准的市场趋势判断，被华为发挥得淋漓尽致，多次帮助华为提前预知风向，抓住一次次大发展机遇；同时，也多次帮助华为提前预感危机，并根据市场变化未雨绸缪，使华为在市场的狂风暴雨中稳步前行。

○ 1994 年　管理的起点：市场部推行 ISO 9000

1. 业务进展

（1）C&C08 交换机全面通过广东省邮电科学研究所测试和鉴定，并在当年北京国际通信展上首次展出。同年，第一个超万门的 C&C08 交换机在江苏邳州开通，11 月通过省局鉴定。

（2）华为正式推出公司 logo，其寓意为：红色、阳光、东方。

（3）1994 年 6 月 21 日，任正非发表文章《对中国农话网与交换机产业的一点看法》，表达了在中国通信市场"七国八制"的背景下，对市场形势的长远看法，坚定了自主研发的方向。

（4）销售额达到 8 亿元，员工人数达到 1000 人。

2. 管理变革

2.1　美国访学

在华为逐步站稳脚跟后，为了保持良好的市场与技术信息，任正非于 1994 年带队赴美考察，一路走访波士顿、纽约、费城、达拉斯、拉斯维加斯等城市。此行，任正非坚定了华为采取"聚集优秀人才、提高人才浓度"政策的决心。

这次考察，对华为扩展国际视野、提升行业认知，注入了强大的动力。

考察团在访问专门生产电源的 CP 公司时，深刻感受到美国人踏踏实实的精神、精益求精的工作作风、坦诚的学术风气。在参观得克萨斯仪器公司时，考察团了解到许多未曾知晓的器件，更学习了分布式国际化管理架构，即总部主要集中精力进行研发与销售，而封装集成电路的工厂分散在世界 100 多个城市。

考察团在参观国际电脑展时，不断对比电脑行业和通信行业，也不断反思中国与国际的差距：一方面，看到国际电脑行业的快速发展，忧虑国内电脑工业的没落；另一方面，反观通信行业，意识到如果不拼命发展技术，最终会丢失全部市场。

参观硅谷之后，考察团意识到华为的科研方法和手段还十分落后，研究管理水平也十分低下，效率远不及发达国家，从此统一了改善管理的坚定决心。

经过这次考察，任正非产生了强烈的危机感，体会到技术危机、管理危机背后的市场危机。任正非曾这样说："华为被历史摆在了一个不进则退的地位，科海无边，回头无岸，错过了发展机遇，将会全军覆没。"

2.2 规范化管理，以 1994 年在市场部推行 ISO 9000 为起点

华为在 1993 年已开始进行大市场、大系统、大结构的市场攻势，1994 年继续进攻。为了配合市场攻势，华为推动了以下措施。

首先，市场部推行 ISO 9000 管理，适应大规模的市场拓展，形成规范化、标准化的体系和作业流程，指导市场部的员工做出规范动作。

其次，华为非常重视干部的培养，认为公司真正的核心财富是优秀人才，企业的希望在于能有一批团结协作的干部。自 1994 年开始，任正非对市场体系进行重点打造，对普通员工、办事处主任、市场部主管都提出了具体的期望和要求。

华为对每一位市场人员提出三点要求：品德第一，团结奋斗，高度的责任心和工作热情。具体工作方面，华为非常重视市场人员的学习和总结能力。市场人员最基本的工作要求是做好工作日志，同时，要善于吸收他人在谈判和技术交流中的宝贵经验，认真整理、总结，形成学习笔记，主动在工作中加以运用，不断实现能力提升。

对市场体系管理层，华为采用市场部经理轮岗的方式，以一两年换一任的频率，保持发展的旺盛动力。

对办事处主任，华为不仅要求他们坚持原则、有责任心和热情，更要求他们具备博大的胸怀，能够发挥公司一盘棋的作风。办事处主任作为市场前端中枢，岗位十分重要：一方面团结办事处所有员工；另一方面团结平行业务部门，有宽大的心胸团结反对自己的人。华为要求办事处主任用好权、分好权、合理地调动人，以"十个指头弹钢琴"的统筹能力，充分调动和发挥一切可调动的力量，创造排山倒海的业绩。

作为一个办事处的主任，不应担心吃亏，只有吃点小亏，才能成大气候。希望每个办事处主任都能做好一个主任，做一个完全的人，做一个长远、永久的人；每位同志要能正确认识自己，正确把握自己，在得意的时候不忘形，在失意的时候不灰心，要改变别人的错误看法，更要好好地干。不卑不亢，落落大方，团结一心，把华为公司推上光辉的顶点。大浪淘沙，历史是无情的。一个企业家首先是一个政治家，大家要学会理顺各种关系，任何企业的奋斗都不是个人奋斗，而是集体的努力。希望大家能挑起革命的重担，在新的时代里充分发挥出聪明才智。

——《团结奋斗，再创华为佳绩》，1994年1月26日任正非文

商场如战场，唯有团结一心才有可能取得胜利。为引导全市场体系团结奋斗，在奋斗的过程中营造出团结的氛围，华为喊出"胜则举杯相庆，败则拼死相救"的口号。这句口号不仅是一条挂在墙上的标语，更是一个内部共同认可的市场工作原则。这个原则感召了年轻的华为人一批一批地冲上前线。在苦难历程中成长起来的市场营销干部，日后成为华为的中流砥柱。

2.3　对市场经营的策略选择，承受较大的价格压力

从创业之初至1994年，经过几年的潜心发展，华为从一个小公司逐渐变成一个有实力的公司，售后服务的成本开始降低，有机会向市场和客户提供更加优良的服务。

然而，1994年的通信市场却是充斥外患内乱的复杂局面：一方面，行业未经洗牌，产品良莠不齐，恶性竞争几乎把国内各个厂家逼到临近破产的境地；另一方面，国外强大的竞争对手用技术比较优势、品牌优势、价格折扣的策略优势，对国内厂家形成非常大的价格压力，各大厂商都面临经营路线的抉择。

在市场经营的策略选择上，华为没有选择简单的价格战，更没有选择通过牺牲质量和降低价格来获得短期利润，而是坚持提升技术的先进性，不惜代价地提高产品质量，建立及时良好的售后服务体系，"用真诚服务的一片赤心，

默默感动客户"，期待"上帝"理解华为的产品是物有所值的，并基于此逐步缓解经营的压力。

事实证明，这个放眼长远的经营策略，最终让华为赢得了订单，赢得了品牌，也赢得了客户的长久信赖。

2.4 两起空难的思考

1994年6月6日，西北航空公司某航班执行自西安飞至广州的任务时，飞机在距咸阳机场49千米的空中解体，160人无一幸存。经调查，这场惨痛的事故是因为缺乏严格管理而导致的。事故的原因是，在西安机场检修时，自动驾驶仪的偏航回路与倾斜回路的两条导线分别被错接到倾斜控制系统和偏航控制回路上。如果飞行前做一次严格的检查，160人的生命将会被挽救。

同年8月，大韩航空公司某航班从汉城（今首尔）飞往济州，在距离跑道1773米处着陆，着陆后以104节的速度冲出跑道，几分钟后，撞上机场旁边的护墙，起火爆炸。而在该机组空姐的紧急疏导下，两分钟内全体人员撤离飞机。最后一名空姐在检查并确认机上无人之后跳出机舱，随后飞机陷入大火之中，发生一连串爆炸。这场事故无一人伤亡。

华为高层很关注这两起事故，并对其进行了比对和分析，结论是如果华为缺乏严格管理将会导致重大灾难。华为意识到，C&C08万门机已经处于世界一流水平，大量的持续投产开局，未来将担负起中心城市各种新业务的汇接运转任务。一旦管理不严格，员工素质不高、经验不足、问题处理不当，都有可能造成全网瘫痪，这对华为将是非常致命的打击。

因此，华为提出，生存下去的唯一出路是"提高质量，降低成本，改善服务，优化管理"，并要求各级组织从实际出发，把从难从严加强员工培训作为一项长期的艰巨任务，最终将华为的工作水平提高到国际水准。

2.5 编写《致新员工书》

1994年前后华为快速发展，随着大量扩招，越来越多的大学毕业生加入华为。这些大学生刚刚从象牙塔走进企业，职业素养像一张白纸，可塑性非常强。

为了让新员工了解华为，也了解华为对自己的要求，统一思想，尽快融入这个大集体，华为开展了一系列新员工培训工作。

其中，任正非亲自编写了《致新员工书》，提出"大市场、大系统、大结构"的市场攻势，倡导全员集体奋斗，明确了"贡献定报酬，责任定待遇"的分配原则。《致新员工书》向新员工告知，华为已经开始着手管理制度的建设，并要求大家对制度有敬畏心。敬畏制度最直接的要求是：不管制度条款对与错，无论什么人，都必须无条件严格遵守；对不合理制度，个人可以提出建设性意见，但在该制度被修改之前仍需遵守。

《致新员工书》特别强调华为对基层经验的重视，明确说明华为永远不会提拔一个没有基层经验的人做高级领导工作。华为提醒新员工：无论学历高低，"不要下车伊始，哇啦哇啦"，因为缺乏了解而草率提议，就是对组织不负责任。

对新员工，华为主张遵循循序渐进的原则，倡导新员工从最基础的工作开始，认真对待手中的任何一项工作。华为希望新员工明白，只有沉下心来，深入分析工作中每个环节可能存在的问题，有系统、有分析地提出合理化建议，并形成合理的解决方案，才能在本职工作中扎实地进步。工作记录和信用是从基层开始一点一滴积累的，每一个环节对人生都有重大的意义。

2.6 形成民主管理机制

1994年，华为采用"专业委员会＋首长负责制"的"大民主大集中"的管理方式。各专业委员会由多个部门支撑，委员来自相关的部门，形成少数服从多数的民主管理机制。专业委员会只议事，不管事。同时，华为建立了以各部门总经理为首的首长负责制，各部门总经理隶属于各个以民主集中制建立起来的专业协调委员会。专业协调委员会形成决议后，交由各部门总经理执行。

这种基于民主原则的两层架构，在重大问题上发挥了集体智慧，避免了一元制可能存在的片面性和经营风险。任正非认为这是华为稳健发展的组织保障。事实上，随着华为的发展，这种民主管理体制也在不断探索，但总体方向是将"大民主大集中"原则不断扩展，逐步加强集体权威的作用。

○ 1995 年　启动管理体系变革，实现从观念到组织的五个转变

1. 业务进展

（1）C&C08 交换机通过邮电部的生产定型鉴定。

（2）也就是这一年，中央提出了"村村通"计划，给 C&C08 交换机的发展提供了宝贵的契机。华为把 C&C08 交换机作为自己"农村包围城市战略"的拳头产品，斩获了 13 亿元的订单。

（3）1995 年开始从农村向城市转型。

（4）9 月 8 日，香港华为举行开业庆典。

（5）员工达到 1750 人，1400 多人受过本科以上教育，其中有 800 多名博士和硕士。

2. 管理变革

（1）1995 年，华为初步建立了一个运作良好的组织体系。从组织分布上看，研发人员占 40%，市场营销人员占 33%，生产人员占 15%，管理人员占 12%，形成了一个良好的倒三角形战斗队形。

（2）成立了中央研究部。

（3）成立北京研究所，开始进行数据通信产品的研发。

（4）正式成立了知识产权部。

（5）提出管理体系变革，要求各体系转型。

经过几年的发展，华为已初步建立了以矩阵管理为基础的分层分级的顺向管理体系。这个管理体系包括严格有序的"大民主大集中"的决策体系和有效的有限授权体系等。在这个体系中，日常运营权掌握在基层干部手里，针对权力如何使用的管理、制约和平衡的大权掌握在大部门负责人手里，重大决策权通过"大民主大集中"掌握在公司高层手里。

一般而言，顺向管理体系足以支撑常规的企业经营管理。很多企业止步于顺向管理体系的构建，最多也就是定期进行微调和完善。

但是，华为并未满足于此。在顺向管理体系的基础上，华为启动了管理体系变革工作，希望通过矩阵式的逆向控制体系梳理，使管理体系变成一个简洁的网络结构，和公司业务运营管理相关的每一个事项仅有一个主控中心，大大压缩组织层级，使内部每个员工都能得到最简单、快捷的直接支援，从而增大管理吞吐，提升效率，进而提高公司效益。

在这一阶段的管理体系变革中，华为对市场体系、财经体系、研发体系、生产体系乃至行政秘书体系都提出了转型要求，有了全方位提升管理能力的意识。

（6）推动 ISO 9000，设立 ISO 9000 办公室。

为了推动 ISO 9000，华为在 1994 年设立了 ISO 9000 办公室，负责指挥、组织和协调等全面统筹工作，计划花费一年左右的时间，全力推动 ISO 9000，重新规范组织与规划工作流程。

在推行 ISO 9000 牵引的管理变革之初，华为就明确了在组织变革上"要补台，而非拆台"的大方针，赞成改良，不提倡"天翻地覆"式的改革，提倡一方面要吸取现代科学精髓，另一方面也要基于成功经验，重视老方法。基于这个大原则，ISO 9000 办公室通过潜移默化的方式，在组织建设和变革上，稳步推进，取得了很大的进步。

1995 年下半年，随着 ISO 9000 在市场部的试点取得成功，为了进一步推行 ISO 9000，华为开始从最早践行此项变革的市场部向研发、生产等部门全面推广。为了推动对 ISO 9000 的深化和理解，华为调整了组织保障的形式，转而要求在后继推行工作中，由各部门自身承担起体系文件和流程编写的责任，ISO 9000 办公室则退居二线，负责总体指导和审查。

> 要坚定不移地贯彻 ISO 9000，规范生产行为。现代化的生产组织绝不能停留在师傅带徒弟上，一定要推行"一切按文件办事，一切按程序办事"的 ISO 9000 的管理和相应的国际化大生产行为。新上任的干部要自己编写所属文件，交 ISO 9000 办公室审核批准，而且奋力去实行。要在半年时间内，准确描述到每一个岗位，让每一位干部、工人都明确职责，合格上岗。在生

产系统中，凡不推行 ISO 9000 的干部一律免职，推行不力的干部要调动岗位，离开重要岗位。公司管理要想进步，一定要搬掉绊脚石。

——《不前进就免职》，1995 年任正非文

（7）从观念到组织实现五个转变，为进军海外做准备。

企业家都知道，市场是企业发展的龙头。华为十分重视市场，把市场视为公司的生命线，视为关系公司生死存亡的前方阵地，并坚定不移地贯彻"以市场为中心，以利润为基本点"的方针政策。

对于从事市场工作的人员，华为在各方面予以政策上的倾斜。例如，持续号召其他系统和部门向市场输送优秀干部；对按业绩提成的销售人员，实行上不封顶的分配政策；要求各系统、各部门责无旁贷地全心全意地为市场服务，成为市场人员的坚强后盾。

华为把市场人员定义为集各类专家之大成的特殊专家，认为优秀的市场人员应该具备科学家的才智、哲学家的思维、演说家的雄辩、社会改革家的志向，甚至具有宗教人士矢志不渝的奋斗精神。华为赋予市场人员的使命最高，对市场人员的期待最高，对市场体系政策倾斜最大。相应地，在华为一步步走向成功的过程中，华为的市场团队也不负所托，不仅成为各项变革的排头兵，更成为华为奋斗者精神的信念高地。

1995 年，华为在做远期战略时，已经考虑在世纪之交超大规模地进军海外。为了提前做好充分准备，华为要求市场部转变销售思想，树立战略营销思想，全面贯彻顾客服务意识，并提出要实现从观念到组织的五个转变，即从公关到策划的转变、从推销到营销的转变、从小团队作战到营销兵团作战的转变、从局部市场到大市场的转变、从产品营销到战略营销的转变。

首先，市场部以全年的策划报告为龙头，树立市场策划的思维模式，去规范指导工作，最终做到每一项对外工作都要进行策划。以策划报告为龙头，即：以策划报告实施的动态跟踪、评估、修正、总结，来提高自身的营销策划水平、判断能力与组织能力，在全面贯彻顾客服务意识中加强对内部顾客和外部顾客

的服务，以服务展示华为的新形象和新内涵。

新形象和新内涵的实质就是企业形象。华为在品牌建设上提倡"形象融合"思维，即把向客户销售公司、产品、企业文化和销售自己融为一体，甚至强调在海外市场进行市场营销时，结合中国文化进行销售。以此，从整体性、战略性高度塑造"华为"品牌，大力推销"华为"企业形象和各种产品的品牌形象。

华为提倡要从最初的公关型销售转变为策划型战略营销；从依靠小团队的冲锋陷阵，转变为大市场、大系统、大结构、大兵团的全公司整体性营销，树立大公司的行为规范与形象。

除了"胜则举杯相庆，败则拼死相救"的基本信条，华为也通过"廉洁公司"行动，对干部的思想和道德提出了规范化要求，把反怠惰、反贪腐、反假公济私、反不道德行为，从核心高层一直延伸到基层干部。

随着新老干部们加强自身管理，改进工作方法，转变工作作风，市场营销系统逐渐塑造出大公司的新一代国际营销风范。

（8）办事处的转型。

办事处是企业全国化布局的前沿阵地，如何设立办事处是一门学问。办事处距离总部远，平时交流少，这种分布式管理，无论从物理上还是心理上都不可避免地会有一定的距离感。如何管理好办事处，保证众多办事处与总部同心同德，以强向心力的状态履行好办事处的职责，发挥办事处最大的效用，是一个管理难题。

国际化大公司的最佳实践是：到全球任何一个地方新开辟一个办事处或分支机构时，由总公司高层管理人员带队并组建一个工作小组，这个小组的成员由相关部门熟悉和认可公司文化的新老员工组成。工作小组带着本公司的企业文化、管理体系和文件、操作流程、方法和惯例，像播种一样，通过两三年的驻扎，把新员工培养成骨干力量，结合当地实际情况培训一批本地化干部，再把这些干部提拔起来。只有这个融合的团队能够有效传承企业文化和管理精髓，总部才能如臂使指地发挥办事处的作用。

华为起初因为缺乏管理经验，并没有采用这种文化扎根的复制模式，而是匆忙设立办事处，任其自由生长。1995 年，华为意识到这个问题后才开始进行补救。第一项措施是安排办事处主任定期到公司参加轮训，实行总部与办事处普通员工轮换机制，使办事处不断接受总部的洗礼，持续把新思想、新作风、新能力输送到办事处。于是，办事处这个大脚板扎实了，公司这个巨人也就能站得稳当了。第二项措施是开展办事处内部的思想教育，夯实打大仗的精神基础。市场部、各片区、各办事处从上到下落实整顿和教育，要求所有员工接受教育，并且要上交思想教育报告。

思想教育的一个重要内容是改变办事处的地方保护主义。1995 年华为拥有 30 个办事处，办事处主任带领员工打拼出一片市场，有深厚的感情，也会有保护主义的倾向。于是，有限的地盘和无限扩大的市场需求形成了天生的矛盾体。华为要求市场体系内的片区经理、办事处主任不能有"地主式"的保守心态和"诸侯式"的地方割据主义，必须打破这个矛盾体，站在更高的角度来认识"地盘"，实现企业超大规模发展。

"市场不是任何个人的，市场是属于华为这个奋斗集体的。"华为要求办事处解放思想，紧随公司的总步伐前进，用开阔的心胸开放共享，认识市场、解放市场，密切配合各产品线，让各产品线在自己的办事处"种更多的庄稼"。

> 我们不仅要在中国争夺这 30 块地盘，我们还要到全世界去争夺地盘。战火已经点燃，我们要把战火烧到国外去。每个办事处主任回去都要宣传这种思想，都要开放自己的办事处，努力学习策划，学会种庄稼，先把排队机种下去，再把智能平台种下去，再种几根电源，再种汇接局，再种几个用户接入系统。在每个地盘里，什么庄稼都要种，适合什么产品生长就种什么庄稼。市场要开放，要加强相互交流。
>
> ——《解放思想，迎接 1996 年市场大战》，1995 年 11 月 18 日，任正非在办事处工作会议上的讲话

办事处是华为市场体系的基本盘，华为对办事处主任的要求也在不断提升。1995 年，华为要求办事处主任从原先 1.0 版的公关型转换为 2.0 版的策划型，远期的要求是升级为 3.0 版的管理型。

以前是市场策划部先把下一年度的市场总策划方案编制好，再交由办事处执行。对 2.0 版办事处主任的具体要求是：每个办事处独立完成下一年度的市场策划方案编制，市场策划部改变定位，仅给予技术性的支持。这就要求办事处更加主动地贴近客户，了解市场，洞察商机，细致地分析和策划下一年度的工作任务，相应的考核指标也就随之而出。从本质上看，市场策划方案编制主体的变更，实际上是对办事处的一种授权，这也是华为几年后大规模向前线授权的起点。

（9）新型财务管理模式：财务系统从核算型会计转为管理型会计。

企业管理的核心是降低成本，提高质量。财务系统在其中应该发挥怎样的作用？很多企业管理者对于这个问题都没有深刻的认识。

一方面，财务信息的敏感程度比其他信息更高、更准确，是企业生产经营的"仪表盘"和"晴雨表"，财务系统提供及时、准确、正确的高质量的会计信息，对企业经营决策十分重要；另一方面，抓财务管理，本质就是要抓资金流通的全过程及全要素，并反过来根据财务信息反馈的指引，诊断出公司经营管理中存在的不平衡的结构性问题，并对其不断调适和优化。企业发展到了一定规模，若不能提前建立有效的财务运行机制，夯实内部管理，提高企业效益，就有可能患大企业病，对财务数据逐渐麻木，最终在市场竞争中被淘汰。

华为要求财务系统逐步由现行核算型会计模式扩展为管理型会计模式，加强预测、决策、分析与控制工作，以达到 1995 年在降低成本基础上做出实际成绩的目标。

围绕这个转型目标，华为根据客观条件分析认为，内部财务运行机制能够形成并有效地运转，取决于公司整体各方面的共同努力，因为任何一个环节不协调都将导致整个机制运转不畅，最终影响整体效益。为此，华为提出着重建立健全货币资金的管理与牵制制度、结算资金的管理与牵制制度、成本费用管理考核制度，以及财务分析和考核制度。

资金管理必须从市场着眼，从抓经营性现金流着手，形成"逆向思维，顺向管理"的格局，将应收账款提到制度建设的高度，在组织上、制度上予以落实。首先，资金管理要纳入企业的综合平衡计划，财务部门应起到纽带作用，而非独角戏式的自搭台子自唱戏。企业的资金运作涉及生产经营的全过程，只有各方面共同参与、齐抓共管，才能消除梗阻，实现资金的良性循环。其次，必须落实资金管理责任制，把财务、资金、计划、生产、开发、销售、采购等部门有机结合起来，形成有机纵横的资金管理保证体系。另外，重视通过内部挖潜增加效益，通过修炼内功降低成本。从推行责任成本入手，以降低消耗为突破口，压缩可控费用，节约支出。

通过以上财务变革，华为从经济管理活动的内在要求出发，提高财务系统三大能力（宏观综合能力、决策参谋能力、布局协调能力），构建了一个适应"大生产、大流通、大市场"发展环境的新型财务管理模式。

（10）"技术市场化、市场技术化"，有效进行技术和市场的融合。

高技术企业容易产生技术倾向，不仅技术人员眼里盯着技术，有些技术人员出身的企业家也有很强的技术情结。实际上，除了真正的尖端科技，纯粹的技术路径和技术方案都是为企业的产品和服务做支撑的，最终都要面对客户需求，解决客户痛点。更何况，一项技术方案从桌面到面向市场，到最终成为一个成熟的主力产品，还需要经历应用场景设计、商业模式验证等环节。

华为深刻地认识到了这一点。虽然华为是高科技企业，但从不妄谈技术，反而提出"市场技术化，技术市场化"的口号。

"市场技术化"，是指市场营销人员要懂得产品和解决方案，要从单纯的关系营销提升为技术营销，要从技术路径的角度谈清楚产品的功能和价值。"技术市场化"，是指研发人员不能沉浸在对技术的迷恋中，而要从技术思维里走出来，走向市场化思维，要懂得技术的价值一定是通过创造能满足客户需求的产品来实现的，唯有市场认可的技术才是有价值的，否则只能是海市蜃楼。1995年，华为号召研发体系的"英雄好汉"到市场一线去，于是一大批博士、硕士从研发体系涌入市场。这些高学历人才走向市场，几年后又回炉研发，通过技术和市场的融合，对华为未来的发展做出了非常大的贡献。

华为明确了"跟随战略"——瞄准世界先进产品进行研发，同时通过自身努力，把产品的性价比做到极致，在市场上取得了巨大成功。但华为也清醒地认识到，即便爆品如C&C08交换机，也只是对已有的产品进行优化和创新，在产品思想上仍是跟随和模仿。为了使企业摆脱低层次的搏杀，唯有从技术创新走向思想创造、理念贡献、标准制定，只有这样才会爆发出巨大的价值。思想和理念的创造，不一定是颠覆性的思想，点滴思想也能汇集成巨大的能量场，而这些思想的火花来源于用户需求。因此，华为动员全公司最有才华、最有能力的精英走出研发的小圈子，走到市场一线，走到用户的身边，了解用户的需求。

（11）从世界一流生产工厂开始，构建全过程管理体系。

市场营销、自主研发、采购生产、安装交付、售后服务，全过程的管理工作量浩大。一般而言，企业会选择自身最擅长、最核心的环节保留自营，将其他环节尽量外包。这种经营模式导致的问题有：一方面，外包就是收益分享，会导致整体营利水平下降；另一方面，外包会导致产品链式价值实现环节不完整，协同存在风险，甚至被其他合作方掣肘。

企业家都懂这个道理，为什么还是选择外包呢？主要原因是管理决心不够大，或者整个组织的管理能力不足。每个管理模块都需要从无到有进行管理体系建设，尤其是前期管理规范化过程痛苦而漫长，企业家很难下定决心进行全方位自建自营。

然而，华为非常强调自营，尤其是核心竞争力的相关领域。营销体系自建，长期坚持不做渠道；研发体系自主，一直强调自主研发而非研发外包；服务体系自控，一直努力建设并夯实售后用户服务队伍，没有把这一块看似价值不高的业务委托给其他外部合作方，甚至连生产制造这个环节，任正非也坚定地主张掌握在自己手里。

华为这样做，就是要求整个管理团队自上而下都沉下心来，长期艰苦奋斗进行全方位的管理体系建设，并最终形成全过程管理体系。可想而知这个过程要付出艰辛和持久的努力。当然，一旦企业把良好有效的管理体系建设完成，就能够支撑从营销到服务全周期的浩大管理工作，管理瓶颈就此突破，并产生马太效应，整个企业的自由度将得到极大提升，就像武林高手打通了任督二脉，全面发展的协调性会突然提升至最佳水平。到那个时候，管理优化将是企业内部的自协调，就能真正更加容易地实现系统性的平衡和优化。

我们现在正在进行ISO 9000工程、业务流程重整、管理信息系统的引进，我们又有这么高的文化素质，两年之内达不到高的管理水平是说不过去的。有了一个良好的管理系统，这个软件就给生产线注入了新的灵魂，也是整个华为公司管理的灵魂。我们将引进先进的生产设备，并自制多种配套关键设备，紧紧瞄准当代先进的测试水平及适合我们工艺的加工设备，建成具有国际水平的一流生产线，这是硬件、骨架。龙岗的工厂，我们将聘请外国设计公司进行设计，建筑群体会达到与世界交换机厂相比毫不逊色的水平。这是外衣。灵魂、骨架、外衣都有可能达到第一流，真正无法实现的是我们的干部没有第一流。我们拟用3年建立世界一流的生产工厂，这个一流主要指的是管理一流、工艺及设备一流、建筑群体一流。

——《目前我们的形势和任务》，1995年12月26日，任正非在1995年总结大会上的讲话

（12）秘书体系和均衡平台。

华为的秘书体系是一大特色。对一般企业而言，秘书的职责只是事务安排、会议纪要编写之类的低要求的文档工作，然而华为对秘书提出了更高的工作要求，赋予其更丰富的管理职责。

其背景是：从1995年开始，华为要推行矩阵式管理，不再采用金字塔式的管理形式。推行矩阵管理之后，势必会形成多个权力中心和事务处理中心，如何管理和操作这些纵横交错的系统，就变成秘书的职责，这是对秘书的更高要求。

基于网络化大规模地推行矩阵式管理后，部门经理就可以轻装上阵，他们主要对一些宏观的、重要的、更需要平衡思维的工作内容进行决策；更多的日常事务则由秘书在公司管理规定允许的一个误差范围内来处理，让部门经理尽量摆脱日常例行化的管理工作。通过这种组织安排，华为不仅最优化了时间资源配置，实现了管理幅度的大幅增强，也锻炼了整个秘书体系，并为其后打造层级化的秘书体系奠定了基础。

在多年的市场拓展过程中，华为一直偏向于对技术和市场的重视，因此，

在这两个部门中，政策倾斜更多，员工较受重视，干部实力也更强。但华为意识到，这种长期的畸形发展会导致公司部门结构失衡，对公司未来的大规模发展形成障碍，因此提出要建立一个各模块均衡发展的系统，并强调秘书在其间发挥重要的调节作用。

（13）人力资源的考核机制和工资改革。

为了配合各体系的转型和公司整体管理变革，华为对人力资源范畴内的考核机制、工资薪酬也进行了改革。

考核机制的改革三部曲：从 1995 年的初始化，到 1996 年的合理化，再到1997 年的科学化。

1995 年，华为展开了以"让雷锋先富起来，使千百人争做雷锋"为导向的工资改革，提高优秀员工的待遇，逐步拉开员工收入差距，从而使华为的分配机制步入合理化，极大调动了全体员工的积极性。工资改革制订了量化目标，即 1996 年要达到人均产值 100 万元，并以每年提升 10% 的速度，使华为的人力资源利用优化到最佳状态，最大限度地发挥员工的优势与潜能。

（14）企业文化。

企业文化是企业发展的灵魂。在形成员工公认的、稳定的企业文化之前，企业是缺乏脊梁的，抗击打能力比较弱，随时可能倒下。广义的企业文化更是管理的精髓，其外延包含如何规范员工的行为准则，如何增强沟通与理解的桥梁，这两点甚至能成为同客户交流的增信措施。

华为从 1995 年开始重视企业文化的建设，通过对企业文化的提炼和总结，强化坚持集体奋斗的决心，不断优化和改善工作，逐步与国际接轨。华为的企业文化教育分阶段开展，先从中高层开始，在取得了一定的成功之后，再逐渐向基层员工延伸，目标是企业文化教育全覆盖，让每一个认同企业文化的华为人都必须具有华为文化的内化特征。

华为认为，包括组织变革、管理变革在内的所有企业自身变革，都要建立在强大的企业文化教育基础上。只有夯实企业文化，上层结构的变革才能稳定持久，才能推动华为大规模向前发展，使华为走上健康成长、良性循环的道路。华为有信心，即便有一天公司失去了所有物质财富，但只要拥有认可华为文化的员工，就可以再造一个更新的华为。

华为正在进行企业文化的教育。建立以国家文化为基础的企业文化是公司全体员工的黏合剂。爱祖国、爱人民、爱公司；奉献社会优质产品、优质服务；团结奋斗、拼搏，建立利益共同体；尊重知识、尊重人才、平等沟通；民主决策、权威管理。这些从华为创建第一天就坚定的信念，正在演变成一种文化，并激励自己。它是公司最宝贵的无形资产。

——《目前我们的形势和任务》，1995 年 12 月 26 日，任正非在 1995 年总结大会上的讲话

1995 年，华为加深 ISO 9000 的贯彻，启动业务流程重整、管理信息系统的引进，并且有了起草公司基本法的计划，这些都是促使管理体系更为科学合理的手段和措施，也是 1995 年、1996 年两年华为的战略重点。

这些管理手段的实施使华为的管理体系建设上了一个台阶，管理体系向标准化、科学化、国际化靠拢，也逐渐具备大规模承接几年后轰轰烈烈的管理大变革工程的基础土壤。

○ 1996 年　第二次创业规划：国际接轨十年三步走

1. 业务进展

（1）C&C08 交换机在香港和记电讯商用，首次服务内地以外的运营商。

（2）5 月 13 日，首次参加 1996 年俄罗斯国际信息通信展。

（3）与香港和记电讯签订 3600 万美元的合同，为其提供固定网络解决方案，实现华为海外市场的历史性突破。

（4）公司总部由深圳南山深意工业大厦搬入南山科技园。

（5）继上海宝钢后的第二个企业博士后工作站挂牌，8 位博士后入站。

（6）竞争对手主要是大唐、中兴、上海贝尔等。

（7）开始进军北京，标志着从农村走向城市。

（8）员工达到 2400 人，形成了覆盖全中国（不包括港澳台地区）的营销

网络，以及延伸到美国、中国香港的采购网络，为 1996 年销售额达到 26 亿元人民币提供了坚实的保障。

2. 管理变革

2.1 市场部集体大辞职

由于传统历史文化的影响，国内企业的职业经理人普遍存在"上去下不来"的状况。从感情上说，身处高位的职业经理人毕竟为企业发展做出了历史贡献，况且人都有自尊、要面子，除非触犯了企业的规章制度，一般而言，从情义上讲企业很难对其做出降职的决定；但从理性上看，职业经理人和企业本质上也是市场关系，是价值交换的关系，当职业经理人的能力无法满足企业继续发展的要求时，只能让更优秀的员工上去，这既是企业新陈代谢的内在要求，也是为社会和客户持续提供优质服务的必要条件。

为了迎接 1996 年市场大战，在 1995 年年底，华为要求所有市场部正职干部提交述职报告。这个述职报告与往年的不同，一方面是例行的要求，包括总结并检讨 1995 年的各项工作，制订 1996 年的工作计划；另一方面，总部对这次的述职报告提出了一个特殊的要求，即要求市场部的干部们在递交述职报告的同时，也要提交辞去正职的报告，经总部评议后，在两份报告中批准其中一份。辞去正职的报告一旦被批准，就意味着面临降级的正职只有两个选择：要么痛定思痛，重新开始；要么离开华为。

华为对市场部的要求非常高，期待也非常大，说不清楚怎样管理办事处，说不清楚怎样开拓市场的人，是不能做正职的，公司每年都会对照述职报告检查工作。更深层的期望是，华为希望让市场部这个尖刀部门和先锋队首先做出表率，不仅对所有的正职干部都有这个要求，而且对各区域和各办事处主任也都照此要求，未来形成对干部管理的层层考核，逐渐推广到各个部门，甚至覆盖全公司所有部门，用这种方式把强烈的危机感传递给各级管理者。

从 1995 年 11 月给市场部打预防针，到 1996 年 1 月 28 日赶在春节前完成了历时一个月的市场整训活动，市场部全体正职发表集体大辞职宣言，首开"干部能上能下"的先河。

市场部作为公司的先锋队，六年来建立了不可磨灭的功勋，受到了全公司员工及用户的信任与尊重。我同样与他们朝夕相处，是充满了感情的。我热爱他们，特别是那些牺牲自己、为明天铺路的员工；但我也热爱明天，为了明天，我们必须修正今天。他们的集体辞职、接受组织的评审，表现了他们大无畏的毫无自私自利之心的精神，是全公司员工学习的楷模。

——《当干部是一种责任》，1996年1月28日，任正非在市场部全体正职集体辞职仪式上的讲话

市场部的集体大辞职，背后体现的精神是意义深远的。

首先，这个行动打破了中国企业干部能上不能下的顽疾，是与国际接轨的里程碑。与国际接轨，核心是职业化、制度化"让贤思想"的接轨。没有干部的国际接轨，所谈的国际接轨都是空中楼阁。

干部能上能下应该被视为一种正常、客观的现象。不唯资历、不唯面子、不唯情感，只看业绩、能力，这才是对干部岗位的客观认知。今天上来的干部有可能明天会下去，现在下去的干部不见得将来再也不上来，把暂时的挫折视为洗礼，视为凤凰涅槃前的考验，痛定思痛，经过再奋斗，重新进入重要领导岗位，这样的干部才会更加坚强和优秀，成为企业宝贵的财富。这就是"烧不死的鸟就是凤凰"口号的由来。

其次，这次干部大调整的行动，提升了员工精神上的普遍活力，打破了原本的固化思维，把阻碍因素转化为动力。市场部集体辞职所表现出来的"抛弃小我、融入大我"的精神特质，真正把公司的利益视为最高利益，这种团结和奉献精神持续感召着大量年轻优秀的员工。

最后，由于市场部的先发启动，华为每个部门都感到了震撼，也都在自觉不自觉地受到影响和冲击，就像打破了隐形的思想桎梏，整个公司从上到下受到洗礼，精神面貌焕然一新。在公司各个部门的各个领域，这种影响不仅巨大，而且深远，三到五年之后（大约2000年前后）所表现出来的积极意义更加明显。

1996年，华为已经开始谋划第二次创业。市场部的集体辞职，作为制度化

让贤的表态，在华为第二次创业过程中意义重大。"市场部集体辞职事件"将记入华为史册。

2.2　市场部集体大辞职延伸的干部素养问题

任正非在市场部全体正职集体辞职仪式上做了题为《当干部是一种责任》的讲话，跳出这次集体大辞职行动本身，向干部们循循善诱地谈了很多关于干部素养的理念。

首先，任正非认为企业高中级干部的修养，直接决定了企业发展的持久性。成功的三要素是天时、地利、人和。前两者是外部因素，基于前两者的成功，有一定的偶然性；只有"人和"创造取得成功，才真正体现了领导力，是可以复制的成功。高层干部要善于营造"人和"的氛围，把内外部每一个人都凝聚和调动起来，朝一个方向努力。这是一个优秀干部取得成功的基础，也是一个企业成功的基础。

其次，每位管理者都要有接班人意识。骨干员工必须努力培养接班人，而且接班人要能超越自己，"长江后浪推前浪"，这才是事业源源不断发展的动力。华为不仅提出要善于识别有强烈敬业精神的人，同时也提出评价人才要"看主流、看本质、看发展"，"看素质、看受过的基础训练、看品质"，不求全责备，不以偏概全。

再次，对人才的选拔，要破除论资排辈的习惯思维。华为要求人才选拔的责任人克服不求进步的管理惰性，要注重人才的实绩，在竞争中择优。所谓竞争择优，就是指优秀人才只能在本职工作中脱颖而出，做不好本职工作的，就做不好更重要的工作。一方面，华为提倡个人要有强烈的进取精神与敬业精神，没有干劲的人不能进入高级干部考量序列；另一方面，更加注重人才所领导的整个团队的进取与敬业精神，领导力是选拔人才的一项重要考量指标。

最后，一个企业到达一定规模时，运营管理就像神经元之间必须建立网状神经链接一样，必须增强管理沟通和协调管道，没有协调就没有运动。在规模较大、高速运行的公司中，分工严格，实行矩阵管理，沟通协同显得尤其重要，是保证企业机器顺利运转的润滑剂。当一个员工的眼睛只盯着自己的一亩三分地，不愿同他人用灵活的会议形式调整多方关系时，这个员工的价值已经大大降低；当一个部门不愿与别的部门协调时，这个部门也就没有存在的必要。华为要求从个人到部门必须转变工作作风。

部门正职和副职的侧重点也不同。各大部门的正职抓部门建设，抓与周边关系的协调，紧紧抓住那些重要而不紧急的事务，以引导部门向正确的方向前进。部门副职则负责日常的、紧急而不重要的事务，一步一步地把部门向前推进。

2.3 思想上的艰苦奋斗

和国外企业打过交道的企业家都知道，优秀的外国公司不浮躁，能沉下心对待工作，做任何一件小事都十分认真，甚至较真，因此每一个微流程都做到了充分优化。

在华为的管理优化会议上，大家经常会反问：管理是不是还可以改进？在哪个点上还能进一步改进？华为坚定地认为，只要愿意深入探究，就一定会找到优化的钥匙。任何一个岗位都有创造性，任何一个岗位都有绩效提升的改进点，优化空间是客观存在的。如何找到每一项工作的改进点，不仅是管理优化的基本功，更需要艰苦奋斗的精神。

任正非对"艰苦奋斗"四个字进行了剖析，强调思想上的艰苦奋斗才更有价值，才是真正的艰苦奋斗。

> 一般人只注意身体上的艰苦奋斗，却不注重思想上的艰苦奋斗。科学家、企业家、善于经营的个体户、养猪能手，他们都在思想上艰苦奋斗。为了比别人做得更好一点，为了得到一个科学上的突破，为了一个点的市场占有率，为了比别人价格低些，他们在精神上承受了难以想象的压力，殚精竭虑。他们有的人比较富裕，但并不意味着他们不艰苦奋斗，比起身体上的艰苦奋斗，思想上的艰苦奋斗更不容易被人理解，然而也有更大的价值。评价一个人的工作应考虑这种区别。
>
> ——《我们要向市场、开发、创造性工作倾斜》，1996年，任正非在工资改革汇报会上的讲话

思想不经磨炼，就容易满足和钝化。华为提出要鼓励员工带着热情、好奇心和成就欲望去持续探索改进工作的点滴空间。

如果在研发员工的眼里，提交的任何成果都是不完善的，永远都需要优化，那么他就进入了科学家的境界；如果生产线上的员工每天都对工艺流程充满改进的渴求，都想再寻求产品质量提升的不同路径，那么他就有了发明家的气质；如果营销人员不满足于眼前的一点成功，而"读书又读人，读人再读书"，那么他就会螺旋上升，快速成长为战略专家。

任何员工，只要一边工作，一边思考，一边善用纸笔总结，就会汇聚点滴的进步，通过几年持续积累，其综合能力就能得到大幅提升。个人不断提升，整个组织也就获得了极大提升。

任正非曾说"成功是一个讨厌的教员，不是引导走向未来成功的可靠向导"，因为它诱使聪明人认为他们不会失败。他提醒全体员工，尽管华为已处在一个上升时期，但与国内外优秀企业的差距还很大，只有戒骄戒躁，长期保持锐意进取、不甘落后的心态，在思想上持续艰苦奋斗，才有可能避开繁荣里的重重危机。

2.4 打造火车头：工资改革的导向效应

华为的工资一直存在明显的倾斜特征，在相当长的时间里向市场、研发等创造性、价值型岗位倾斜。

即便如此，1996 年华为依然高呼缺少"高收入火车头"，要坚定不移地加大倾斜政策力度，明确提出要在很长一段时间内维持向市场人员、研发人员的倾斜，客观上拉开收入差距。华为一方面将会持续保证作战队伍受益最大；另一方面通过长期倾斜，希望人为造成收入差距，传递差距背后的价值导向。

这项工作上升到工资改革的层面，其目的也上升到合理推动公司的管理。工资向承受压力大、工作难度大、战略性强、创造性高的工作岗位倾斜。很快，"火车头"不再局限于研发和市场，在管理、生产、质量和其他领域，都在打造"火车头"。

华为公开提出，不保证收入上所谓的公正和公平，认为这反而是最大的不公正。大锅饭、收入均衡的做法，实际上抹杀了不同岗位承受的压力存在巨大差别这一客观现实，是对最优秀员工的高价值贡献视而不见。

华为毫不避讳用最基本的物质手段作为杠杆激励员工，防止怠惰和流动性不足。例如，华为不断研究探索如何用高额收入鼓励优秀员工克服个人困难，长期留在外国工作；如何学习外国知名公司采用"超期望"的薪酬福利倾斜，以吸引高端精英加入华为。华为始终认为人才是公司发展的"火车头"，是"列车"的动力源，必须把这些"火车头"加满油，才能驱动整个企业列车快速前进。

2.5 成立海外市场部

1996 年，华为在国内一路高歌猛进时，看似随意地成立了海外市场部，开始海外业务探索。实际上，这是一个非常具有前瞻性的战略决策。几年后，这个当年看似不起眼的决策，帮助华为走出了巨大困境。同年，华为建立俄罗斯代表处、白俄罗斯代表处和前南斯拉夫地区代表处，开始在这几个国家进行实质性的业务拓展。

2.6 国际接轨十年三步走

任正非在内心深处一直与欧美同行进行对标，也提出过企业能力要达到国际化水平，但真正提出国际接轨的战略步骤是在 1996 年。

随着业务收入和公司规模的快速增长，华为在创业期取得巨大成功，使企业获得了前所未有的条件、能力和底气，也使华为有足够的资金实力去系统地克服超高速成长中积累的问题。华为开始有了捕捉更大的战略机会的勇气和胆略，希望找到从根本上脱胎换骨、获得内在可持续成长的生命力源泉。

这个源泉就是全面实现与国际接轨。华为制订了宏伟的战略计划，计划在十年之内分三步走：首先，用三年的时间，实现管理与生产工艺的国际接轨；其次，用五年的时间，实现市场营销与国际接轨；最后，用十年时间，在多产品、多领域的研究及产品品质上与国际著名公司接轨。

当年看来，这是一个远大的梦想，似乎路漫漫遥不可及；多年后回顾，这其实是一个伟大的战略计划，正因为 1996 年设定了这个计划，并脚踏实地去践行，才有了日后的厚积薄发，终成行业翘楚。

2.7　1996 年推行 MRPII

国际接轨战略的第一项举措，就是华为在 1996 年投资了 1000 万元人民币引进 MRPII（manufacturing resource planning，制造资源计划）软件。

一方面，华为通过强化业务流程重整的力度，把 ISO 9000 作为底层管理要素，用 ISO 9000 规范每一件事的操作，为后继的开放式网络管理创造条件；另一方面，华为用 MRPII 管理软件将业务流程程式化，实现管理网络化、数据化，进而强化公司在经营计划、预算、经营统计分析与审计方面的综合管理。两者的相互关系是，先把 ISO 9000 做成功，再用 MRPII 去巩固，形成 ISO 9000 实效，否则 ISO 9000 没有实际价值。

对此，华为设定的目标是，通过一到两年对 ISO 9000 和 MRPII 的叠加运用、消化巩固和持续提高，使企业管理水平和生产管理水平达到国际水准。

2.8　ISO 9000 要从必然王国走向自由王国

什么是企业的财富？有人说是固定资产，有人认为是人才。华为认为，从企业发展的角度来看，企业的财富是管理，是管理体系，是支撑起管理体系的日积月累的管理文档。宏观构架的管理固然重要，但微观管理在企业里比宏观管理更为重要。微观管理管什么呢？最后落脚点就是 ISO 9000 和 MRPII。

华为认为，建立以 ISO 9000 和 MRPII 为基础的管理体系至关重要，一旦公司出现了意外，只要这些包括工程技术文档在内的管理精华还在，就可以重建一个华为。这就是"企业最大的财富是管理"的含义。

说华为公司的管理是财富，在哪儿？你们的人走光了，华为公司就没有财富了，怎么能说财富在这儿呢？没有。当我们颠来倒去把我们的管理制度运行得很好了，你们走有什么影响呢？公司的管理还在，我们可以拷贝建一个工厂，再拷贝，再建一个工厂，那不就是财富了吗？

——《管理改革，任重道远》，1996 年 12 月 2 日，任正非在管理工程事业部工作汇报会上的讲话

1996 年，华为管理体系的两大基石分别是 ISO 9000 体系和 MRPII。其中，ISO 9000 体系是规范化管理的基础体系，是基石中的基石。为了推动 ISO 9000，华为采取了以下措施。

第一，ISO 9000 体系推动的主体部门，从最初的一个咨询级别的工作机构，逐渐转化成一个权力机构，即定位为总裁办公室级别的 ISO 9000 办公室，从组织保障上给予足够高的地位。很多企业也有 ISO 9000 办公室，可要么是形同虚设的机构，没有什么影响力；要么是权力机关，靠行政权力施压。华为的 ISO 9000 办公室不是一个实体编制的办公室，而是一个虚拟的机构，由一大群分布在各部门的专家组成。这些分布式存在的 ISO 9000 人员都是管理人员，更加贴近真实性和科学性，他们认可 ISO 9000 的意义，用理性帮助身边员工去理解 ISO 9000 的价值，用他们的潜在影响力完成推动 ISO 9000 的目标。

第二，为了让组织机构适应未来十年或更长时间的管理要求，华为采取组织解决的方式来推行 ISO 9000 在全体系落地。具体来说，就是采用"干部大循环"的方式，由 ISO 9000 办公室抽调一个骨干，带几个员工，形成若干个工作小组，下放到各个系统和部门。下放的骨干被任命为副职，帮助部门正职学习和推动 ISO 9000。一段时间后，如果正职还没有学明白，就请那个正职到 ISO 9000 办公室继续学习。用这种组织派遣"政委"的方式，迫使各部门一把手认真对待，效果非常明显。

第三，参照军队通过喊口号保持步调一致的方式推动 ISO 9000。先是部门一把手学习，之后部门的其他管理者也必须学习推动 ISO 9000。学习是动真格的。ISO 9000 办公室要求所有干部都必须参加 ISO 9000 考试，对不及格的立刻取消干部资格。华为用这种"一二一"喊口号的方式，推动管理干部思想的统一，体现出管理推动的战斗力和共振力。

管理是永恒的主题，即使建立 ISO 9000 流程，流程还会随着业务发展发生变化。华为在推动 ISO 9000 的攻坚战时，就已经在考虑下一阶段的管理优化工作了。

首先，为了深化 ISO 9000，更好地推进规范化，下一阶段第一项工作就是在 ISO 9000 办公室考核牵引下，让正职领衔抓培训，包括：研发产品线一把手抓本产品线的 ISO 9000 培训，车间一把手抓本车间的 ISO 9000 培训，制造部的一把手抓制造部的培训……

其次，物流和资金流是华为最重要的两大流，华为不惜投入重兵，连续打两场攻坚战。ISO 9000 在制造和物料系统取得了很好的贯通后，下一步贯通的重点就放在资金管理上。华为要求财务所有文件都要 ISO 9000 化，所有流程描述都要准确，都要科学化、标准化。

最后，当 ISO 9000 的运用逐渐成熟之后，各部门就要反过来对原有体系提出挑战，先立再破再立，先教条后破教条，通过挑战和问题探究思考和产生新的思想，形成波浪式的前进。为了发现问题，华为甚至成立了专门的小组负责这项工作。

既要规范化，又要灵活性，两者辩证统一，这就是华为眼中 ISO 9000 管理的"活化"，也就是所说的 ISO 9000 从必然王国走向自由王国。

2.9　成立终端事业部

1996 年注定是不平凡的一年，除了成立海外市场部开始探索海外业务，华为还成立了终端事业部，这是第二个具备长远战略意义的重大决策。

同样，这个决策在当年也并不起眼，而若干年后成就了华为举足轻重的核心业务，把华为推向另一个发展高峰。回过头来看，华为对长远战略机会点的把握，来自于其战略储备长线孵化的胸怀。

2.10　第二次创业

组织的形成和发展缘于专业协作的需要，一个企业从小到大，组织的形态也在不断发生适应性变化。一般而言，企业的发展分为好几个阶段。

一个企业处在初创阶段时，企业家本人担负着多种角色：既跑销售，又搞市场；既是生产车间主任，又是研发的总指挥；既要负责管理，又要负责人力资源和财务。这个阶段的企业家用自己的勤奋寻找生存的机遇。

随着企业发展，业务越做越大，人员越来越多，企业家一个人的管理精力和管理幅度有限，就要聘请中高管分担管理压力。例如，企业聘任副总经理负责某个板块的工作，让职业经理人发挥企业发展所需的专业能力，也让企业家有机会摆脱部分管理事务，专注于战略、人才引进等更重要的事项上。通过这种组织架构的调整和适配，以及相应的利益分配机制的调整，企业获得了更大的发展机会。

企业继续发展，业务爆发，进入快速发展期后，大量的优秀人才蜂拥而至，创业者和少数职业经理人的能力、精力已不足以承担原来的职能，甚至成为阻碍企业发展的瓶颈，这时候就必须再次完善组织结构，建章立制，规范化，程序化，并在更大范围内调整利益的分配格局，这样才能吸引更多的优秀人才进入企业，培养他们成为企业的核心，这个核心就是"职业化的管理阶层"。

1996年华为正处于这个阶段，这个阶段被称为华为第二次创业。华为规划先在科研上瞄准世界上第一流的公司，用十年的时间实现各方面的管理同国际接轨。

华为的第二次创业，以股份化、国际化、集团化、多元化等为特征。第二次创业和第一次创业最本质的区别就是：第二次创业是从企业家管理向职业化管理过渡，走向程序化、规范化、制度化的管理。其实，华为在1995年就已经开始了以"分责、分权"为口号的组织改革，因为华为发现，公司发展到这个时期，需要非常多的干部担任各项职务，以分担一定的责任和压力，而多中心的运作方式造成了各种矛盾，只有通过第二次创业，才能实现企业管理体系的脱胎换骨。

2.11 《华为基本法》

企业文化是个大概念，从使命、愿景、价值观，到战略、治理、组织、人才选拔、利益分配等，最终提炼出一套完整的价值体系。这既是一个全员共遵共享的思想和行动指南，又是一个全员共建的长期过程。

为了总结过去的管理经验，并形成在宏观上引导企业未来中长期发展的纲领性文件，华为于1996年6月开始起草《华为基本法》。

《华为基本法》是组织的宪法，为全体员工提供共同的企业发展价值基础，为每个员工的发展和成长提供方向，更为企业未来指明宏观方向。这个宏观方向以企业内部法的形式正式发布，就像定海神针一样稳住企业发展的长期预期，使企业不受机会主义的影响，不偏离初心。

如果说企业文化是公司的精髓，那么《华为基本法》就是企业文化的精髓。华为超越了简单的企业文化，把《华为基本法》定位为全体员工的心理契约。围绕这个定位，华为要求每个员工都要投入《华为基本法》的起草与研讨，通过群策群力，达成共识，为华为的成长做出共同的承诺，并指导未来的行动。华为希望通过这个共创共建的过程，达成公约，不仅提升每一位华为人的胸怀和境界，提升在大事业和目标上的追求，也在实际上统一全体员工的思想，形成普遍一致的认识事物的共同价值基础，上下同欲，全体大踏步、坚定地朝着共同的宏伟目标努力奋斗。

1996 年 12 月，经公司全体员工及专家组的共同努力，《华为基本法》草案在公司内部公布。华为计划再用一年的时间不断完善，广泛听取大家的意见，并打算于 1997 年年底正式公布。

华为认为，《华为基本法》的学习应该分层次。《华为基本法》实质上是对企业核心价值观的宏观性描述，对担任领导干部职务的员工有重大指导意义，必须好好研究和学习。但对一般员工不强制要求学习，因为《华为基本法》对做具体事情没有很大的指导意义，一般员工只要学习企业文化即可。当然，华为鼓励追求进步的普通员工能够积极主动地拥抱《华为基本法》。

2.12　业务流程重整三个层面

管理不畅的企业通常会出现一个奇特的现象：前方将士感觉外面客户的工作都好做，最难做的反而是公司内部的工作。这个现象背后，可能有后方职能部门故意卡前方市场部门"脖子"的部分原因，但更常见的原因是前方、后方对彼此业务流程的理解和衔接不协调，出现了非故意但的确客观存在的障碍。华为在 1996 年启动的管理改革就是为了解决这一障碍（见图 3-1）。

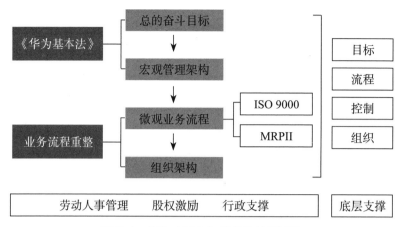

图 3-1　华为 1996 年管理改革规划图

这项管理改革主要涉及三个层面，以业务流程重整为主。具体来说，华为抓了三个层面的工作。

第一个层面是顶层设计，通过起草《华为基本法》，设立企业管理的宏观架构，围绕公司总的奋斗目标，建立一个宏观管理架构，指导具体的管理工作。如果没有宏观管理框架，容易缺失方向感，管理就会因为缺少地图和坐标，逐渐走向务虚，形成不了合力，结果只会增加内耗。

第二个层面是业务流程重整，在宏观控制架构的指导下，建立微观调节系统。业务流程重整就是把《华为基本法》所规范的内容，用一个个程序、规定、制度、表单体现在工作流程中。现阶段业务流程重整包括两个方面的内容：一个是MRPII，把所规定的行为准则全部用计算机程序定义下来，规范行为，提高工作效率；另一个是ISO 9000，将业务流程及操作体系化、文件化、手册化，一切按文件行事，规范每一个行为。业务流程重整的关键工作是把各类工作进行梳理、分类，然后根据业务内在责任逻辑，结合组织结构中的角色，进行标准化。

第三个层面是劳动人事管理和行政管理的规范化建设。这是底层支撑性工作，按照华为的惯例，依然由骁勇善战的市场部首先开始，再扩展并复制到整个公司。

以上三个层面的工作是相辅相成的。《华为基本法》和业务流程重整从上到下建立整个公司的奋斗目标、管理架构、流程和相应组织设计，劳动人事管理则从最底层激活整个公司。

2.13　研发的三大系统

很多企业设有研发部门，但其组织架构各有不同。一般的企业，由于产品线的广度和复杂度有限，研发架构普遍比较简单。华为因其具有异常丰富的产品线，故实行研发大架构管理。

1996 年，华为形成了以"产品战略研究规划办公室""中央研究部"和"中试部"为主的三大研发系统。三个系统不仅有先后次序，而且分工明确。

产品战略研究规划办公室确定"做什么"，其主要职责是梳理客户需求，沿着市场方向指引研发方向，避免研发走错路，确保研发出来的产品符合市场趋势，能够很好地满足客户需求和痛点。

中央研究部负责"如何做"，其主要职责是全力以赴进行研发攻坚，尽快让产品面世，甚至必要时，整合研发体系内部各方面资源组织大会战，推动大型产品集成或高难度研发顺利完成。

中试部的主要职责是"把产品做好"。通过反复推敲、打磨、测试、优化，去芜存菁，推动产品研发成果的商业成熟度提升，确保产品面世后在同类型产品中性价比最高。

先确定做什么，再全力攻关如何做，最终用工匠精神把产品做好。三大研发系统各司其职，确保研发工作的效率和价值。

2.14　人才政策四阶段

"德"与"才"在干部选拔上哪个优先，一向是管理者思考的问题，也一直是管理者面临的难题。

华为在不同时期对干部选拔偏重德还是才，其实做了动态调整。

华为创建初期是"以德为主"，比如，当年华为就是把品德最优秀的人往物料部输送，其后，物料部为华为的发展做出了巨大的贡献，这些品德高尚的员工对公司初期高速发展发挥了举足轻重的作用。

但创建初期偏重德，造成公司的发展不够平衡。在进入发展壮大的准备时期后，华为的人才政策相应地转变为"德才兼备"，以"先德后才"的原则选拔干部。德依然优先考虑，是基本的前提条件，在具备品德的条件下，选拔才干更加突出的员工，从而整体提升组织的市场竞争力。

华为进入高速发展时期后，开始转为以"才德"选拔干部，首先看重才干。这个阶段看重实践，注重实干，认为必须把人放到实际环境中去锻炼、去提升、去加强自我修养。这个阶段，华为对"德"的解读是，不能因为先看中某个员工的德，所以给他安排一个工作，而是对想努力的员工给予百分之百的信任，让他放手去干，干好了，就证明员工的德很高。把"千里马"关到猪圈里，千里马永远不能被发现。所以华为给所有人一个赛马的机制和环境，不管他是千里马还是普通马，只要愿意，就给他赛马的机会。当然，赛马的过程并非不再对德进行控制、考核了，而是先让马跑起来，然后再来评价这匹马。在这样的用人理念下，华为给众多员工创造了更多公平的发展机会，在过程中鉴别、评价和考核干部。

随着华为的发展逐渐走向成熟期，通过跑马、赛马和鉴马，真正的千里马不断进入公司越来越高的管理层与核心组织。1996年任正非预计到20世纪末，华为的核心中枢可能会有四五千人的规模，要想进入这个核心，"德"肯定是首要的。因为能走到这么高层次的人，才干都相差无几，但如果没有"大品德"，肯定不会被核心组织的其他成员认可，这是个辩证的过程，最终还是德高者才能进入高层。

综上，华为关于人才评价的"德与才"辩证关系分为四个阶段，从以德为主，逐渐走向德才兼备，再到才德兼备，最终还是德高者居高位。

2.15 低重心战略

1995年，华为向日本和德国学习一丝不苟的实干精神，提出了"低重心战略"。低重心战略是指：高层作势，基层做实，总体重心要放低。

那一年，日本神户钢铁公司到华为进行了一次培训，培训之后给出的评价是"华为员工太聪明了"，暗指太聪明的人做事情不踏实。经过反思，华为呼唤员工要做实，呼唤在做实中产生一代管理英才。华为号召基层员工从一点一滴的每件小事做起，提出"伟大产生在平凡当中"的口号。同时，评价基层员工时，用实实在在的指标评价每件事情做得到底怎么样，测试发现多少问题，产品合格率达到了多少，是否做好每一次统计、填好每一张表格、编好每一份标书。

华为计划花一两年时间实行低重心战略，各个层级都强调要在做实上下功夫。1996年更加强调抓做实，通过干部提拔来抓"低重心发展"。对基层干部的提拔，华为的做法是从做实的干部里挑选，做实不够的干部要下放重新从工人做起。对基层干部的薪酬调整依据也是其做实程度。

> 华为要培养优秀的科学家、营销专家、管理者，但我们整个培养工作要实行"低重心"战略，要重视普通员工、普通岗位的培训。要苦练基本功，培养技术过硬的钳工、电工、厨工、库工、工程师、秘书、计划员、统计员、业务经理……每一个人、每一件工作都有基本功，要把员工"做实"紧紧抓住不放，否则大好形"势"就浪费了。
>
> ——《反骄破满，在思想上艰苦奋斗》，1996年4月6日，任正非在十大杰出员工表彰大会上的发言

华为通过实行低重心的管理促进发展，通过做实实现生产能力的增长，同时减少资源浪费，坚定不移地在做实中贯彻成本否决制度，持续有效地降低生产成本。做实之后，华为凭着低重心战略，业务能力大幅提升，业绩增长高达三分之一以上，朝着国内市场龙头企业地位坚实迈进。

1995年，在全国程控交换机供过于求的不利市场环境下，华为却以极佳的性价比，使发货量逆市上扬，甚至因为产能瓶颈，不得不限制销售。在持续几年的市场低潮下，华为鹤立鸡群，自1996年开始，完成了三年大飞跃。1996—1998年是华为公司超大规模发展的三年，随着市场的高歌猛进，管理架构也不断主动优化，《华为基本法》凝聚了上下共识，自此蕴藏的力量开始渐次爆发。

第二部分

15年巨大管理变革工程

（成长期，1997—2011年，15年）

华为的成长期，也是华为构建和不断优化管理体系的第二个创业阶段。这个时期，华为完成了历时15年的巨大的管理工程变革，涉及组织变革、流程建设、考核体系、薪酬体系、企业文化等方方面面，最终培养了职业化的管理阶层，实现了华为从企业家管理向职业化管理的过渡。

同时，这个阶段也是华为成长为国际化企业的核心阶段，从迈向国际化，披荆斩棘，一步步最终走向全球化。

华为的成长期大致可以分为三个阶段：3年发展大飞跃时期、4年拓展海外新兴市场的国际化初期，以及8年全面国际化时期。

在漫长的15年成长期里，就像所有生命体在成长过程中必定会遇到艰难险阻一样，华为也经历了多次危机，包括从2001年开始的华为的冬天、与思科的诉讼案、2002年差一点卖给摩托罗拉、2006—2011年产业最困难时期全行业毛利率下降，等等。15年成长期的前两个阶段，从1997年到2003年，是华为成长的困难时期。华为的旗手任正非，也因为过度操劳导致身体健康被严重侵蚀，不仅患上高血压、糖尿病，还因癌症做了两次手术。然而最终，华为在任正非的坚毅带领下，挺过了暴风骤雨，熬过了冬天，康健了机体。烧不死的鸟就是凤凰，凤凰涅槃后的华为，自信而稳健地走在成为国际领军企业的路上。

这是华为发展过程中最精彩的一个阶段，也是最值得其他企业深入研究、学习，吸取管理养分的阶段。

第四章
大飞跃式超大规模增长时期

（1997—1999 年，3 年）

1997—1999 年是华为发展超快、超大规模增长的三年。

首先，从业务上，华为经历了八年的艰苦奋战，1997 年是开始走向飞跃的第一年。通过市场形势分析，华为把 1997 年原计划 50% 的增长目标，调整为不设限地超大规模扩张。华为认为 1997 年的市场包括国内和国外两个市场，整体会产生一系列飞跃。

其次，随着农村包围城市战略的实施，华为已经成功地从农村市场走向了城市。在 1997—1999 年的三年时间里，华为又扩大战果，把主要战场从一般城市扩展到国内主要城市。

同时，面对梦寐以求的大好时机，华为清醒地认识到，要想利用好这次发展大机遇，首先要求内部是一个非常稳定、高效有序的整体，各个方面都要有能力适应。也就是说，内部管理的高水平是 1997 年大发展的前提和根基，否则，即便业务得到大规模扩张，若内功不行，也会因发展过快遭到反噬，一旦速度降下来，组织和管理只会留下千疮百孔。

1997—1999 年也是华为管理转型的三年。

《华为基本法》总结了过去八年的经验，是未来十年发展的纲领性文件，它牵引华为从企业家管理向职业化管理转型。一系列的子基本法也在这几年产生，对各项工作给予具体的指导。顺利度过转型的三年后，华为转变成一个内耗小又充满活力的公司。

这个阶段，华为从力求温饱转向狠抓管理。过去，华为处于解决温饱的状态，一切管理精力都围绕和聚焦在与温饱最密切相关的方面，公司的经营重点是一面抓产品开发，一面抓市场拓展。几年下来，对研发人员和市场人员都有了较好的评价体系。但是，华为对此外的其他各个模块，对整个大后方，包括生产管理体系等都没有明确定位。华为发展到这个阶段，生产、采购、人力、财力等已与以往不可同日而语，如此复杂的体系，管理的难度与深度都是相当大的，所以随着公司的发展，华为开始狠抓管理。

这几年是华为确立在中国通信领域领导地位的至关重要的几年，华为打算凭借积蓄了八年的力量，在中国全面争取与外国竞争对手平起平坐的机会。

○ 1997年　Hay Group 人力资源管理变革与 IBM 的管理诊断

1. 业务进展

（1）1997年之后从中国农村市场进军城市市场。

（2）1月26日，华为龙岗生产中心奠基。

（3）1997年，C&C08 交换机进入俄罗斯，首次进入国际市场。

（4）华为科研投入达4亿元，占全年销售额的10%，从此开始长期持续的研发投入。

（5）宣布正式推出自行研制的无线 GSM 解决方案。

（6）5月27日，中国科技大学—华为信息技术研究所正式成立。

（7）分别与摩托罗拉、IBM、英特尔、Sun、高通、德州仪器和微软成立了联合实验室。

（8）成功举办莫斯科电信展，这是华为在海外举办的第一个展览。

（9）华为与铁道部合资成立北方华为。

（10）华为从"一台一台卖机器"的销售模式，走向"网络型"销售模式，销售额达到41亿元人民币，员工达6000人。

2. 管理变革

2.1 与 Hay Group 合作人力资源管理变革

1997 年华为开始与 Hay Group（合益集团）合作，进行人力资源管理变革，变革内容包括职位体系、薪酬体系、任职资格体系、绩效管理体系及员工素质模型等人力资源的方方面面。

2.2 狼与狈

外界熟知的华为"狼文化"，其实是"狼与狈文化"的一个子集。

成语"狼狈为奸"原本是贬义词，但华为看到了狼与狈在配合机制上的独到之处，提倡在管理中仿真借鉴。狼与狈的配合，是指狼在进攻时，狈在其后密切配合，它用前腿抱住狼的腰，用后腿蹲地，推狼前进以支持狼的进攻，形成狼狈之势，于是狼与狈在进攻时成为一体，形成强大的攻击力。

华为在研发、市场等进攻型、扩张型部门，建立了一个适应"狼"生存发展的组织和机制，以吸引、培养大量具有强烈求胜欲的进攻型、扩张型干部，激励他们像狼一样嗅觉敏锐，团结作战，不顾一切地捕捉机会、扩张市场。同时，在认真做实方面，华为着力培养一批善统筹、懂管理、会建立和使用综合管理平台的"狈"。

扩张和进攻是向外的、发散的，做实和管理是向内的、收敛的。华为通过这种狼狈配合架构，强调了组织的进攻性（狼）与管理性（狈），把做实的理念同业务扩张很好地结合起来，使得即便在以进攻为主的部门，也要做实，形成狼狈之势。从整个公司的角度看，扩张进攻与认真做实相辅相成、不可偏废。而且，《华为基本法》也构建了两个层面的价值评价体系，分别予以激励和评价，从机制上保障了这种对立统一。

任正非擅长用机制牵引规律发挥作用，并解决长远的问题。1997 年在与 Hay Group 专家交流时，任正非用狼来打比方，提出狼的"群体作战、前仆后继、不怕牺牲"三大精神，构成了华为公司在新产品技术研究上的领先机制，华为也正是按这三大精神建立整个组织的。

社会的发展日新月异，谁都不清楚未来的世界会如何变化，所以华为要建立一个适合狼生存的组织架构和机制。

一方面，有了培养和吸引"狼"的机制，迟早都会收获优秀的"狼"。即使目前暂时没有"狼"，机制也会发挥作用，要么培养出"狼"，要么吸引外部的"狼"加入。组织事先并不知道谁是好"狼"，但有了这个机制，内部的好"狼"就会逐步浮出水面，外部的好"狼"也会积极加盟，这样就会有一群好"狼"，再后来就会有一群群好的小"狼"。于是优秀的"狼"群就能建立起来，"狼"的三大精神也能发扬光大。

另一方面，未来信息世界的发展变化日新月异，未必是最有经验的老"狼"，或者最具国际视野的老"狼"才能看准未来，但只要建立一个适合的机制，厉害的新"狼"就会不断涌现出来，总会有一只"狼"的鼻子嗅准了未来的信息世界。只有在用人制度上打破因循守旧的牢笼，不断给新人成长空间和成长机会，即使第一代"狼"没有成功，第二代"狼"也会成长起来，于是就能做到真正的前赴后继。

2.3　任职资格体系

良好的内部机制能使组织充满活力，管理高效有序，文化导向与目标一致，企业就有机会获得较大的发展。然而，在内部机制中，组织建设、机制建设和文化导向恰恰是企业管理最难的部分。

大部分企业对员工的评价靠感性，靠峰终效应，靠"模糊评估"，这种评价往往是缺乏准确性的，会对企业朝更大规模发展造成阻力。因为这种依靠感觉的模糊评价，无法做到"公开、公正、公平"，会严重挫伤优秀员工的积极性，同时会错误地保护一些落后员工，最终造成企业里唯上氛围盛行，侵蚀企业的健康。

任职资格体系是把每个岗位显性和隐性的多元素质进行量化，按照该岗位的级别和要求，一一设定具体任职标准和能力条件，就像一把尺子，明明白白地摆在那里，方便度量该岗位上的员工。用这个标尺度量员工的实际素质和能力，高于这个标尺的，就提拔；低于这个标尺的，就有针对性地去培训、培养，这样一来，和培训体系又挂起钩来。

华为从 1997 年开始，聘请 Hay Group 帮助梳理和建设华为的任职资格体系，其要点如下。

首先，在定位上，有短期贡献和可持续贡献之分，二者是有区别的。短期贡献应该用薪酬奖金来体现，任职资格的方式主要用于对可持续贡献的评价，着眼于长期和未来。

其次，在总体目标上，华为明确表示要尽量避免通过任职资格最终选拔出来的干部是一群非常完美的人，因为完美的人不一定是优秀的管理者。华为希望选出来的是一支军队，是一支能征善战、战斗力极强的军队。

再次，从性质上看，任职资格审查的特征应该是重视理性和感性的平衡。也就是说，一方面，要用科学的评价体系，大幅度提升以前模糊、感情化的管理精确度；另一方面，不求全责备，不要求每个人都成为完美的人，要在科学化的基础上融入感情化的宽容。

最后，在方法论上，要把组织对岗位的要求量化，做出一个度量的标准，然后做度量评价组合。

2.4 资源是会枯竭的，唯有文化才能生生不息

对于人才相对集中的智力密集型公司而言，最重要的是人的管理。如何管理好人才，让知识分子形成良好的协作关系，是一个重大课题。

科技人才的大脑和思想，是企业最宝贵的财富，也是一种取之不尽、用之不竭的"核能源"。如果能管理好、控制好，就能通过有序可控的核聚变成为源源不断的能源。但若控制不好，矛盾激化，极易产生链式核裂变，导致"原子弹爆炸"。

因此，对于科技型人才，必须有一种精神力量来引导和约束。在华为负责引导和约束的就是文化，它是一种巨大的财富，既是价值评价体系建设的一部分，也从任职资格中表征出来。有了这种文化，"核能源"就能够可控和有序，永不衰竭。

为了强调这种文化的重要性，任正非用资源总会枯竭来衬托，提出了"资源是会枯竭的，唯有文化才能生生不息"这句富有哲理的口号。

2.5　通过《华为基本法》大讨论，逐步统一思想

1997 年左右，华为内部出现了各种主义和思想，整个公司显得方向混乱，没有统一的思想、统一的方向、统一的意志。任正非聘请中国人民大学的教授团队来到华为，希望帮助华为讨论、确定一个共同认可的企业总法则，收敛大家发散的想法。

经过多次讨论，不知不觉中大家的认识逐渐收敛和统一。收敛的华为企业文化的精髓就是《华为基本法》，也是华为上下同欲、形成最佳合力的基础。从此，华为有了真正意义上的企业文化。这种企业文化是全体员工"论"和"悟"出来的，而任正非自称起到的是一个"文化教员"的作用。

有了《华为基本法》的精神引力，有了利益分享机制的物质引力，才有可能从 1997 年 6000 多名员工开始，不断吸引一批批精英，直至后来把十几万员工的才智黏合起来，众志成城，大步向前。

2.6　1997 年各方面成绩汇总

作为成长期的第一年，华为开始着手在市场、研发、生产、采购、财务、人力资源等一系列方面进行管理突进，逐步形成了自己的管理思想和管理雏形。

在市场方面，1997 年，华为的产品已多元化，除原有的程控交换机，还推出了数据业务、无线通信、GSM 等领域的主导产品。分层结构的大市场组织已经落实，为使之运转并具有活力，华为加强了售后服务队伍的建设，全面推行规范化的工程管理。

在研发方面，1997 年，华为在投入 4 亿元研发经费的同时，深化科研管理的改革，进一步完善分层结构目标管理的组织形式。

第一，加强总体技术办公室的力量，强化科研立项管理和项目过程监控的阶段评审，加大中央集权力量；融合产品战略办公室向总体办公室传递的项目立项协调与合作；放开对项目组的具体管理，让项目组在资源共享、共创的基础上，充满活力地开展自管理。

第二，加大对预研的投入，在不确定和不清晰中寻找战略方向，一旦初步判断具备凝结成机会点的战略可能，则迅速转向预研的立项。

第三，立项后聚集人力、物力进行项目研究，集中优势兵力完成参数研究，同时转入商品性能研究，集中精力打歼灭战，把有前途的产品快速推向市场。

第四，在严格的中试阶段，紧抓工艺设计、容差设计、测试能力建设，使成果更加突出商品特性。以产品为中心，以商品化为导向，打破部门和专业之间的界限，组织技术、工艺、测试等各方面参与的一体化研发队伍，优化人力、物力、财力配置，一举完成产品功能与性能的攻关。

第五，紧抓试生产的过程控制，培养一大批工程专家，进一步强化产品的可生产性、可销售性研究试验。在严格挑错中，从难、从严地完成小批量试生产，在大批量的投入生产之后，严格地跟踪用户服务，用一两年时间观察产品的质量与技术状况，完善一个新商品诞生的全过程。

在生产方面，在生产人员全面开展大比武的基础上，完善绩效考核体系和岗位责任制，建立完善的 WCM（世界级工厂／制造）指标体系。生产系统继续深入贯彻 ISO 9000 和 MRPII 管理模式，全体干部在贯彻执行中，不断理解、检验和优化。1997 年，对生产系统人均产值、平均月产交换机的技术升级和迭代能力都进行了指标量化。

1997 年，华为对生产管理系统实施改革，在利用共同资源方面，建立统一、分专业的加工中心，如板件加工中心、机架加工中心。板件加工中心将元器件库、机械生产线、测试线合为一体。机架加工中心用招标的方式引进全套先进生产设备，形成以机柜为主的机加、塑胶、加工及外协组织管理中心，共同为华为的所有产品服务，避免低水平的重复建设。

同时，开始加大生产装备投入，计划在 1997—1998 年建成一个现代化的加工基地，继续加强工艺、质量的研究，制定多种规范，开展生产管理与国际接轨的各项活动。

在采购方面，继续深化采购认证、滚动采购、进出口专业分工与协作。1997 年开始建立集中统一的采购认证，逐步把滚动采购与计划分散到事业部，形成控制有效而又灵活的供应体系。

在财务方面，1997 年华为的财务管理已经实现国内高水平规范化的账务管理，在此基础上，华为开始优化财务管理制度与经济指标考核制度。华为希望通过在财务系统推行 ISO 9000 及 MRPII，实现核算体系规范化和科学化、财务管理制度化和流程化、组织建设专业化和国际化，以及业务处理模块集成化和标准化，为财务走向国际化规范管理打下基础。同时，华为聘请顾问公司，加快财务管理的国际接轨步伐。

华为认为，三角形循环管理的组织和流程体系是华为大发展的基础，其计划、统计、审计三角形管理能够实现循环闭环，因此坚定不移地推行了内部审计。

人力资源方面，华为1997年管理力度最大的就是对人的管理。人力资源委员会充分调动了各级行政部门的力量，深化考核评价体系。考核是完善价值分配的基础。1997年华为开始全面推行干部考核与员工计量工作制，按能力、业绩及贡献合理地安排员工的报酬。坚持数年后，华为理顺了公司的内部关系，建立起科学合理、充满活力的内部动力机制，并产生了一个合理的价值评价体系，培养了一大批高中级干部。

华为在1997年自上而下地优化组织结构，规范职务的命名、职称的评定，使之适应"大市场、大系统、大结构"。随着直线行政管理系统的优化、各专业干部部门和秘书桥的建设，华为在例行管理上对业务与秘书系统实行有限授权，建立和完善服务层级体系，使行政权力、干部考核与监管、服务体系有效配合，实现直线管理与矩阵管理有机的一体化连接。

华为意识到，廉政建设是生死攸关的问题，必须不断加强，坚决提倡廉洁奉公的作风，加强管理干部的年度审计。华为在人力资源管理部建立荣誉部，在人力资源委员会建立纪律检查领导小组，让一批最有培养前途的干部接受纪律检查。

2.7 重视服务文化，重视用户服务系统

华为从不避讳谈商业利益。作为企业，一切围绕商业利益，企业文化亦然。华为文化的特征就是服务文化，因为只有服务才能满足客户需求，换来商业利益。

华为理解的服务文化，其内涵是很广泛的，不仅指售后服务，还涵盖了产品的需求分析、研发、生产、交付、优化升级等面向满足客户需求的全过程。只有用优良的服务争取用户的信任，并建立长期稳定的信任关系，才能创造资

源，因为这种稳定信任的力量是无穷的，是来自企业外部的取之不尽、用之不竭的资源。

因此，华为将服务作为队伍建设的宗旨，提出要坚定不移地贯彻扎实做事的精神，号召所有员工向用户服务中心学习。

> 用户服务中心的员工用青春和心血铺就了华为成功的道路。不管冰天雪地、赤日炎炎，不管在白山黑水还是在崇山峻岭中，他们没有日夜的概念，终年奔波在维修、装机的路上，用户的需要就是命令。严冬由于雪堵死了道路，一困七八个小时坐在零下20℃的车上，烈夏挤在蒸笼般的长途车中。大年三十爬上高高的铁塔，维修我们因在研究、生产中的一点点小小的疏忽而产生的故障；当我们坐在温暖的办公室内，他们却因为赶不上车，在车站外面徘徊；当我们一遍一遍接受培训，增加晋升机会，他们却因公司发展太快，服务工作跟不上，一直待在远离公司的地方，一待就是两年，没有回来一次。当我们与家人团聚时，他们在远离公司的地方坚守岗位。不站好这班岗，哪有市场。他们不断地守着我们早期有故障的产品，不敢停歇一会儿，以确保公司信用。
>
> ——《资源是会枯竭的，唯有文化才能生生不息》，1997年，任正非在春节慰问团及用户服务中心工作汇报会上的讲话

经历过磨炼的干部是宝贵的财富和资源，企业尤其应该给予重视和培养，这样才能造就事业的中坚力量和坚定内核。

华为提出"任人唯贤与任人唯亲相结合"的干部制度。这里的"任人唯亲"是指认同华为文化。任人唯贤与任人唯亲就是既考核干部的能力，又要求干部认可企业文化，华为希望通过长期坚持这样的干部制度，造就一个融合的管理干部队伍。华为高度赞扬用户服务系统的责任心和奉献精神，认为这正是华为文化的集中体现。

文化是一方面，用户服务体系本身也是一块"肥肉"，其价值也在不断显现。任何一个市场，任何一个行业，随着产品和服务的逐渐饱和，销售会越来越难，而服务的面却会越来越宽。善于从增量和存量的关系来看发展战略的企业，懂

得如何把存量市场作为新的增长点，把用户服务体系从成本中心转变为利润中心，把行业生态链做长，从而创造出新的行业发展空间，获取更大的收益。

1997 年，当通信行业如初升的太阳般兴起，当大部分同行还在盯着增量市场时，华为就已经敏锐地发现未来巨大的商机，并着手为此"高筑墙、广积粮"。

> 　　每年的销售是一个增量，而服务是总量的服务。如果我们每年的总销售额达到 500 亿元，你们的服务总量就会达到 5000 亿元，如果我们能从 5000 亿元中收到 1% 的服务费，那就是 50 亿元。华为目前的发展格局必将导致越来越多的技术精英不断地涌入用户服务中心。
>
> 　　——《加强用户服务中心建设，不断提高用户服务水平》，1997 年 2 月 17 日，任正非在用户服务中心管理培训班上的讲话

1996 年年底，华为第一台境外交换机在香港电信正式投入运营。但在开局服务的过程中，华为看到了用户服务体系在职业化、国际化上的诸多差距，于是围绕《香港开局归来随想》展开了内部大讨论。

其后，华为陆续出台了加强用户服务的一些措施。

第一，随着华为产品不断销售到国外，使用的国家越来越多，战线越来越长，用户服务的工作范围和工作量越来越大。用户服务中心建设的方向是面对客户，要求对成熟产品具备开发能力，可以用技术文档一体化来解决这个问题。

第二，建立和完善分层、分级的支援体系，加强人员的循环流动，完成技术和管理的传递。加强培训中心的建设，从用户服务中心把培训部划出，单列为培训中心。培训中心的重点是实现和强化电化教学，加强电化教学的内容，建立案例库和图像库。

第三，注重经验的分享和日积月累。华为要求每次开完一个局，就必须有一个开局的案例，总结经验教训，逐步完善，形成强大的案例库。这些案例首先在用户服务体系内实现资源共享，逐渐扩大到全体系。

第四，建立纵向的产品技术体系和横向的工程服务系统，形成一个资源配置比较合理的纵横联合体。任何一个员工在前方打仗，都不是一个人孤军作战，

而是有大后方的支援系统，前方遇到困难时，随时可以通过系统求助。前方小团队可以通过华为强大的组织体系获取后方支撑，体现公司级的后台力量。

第五，华为学习惠普的用户服务中心运作机制，把全世界各地的设备运行所发生的问题用卫星传到总部，集中在维护中心的平台软件上做仿真试验，寻找问题并解决问题。找到解决方案后，再把更新后的软件用卫星加载到发生问题的设备上，远程升级，让设备重新正常运转。华为紧盯业界最佳，迅速开展了这种用最先进的技术手段升级用户服务能力的新型工作模式。

第六，用户服务中心成立的时间比较晚，实际上是在相对较低的层次上启动的。华为从 1997 年开始，在资源和经费上加大对用户服务的投入，用户服务中心的地位逐步得到提升。华为强调，办事处和用户服务中心是利益共同体，两个共同面向客户的部门必须紧密团结，要加强相互之间的感情交流，团结合作。如果发生问题，扣减双方责任人各 25% 的退休金，"一荣俱荣，一损俱损"。

第七，任正非要求年轻的副总裁出差坐飞机要坐经济舱，但允许用户服务人员使用任何一种交通工具，甚至授权可在 200 千米范围内使用出租车，以最快捷的方式向客户提供服务。华为逐步改善用户服务系统的交通工具、通信工具、开局工具、生活环境以及办公环境，不仅提高用户服务人员的薪酬待遇，还提高用户服务系统在公司内部的地位。

以上措施，前三条重在对用户服务体系的培训和提升，中间两条重视组织体系和技术手段对用户服务的支撑，最后两条强调组织保障上对用户服务的重视和倾斜。

2.8 秘书体系：系统均衡，例行例外管理的一环

1997 年华为管理的重点有三个：第一，建立干部队伍体系，并着手组建干部部门；第二，建立一个科学的考评管理体系；第三，建立秘书体系。

华为的秘书体系与常见的企业秘书体系不同，主要有两点：一是定位不同，二是工作要求不同。

一般企业秘书的主要定位是文员，负责为领导订票、打印文件、会议纪要整理等简单的支持性后勤工作。华为对秘书的定位更高，从提高总体效益的角度定位秘书职能，秘书的价值在于让经理、研发人员、市场营销员工专心从事

那些别人做不了、只有他们自己能做的事情。如果让研究开发人员和高级管理人员自己报销发票、装订文件，无疑会占用他们的有效工作时间，降低工作效率。

华为是为了优化劳动力资源配置，降低整个企业的总体成本，才建立秘书服务队伍的。也就是说，秘书承担的职责在于从事专业人员非专业化的工作，以此真正解放管理者和研发干部的精力，解放出来的干部精力，可以更加集中于他们擅长并承担的主要职责。这样一来，就能发挥各专业岗位的单位时间效能，提高企业总体效益。

秘书是助手，助手的作用就是全力以赴地分担管理者的事务性压力，减轻管理者大量事务性、重复性的低附加值工作，确保他们在主攻方向上投入足够力量。

例如，办事处的行政秘书就是办事处的大管家，要把这个家里各种琐碎的事情管理起来，让办事处主任省心，以此减轻管理者的压力。

行政秘书所管的事情，往往都是例行管理的事情，有规章制度可循。对于例外管理，还是要办事处主任去决策，决策之后再把例外事件例行化、规范化，以后又可以让行政秘书来处理。如此循环往复，能不断提高组织的整体效率和总体效益，秘书的能力也能逐渐提高。

同时，当科学的秘书体系、信息化体系建立起来之后，通过线下到线上的大规模切换，秘书工作会得到一定程度的解放。之后，秘书的主要工作就是利用每一次例行工作的机会，去找管理中还存在的障碍点，研究管理系统如何进一步优化。

2.9 例行管理与例外管理

华为从例行管理与例外管理这两个既矛盾又统一的管理内容出发打造开放的管理体系。

所谓例行事项，就是流程已经定义、原则上可以按照流程处理的事项。所谓例外事项，就是超出制度流程规定，无法按图索骥的事项。一般而言，公司管理会先建立一个例行、例外稳态比例，例如例外管理与例行管理的比例为3∶7。之后，会有两种情况造成内外稳态的变化。一方面，不断细化例外管理，通过研究和讨论等规范过程，把例外事项纳入流程中，转变为例行管理。随着例外逐渐转成例行，比例不断缩小。另一方面，在企业发展壮大的过程中会出现新的例外事项，使得稳态比例继续维持不变。企业的管理优化就是这样对外开放吸收例外事项，对内不断内化为例行事项，最终固化流程，使得整体管理能力不断上升。

企业一把手管两件事情：一个是例外管理，一个是部门建设。部门建设就是组织的建设、资源的调动和分配，切实解决部门和部门之间、人和人之间、事和事之间的关系，处理好与周边关系的发展和协调，这样才能形成一个开放有序、不断进步的开放的管理体系。

2.10　坚定不移地推行 ISO 9000

企业发展壮大要求不断地进行权力再分配，不断地下放权力，这样才能产生更多的有效人力资源并充分利用。但是如果对下放的资源不实施制约和监控，就会造成放任自流，最终导致权力滥用和腐败。权力既要下放又要制约，这是一个辩证的矛盾。

华为在处理这对矛盾体时的基本态度是，权力再分配依赖于公司的企业文化。企业文化建设就是建立一个统一思想的平台，是流程能得以贯彻的基础，如果在未达成企业文化共识时就实施大规模权力下放，公司一定会出大问题。

1997 年，华为在第二次创业时实施体制改革、组织改革的最大特点就是以"企业文化共建、流程体系再造"为特征的权力再分配。ISO 9000 是第一步，是权力再分配的基础。

所谓权力再分配，就是按预定目标和计划做事。ISO 9000 的落实，就是经过集体讨论，确定流程节点、流转次序、角色、角色对应的职责，以及角色到底由哪位负责人承担的过程，通过这个过程，把工作事项的发起、审核、审批等权力以一系列流程的形式固化下来。它的本质是，根据 ISO 9000 流程预先进行授权。

以流程的形式进行预先授权，可以使大量的工作按部就班地高效推动。这既是一种授权管理，又是一种制约管理。

ISO 9000 的价值在于，可以利用其不断细化资源，再用各个角色对资源的使用分类分责，予以规范化。而流程责任人的权力，就体现在流程规范赋予他在所处节点处理此事的责任和权力，通过各层角色的权力分工，使得各级责任者串接起来，共同管理资源。

2.11　内部劳动力循环，形成制度化的流动

1997 年，尽管电信行业整体大环境非常艰难，华为依然逆势取得了好成绩。4 月份，华为签订合同高达 5.1 亿元，但因为人手不足丢掉了很多机会。为此，华为号召机关干部上前线。

华为算了一笔账，要想在 1998 年实现大踏步发展，1997 年的产值必须达到 45 亿～ 50 亿元，否则实力就不够强大，无法支撑整个战略上的大转移。按照 1997 年前四个月的销售总额 9 亿～ 10 亿元来推算，全年的产值仅在 30 亿～ 35 亿元。这样一来，1998 年的发展就会放慢速度，低于预期。因此，为了加强 5 月、6 月、7 月这三个月的市场力度，华为通过号召一大批有经验的机关干部上前线，帮助前方"多收粮食"。

机关干部"上山下乡"不可随心所欲，因为在团队建设上华为是有原则的。无论机关下去的干部职级有多高，也不能空降为办事处一把手，只能当办事处副主任。这么安排的理由是：一方面，办事处主任与客户打交道有非常多的经验，是做客户关系方面的专家和老师；另一方面，机关的干部把先进工作方法带下去，是规范化和职业化的专家和老师。华为强调双方要加强相互之间的尊重和合作，互认老师，互相学习，共同推进"多打粮食"的计划。

1997 年以前，中研、中试、生产、用户服务各自为政，技术上的割裂带来了极大的工作量，造成了巨大的人力资源浪费。同时，新技术的传导不通畅，也导致华为的产品和服务水平提高不快。1997 年，华为开始进行技术一体化的建设，这是管理优化的一个重大特征，打破了前些年技术上的"封建割据"。同时，华为开展了管理一体化的建设，尤其是组织行政体系一体化的建设，进行组织改革，以充分保证未来市场潜力的增长。前述机关干部上前线就是在市场潜力上多下功夫的一个举措。机关干部上前线后，带动大前方和大后方整体的结合，大后方的各个部门包括中研、中试、生产、企业管理等，都要和前方结合起来。

华为通过号召机关干部上前线，引出"内部劳动力循环"的理念，并以此促进干部长期制度化流动。华为认为，既然干部循环和轮岗要着眼未来，那么这就不是一个短期行为，而应该是一个长期行为，应该逐步使内部劳动力市场走向规范化，加强这种循环流动、循环任用、循环培训，螺旋式提升组织的整体能力。

长江大浪滚滚向前，沙土都被冲洗得干干净净，但是水流缓慢的地方就会有淤泥滞留；淤泥多了，水就流得更慢；水流更慢，淤泥反过来更多。同理，一家企业发展再快，总有一天随着发展速度正常化、常态化，企业就会充满"淤泥"，并开始走向衰亡。华为有一种危机感，为了使"淤泥"不产生，在管理中不形成沉淀层，华为一直在加强内部劳动力市场的循环和流动。

加强制度化的岗位流动，就是内部扩张。内部扩张也是给广大员工提供机会的方式，保证水中的淤泥不沉淀。加强循环流动，尤其是加强高中级干部的循环流动，就可以防止高中级干部"沉淀"，只要高中级干部不"沉淀"，那么中基级干部就没法"沉淀"，最终全公司的水就被带活起来。

在加强制度化循环的具体安排上，原则上要求中央研究系统的每一个项目组都要有70%以上的人流到中试，到中试后分裂成三批：一批走向工程专家，将在逐渐掌握越来越多、越来越丰富的方法后，对综合性的产品进行评价；第二批重返中研系统，因为他们经过中试环节后，对商品化过程有了认识，在中央研究系统研究的过程中，他们自己能找到一种感觉，知道应该怎么做商品比较合适；第三批流到制造部、市场部和用户服务中心，扩大研发系统和其他系统的思想交流和融会贯通。

总体来说，华为把一次"机关下前线促销售"的工作，深化为兼顾市场销售和未来市场潜力培育的安排，再进一步升华成从组织活力的角度进行的长期制度性安排。同时，也顺势带动了"技术一体化"和"管理一体化"的建设。

2.12 呼唤英雄

民族需要英雄，社会需要英雄，企业也需要英雄。企业所需要的英雄是从广义而言的，是广泛的具有奉献精神的员工，每个英雄在自身的岗位上奋斗，实现一个个子目标，汇总起来就是企业的总目标。任何一个目标的实现，都是英雄行为，任何一个目标实现背后的主体，都是英雄群体。

1997年，高速发展的华为公司给员工提供了更多的机会，在此基础上，华为呼唤英雄，用"板凳要坐十年冷"的口号号召全体员工争做未授勋的伟大英雄。华为定义的"英雄"，要能够团结合作、群体奋斗，心甘情愿地在冷板凳上一坐十年，踏踏实实地做学问、做研究，以艰苦奋斗的工作作风进行管理的精益求精，坚定不移地追求工作目标的实现。

> 发展中的中国特别需要英雄群体，这种渴求为每个人的成长提供了机会。华为将自己的目标选定为向世界一流公司靠拢，而现在差距又这么大，更迫切地需要英雄，需要那种群体奋斗的英雄，那种勇于献身、无私无畏的英雄。一切有志的热血儿女都应为中华的振兴而奋不顾身，献出你的青春，献出你的热血，拥抱你的事业，享受奋斗的人生。
>
> ——《呼唤英雄》，1997年，任正非在公司研究试验系统先进事迹汇报大会上的讲话

2.13　群体奋斗

华为提倡群体奋斗。1997年的科技发展日新月异，早已不是牛顿时代，没有一个专家领袖能概括一个科学技术领域。一个有才华的人独自去奋斗，只会消耗自己而无法成功，只有站在大家的肩膀上，和大家互相支持，互为补充，才能成功。所以必须形成一个奋斗群体，共同奋斗。

华为提出，要在20世纪确立华为在中国的行业地位，就必须建立起在学术、技术、市场战略、管理各方面综合水平都很高的群体。1997年，华为员工的平均年龄为20岁出头，华为认为再过几年到了下个世纪，正值信息大爆炸时代，国际大公司正走向新陈代谢，那时的华为凭借一万多个年富力强的员工形成群体红利，就有机会确立国际地位。

2.14　人力资源管理变革的首要问题是如何选拔和培养干部

华为正处在一个新的以业务全球化为特征的高速发展时期，但干部队伍的

数量和质量都严重不足，有大量管理岗位的空缺需要合格的后备干部去填补。1997 年，华为开展了人力资源管理变革，目标是建设一支能够承担责任并带领全体员工取得成功的干部队伍。

人力资源管理，首要问题是要明确企业需要什么样的干部，对合格管理者的思想和行为特征有什么具体的要求。华为对管理者主要从思想和能力的六个维度进行要求，具体如下。

第一，使命感。处于中高层管理岗位上的干部应该是对事业充满使命感的人，强烈的内驱力会激发中高层管理者不断地挑战自我，视追求卓越为生命的价值，不会因甘于"小富即安"而放弃更大的成功机会。

第二，胸怀。在具备原则性的前提下，拥有宽广的胸怀，能做到宽容而不失原则。既要以事业成功为重，又能做到求同存异，包容地处理来自他人的不同意见。只有胸怀宽广的管理者才能用好管理资源，才能用人所长，团结各方面的资源为己所用。

第三，道德品质。领导者是团队的道德楷模，影响着整个团队的价值观。领导者厚德载物，团队就会有优良的道德品质，反之亦然。因此，干部要自律，先律己后律人，严律己而宽律人，先服人后律人。干部自身有优良的道德品质，律人时才有说服力。以权谋私、中饱私囊、生活腐化、发牢骚、讲怪话等，都是道德品质的负面清单，应作为评价与选拔干部的基本否决条件。

第四，宏观能力。视野开阔的领导者能看清整体与局部的关系，能看清战略机会与战略制高点。具有结构性思维能力的干部，能够抓住问题的本质和工作的重点。干部不仅要盯住眼前的问题着力解决，更要有构建长远机制、预先防范问题的能力，这样才能避免当救火队长，才能提高管理幅度和管理效率。

第五，微观素养和能力。干部要有均衡发展的综合管理能力。华为要求各级干部不仅要熟悉业务，还须具备较高的职业素养，在商业环境越来越复杂的职场，干部必须拥有系统的财务、人力资源、运营管理、组织运作等管理知识与技能，从而不断提高整个组织的管理效率与质量。

第六，学习能力。善于学习和吸取有益经验，是持续提升管理能力的重要手段。愿意学习、善于学习的管理者才能培养学习型的组织，而只有学习型的组织才能从容地面对高度不确定的商业环境。

华为在如何选拔和培养干部的问题上，主要采取"两个方法"和"四个优先"。

第一个方法是以责任结果为依据。华为要求干部：一要有干劲和奋斗精神，二要有方法论，不过分强调知识和所谓的素质。同时，华为一直提醒内部管理者，对员工的评价应以责任结果为依据，避免唯素质论，因为好的干部是干出来的，而不是评素质评出来的。对干部的选拔，华为坚持以责任结果为依据，对没有好的责任结果的，只培训不提拔。

第二个方法是建立后备干部资源池。华为以建立数量充足的分层分级的后备干部资源池为保证，来满足企业高速发展过程中对大量干部的需求。建立后备干部资源池的本质是建立一套动态的、例行化运作的机制，用来对后备干部进行选拔、考察、培养、使用和淘汰，不进则退是这个系统最基本的出发点。

这个资源池是一个宽进严出的系统，无论是推荐还是自荐，只要能通过对关键否决条件的审核，就能入池。但一旦入池，就要接受更多艰巨的任务与挑战，同时也要接受比其他人更为严格的考察与约束，这个过程就是磨砺。

这个资源池也是一个开放的系统，能上能下。这一轮被淘汰了，改进后还可以再尝试进来；但进来后，也有可能下一轮被再次淘汰。这个资源池是一个熔炉而不是保险柜，只有始终严格要求自己、不断提高自己的人，才能通过持续的严格考验，最终走上各级核心管理岗位。

华为干部选拔的"四个优先"是指，优先从有成功经验的人中选拔干部，优先从胜利队伍中选拔干部，优先从主战场和艰苦地区选拔干部，优先从关键事件中考察和选拔干部。

2.15　IBM 的诊断报告

1997 年，华为重金邀请 IBM 对自己当时的管理现状进行了一次全面诊断。

该诊断报告暴露了华为五点主要问题：第一，缺乏准确、前瞻的客户需求关注，反复做无用功，浪费资源，导致总体成本居高不下；第二，没有跨部门的结构化流程，各部门都有自己的流程，但部门流程之间靠人工衔接，流程运作过程割裂；第三，组织上存在本位主义，各自为政，林立的部门墙造成内耗；第四，管理者专业技能不足，作业不规范，依赖个人英雄，但这些英雄的成功难以复制；第五，项目计划无效，项目实施混乱，无变更控制，软件版本泛滥。

华为就 IBM 顾问指出的这几个问题进行了虚心反思，之后痛下决心，进行了近十年的艰苦探索和实践，直到 2005 年左右，华为才终于构筑完成"以客户需求为导向"的流程框架，实现了高效的流程化运作，确保端到端的优质交付，成为国际通信舞台的巨擘。

值得一提的是，华为聘请 IBM 在公司推进管理变革的时候，每小时付的专家费是每人 300～680 美元，七十多位专家在华为公司合署办公七年，华为总共付出了几十个亿的学费。直到 2004 年，华为回顾自身的管理进步历程，以及管理进步所带来的健康发展，认为付出几十个亿来推动华为整体管理的进步是非常值得的。

○ 1998 年　第二次创业元年，定海神针——《华为基本法》

1. 业务进展

（1）继华为将市场从农村扩展到城市之后，1998 年，华为将市场进一步拓展到主要城市。

（2）国际竞争压力骤增。1997—1998 年，中兴通讯和大唐电信陆续上市。同时，思科在中国设立了近 20 个业务分支机构，并于 1998 年在中国设立思科网络技术学院，大有全面争夺中国市场之势。从体量上看，1998 年中国电子工业 100 强的总和，只及 IBM 一家公司的 1/5。与此同时，中国决定加入信息技术协定，这意味着中国信息工业被推到了市场竞争的前沿。中国公司参与跨国集团在中国市场上的竞争，能否生存下去完全凭公司的实力。民族工业的生死存亡，一下子就压在了"巨、大、中、华"（巨龙通信、大唐电信、中兴通讯、华为技术）这些年轻却又缺乏国际管理经验的本土公司身上。

（3）1998 年的香港电信产品展览会让世界认识了华为，华为跨出国际化关键一步。

（4）1998 年开始战略预研和基础研究。

（5）1998 年，华为的产值是 IBM 公司的 1/55，是朗讯公司的 1/20。华为期待 1999 年产值达到 160 亿元，这样一来，产值将达到朗讯的 1/13，是 IBM 的 1/40。华为正在大步前进，逐渐缩小与国际巨头的差距。

（6）销售额达到 89 亿元人民币。

2. 管理变革

2.1 绩效考核改为绩效改进

1998 年，华为在原先的绩效考核体系的基础上，推行绩效改进系统，按绩效改进确定员工的待遇与升幅。绩效改进是指，员工以自己为标准，纵向比较，用今天的进步与昨天比，再用明天的进步与今天比，不断环比，从而达到个人与公司的长期进步。

这种绩效改进的方式，比绩效考核更加科学。

2.2 战略转移：管理与服务优化

1998 年，为成为国际性大公司，华为已做好了思想准备和组织准备，但在管理方法与管理手段方面还缺乏准备。此时的华为面临一个战略转折点，那就是管理与服务的全面优化建设。如果没有良好的管理与服务，市场就不可能扩张，公司就不可能前进，所以管理的优化和服务意识的全面建设是公司的战略转折点。华为计划用 3～5 年完成这个战略转移，并希望成功实现这个战略转移后，能够迎接一个新的非线性高速发展期。

国家要想发展，就一定要保持合理的 GDP 增速，因为没有足够的增长速度，就没有足够的利润来支撑国家的发展。企业的发展也一样。企业的很多问题需要在发展中解决，包括如何提高员工薪酬，如何给员工提供更多的职业发展机会，如何吸引更多优秀人才，如何保持相对竞争优势，等等，这一切都需要企业保持合理的成长速度。

在日新月异的信息社会，人们的思想得到极大解放，智力得到更广泛的开发，创造新产品和新技术的生命周期越来越短。如果不能紧紧抓住机会窗开启的短暂时间，获得规模效益，一旦错过，那么企业的发展将会越来越困难，大企业也会面临被颠覆的风险。

没有全球范围的巨大服务网络，没有推动和支撑这种网络的规模化的管理体系，就不能获得足够利润以支撑它的存在和快速发展。因此，对华为来说，想发展就要抓住机会窗，就要搞好服务和管理，这是华为的战略转折支点。

> 中国五千年来就没有产生过像美国 IBM、朗讯、惠普、微软等这样的大企业。因此，中国的管理体系和管理规则及适应这种管理的人才的心理素质和技术素质，都不足以支撑中国产生一个大产业。我们只有靠自己进步，否则一点希望都没有了，这种摸着石头过河的辛苦可想而知。我们作为小公司，也可能会有世界级的发明，有超时代的发明，但这个发明一旦被西方大公司察觉，它们在短时间内完全可能做出更好的产品，当它们的产品覆盖全世界时，我们的产品就不可能卖出去了。因此，现在华为决心构筑管理与服务的进步，当出现新的机会点时，抓住它，华为就可能成长为"巨人"。
>
> ——《不做昙花一现的英雄》，1998 年任正非文

2.3 考核企业发展的宏观经济指标是产品的覆盖率、占有率、增长率

一些企业在制定 KPI 指标时会出现两个错误：一个是采用静态 KPI 指标，另一个则是各部门 KPI 指标相互独立。

静态 KPI 指标的问题是孤立地看待自身发展，没有把企业的发展放在行业和市场中进行比较。事实上，产品最后体现出来的经济指标是产品的市场覆盖率、占有率、增长率，这是考核企业发展的宏观经济指标，考察企业的管理是否有效，也看这三个指标。每年根据上一年的市场覆盖率、占有率、增长率制定本年度指标，这种 KPI 指标直接指向了企业在市场中的发展地位。

另外，KPI 指标的制定需要围绕公司的总目标对相关指标进行分解和贯彻，不能各部门孤立地进行。每个部门与产品的覆盖率、占有率、增长率都有一定的关联，在总目标引导下的管理与服务目标分解，才会起到综合治理的作用，

就像黄河流域治理必须在顶层架构设计上有总体牵头单位和顶层考量，在实施方案上设立总目标和总体计划一样，如此才能集中力量办大事。

2.4　管理变革的重点是任职资格管理体系的推行

任职资格管理体系从企业的岗位条线和岗位层级划分开始，按照每个岗位的胜任度，对岗位所需要的各项能力进行分等分级。它作为规范化的标准，像标尺一样，一方面指导人力资源部对员工进行评价、选拔和任用，为晋升、薪酬等提供重要的依据；另一方面，为员工清晰指明岗位要求，牵引员工有目标地进行自我提升，构建职业发展通道的实现路径。

一般来说，任职资格管理体系包括职位体系、任职资格标准、任职认证三方面的内容。从体系文件的角度看，一般最终输出《岗位管理办法》作为主文件，输出《岗位基本任职条件》和《任职资格标准》作为支持文件。

职位体系是把各条线上的岗位按照层级进行序列规范化，如技术员、高级技术员、助理工程师、工程师、高级工程师等。任职资格标准是针对不同层级序列岗位，进行基本条件、专业能力、通用素质等具体要求的描述，表达在不同层级岗位上的胜任要求。任职认证是人岗匹配，用尺子对该岗位上的员工进行胜任程度的度量，用这个标尺度量员工的实际素质和能力，根据对标的结果进行认证、任用、定岗定薪。

任职认证是一个动态的过程：一方面，随着企业的发展，岗位在变化，任职资格标准的要求也会越来越高；另一方面，员工在工作中不断进步，胜任力也在不断提升。因此，任职认证不是一次认证定终身，而是在过程中动态评价、考核和认证，并通过纵向评价寻找差距，有针对性地进行培训和提升。

任职资格标准模型如图4-1所示。其中，参考标准项的通用素质部分应该是全员价值观认可和排序的评价结果，是一个员工共建的过程。例如，工作委员会提出客户导向、重视绩效、关注学习、积极主动、团队合作、组织承诺、敬业精神、崇尚执行、沟通协调、诚信正直等通用素质选项，通过集体讨论和选择，按优先级最终确定为组织承诺、崇尚执行、重视绩效等。组织承诺，指员工认同并参与组织工作的强度，核心要素体现为个人服务组织的"意愿""能力"和"资源"三个维度。崇尚执行，指员工得到需求发出方的肯定程度，核心要素体现为对工作的"纪律遵守""响应速度"和"完成细节"三个维度。重视绩效，指员工关注工作结果，一切工作行动以结果为导向，用结果衡量绩效目标的达成。

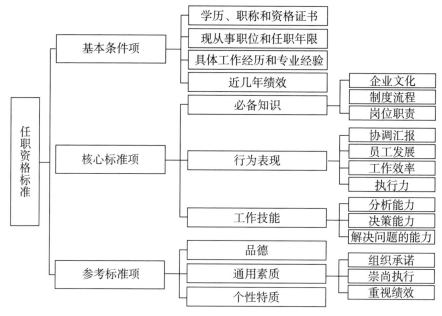

图 4-1　任职资格标准模型

　　任职资格管理体系对员工的意义在于能够帮助员工明确职业发展通道，了解岗位应具备的要求，帮助员工明确下一步发展方向。任职资格管理体系对企业的意义在于更规范、更公平地进行定级定岗定薪、聘用晋升选拔，以及对员工进行合理调配、培训，使其发展。

　　实际上，考核与薪酬体系是全世界最难的一项企业管理命题，通过任职资格管理体系，能够较好地解决这个问题。同时，企业文化和核心价值观也能够融入任职资格管理体系中，通过任职认证体现企业对员工各类素质的评价。

　　华为非常重视任职资格的过程评价。评价一件已完成的事情是很容易的，当事情做了一半就要评价是很难的，这对评价者的能力要求非常高，因为既要了解整个工作的目标，又要了解工作过程节点和偏差，更要了解工作背后的机制和规律。尽管难度大，评价的准确性存疑，华为还是要求在发展过程中进行评价，通过不断评价和修正，提升对事物的发展过程的认识，提升过程评价能力和准确性。这种能力实质上是全过程评价，通过抓手细化，评价更客观，过程更可控。

华为实施任职资格管理体系，已经能够尽量摆脱原有的主观评价的现象。但华为清醒地提出，各级部门尽量公平、公正地进行评价，但绝对不能唯公正。因为评价工作毕竟是通过人做出来的，评委会再公正也是人，也难以摆脱个人对问题的认知局限，不可能做到每次评价都能让所有人满意。

企业要迅速发展，不能纠结于一点，每一阶段的评价必有不完善的地方。因此，华为提出，被评价人要能正确看待评价结果，哪怕某次评价不公正，也要能受得委屈。华为干部的"能上能下"机制，给员工吃了个定心丸，因为只要评价在"公平、公正"大方向上不出问题，迟早能得到公正的结果。

华为要求把任职资格的工作扎扎实实做到底，"先推行，后平冤，再优化"，三到五年形成合理化制度。

> 外国的先进管理体系要结合华为公司的具体情况，不能搞教条主义。在一种制度向另一种制度的转换过程中，新鞋总是有些夹脚的。这也可能挫伤一部分同志，我们的方法是坚决推行已经策划好的任职资格管理，再个案处理个别受冤屈的同志，然后展开全面优化，将发达国家著名公司的先进管理办法与我们的实践结合起来，形成制度。
>
> ——《不做昙花一现的英雄》，1998 年任正非文

2.5　《华为基本法》宣贯，第一次创业和第二次创业的特点

华为把 1998 年视为两次创业的分水岭。

1998 年之前是第一次创业，特点是创业者为了理想和情怀艰苦奋斗。创业者凭借远见和胆略，为了抓住机会，全力以赴，用精神和行为奋力牵引，使公司从初创发展到初具规模。

从 1998 年开始第二次创业，其目标是用十年时间使各项工作与国际接轨，

最终实现可持续发展。继承与发展是第二次创业的主旋律。华为经历了十年的发展，已经明白哪些东西应该继续保留，哪些东西必须放弃，面对国际强手，能从业界最佳吸收什么。贯穿第二次创业的重大问题是如何批判地继承传统，如何在创新的同时承前启后，继往开来。

第二次创业的最大特点是淡化企业家的个人色彩，强化职业化管理，把企业家的人格魅力、表率的文化牵引、个人集权的推动力等变成一种氛围，转换成一个强大的势场，并长久而稳定地推动企业健康发展。

氛围也是一种宝贵的管理资源，不仅能够逐渐在员工队伍中过滤出志同道合的人，也会像磁场一样吸引外部人才加盟，最终形成庞大的、具有相同价值观的同向者队伍。只有这种大规模的同向运动才有助于构建大格局，共同推动企业进步。

这个导向性的氛围实质上就是企业文化，缺乏企业文化就容易加剧内耗。华为上下共同制定并认同的核心价值观，最终落在书面上就是《华为基本法》。《华为基本法》统一了全体员工的思想，规范了全体员工的行为，对战略方向和管理体系进行了有力的引导。

《华为基本法》确立了公司宏观管理的架构，其后陆续通过了一系列子法，这些子法对《华为基本法》进行分解和描述，然后有针对性地引进多种管理方法和管理手段，使管理目标能真正实现。

如何将我们十年的宝贵而痛苦的积累与探索，在吸收业界最佳的思想与方法后，再提升一步，成为指导我们前进的理论，以避免陷入经验主义，这是我们制定《公司基本法》的基本立场。几千名员工与各界朋友两年来做了许多努力，在人大专家的帮助下，《华为基本法》八易其稿，最终在1998年3月23日获得通过，并开始实行。当然它还会在实行中不断地优化，以引导华为正确地发展。

——"要从必然王国，走向自由王国"，1998年3月28日，《华为基本法》序言

2.6　上海研究所、南京研究所

1998 年成立了上海研究所、南京研究所，分别主攻 3G 和业务软件。

2.7　与 IBM 合作，启动 14 年巨大管理工程变革

1998 年，华为启动了与 IBM 的合作项目，即 "IT 策略与规划" 项目。该项目主要是规划和设计未来 3 ～ 5 年需要开展的业务流程和所需的 IT 系统，包括 IPD（integrated product development，集成产品开发）、ISC（integrated supply chain，集成供应链）等系统重整。自此，华为开始了为期 14 年（1998—2011 年）的巨大管理工程变革。

华为董事长孙亚芳在 2011 年回忆这段磅礴的管理变革时提到，正是任正非当年在推行管理工程变革时毫不妥协的坚定，才有了华为国际化研发水平和端到端的交付水平，培养了华为服务全球客户的能力。

2.8　自我批判和接班人

华为非常重视各级干部的接班人培养。管理变革中有个 "三段论"，华为接班人要想成为最优秀的精英，也要经历 "三段论"。

第一个阶段，自己批判自己。放眼历史长河，无论改良还是改革，都是一件艰难的事，首先要刨松思想的土壤。以自我批评为始，虚心承认自身不足。自我批评和反思是进步的原动力。批判会触及自己的灵魂，向内洞察很难，也令人痛苦，但这只是初级段位。

第二个阶段，自我批评成为常态后，习惯了自己批评自己，就有可能允许别人批评自己。但让别人批评自己很难，尤其是接受下属对自己的批评。这是段位更高的阶段。

第三个阶段，不仅能够善于自我批评，坦然接受别人的批评，还要敢于批评别人。这个阶段的批评，不是为了斗争，而是为了追求真理。既不顾及自己的面子，又不顾及别人的面子，一切唯真理，一切唯工作目标，才会成为最优秀的人才。这是接近顶级职业素养的最高段位。

从人性的角度来理解管理 "三段论" 很重要，首先要做到自己批判自己，

能做到已经很不容易；其次要允许别人批判自己，能做到的人更是少之又少；最后要为了讲求真理而不顾权威和脸面，这一点是最难的，有此能力的人凤毛麟角。一个组织要想实现"三段论"的全部阶段，必须一步一步慢慢来。华为就是希望通过这个"三段论"寻求精英，作为华为接班人。

经历了十年奋斗和发展，华为开始从幼稚走向成熟。华为开始明白，一个企业长治久安的基础，是它的核心价值观被接班人确认，而且接班人具有自我批判能力。

一方面，《华为基本法》阐明了华为的核心价值观，数千员工学习它、认同它、实践它，把自己造就成各级干部的接班人，这就是教育的作用，也是未来的希望和曙光。另一方面，华为开始从制度上重视自我批判。1998年，华为提出，不能自我批判的员工，将不再被提拔。三年以后，所有不能自我批判的干部将全部免职，不能再担任管理工作。通过正确引导，以及压力的施加，华为希望经过十多年的努力，在公司内形成上上下下各层级的自我批判风气。

> 组织习惯于自我批判，将会使流程更加优化，使管理更加优化；员工的自我批判，将会大大提高自身素质。只要成千上万的各级岗位上有具有自我批判能力的接班人形成，企业的红旗就会永远飘扬下去。
>
> ——《在自我批判中进步》，1998年，任正非在GSM鉴定会后的答谢词

2.9 华为的红旗还能打多久

每个致力于长远发展的企业都会思考两个问题：怎样才能基业长青？如何寻找接班人？

"华为的红旗还能打多久？"华为也十分关心这个问题并对其进行过持续研究。华为在研究这个问题时，选择的角度是：推动华为前进的主要动力是什么？怎样使这些动力长期稳定运行而又不断自我优化？通过研究和探讨，华为认为，促使核动力、光动力、风动力、油动力、煤动力、电动力、沼气动力等各种动力一同努力的底层源动力是企业文化，是企业的核心价值观。

华为的接班人在哪里？可以从以下几个角度寻找答案。

首先，华为的接班人是用核心价值观约束和塑造出来的，因此，这些核心价值观要被接班人所接纳和认可，同时接班人要有自我批判能力，这样才能使企业长治久安。

其次，接班人的概念是广义的，并非通常意义上高层管理者下台后才产生某个接班人。接班人在时间上是广义的，接班人交替是每时每刻都在发生的过程，每件任务、每个流程都有交替行为，在交替中改进、改良、不断优化，这些行为本身就是接班的表征。

最后，接班人在范围上也是广义的，并非只有高层管理者才有接班人，每个岗位都存在接班人的概念，继任者计划应该存在于企业的所有岗位。

2.10　核心价值观详解

华为的核心价值观在《华为基本法》里进行了清晰定义，一共有七条，包括追求、员工、技术、精神、利益、文化、社会责任。

第一条是追求，包括客户价值观、战略目标、奋斗精神、价值管理、管理体制等方面。

华为一直以客户的价值观为导向。所谓客户的价值观，需要先通过市场统计、归纳、分析得出，再与客户交流得到反馈和确认，最后成为努力方向。华为的一切管理最终都以客户满意度为评价依据。

1998 年，华为制订了短期战略目标和长期战略目标。短期战略目标是：要在短期内使接入网产品达到世界级领先水平，使华为成为国际一流的接入网设备供应商。长期战略目标是：产品规划和管理优化瞄准业界最佳，先跟随后超越。这里的业界最佳包括西门子、阿尔卡特、爱立信、诺基亚、朗讯、贝尔实验室等。

华为发扬的是大庆的奋斗精神，即"先生产、后生活"。某沙特阿拉伯官员曾经来华为参观，发现每个员工的办公桌底下都放着一张床垫。在了解床垫文化之后，他大为感动，认为一个国家要富裕起来就要有奋斗精神，而且要坚持不懈地、一代一代地传承下去。

华为紧抓产品的商品化、市场化，要求一切评价体系都以商品化为导向，以促使科技队伍去幼稚化。华为贯彻产品线经理对产品负责的制度，产品线经理对研发、中试、生产、售后服务、产品行销等全过程负责，贯彻根据产品生命周期进行的一体化管理方式。产品线经理从产品设计开始就建立了成熟化的市场意识，并据此持续构建技术、质量、成本和服务的优势，最终构建了核心竞争力，这就是华为的价值管理。

华为在管理体制上，有务虚和务实两套领导班子，少数高层是务虚的，多数基层都是务实的。务虚是开放的务虚，大家都可以畅所欲言，贯彻的是委员会民主决策制度；务实是一把手负责，贯彻的是部门首长办公会议的权威管理制度。务虚的人干四件事：一是设定目标，二是拟定措施，三是制定评议和选拔干部原则，四是监督控制。务实的人干的事主要是：贯彻执行措施，调动资源，实现目标；考核、评定、选拔干部，将人力资源转化为物质财富。

第二条是员工，包括员工特征、员工培训、差别化待遇、弹性薪酬、干部分类等方面。

企业要扩张，就要营造一个宽松的环境，有利于培养一批"狼"，他们嗅觉敏锐、不屈不挠，靠群体奋斗争夺市场先机。这批"狼"就是领袖。同时，担负支持任务的部门要发挥"狈"的全力支撑作用，强调组织的进攻性（狼）与管理性（狈）互相协同，即"狼狈组织计划"。

企业发展的主要牵引动力是机会、人才、技术、产品，这四种力量相互作用、相互牵引。机会牵引人才，人才牵引技术，技术牵引产品，产品牵引更多的机会，形成一个良性循环。企业的竞争归根结底是技术先进性的竞争，而技术对比优势的产生要靠培训，靠人才。所以说，机会、人才、技术、产品这四个因素中，最重要的因素是人才。

华为十分重视对员工的培训，不惜每年为此付出巨大的成本。华为之所以如此重视内部培训，是因为以下三点：一是当时国内还未建立完善的外部劳动力市场，华为的人才需求不能完全依赖技术劳动力市场来满足；二是中国的教育还未实现素质教育，应届生从校园人转化成企业人的过程普遍较慢，新人的上手能力很弱，需要企业培训；三是信息技术更替速度太快，老员工也要不断进行充电，通过知识迭代保持能力新鲜度。1998 年，华为员工之间的相互培训已逐渐形成制度。新员工工作一年左右，在自己本职工作领域有所思考、有独到的心得，就可以走上内部讲堂，作为讲师给其他员工进行培训。

华为的新员工培训做得非常好，新员工初来乍到先进入培训大队，还分了若干中队，关起门来学半个月的企业文化，从思想上建立统一的认识。同时，华为还为新员工建立了一种思想导师的培养制度，以帮助新员工迅速进入角色。没有担任过思想导师的员工不得提拔为干部，借此把培养接班人的好制度固化下来。

华为员工待遇的平均标准仅是中国业界最佳的 80%，但在报酬方面华为旗帜鲜明地坚决向优秀员工倾斜，从不含糊，更不搞平均主义。工资采用基于能力的职能工资制；奖金的分配与部门和个人的绩效改进挂钩；安全退休金等福利的分配，依据工作态度的考评结果实行差别化待遇；医疗保险按贡献大小，对高级管理人员和资深专业人员与普通员工实行差别化待遇。

在大多数企业中，薪酬是刚性的，只能升不能降。华为设定了一种自动降薪机制：在经济不景气时期，或事业成长暂时受挫阶段，会自动启用降薪机制，以避免过度裁员与人才流失，确保公司渡过难关。尽管这项制度几乎从来没有使用过，仅具有象征性意义，但是它的真实目的在于，不断地向员工的安乐意识宣战，让组织的"机体"保持寒意。此外，华为还推行能上能下的干部制度，使组织建设很好地顺应了市场形势的发展变化，企业竞争力得到进一步加强。

华为非常重视对优秀员工的晋升和提拔，主张对优秀人才因材施教，根据他们的价值特点，把他们分为两种类型：一类是社会责任（狭义，针对企业内部）型，对组织目标有强烈责任心和使命感；另一类是个人成就欲望型。前者以完成目标为中心，为完成目标提供了大量服务，表现为承担了企业内部的社会责任，是狭义的社会责任。这些干部看起来好像没有什么特殊成就，但他们的任务完成得很好，体现的是企业管理者才能，实质上起到了领袖的作用。后者的个人成就欲特别强，是孔雀型性格，组织应该给予他们充分的肯定、支持、信任，给予他们施展才华的机会，把他们培养成英雄模范。他们更适合在基层从事具体工作，因为基层没有英雄就没有活力。这些员工不能进入中高层管理队伍，因为他们没有经过社会责任感的改造，还不懂得团结协作。

针对这两种类型的人才，要分别给予针对性的疏导，使他们发挥积极的作用。选拔有社会责任者成为管理者和领袖，推举个人成就欲望者成为英雄和模范。管理者应该明白，自己的使命是帮助部下成为英雄，实现公司的目标。

第三条是技术，包括技术导向、技术开放、技术方向等内容。

华为对聚焦通信行业有非常难得的定力，有一股"咬定青山不放松"的执着。华为从创业初期开始，一直紧紧围绕着通信求发展，后来扩展到信息，坚持在电子信息技术领域发展，不被其他投资机会所诱惑。任正非认为，未来的世界是知识技术的世界，不可能是泡沫的世界，所以在几次房地产和股票起来的时候，他不为所动，始终认认真真地搞技术。

华为遵循"掌握核心，开放周边"的原则，重视与同行业内的友商建立广泛的、对等的战略伙伴关系。华为的这种不卑不亢的对外合作，通过技术开放，提升自身优势，使企业既能快速成长，又不受制于人。华为因这种合作共赢的态度，逐渐得到了国外著名公司的信任，甚至同一些竞争对手也建立了某种程度的合作。实际上，国际化公司都清楚地认识到，国际市场不是零和游戏，开放与合作是企业相互关系的大趋势，只有加强合作，你中有我，我中有你，才能创造更大的市场蛋糕，才能分享更多的共同利益。

华为已经意识到，一定要搞基础研究，否则不可能引导市场并创造机会。基础研究和应用研究是相辅相成的，没有基础研究的深度，就没有系统集成的高水准；反之，没有市场和集成应用的牵引，基础研究就会偏离方向。华为在基础研究上也采取开放的态度，与国内大学建立联合实验室实施基础研究，通过产学研结合，在资源优势上协同与集成，实现技术创新。华为内部设立的机构是预研部，通过产学研，在基础研究出现转化为产品的商机后，经过客户需求满足的验证，再把内部资源大规模铺上去，实现规模化生产。

第四条是精神。任正非认为，仅以物质利益为基准，无法建立一支强大的队伍，更不能长久。在华为，物质文明和精神文明是并存的，一方面大力提倡精神文明，另一方面擅长用物质文明去巩固。员工的目标远大化之后，个人的奋斗、家人的幸福与祖国的前途、民族的命运是多位一体的，就像多部发动机，为国家、为民族、为家庭、为自己，努力奋斗的目标融合统一。

第五条是利益。利益的主要矛盾是企业目标与个人目标的矛盾，本质上是企业的长远利益同员工的短期利益之间的矛盾：一方面，企业着眼于长远利益，希望不断提升企业的长期核心竞争力；另一方面，员工考虑个人短期利益，因为谁也不知道将来会不会更换工作。

因此，企业的远期竞争力成长与当期效益是天生的矛盾体，这个矛盾解决不好就会形成破坏力，必须在矛盾之间找到一个平衡点，驱动双方共同为之努力。

为了解决这个矛盾，华为在长远利益和眼前利益之间找到了平衡点，就是员工股份制。员工从当期效益中得到工资、奖金、退休金、医疗保障，从长远投资中得到股份分红，这在很大程度上避免了员工的短视。

员工股份制就是知识资本化，用转化为资本的形式，使知识和管理贡献得到应有的回报。利用合理的股权安排，造就一支强大、稳定的企业中坚力量，并使其保持对企业的有效控制，使企业可持续成长成为可能。

华为在创业之初，因各种主观、客观因素，踏上了员工股份制的道路，之后一直在知识资本化的方向上进行探索，虚拟受限股、TUP等都是不断适应社会变化、有活力的产权制度。随着内外部形势不断发展变化，华为也把合理的利益分配机制作为不断探索的方向。

第六条是文化。"资源是会枯竭的，唯有文化才能生生不息。"华为认为，既然华为没有可以依存的自然资源，唯有挖掘头脑中的智慧，使之成为油田、煤矿、天然气。

阿联酋的迪拜原本只是一个沙漠里的小城市，石油资源储量有限，不足以支撑长期发展。阿联酋人把国民送到英、美等发达国家留学，回国后在全球产业中寻找商机，通过不断的创新，把有限的石油收入转化为一种民族文化资源。他们用近一百年的时间，使迪拜脱胎换骨，成为全球最发达的城市之一。迪拜不仅是全球最大的旅客和货物的主要运输枢纽与中转站，还是中东地区的经济金融中心，拥有高端旅游业、航空业、房地产、体育赛事产业和金融服务业等。

迪拜的商业转型很成功，其商业收入已占GDP的40%，当石油资源枯竭时，阿联酋再也不用担心回到过去在赤日炎炎的沙漠放羊的日子，这就是文化资源的力量。

一般而言，企业习惯于把技术、人才、资金视为企业的资源，然而华为把这些仅仅作为"石油资源"看待。华为提出要逐步摆脱对技术的依赖、对人才的依赖、对资金的依赖，使企业从必然王国走向自由王国。华为认为，用文化的力量培养和管理出来的人才是最大的财富。当企业依赖技术、人才、资金时，企业的价值评价体系就会存在一定程度的扭曲，就不能说是真正获得了自由。只有摆脱对这三种元素的依赖，才能科学决策。起草《华为基本法》，就是为了构筑一个以文化为底层的平台，使技术、人才、资金在这个框架中发挥最大的潜能。

第七条是社会责任。华为以产业报国为己任，为自己和家人的幸福而努力，为中华民族的振兴而奋斗。

华为经历了十多年的努力，确立了以上七条核心价值观，这些价值观与企业的行为逐步形成了完整的逻辑，形成了闭合循环。其后，它就具备了自生长能力，像大江大河一样不断地自我流动、自我循环、自我净化。随着企业规模不断增大，流量不断加大，新问题不断涌现。此时要对暴露出来的问题进行优化，优化之后再重新加入流程运行，不断丰富与完善管理体系，使其不断增长，连续运行，持续优化，循环不止，逐渐升华。

长此以往，企业家仅需对企业进行宏观把控，慢慢地淡化企业家本人对企业的直接控制，让文化与管理流程占据统治地位，就能实现企业家的更替与企业经营管理相分离，最终实现企业的长治久安，管与不管，企业都能无为而治，就像长江、黄河一样，能"不废江河万古流"。

2.11 QCC：小改进大奖励

曾经有一位博士刚到华为没多久，就针对公司的管理问题写了一封洋洋洒洒的"万言书"给任正非。任正非批复道："此人如果有精神病，建议送医院治疗；如果没病，建议辞退。"华为崇尚"小改进大奖励，大建议只鼓励"，要求员工首先做好本职工作，在熟悉本职工作的前提下，再从每一个工序和每一个流程中找出点点滴滴可以改进的地方，而不要把精力放在构思"宏伟蓝图"、热衷"指点江山"这些好高骛远的事情上。

1999 年，为了落实小改进，华为各部门陆续成立 QCC 圈（quality control circles，质量控制圈）的工作小组。

2.12　减人增效涨工资，人均产值要与国际大公司相比

企业在发展，人员在扩规，员工的工资待遇也要每年上涨，这是许多企业的常规图景。问题是，这样的模式会导致员工总数越来越大，工资总额逐年攀升，但效率往往不增反降。企业处于快速增长期还好，可一旦内外部环境发生变化，臃肿的机体很难对抗行业的困境。

华为坚决实行"减人增效涨工资"的政策。华为的原则是，随着公司的发展，工作总量会越来越大，但人员的增长必须低于产值与利润的增长。每一道工序，每一个流程，都要在努力提高质量的前提下不断优化，只有这样，才能提高人均效益，否则难以维持工资不下降。

1998 年，华为专门就人均效益进行了分析，并与国际大公司进行差距对标。当年，华为的人均产值只有 IBM 的 $1/3 \sim 1/2$。华为指出的追赶路径是，通过目前这个阶段的管理变革，把人均产值提高 20%，紧随其后，通过流程 IT 建设提升 10%，之后再通过持续不断的管理优化和进步，逐渐缩小与国际著名公司的差距。

当然，持续管理优化不一定适用于所有岗位。华为发现，在推行绩效改进的考评体系时，对于一些具体的操作岗位，在经过一段时间后，绩效改进会越来越困难，如财务的账务体系、生产流程等。对于这些岗位，可以逐渐改为推行岗位职责工资制，即定岗、定员、定待遇。考核、评价、选拔和晋升主要看员工的责任心、进取心和服务意识。

2.13　资金宽裕后，生产要素人性化提高

华为提倡"先奋斗后生活"，当条件成熟时，言出必行。1998 年，从财务上看，华为扩大再生产已经没有瓶颈，从资金紧缺型转变为资金宽裕型，开始重视员工的生活问题，采取了很多人性化的举措。如果员工回当地工作，公司

会为员工购房提供贷款，逐步改善员工的生活条件。

2.14　Hay Group 审计

从 1997 年开始，华为聘请 Hay Group 帮助建立职位体系、薪酬体系、任职资格体系、绩效管理体系及员工素质模型。从 1998 年开始，Hay Group 每年对华为公司人力资源管理的改进进行审计。

2.15　耗散结构

任正非认为，经过多年的发展，华为内部的凝聚力非常高，这种高凝聚力本身是好事，但太高会形成淤滞，组织激活程度不够，能量无法耗散，必须通过 IPD、ISC、财务、IT 建设等一系列动作，稀释情感的影响，形成耗散结构，才能反过来真正产生能量。

基于这个理论认知，华为开始着手开展一系列管理体系建设。

2.16　呆滞物料打包作为奖励

1998 年，任正非在龙岗基地建设的过程中，通过对比发现，国外建筑设计院的设计费虽然很贵，但它们是对工程负责的，而国内的设计院只对图纸负责。

同年，任正非带队到 IBM 学习考察，发现欧美公司研发系统的产品经理也会深入产品生产过程的每个环节，对最终产品负责。相比较而言，华为研发人员只重视对科研成果负责，缺少对产品负责的意识，造成了研发体系的不少问题。

通过以上的对比和思考，华为对研发体系明确提出了"从对科研成果负责转变为对产品负责"的口号。

为了使研发人员能够牢记"从对科研成果负责转变为对产品负责"这句口号，1998 年年终，华为把库房里历史累积的、价值上亿元的呆滞物料打成一个个包，发给研发人员作为奖励，戏称员工可以把这些呆滞物料拿到市场上去卖。实际上，这些无法利用的废料都是研发出来的产品质量不过硬导致的，华为希望用这种特殊的方式让研发人员深刻反省。

今年我们发中研部呆滞物料奖，明年我们要把用户中心的飞机票也打成一个个包，再发给中研人员做奖状，让他拿回家去对亲人说是自己得的浪费奖！华为公司实行低成本战略，其实我们的产品成本并不高，但是研发浪费太大！市场部今年应该说是对中研很客气的，能忍受就忍受，能抗住就抗住，抗不住才把矛盾推向公司。要飞机票，说机器需要紧急修理。为什么那么紧急？就是因为中研产品不过硬。所以我们要认识到我们所存在的问题，我们的最大问题就是上次在中研部提到的问题：幼稚，一定要反掉幼稚。

——《全心全意对产品负责，全心全意为客户服务》，1998 年，任正非在欢送华为电气研发人员去生产用户服务锻炼酒会上的讲话

○ 1999 年　与众不同的对创新的理解和实践

1. 业务进展

（1）201 校园卡获得市场成功。

（2）销售额达 115 亿元人民币，其中海外市场销售额为 0.53 亿美元，员工达到 12 000 人。

2. 管理变革

2.1　设立首个海外研究机构

华为在印度班加罗尔设立研发中心，这是华为首个海外研究机构。

2.2　对创新的理解

1999 年，国内开始广泛地讨论创新，包括管理创新、技术创新、模式创新，学者界和企业管理界纷纷对如何创新提出建议。华为作为创新驱动的公司，对创新的理解更为透彻和独特。为了规避外界对创新的不同理解干扰内部对创新的认知，华为专门就创新的概念开会讨论。

华为认可传承式的创新。一个人想要有所成就，就要懂得站在前人的肩膀

上，哪怕另辟新路，也要对前人的智慧成果进行辩证的扬弃。前人走了那么多弯路，既是教训、学费，更是宝贵的财富。认识真理的过程总是曲折的，走了弯路，受了挫折，才能认识到真理，如果全盘否定不去利用，另开炉灶，那是最大的浪费，也是对创新最大的曲解。人是如此，企业也是如此。一个处于发展阶段的企业，要想追赶国际一流企业，唯一的路径就是采取跟随战略，唯一的优势就是有机会站在这些国际一流巨人的肩膀上，在它们已经获得的成功经验、失败教训的基础上向前发展。如果后进公司也必须完成认识的全循环，那只会越来越落后。

对于新产品研发创新，华为要求尽量运用华为内部已拥有的成熟技术，或者社会上可采购的技术。具体的量化标准是，如果利用率低于70%，新开发量高于30%，那么不仅不叫创新，而且是浪费，因为这只会提高开发成本，还大大增加了产品的不稳定性。

世纪之交，华为对创新的定义，就是通过创新有效提升华为的核心竞争力。因此，创新应该是有局限性的，华为还会长期处于技术实用性研发阶段，用匠人的心态做软件研发，把软件精简了再精简，优化了再优化。华罗庚说"神奇化易是坦途，易化神奇不足提"，华为用这句话定义和指导当前的创新。

2.3 创新和 QCC 圈

研发人员需要创新，但什么是创新？如果对创新的定义没有统一认识，反而会浪费大量的财力、物力。例如，对客户的新想法若未经科学归纳和证实，就投入资源研发产品，盲目地进行创新，认为只要做出新东西来，就是根据客户需求进行了创新，而对客户的实际需求不予深入分析和反复研究，这样的产品自然不会稳定可靠，客户满意度也不会高。

再例如，有些项目研发对成熟简单的东西也要自己重新开发，满脑子都是所谓"创新"，其实是把"创新"的概念狭义化了。这种做法成本极高，这不是创新，而是幼稚，是对公司宝贵资源的消耗和浪费。一个大公司，最佳的降低成本的措施就是资源共享，就是懂得站在前人的肩膀上。前人已经开发的一个标准模块，内部既没有技术保密问题，也没有专利问题，需要时奉行"拿来主义"，然后再适当做一些有益的优化，这才是真正的创新。

华为的主张是，研发系统的项目经理在产品开发过程中，如果该产品的所有东西都是他这个项目组研究开发的，那么他就不是一个合格的项目经理。华为拥有的资源，至少要利用到 70% 以上才算创新。新项目的生产交付，应当是"拼积木"式的，只有很少部分是不一样的，大多数基础都是标准的、一样的、可模块化的。由于一些创新没有共享资源，导致很多产品进行了大量的重复劳动，无法按期投产，或者投产以后不稳定，这是极大的浪费。

为了正确引导创新活动，华为号召各研发部门成立名为质量控制圈（quality control circles）的工作小组，简称 QCC 圈，针对工作中的问题进行改进。华为鼓励各个部门都建立自己的 QCC 圈，并给予固定经费，支持 QCC 圈的成员进行工作之余的各类活动，包括聚餐、团建，但要以公司核心竞争力的提升为总目标，将各部门的 QCC 活动开展起来，拿出管理优化的成果。

拿出成果的原则，就是要坚持"小改进，大奖励"。通过 QCC 活动，提高员工的能力，提高管理者的管理技巧，也帮助组织和流程收集有益的意见和建议，并进行点滴改进。所谓"小改进，大奖励"，重在"小改进"，即针对具体的问题进行分析，并提出具体的改进措施，而非宏观无用的长篇大论。坚持"小改进"，就能使身边的工作不断地优化、规范化、合理化。

华为曾经有个 QCC 圈，组员通过对一个模块深入分析研究，把一个不正确的部分修改完善，使不正确率大幅度下降。管理层认为他们为了找到问题和规律，付出了巨大努力，为产品的稳定做出了优化贡献，把该 QCC 圈作为 QCC 活动的典型成果，作为创新的典范加以表彰和推广。

华为从 1999 年开始提倡"小改进，大奖励"，遂雨后春笋般地出现了各类合理化建议和对产品问题的优化，不仅提高了产品的质量，也提高了组织的工作效率，最终降低了整体成本。长此以往，市场竞争力也得到了持续提高。

"从实践中选拔干部"和"小改进，大奖励"是两个相吻合的政策，也是选拔干部的两个重要原则。随着任职资格考评体系的推行，员工的每一次"小改进"都被系统记录下来，作为任职资格的加分项，帮助参与 QCC 圈的员工向任职资格逼近了一大步，给员工持续的前进动力。

2.4 规范化框架下的有序创新

每个民族都有其性格特征,很多中国人好奇心重、心思活跃、不喜欢总结提炼、不太愿意按部就班和规范化,因此,总体来说在管理上比较浮躁,沉不下心来,缺乏积累和沉淀。

英国是全球规范化管理的典范,水平很高,它的法制管理体系和企业管理体系都非常规范。英联邦成员国如新加坡、澳大利亚等发展得不错,部分得益于英国严密的、全面的法制环境与建设。但英国在大国角力中渐渐衰落了,其原因在于英国思想过于刻板,缺乏创新。

例如,任职资格体系来源于英国,虽然这个体系非常完整,但它的硬性约束过多,缺少生命活力,是一个相对僵化的体系。华为在引进和推行英国的任职资格标准的同时,也选用了美国 Hay 公司的薪酬价值评价体系,把美国充满活力的薪酬体系引入了任职资格体系。所以,在华为结出的价值评价体系这个果实里面,既有英国的规范化管理,又有美国的创新精神,两者互相中和,相得益彰。

同样的,华为一方面进行规范化管理,另一方面鼓励员工继续发挥创新精神。《华为基本法》就是华为最宏大的框架,不仅确立了华为的各层管理体系,也确立了层层动力和制约体系。这样一来,创新就不再是幼稚、冲动和随机的创新,而是在规范化的框架下有序的、有价值的创新。

2.5 向 IBM 学习

为了重塑流程,华为花重金请 IBM 咨询团队入驻公司,进行长达 27 个月的流程再造和培训。作为企业三大业务流之一,流程变革首先从研发入手,构建 IPD 流程体系。为了更好地对接 IBM 并向其深度学习,华为成立了 IPD 工作小组。

华为在向 IBM 学习的过程中非常注意学习标杆的专一性。任正非不否认国际上还有很多很好的管理理论和模型,但他认为什么管理体系都去学习,结果只会是什么管理体系都学不深、学不透,不仅无法内化,而且各种管理方法论方向不同，综合起来一抵消，什么也没学好，结果就是零。

小孩子都是先学会走路再去学跑的。在向 IBM 学习的过程中，有些员工在学习 IPD 流程时，用批判的眼光和态度对待 IBM 专家，提出了很多所谓的独到见解，甚至认为 IBM 的部分管理思路与做法不符合华为实际。任正非知道后，把这些员工都从 IPD 小组中调整出去。

任正非认为，创新一定要建立在理解的基础上，而不是尚未完全充分理解就急于表达自己的意见，那是出风头式的浮躁，而非合理化建议。他认为，一知半解就提意见，那是浮躁和幼稚的。把对方当作真正的老师，向对方虚心求教，等真正学透了以后，有了完整的认知，思维更加成熟了，才算是学明白了。学明白后，有了全局的认知和深刻的理解，才有资格再提意见，因为只有有足够的经验和充分的思考，提出的意见才准确、可落地、有益处。

先形式后实质，是任正非要求华为员工向外界学习的一个重要原则。

> 我们有幸找到了一个很好的老师，这就是 IBM。美国顾问告诉我们美国鞋是这个样子，到你们中国鞋是不是可能变一点，但只有顾问有这个权力，我们没有这个权力，下面的员工不要再提很多新的建议，要深刻理解 IBM 这套管理方法，我认为在这个时候需要一个非常严谨的学习方法。
>
> ——《学习 IPD 内涵，保证变革成功》，1999 年 4 月 17 日，任正非在 IPD 动员大会上的讲话

2.6 流程的核心是反映业务的本质

华为一直强调，流程的核心是要反映业务的本质。

企业的三大业务流分别是"产品研发""市场销售"和"售后服务"。相对应的，华为建立了三大业务流程系统，即 IPD、LTC（leads to cash，机会至收款）和 ITR（issue to resolution，问题到解决）。这三大业务流程体系先分后合，构建了华为未来强大的管理框架。

1999 年，华为已经开始构思三大业务流程系统，并在其后十多年的管理变

革工作中逐一落实。

2.7 空降干部，还是自己培养

企业到底应该采用什么样的人才路线？干部从哪里来？是社会招聘空降干部，还是自己慢慢培养？这是每个企业都面临的问题。

是不是外来的"空降部队"就一定不好呢？这个问题要实事求是地客观分析。很多公司的历史经验证明，"空降部队"会给组织带来新鲜血液，他们的新思想对原有组织的冲击能带来更多活力。但是，"空降部队"的数量绝对不能过大，关键在于企业本身有没有足够的能力把一批批"空降部队"同化掉、整合好。如果在文化上、思想上、组织能力上没有足够强大的能力对其进行消化吸收，企业反而会因吸收过高占比的"空降部队"而陷于管理混乱。

例如，1999 年华为启动了 QCC 活动，其初心是华为迫切需要大量的干部参与公司大发展，所以才坚持以"小改进"这种方法来改善干部群体的工作方法与作风。但是，从 QCC 活动的推行过程看，市场系统、研发系统响应者偏少，不愿意参加公司的"小改进"活动，有骄傲自满的倾向。任正非据此判断，1999 年各级干部的管理意识、技能水平离应该达到的高水准还有很大差距，还没有消化"空降部队"的强大能力。

因此，华为确定了一条人才方针——从自己队伍里培养人才，即依据公司一系列干部制度和政策，靠自己的努力培养自己的跨世纪的骨干和干部。所以说，华为确定的干部路线是，从自己队伍中通过实践培养和选拔干部，通过"小改进，大奖励"逐渐提升干部的素质。

2.8 生产制造补短板，苦练生产制造基本功

在国际舞台，企业竞争的本质是技术先进、服务优秀、质量可靠。相对而言，中国在产品品质方面普遍比较弱，能工巧匠少，百年老店少，追求匠人精神的企业少，对质量与制造工艺还没有像德国和日本那样上升到战略高度。

华为是全产业链型的公司，从预研、需求、研发、设计、中试、生产、制造直到交付，每个环节都力争成为行业最佳。生产制造是产品线上的一个重要

环节，其重要性不亚于研发、中试。同时，1999 年，生产制造对国内企业而言又是一个薄弱环节，无论是生产系统的管理体系，还是生产系统队伍的高素质程度，还都处在一个不太成熟的状态。

华为意识到这个问题，持续几年在生产系统上下功夫，在产值上、质量上都有了很大的进步。为了使生产系统进一步提升，华为在 1999 年召开了以"能工巧匠是企业的宝贵财富"为主题的生产系统大会，提出对"能工巧匠"进行政策倾斜。

华为把 1999 年生产系统下一阶段最重要的工作确定为不断苦练基本功，提出从上到下每一位员工都要苦练基本功。一个具体的措施是，把生产能手放到生产线上去，以确定这条生产线的企业内部定额，然后鼓励优秀的员工超定额，用高工资给予激励；同时，对生产质量好、遵守规章、问题处理能力强的优秀员工，授予"华为能工巧匠"的荣誉，从物质上和精神上给予双重激励，为其他员工树立榜样。

华为对生产体系的重视，体现在对"能工巧匠"的特殊政策倾斜上：一方面，重视和提升能工巧匠的收入水平，提倡当员工的工作标准达到国际标准之后，员工的待遇也要逐步靠近国际水平；另一方面，在公司地位上肯定生产体系的优秀人才，通过 QCC、合理化建议等管理活动，给予他们参与管理工作的机会，提升他们在公司的地位，培养生产体系员工的自豪感与自信心。华为甚至还有一项特殊的政策安排，为了表彰"能工巧匠"的贡献，用发明者的姓名命名他们发明的优秀工法。

同时，华为重视用量化的方法对"能工巧匠"进行评价。事实上，如果对员工的评价过于主观、模糊和笼统，则说明主管本人就不是一个合格的管理者。因为只有用数据说话，才能体现出"公开、公正、公平"的原则，才能客观评价员工有没有认真地做事，能不能做出好成果。尽量用量化评价的方式防范主观"终峰效应"，杜绝个人情感因素，也不乱提拔不该提拔的员工。

华为学习西方"用数据和事实说话"的精神，明确要求对基层员工和干部，尤其是生产系统的员工实行量化考核，用数据衡量和评价员工。在管理上，华为持续深化量化的策略，对每个基层岗位制定合理的量化指标，"用数据说话"的原则逐渐深入人心。

2.9 生人文化和熟人文化

中国式企业管理和西方式企业管理有个最大的不同，就是国内企业讲人情世故，西方企业讲管理原则，也可以称为"熟人文化"和"生人文化"的不同。

西方企业普遍对管理制度有着敬畏心，面对工作上的事情，即使对私下里再熟悉的朋友也不会顾及感情的因素，而按章办事。当遇到不符合规定的事情时，他们会直截了当甚至不留颜面地指出对方的问题。这种屏蔽交情的陌生人式的公事公办精神，有利于对管理制度和体系的客观评估，有利于整个组织的纠错和进步。

很多国内企业存在这样一个普遍的现象：一些员工为了公司的利益做了好事反而心虚，因为做了好事、讲了真话，就有可能暴露以前的管理问题，也有可能伤害部门的利益、周边员工的利益，得罪了其他人。同时，一些干部对错误不闻不问，听之任之，不关心公司的核心竞争力是否受到削弱。于是，先进得不到肯定和支持，认真负责的员工得不到表彰，错误得不到纠正，反而在纠正一项错误时，投鼠忌器，顾虑重重，怕涉及相关人员，导致整个组织社会习气浓厚。久而久之，企业就会出现"劣币淘汰良币"现象：良币要么离开这个组织，要么慢慢地在"社会"压力下，事不关己，高高挂起，甚至劣币化。

华为认为，从企业的制度本身看，管理制度体系是硬件，执行管理制度的员工素质是软件。员工群体的平均素质，尤其是干部的素养，是管理制度体系能否发挥应有效应的关键。这个素养，除了专业技能的训练，更多的是责任心、使命感、职业化素养。1999 年，华为开始呼吁在组织内建立健康的纠错氛围，摒弃"熟人文化"，提倡"生人文化"，在维护公司利益、增强公司核心竞争力、寻求真理方面，号召更多员工和干部能够勇敢地挺身而出。

> 多年来巨额的报废、报损事件，没有触痛我们的干部，没有人为此呕心沥血到睡不着觉；合同的错误率一直居高不下，是不是每个员工都已高度投

入了消错的队伍？发货的成套率一直提不高，仅感叹日本人的精细管理，自己不拼力行动。挺身而出反对我们的员工还太少，干部中消极懈怠的行为太多。

——《能工巧匠是我们企业的宝贵财富》，1999 年任正非文

2.10　收入增长的逻辑

员工在企业工作，希望收入不断提升，这是员工最基本的要求。为了迎合员工的收入增长需求，企业有时候会盲目地进行员工收入增长的机制安排。例如，根据员工横向考核进行某个比例优秀员工薪酬年增长幅度的承诺，甚至全员进行年度工资增长，这种安排看似合情合理，但其实会对企业造成很大负担，因为工资收入是刚性的，收入的增长不能成为无源之水。

华为也在不断提高员工的收入，使员工更好地进行家庭氛围建设，增强幸福感。但是，华为认为，收入提高的增量只有从提高企业的效益中来，从管理优化中来，而不能为了提高而提高，否则就是饮鸩止渴。

华为对员工收入增长的逻辑是：按照公司整体成长情况、总的利润增长、降低成本的目标完成情况确定每年工资收入总额。如果公司利润不能再增长，那么员工收入也就不能再增长。只有大家共同努力提高公司的效益，使自己的工作有效性和质量达到一个高标准，才有可能把大家的待遇提高到一个新的标准。至于工资收入总额如何分配，增量如何划分到各个部门和产品线，那是另一个问题，即根据贡献度合理分配的问题，此处略去不谈。

2.11　疯狂校招，新员工培训提醒克服幼稚病

随着华为确定主要依靠内部培养建设人才梯队的总路线，配合大飞跃时期快速发展的需要，1998—1999 年，华为采取了开足马力疯狂招聘的战略，招聘员工高达 7000 人，到 1999 年年底，华为总员工超过 12 000 人。

在这些快速增加的员工中，大多数是应届毕业生。如何帮助他们尽快从校园人走向企业人，尽快成为成熟的职业人，走上正确的工作轨道，是华为在

1999 年的当务之急。

华为提出，校园文化与企业文化完全不同。校园文化没有明确的商业目的，只注重于教学生如何做人；而企业文化有明确的商业目的，一切要以商品的竞争力为中心。任正非在新员工培训会上对刚出校门的毕业生谆谆教导，希望他们"重新做人"，克服幼稚病，努力做个工程商人。

> 我们应如何克服我们的"幼稚病"？"每日三省吾身"，自我批判，就是克服"幼稚病"的良方。"幼稚病"并不可怕，公司从高层到基层都有"幼稚病"，特别是面对新事物、新问题的时候。认识新事物、新问题总是反反复复，不可能一步就认识到本质。因此，我们都应该不断努力学习，不断提高认识事物、认识问题的能力。你们还要特别注重向别人学习，看看你身边的老员工是如何做的，学明白了再去创新，一点一滴、一步一步走向成熟。
>
> ——《任正非答新员工问》，1999 年任正非文

2.12 扩大市场与提倡奋斗精神

如何扩大市场，可以从新老产品和新老市场两个维度去看。一般从新老产品来看的话，扩大市场的着力点有两个方面：一是扩大老产品在原有市场上的份额，以及进入新的市场和区域；二是培育新产品，使其在新、老市场快速成长。

无论是扩张市场，还是产品创新，无论是管理优化，还是精益生产，一家公司想要得到有质量的可持续性发展，就要付出"生命"的代价，只有从上到下人人努力工作、奋力追求，公司才有希望。公司的前程如何，风口、机遇、政策、大势等客观环境固然是重要因素，但更重要的还是企业内部的主观努力，能不能不断批判自我，超越自我，这才是核心要素。

有一篇文章叫《硅谷：生机盎然的坟场》，讲述的是美国硅谷的高科技企业艰苦创业、创新的故事。文章表达的含意是，正是硅谷"埋葬"了一代又一代的有志青年，才构建了硅谷今天的繁荣。受此启发，任正非提出"进了华为就是进了坟墓"，认为正是之前无数的热血儿女贡献了青春与心血，才造就了

今天的华为；也唯有今后持续奋斗和无私贡献，才能确保华为挥汗珠峰、问鼎辉煌。

现在再来想一想马克思说的"在科学的入口处，正像在地狱的入口处一样"，会更理解其深刻的内涵。它是说要做好一项工作，其艰难性是不可想象的，要突破艰难险阻才会有成就。任何做出努力、做出贡献的人，都是消耗其无限的生命才创造了有限的成功。

华为要想追上西方公司，无论哪一方面条件都不具备，而且有些条件可能根本不会得到，因此，只能多付出一些无限的生命。高层领导为此损害了健康，后来人又前仆后继、英勇无比。成功的背后是什么，就是牺牲。

——《任正非答新员工问》，1999 年任正非文

第五章
凤凰涅槃的困难时期

（国际化初期，2000—2003 年，4 年）

任何行业的发展都有周期，通信行业在 2000 年左右进入低谷，这几年也是华为成长的困难时期，在内部被称为"华为的冬天"。

这个冬天对华为而言，可以说是严冬，除了行业周期下行对业务的影响，华为内外部也出现了一些严重的危机，包括思科诉讼、李一男创办港湾、大量员工离职创业、内部人心不稳……

2000 年，华为已有几万名员工，而且每天还在不断大量地涌入，需要颁布大量新的文件才能有效约束和指导公司的运行，但华为在客观上缺乏有效管理的经验和素质，管理文件反复修改，时左时右，非常混乱，不少优秀人才因此开始流失……"摸着石头过河，险些被水淹死"，2002 年，华为差点崩溃。

任正非本人也在这个时期罹患多项疾病，做了两次癌症手术，身体几乎累垮。

但是，华为的伟大在于它具有企业家精神：逆商高、韧性强、有智慧和乐观。在最艰辛的时期，华为对内、对外采取了多项提振措施，包括以下几个方面。

市场方面，召开第一次海外出征誓师大会，大举开拓海外亚非拉市场。

管理方面，继续坚定地推动制度建设，完成 IPD-CMM 流程构建。

战略方面，2000 年之前根据别人的标准做自己的产品，2000 年开始边做产品边开展研究，2004 年终于进入输出标准的行列。

财务方面，对外出售现金奶牛——安圣电器，获得一大笔现金流作为御冬的"棉袄"。

技术方面，依托上海研究所进入 3G 领域，在 3G 尚未明朗的情况下，提前几年开展技术储备和研发，多年后华为实现了"3G 跟随，4G 领先，5G 引领"的 S 型发展曲线。

员工思想工作方面，孙亚芳带头同员工交流，团结员工，增强员工信心；任正非通过在内部各种会议上频繁发言讲话，客观分析行业时局，中肯地指出破局之路，重新凝聚起强大的向心力，带领骨干在茫茫黑暗中寻找出路。

走出沼泽地，一片柳暗花明。几年后，涅槃重生的华为轰轰烈烈地走向全面国际化。

○ 2000 年 英雄化与去英雄化，职业管理者的责任与使命

1．业务进展

（1）与 Sun 建立联合实验室。

（2）荣获中国电子百强企业利润第一名。

（3）与摩托罗拉签订合作协议，共同为中国及亚太地区提供 GSM 设备和端到端解决方案。

（4）建立港湾网络。华中理工大学少年班的天才少年李一男 1992 年任职于华为，并成功牵头完成 C&C08 数字程控交换机的研发工作。1996 年，26 岁的李一男被任正非任命为常务副总裁，在华为位居第二。

美国的 IT 泡沫破灭后，西方的资金转向中国，想方设法挖空以华为为首的中国高科技企业，窃取它们辛苦积累的知识产权成果，以摆脱自身的困境。2000 年，李一男在西方资金的推动下离开华为，创办了港湾网络，研发和销售宽带网络通信技术和产品，直接与华为面对面竞争。很快，华为内部一些员工在西方资金的鼓动下，纷纷仿效，高喊"资本的早期本来就是肮脏的"的口号，在风投的推动下，成群结队地离开华为并带走公司的源程序、设计原理图等核心商业机密信息，自己开办公司或有偿泄漏给同业者进行仿制，几乎给华为带

来灭顶之灾。当时的华为不得不面对公司分裂的危机，内外交困，摇摇欲坠。

（5）销售额达213亿元人民币，海外营收达1.28亿美元，员工达16 000人。

2. 管理变革

2.1 聘用审计事务所

自2000年起，华为聘用毕马威作为独立审计事务所，对华为进行财务审计。

2.2 设立研发中心

华为在美国硅谷和达拉斯设立研发中心，在瑞典首都斯德哥尔摩设立研发中心。

2.3 2000 年出征大会

在五洲宾馆出征将士的送行大会上，华为打出"青山处处埋忠骨，何须马革裹尸还"的大标语，充满了悲壮氛围。本次（第一次）出征大会之后，直到2016年才召开第二次出征大会。2016年的华为拥有17万多员工，业务遍及全球170多个国家和地区，服务于全世界1/3以上的人口。

2.4 学历与贡献度

很多企业奉行"唯学历论"，简单地认为学历代表能力和未来的贡献度，在招聘条件、任职资格、薪酬待遇等方面把学历提高到一个重要的层面。

华为认为，拥有高学历的人曾受到很好的基础训练，的确更容易吸收新的技术与知识，但是有知识的人不一定有很好的技能。个人永久性的标记（学历、职称、荣誉等）仅仅是个标签，绝非衡量一个人的标准。知识必须变现才有价值，企业不按一个人的知识来确定其收入，而是以其所拥有的知识的贡献度来确定的。企业应该旗帜分明地以贡献评价员工，并有意识地进行薪酬分化。

当然，贡献的大小有不同的素质模型，尤其对基层干部、基层员工，要在不同的素质模型中评价和选拔干部。不同的岗位应该做合理的学历匹配，一味要求拔高学历，实际上反而会提高成本，造成浪费。

2.5　任正非以身作则，鼓励员工进步

任正非一直认为，不是他一个人在推动公司前进，而是全体员工一起推动公司前进。他的管理风格中，民主占比比较多，他愿意倾听大家的意见，用民主决策的方式吸取集体智慧，不会伤害异见者的自尊。他是一个形式上的管理者，但采取有条件的宽容，对于大家共同研究的方案，即使错了，他也不会指责大家，只要改过来就可以了，他会更多地看大家吸取教训后的进步。他认为自己也会犯错，有错就改，没有面子观。他关心逆境中的员工，以身作则，鼓励他们从内因寻找进步的答案。

任正非一直在和时间赛跑，似乎想通过苦行僧式的学习，追回失去的年轻时光。为了学习和进步，他不打牌、不跳舞、不唱歌，在到北京的两个半小时的飞机上，至少看两个小时的书。任正非认为，员工能力还未达到更高层次，是因为还不够努力，不是因为在某个坐标位置上才会进步，换一个坐标位置就不能进步，要懂得自控，懂得靠自己的努力提高自己的认知、能力和绩效。

"进步完全靠自己的内因变化"，任正非以身作则，教导年轻的员工要珍惜时间，要有自己的时间表，鼓励员工通过努力不断进步。

2.6　通过讲话感染干部

在企业管理过程中，一些企业家对思想管控会有一种无力感，即感觉自己的价值观、管理思想和管理认识无法顺利传达给企业的每一位员工，无法形成上下同欲，无法通过思想上的统一形成整体战斗力。

实际上，这些企业内部会议不少，但大多数会议以讨论和解决问题为主，如工作推进会、月度工作会（上期工作汇报、下期工作计划）等，汇报人用PPT展示工作事项，领导者指示、总结，以此推动企业经营不断向前。这样的会议在企业日常经营中不可或缺，但存在的问题是，一把手因参加的会议少，没有通过会议深入地传递和放大管理思想。

任正非领导华为的一个重要特征，就是通过讲话感染干部。从1994年开始，任正非通过讲话、发言、座谈等形式，每年频繁参加各类职能和业务会议，事先准备发言稿，在会议上公开表达自己对事物的看法，事后安排秘书整理发言

稿，在内部刊物上发表、宣贯。

任正非参加并讲话的内部会议，从所涉及的部门看，囊括了市场部、片区、办事处、生产、研发、财务、HR、行政、秘书体系等几乎所有部门；从会议场合的角度看，包括新员工欢迎仪式、总结大会、动员大会、表彰会、就职仪式、汇报会、员工座谈会、干部座谈会、技术能手比武大会、奋斗大会、集训大会、慰问会、战略研讨会、培训班毕业典礼、机关干部赴前线欢送会、颁奖大会、专项问题交流会、务虚会、管理专项启动会、EMT办公例会、高级干部研讨班等各类活动和场合。还有一些对外的场合，如专家座谈会、合同签订仪式、媒体访谈、鉴定答谢会、大会报告、解决方案发布会、国际论坛、访问国际大学等，任正非也专门准备讲话稿，对外宣传华为，使其成为外界了解华为的窗口。

这些讲话内容，很多是非解决问题型的，其具体内容包括很多方面：一部分包括自身经历、感悟、家庭、对事物的理解和认识，在员工面前通透地展示其思想和背景；另一部分包括年度管理要点、重大变革的认识、时政的思考、海外考察的感想、行业形势等；还有一部分是对员工的谆谆教导、对员工的要求等。

会议之后，华为会把任正非在会上的发言和讨论进行整理，发表在《华为人报》《管理优化报》等内部刊物上，甚至发布在网上，以督促广大员工学习、体会、内化。

通过这样的方法，最高领导者不仅直接对参会员工进行了文字性的宏观指导、思想疏导，也建立了一个同非参会员工的有效沟通渠道。全体员工都能通过这些渠道动态了解最高领导者对企业发展的思路和想法，了解企业每年的重点管理工作，有效拉近了高层与普通员工的距离，增强了企业的凝聚力和活力，达到了日常整风、思想归拢、鼓舞斗志的目的。

事实上，我们党从新民主主义革命开始，历经抗战时期、解放战争时期，直到新中国成立后至今，也一直通过领导人讲话、文件传达和学习等方式，向全体党员和全国人民传递和宣讲治国方略、意识形态和核心价值观。

近几年，一些企业家也看到了任正非这种做法的潜在价值，并开始学习。例如，有些知名企业家通过在App里写管理日记，把日常管理心得记录下来，并向员工分享，借此同员工频繁沟通企业发展理念，统一员工思想。

2.7　对裁员的认识

任何企业都会裁员，有的是因为员工本身的能力不足以满足岗位要求，有的是因为企业的经营遇到危机。在后者发生的时候，裁员很难避免，但怎么正确认识裁员、如何做好有序裁员、怎样在裁员的过程中不给企业和员工造成伤害，是一门学问。

随着国际经济大环境的恶化，任正非提前预感到电信业冬天的到来，并在2001年正式提出"华为的冬天"。早在2000年年初，任正非就开始提前给员工打预防针，让员工就此有个心理准备，并就裁员公开表达了自己的态度和看法。

任正非把招聘和裁员作为一个整体来看待，定义为"新的劳动组合"。整个外部市场环境是不断变化的，经济不好就会裁员，经济好就会扩张，这是一个动态的过程。因此，华为可能会不断地扩张，也会不断地裁员，这种波动是常态。为了尽量避免或减少裁员，就需要员工不断地自我批评、自我优化，提高组织效率，提高组织抵抗寒冷的能力。

华为在裁员的过程中，不赞同HR部门采取高压冷漠、与人为敌的态度，也不赞同员工赌气敌对、报复公司的想法，而是强调与人为友，相互沟通，平和理性地表达和交流。如果员工愿意留在华为工作，那么华为允许员工向有关HR部门申诉，"我是什么样的骨干，我做过什么贡献，为未来能承担什么责任"。给员工申诉的机会，既给员工一个理性表达的通道，又给公司一个纠错的可能。

> 裁员时我们要友好，请人家吃顿饭，欢送欢送，送点礼品。我们不是有劝退指标吗？劝退最高可以送12个月的工资，这些都是友好的表现，各级部门要善于理解公司这种友好的态度。以后还会裁员，这是毫无疑问的，这一点我们绝不会向员工做太平的承诺，我们永远不会太平，是因为市场竞争太激烈，我们又不是强手。我们怎么保证员工能终身在公司工作呢？我们没有这个承诺保证。
>
> ——《与身处逆境员工的对话录》

很多企业强调员工要有"主人翁精神"，但主人翁精神太"强"也会有问题，有些员工进入公司后事事关心，对自己的本职工作却做不好，最后因工作绩效不佳被调整。这些员工心里想不通，认为自己受到不公正的对待：主人翁意识强、关心公司，为何会受到公司处理？

针对此类问题，华为提出，每个员工在公司的工作地位由是否做好本职工作决定。员工要少一些所谓的"主人翁意识"，多一些"打工心态"，清醒地认识到自己是来打工的，只有好好干，提供价值和绩效，才能避免进入被裁员清单。

2.8 高层民主决策 + 基层权威管理

华为遵循的管理原则是，针对重大决策问题，采取"高层决策民主，基层权威管理"原则；但针对日常工作中的具体问题，强调要不断加强与员工的沟通，以体现在具体管理事务上的民主。

权威管理的总体原则是：不打折扣地坚定贯彻执行。在贯彻执行的过程中，为了让员工更好地理解政策背后的逻辑，干部需要与员工进行沟通，沟通后即便员工还不理解，也只能坚决执行。

但是如果不做沟通就要员工执行，那就是基层干部太官僚，管理太粗放。"这个事情就这么干了，不要讨论了"，这种霸道作风会伤害基层员工的感情。华为采用干部分层分级管理，其导向就是避免基层干部"南霸天"式的工作做派，避免基层员工的向心力减损。

2.9 销售额与回款

销售额与回款之间应该是什么样的关系？2000 年左右，华为反思前一年的经营策略后，对此进行了深刻的解读。

1999 年的市场环境非常困难，回收货款的环境也错综复杂，5、6 月份的市场既萧条又混乱，西方公司普遍低价抛销，恶性抢占市场份额。整个华为的市场团队开始沉不住气了，提出各种想法，有人提出要降低考核指标，有人提出应该低价促销，有人建议鼓励供应商垫资出货，有人支持供应商回款展期。

孙亚芳经过深思熟虑，提出把销售计划削减 40 亿元，但不允许降价，以确保利润率。同时，任正非要求加大回款力度，甚至让总裁办的员工远赴前线找客户收款。通过这种"一脚刹车，一脚油门"的组合，华为这辆赛车玩出了一个漂亮的"漂移"，逆市实现了 120 亿元销售额和达 88 亿元货款回收的佳绩。

任正非把此佳绩称赞为"一种壮举"，因为这两张漂亮的成绩单奠定了 2000 年敢于继续扩张的发展基础。针对上述两个指标，任正非进行了总结和分析，让市场体系的员工更好地理解销售额与回款之间的关系。

任正非认为，销售 120 亿元，回款 88 亿元，两件事情合在一起才是了不起的壮举，则其中任何一件孤立实现，不仅不是壮举，还有可能是悲剧，原因如下。

假如 1999 年销售额只有七八十亿，就产生不了较好的利润，甚至因成本太高而无法分摊。公司管理层看到前一年只卖那么一点，今年也不可能卖得更多，缺乏良好的市场销售量的支撑，就没有了继续扩大发展的底气。销售不足，利润不足，不敢再投入，不敢招聘优秀员工，甚至开始裁员，不敢抓住机会，公司只能走上收缩的道路。

假如 1999 年销售额达到 120 亿元，而回款只有 50 亿元，大量应收账款在外，经营性现金流吃紧，同样会影响下一年的信心。因为公司管理层势必会担心，如果继续发展，即使 2000 年销售再创新高，但回款像 1999 年这样乏力，资产负债率就会太高，现金流就有可能中断，公司极有可能全军覆没。基于这个担忧，公司依然不敢再投入，不敢扩大招聘，不敢去抓住机会，最终还是要进行全面收缩。

2.10　市场体系的组织架构

2000 年，全国共有 334 个本地网。华为预计在不久的未来，中国移动、中国联通、中国电信以及其他运营商会按地区结构进行营销和管理布局，纵向推到城市及区县。

为了进一步改善和强化客户关系，华为于 2000 年对市场架构进行了相应调整，最重要的市场举措就是建立了"地区客户经理部"，又称为"地区客户代表处"。各总部管理机构，如客户代表管理部、国内营销部、区域机构管理部等，都可以共同对这个地区的客户经理部实施管理，以实现"把碉堡建到每一个前沿阵地去"的目标。

以地区客户经理部为支撑，华为就可以不分对象地为各个运营商客户提供优质服务。建立地区客户经理部的必要性在于，能够更加贴近客户，营销和客户服务工作能够做得更加精细，针对各个层面的客户满意度都能得到显著提高，而这恰恰是保证企业持续成长的基础。

同时，华为原本在全国各地建立了很多合资企业，客户经理部就是一个个"碉堡"，而本地化合资企业就是通向这些"碉堡"的一条条"战壕"。西方公司的价值观和中国不同，不会有员工愿意为了公司到偏远区域守阵地，甚至长年累月地长期坚守。因此，华为这种网状、多层次的全方位客户关系，成为战胜西方竞争对手的利器。

随着市场的发展，华为不断扩大"碉堡"的覆盖面，只要是客户关系比较密切的，都陆续建立了地区客户经理部。

为了建立和客户间的健康合作关系，让员工遵循同客户间的健康合作原则，防止员工迷失方向、丧失原则，或无底线屈从于客户的不合理要求，华为发布了改善客户关系方面的指导书，以指导市场体系员工在正确的框架下工作。

2.11　职业管理者的责任与使命

2000 年左右，华为的组织里出现了松懈的思潮。一些管理者认为应该"无为而治"，甚至基层管理者也开始在具体工作中采用宏观管理的做法；同时，一些高层管理者开始有了功成名就后舒适度日的想法。

于是，任正非以"职业管理者的责任与使命"为题，组织全体高级副总裁进行了突击考试，要求他们以书面的形式，谈一谈对公司治理的认识。通过这次考试，任正非对"无为而治"的基础、意义和方法论进行了深入分析，并希望通过引入一批"胸怀大志、一贫如洗"的员工进入公司激活沉淀层，提升组织活力。

任正非认为，一个职业管理者的社会责任（狭义）与历史使命，就是为了完成组织目标而奋斗。以组织目标的完成为责任，缩短实现组织目标的时间，奋力调动和节约资源，就是一个管理者的职业成就。职业管理者的职业目标就是实现组织目标，因此，实现组织目标不仅应该由个人成就欲所驱使，更应该由社会责任（狭义）时刻给他的压力。

职业管理者分为高级管理者和基层管理者。华为以公司10号文的形式发布了《高层干部任职资格评价标准》，明确了高级干部的行为特征。高级管理者应该以牵引和实现组织目标为主要定位，而不是亲自冲锋陷阵、充当英雄。高级干部的主要精力应该是通过系统地分析和思考，制订与优化制度和流程。企业需要组织创新，组织创新的最大特点，不是个人英雄行为，而是要经过组织评议、审查、验证之后的规范化创新，这就是"无为而治"。高级管理者希望自己名垂青史的心态要不得，任何一个希望自己在流程中贡献最大的高级管理者，一定会成为流程的阻力。

华为曾经是一个"英雄"创造的小公司，正逐渐演变为一个职业化管理的具有一定规模的公司。淡化英雄色彩，特别是淡化领导人、创业者的色彩，是实现职业化的必然之路。只有职业化、流程化才能提高一个大公司的运作效率，降低管理内耗。第二次创业的一大特点就是职业化管理，职业化管理使英雄难以在高层生成。公司将在两三年后初步实现IT管理、端对端的流程化管理，每个职业管理者都在一段流程上实现规范化运作。就如一列火车从广州开到北京，有数百人扳了道岔，有数十个司机接力，因此不能说最后一个驾驶火车到了北京的司机就是英雄。

——《一个职业管理者的责任和使命》，2000年，任正非在高级副总裁以上干部以"公司治理"为题作文考试前的讲话

职业管理者的另一个重要组成，是庞大的基层管理者群体。与高级干部标准相反，华为对基层干部的要求是勇于当英雄，要敢于像董存瑞、黄继光一样挺身炸碉堡。基层干部不能"无为而治"，唯有当英雄，才是通往中高级管理者岗位之路，这是华为的组织选拔标准。华为对基层干部的行为要求是：身体力行，事必躬亲，呕心奋斗，坚定服从，高效执行，严格管理，有效监控。

只有基层英雄不断做实，高级干部不断务虚，两者结合在一起，形成相辅相成的对立统一关系，才能推动整个组织不断前进。

2.12 规范化与创新的辩证关系

人的生命会受自然规律的制约；作为法人的企业，虽然不受自然规律的约束，但会受到市场逻辑的约束。没有能力的企业，根本无法生存，只有找到顺应市场和社会的法则，才能成就百年企业。所谓"道法自然"，就是企业的经营管理必须"法"（遵循）市场法则和社会法则，不断地求"是"（规律）。

企业活下去并非易事，要想持续健康成长更难，因为企业每时每刻都面对着复杂的内外部环境：对内是复杂的人际关系，对外是变幻莫测的技术变革环境、市场竞争环境和宏观政策环境。企业唯有在发展的过程中不断地改进和提高，才能活下去、活得好。

华为长期研究如何活下去，寻找活下去的理由和价值。华为认为，企业活下去的基础在于不断提高核心竞争力，而核心竞争力需要通过持续管理优化和进步实现。任正非称自己不是一个激进主义者，而是一个改良主义者，主张不断地管理进步。

> 对于个人来讲，我没有远大的理想，我思考的是这两三年要干什么、如何干，才能活下去。我非常重视近期的管理进步，而不是远期的战略目标。活下去，永远是硬道理。近期的管理进步，必须有一个长远的目标方向，这就是核心竞争力的提升。公司长远的发展方向是网络设备供应商，这是公司核心竞争力的重要体现。有了这个导向，我们抓近期的管理就不会迷失方向。朝着这个方向发展，我们的近期发展和远期发展就不会发生矛盾，我们的核心竞争力就会得到升华，我们也就有生存的理由和生存的价值。
>
> ——《活下去，是企业的硬道理》，2000 年，任正非与 Hay 公司高级顾问 Vicky Wright 的谈话

华为从 1997 年开始借助外脑，学习借鉴美国的经验和方法，与 Hay Group

合作，引入薪酬和绩效管理体系，逐渐建立了职位体系、薪酬体系、任职资格体系、绩效管理体系及员工素质模型等人力资源体系框架。之后，从1998年开始，Hay每年对华为公司人力资源管理的改进进行审计和符合性审查。

华为意识到，沿用过去的土办法虽然可以活得不错，但不能保证未来还能够继续活下去。所以，华为引入Hay的薪酬和绩效管理体系，"脱下草鞋，换上一双美国的鞋"，寄希望于换鞋以后，先走国际领先企业走过的老路，再走向新的征程。西方企业已经发展了很多年，他们走过的路被证明是一条成功的企业生存之路，这就是华为先僵化和机械地引入Hay系统的唯一理由。换句话讲，华为首先要安全地活下去。

2000年，任正非与Hay的高级顾问进行了一次对话，谈及他对管理优化的期望。任正非认为，在管理改进和学习西方先进管理方面，华为的方针是"削足适履"，对引入的管理系统"先僵化，再固化，后优化"。僵化是让流程先跑起来；固化是在跑的过程中理解和学习，然后对其剖析；优化则是在洞悉的基础上持续优化，一定要防止还没有对流程深刻理解，就盲目自信地进行"优化"。

美国企业在人力资源管理上比较成功，其创新精神和创新机制发挥得比较好。这种创新精神既有外因在发挥作用，如政策和法律法规等，也有内因发挥作用，其中最重要的是薪酬这个底层因素，这就是人性和机制的和谐。华为同Hay公司合作，实质上希望能够全面充分地理解以Hay公司为代表的西方企业的薪酬思想和理念，而不是表面上简单机械的引进，那些只是片面的、表面化的东西，不是精髓和本质。

在自然科学领域，科学家总能提炼出一个数学模型，对自然规律做出归纳、描述和预测，但人的思想过于复杂，永远不可能用一个简单的数学公式来解释，想找一个普适的公式是不可能的。华为聘请Hay公司专家，不是要单纯地学习一个结论，而是要学习其运作机制和方法。

任正非希望，华为先认真学习Hay公司提供的西方公司的机制，理解其背后的薪酬思想；当人力资源管理系统逐步规范后，公司也成熟稳定了，再结合华为的客观实际，打破Hay公司的原有体系，进行创新。华为计划，等到开始突破创新的时刻，引入一批"胸怀大志、一贫如洗"的优秀人才，这些 PSD 型员工（poor，smart and desire）不会满足于现状，不愿接受旧规则的约束，从而不断突破，不断创新，促使人力资源管理体系再次裂变，在持续破与立的进程中，促进企业的可持续增长。

三种平衡态中，稳定平衡是常态。任何重心到了最低点都是最稳定的，稳定以后谁也不想改变，此时处于舒适区。舒适区是很难打破的，贪图安逸，不思进取，就会沦为平庸；不打破舒适区，就会进入由成功到失败的悲壮循环。想要摆脱这种宿命循环，就要进行周期性的创新，这种创新是螺旋式上升的。在一个阶段，优秀人才加入组织，使价值观和价值评价体系发生变化，老员工向他们看齐，被他们带动，公司又会形成新的稳定系统。但如果没有规范的体系，没有约束边界和规则，创新就会杂乱无章。优秀人才进来后，进行无序的创新，反而会破坏公司的发展。

企业的发展要保持节奏，控制速度，宽严有度。企业初创时期，必须有严格的管理和控制体系，以确保企业健康和高速发展；而当企业发展到一定阶段和规模后，必须保持适当的宽松和弹性，不急不躁，坚定而平和地激励创新。

例如，14 世纪欧洲的文艺复兴刨松了英国的文化土壤，为中产阶级的产生创造了基础条件，产权保障制度和等价交易制度使英国走向规范和辉煌。可惜几个世纪后，原本优秀的制度体系越来越规范，越来越教条和死板，加上错误地推行高福利政策，削弱了国家创新动力，导致早期积累的财富逐渐消耗，大英帝国最终走向衰落。

美国吸取了英国的教训，灵活地借鉴了英国的各项制度体系，再加上用移民制度稀释了英国僵化的文化和体制，使美国在创新精神和创新机制方面都优于英国，最终成就了"二战"后美国的霸权。

借鉴英美的经验教训，华为在薪酬与福利、创新与规范化这两对关系上，进行了辩证的思考，提出了相关的原则：一是薪酬制度不能导向福利制度，力求强化薪酬差异，弱化福利基础保障；二是管理既要走向规范化，又要寻求创新，同时对创新进行边界管理，形成相互推动和制约机制。

2.13 HR队伍的组成

2000年，华为一方面贯彻、执行和完善人力资源政策，另一方面开始引入懂技术、懂业务，并且有基层实践经验的人员加入人力资源部，让他们每隔几年对制度进行回顾和审视，从业务人员的视角思考并不断修补制度中的漏洞。

而且，华为逐渐从研发、市场、生产、财经、采购等各系统抽调精兵强将，进入人力资源部，把人力资源部打造成一个对全业务链条有丰富经验和深刻理解的综合性队伍。由这个队伍负责简化和优化过于臃肿的人力资源管理制度，最终拿出方案，避免纸上谈兵式的不切实际的弊端，推动了公司高效快速、健康有序的发展。

2.14 加深对创新的理解

作为一个商业化的组织，必须至少拥有两个要素才能活下去：一是客户，二是产品。因此，首先必须坚持以客户价值观为导向，持续不断地提高客户满意度。从理论上说，拥有100%的客户满意度，就没有了竞争对手。

怎样提升客户满意度呢？实际上，把客户群体进行有效的归类，针对不同客户群的痛点和需求，提供解决方案，是十分复杂的任务。其后，还要根据这些解决方案，研发出相应的高质量产品，并持续提供良好的售后服务。只有通过提供低成本、高增值的解决方案，满足客户的需求，才能实现客户的价值，客户也才会源源不断地下订单。归根到底，企业必须不断改进管理与服务。

其次，企业想要实现产品的低成本、高增值，关键在于必须有强大的研发能力和创新能力，能及时有效地提供新产品。由于IT行业技术更新换代的周期越来越短，不进则退，技术进步缓慢的企业，市场占有率会很快萎缩。华为意识到，在这个行业中，要力争做到世界领先，但是追赶国际著名公司最缺少的是时间，要在十年内走完它们几十年才走过的路程，不得不付出常人无法忍受的代价。

华为在创业初期从事交换机代理，把取得的微薄利润全部集中投入小型交换机的研发上，利用压强原则，形成了局部的突破，才有机会逐渐取得技术的领先和利润空间的扩大。技术的领先带来了机会窗利润，再将积累的利润滚动投入产品的升级换代中，如此周而复始，不断迭代和创新。

创新一定有风险，但决不能因为有风险就不敢创新。若不冒险，只满足于跟在后面，华为根本无法与跨国企业竞争，只能长期充当三流角色，最终丧失活下去的主动权。截至 2000 年，华为已提供了 7 种国际领先的产品，其中 5 种为业界最佳。这就是以实现客户价值为经营管理目标的理念，围绕这个中心点，华为坚持不懈地进行技术创新与管理创新，提升企业核心竞争力。

创新的内外动力帮助华为不断进步：内部有经营和发展的压力，外部有竞争和客户的压力。一方面，竞争倒逼创新。竞争对手多方位、多层次的竞争，逼得华为不敢有任何一点松懈，因为稍有放松就会落后。另一方面，客户促使创新。华为始终把运营商视为良师益友，尤其是在与西方运营商的谈判、招标、评标中，只要落后就可能被淘汰，他们像严厉的诤友，逼着华为一天一天进步，促使华为达到了符合国际惯例的职业化水平。

2.15　核心竞争力

华为一直坚定不移地提升企业的核心竞争力。对一个企业来讲，核心竞争力是多方面的，技术与产品仅仅是一个方面，管理与服务的进步远远比技术进步重要。十年来，华为深深地体会到这一点，没有管理，人才、技术和资金就形不成强大的合力。

2000 年，华为的核心竞争力体现在以下几个方面。

首先是技术和产品。华为近 16 000 员工中，从事研发的有 8000 人左右，而且 4000 多市场人员也算研发的先导与验证人员。从客户需求、产品设计到售后服务，华为建立了一整套集成产品开发的流程及组织架构，加快了对市场的响应速度，缩短了产品开发时间，产品的质量控制体系得到不断加强。在硬件设计方面，华为采用先进的设计及仿真工具，加强系统设计、芯片设计、开发过程质量控制、全面测试体系等方面的建设，并不断强化模块重用、器件替代、技术共享等。

其次是研发管理能力。软件开发管理的难度，主要在于过程的复杂性及测评难度大。华为一直坚持向西方学习 CMM 等软件管理体系，在与众多国际顶尖软件公司开展的项目合作中学习、实践、内化。2000 年，华为的软件开发能力有了质的提高，具备了巨体量、高质量、高效率的大型软件研发能力，开发出千万行源代码级的多种大型复杂产品系统，如交换机、GSM、数通和智能网产品等，这些大型软件产品系统都是由分布在不同地域的几千人花费两到三年时间，通过网络协同的方式完成的。

最后是管理的创新能力。对高科技企业来说，管理的创新比技术创新更重要。华为一直认为自己与西方公司最大的差距在于管理。1997年，华为提出与国际接轨的管理目标后，请来多家国际知名顾问公司，在研发、生产、财务、人力资源等方面进行长期合作，在它们的帮助下，建设全面的企业IT系统。在最高层的决心下，华为持续投入了大量人力、物力，在企业的制度化、职业化、规范化的发展方向上取得巨大进步，核心竞争力得到明显提升，企业内部管理开始走向自发自觉的规范化运作。

2.16 呆死料颁奖与自我批判

2000年，华为研发工作的重要目标是完成产品技术的战略转型，加强研发队伍的职业化、规范化建设。

早在1998年，为了使研发人员能够牢记"从对科研成果负责转变为对产品负责"，华为把库房里历史累积的、价值上亿元的呆滞物料打包，发给研发人员当"奖品"。

2000年9月1日，研发体系再次组织了隆重的"中研部将呆死料作为奖金、奖品发给研发骨干"的大会，几千名研发人员参加。会上，任正非把由于研发工作不认真、测试不严格、盲目创新等产生的呆死料器件，以及为了去现场解决问题产生的机票，用镜框装裱起来，作为"奖品"发给研发系统的几百名骨干，并把"从泥坑里爬起来的人就是圣人"这句话送给他们。

类似海尔总裁张瑞敏砸冰箱，向内外部传递对质量低下决不妥协的决心一样，中研部将呆死料作为奖品发给研发骨干，实际上就是一种对管理低下决不妥协的誓言，并用这种隆重的、极端的方式让骨干刻骨铭心，为下一代的领导群体进行一次很好的洗礼。

更为重要的是，华为以此为契机，加强研发队伍的职业化、规范化建设，以 IPD 为抓手大力推进全流程、全要素的整合。在此过程中，为让自我优化顺利推进，华为强调自我批评的必要性和意义。

华为所提出的自我批判，不是为了批判而批判，不是为了全面否定而批判，而是建设性的批判，是为了优化而批判，总的目标是提升企业的核心竞争力。

多年来，华为在《华为人》《管理优化》和各类公司文件上，在一系列大会、小会上，以及在员工内部论坛上，不断地主动公开自己的不足，允许员工披露问题和错误，高管层客观对待、勇于面对、重视分析、带头自我批判，刨松了整个公司自我批评和思想建设的土壤。

有了自我批判的土壤，自我优化才得以顺利进行。华为在以下几个方面收获了自我批判的硕果。

首先，管理系统在自我批判中与国际接轨。华为的管理系统从管理空白到粗放式管理，再到碎片化管理制度的形成，从 ISO 9000 开始，一步步到 2000 年初步建立起来的 IPD、ISC、财务四统一、IT 系统平台等体系，都是在不断地自我批判、不断反问怎样才能做得更好的过程中逐步建设起来的。没有这些管理的实质性进步，缺乏面对全流程的管理体系，华为根本无法为客户提供低成本、高增值的服务，更谈不上超高速发展。

其次，市场营销系统也进行了积极有效的自我批判。市场人员身处前线，通过自我批判敏感地调整策略，迅速改正错误，机动灵活地应对市场变化。1996 年，华为市场部全体正职集体大辞职，就是市场体系一次精神思想上的自我批判，此举开创了干部能上能下、按能力流动的先河。

最后，除了管理系统和市场营销系统，研发系统在自我批判方面取得的效果最显著，所以有了这次呆死料颁奖的仪式。

这次彻底剖析自己的自我批判行动，也是公司建设史上的一次里程碑、分水岭。它告诉我们经历了十年奋斗，我们的研发人员开始成熟，他们真正认识到奋斗的真谛。未来的十年，是他们成熟发挥作用的十年，将会有大批更优秀的青年涌入我们公司，他们在这批导师的带领下，必将产生更大的成就，公司也一定会在未来十年得到发展。我建议"得奖者"将这些废品抱回家去，与亲人共享。今天是废品，它洗刷过我们的心灵，明天就会成为优秀的成果，作为奖品奉献给亲人。牢记这一教训，我们将享用永远。

——《为什么要自我批判》，2000 年，任正非在中研部将呆死料作为奖品发给研发骨干大会上的讲话

2.17　"客户经理制"向"客户代表制"的转变

2000 年，华为发现，很多客户认为华为员工非常辛苦，即便工作中有一点小错误，也睁一只眼闭一只眼，怕投诉到华为会影响这些员工的绩效，结果久而久之，公司听到的客户批评越来越少，客户满意度貌似很高，但含金量不足。华为敏锐地发现了这个问题，没有被太平无事的表象麻痹，没有让问题继续累积最终从量变到质变，摧毁整个客户关系。

针对以上情况，华为在面向客户关系的架构上进行了创新，把过去的"客户经理制"转变为"客户代表制"。

在过去的客户经理制下，客户经理的职责是单方向的、推介式的，就是把华为的产品和服务推向客户。而现在的客户代表制不同，客户代表首先代表客户，从客户的视角监督企业的运作和行为，他的职责就是站在客户的立场来批评公司，他的核心工作就是提出批评，不批评就算失职。对客户代表的考核就是找问题和批评的数量和质量，通过实事求是的批评，并持续跟踪所批评的问题是否最终得到整改，形成闭环。具体来说，客户代表的职责就是从各个角度批评公司，大到发货不及时、不齐套，小到节假日在客户机房吃东西，只有每时每刻把客户利益放到最高处，企业才能听到真实有效的批评，帮助企业提高。通过这一举措，华为收集到持续传来的客观中肯的批评，再加上善于改正自己存在的问题，客户满意度表里如一地真正得到了提高。

2.18　LOTUS123 工作平台

华为最初搭建的 IT 平台是 LOTUS123 工作平台。一个部门或项目组，尽

管工作地点聚在一起，工作的计划、执行、跟踪也都尽量使用 IT 平台。工作计划编制是一个系统，如 Project，计划编制后，直接导入 LOTUS123 工作平台中，这个平台类似电子邮件平台，会根据工作计划自动发送、提醒每位员工近期的工作任务。

每位员工早上上班，首要的事情是登录 LOTUS123 工作平台，提醒的工作任务会在邮件清单中置顶显示，新任务会标红提醒。点击某项任务，就直接进入具体工作，包括执行流程、编码后台、测试安排、文档编辑等。在工作执行的过程中，可以通过 LOTUS123 工作平台发送和工作相关的沟通、协调邮件，可以主送也可以抄送，让项目组内部成员、其他相关项目组人员和各自的主管都了解需跨部门协调的事项，用这种方式既能增加参与方的压力，又能调动参与方的积极性。任务执行完结后，也可以通过该邮件系统进行总结、盘点和公开表彰。

华为采用 IT 平台进行工作流管理，一方面基于效率和数据化，另一方面也是基于管理形式的不断演变——人与人面对面的管理将会越来越少，尤其是随着华为的国际化，人与人的距离越来越远，IT 式的管理逐渐成为常态。通过电子邮件，通过各种管理的信息和命令、流程的执行，实现了 IT 对运营管理的支撑。

○ 2001 年　华为的冬天——变局、困局与破局

1. 业务进展

（1）CDMA 打通第一个电话。

（2）TELLIN 产品问世。

（3）与华虹 NEC、南通富士通联合研制国产 ASIC 芯片。

（4）城域光网络进入德国市场。

（5）10 月 31 日，以 7.5 亿美元的价格将非核心子公司安圣电气（原华为电气）出售给艾默生。

（6）加入国际电信联盟（ITU）。

（7）销售额达到255亿元人民币，海外营收3.3亿美元，员工达16 000人。

2. 管理变革

2.1 华为的冬天

2001年，任正非在华为内部曾说，自己十年来天天思考的都是失败，对成功视而不见，没想过什么荣誉感、自豪感，想的最多的是危机感。他毫不动摇地认为，失败一定会到来，因为这是历史规律。

> "沉舟侧畔千帆过，病树前头万木春。"网络股的暴跌必将对两三年后的建设预期产生影响，那时制造业就惯性进入了收缩。眼前的繁荣是前几年网络大涨的惯性结果。记住一句话——"物极必反"，这场网络、设备供应的冬天，也会像热得人们不理解一样，冷得出奇。没有预见，没有预防，就会冻死。那时，谁有棉衣，谁就活下来了。
> ——《华为的冬天》，2001年，任正非在科以上干部大会上讲解《2001年十大管理工作要点》

2000年，华为实现销售220亿元，利润高达29亿元，位居全国电子百强首位。2001年，任正非对通信行业的冬天已经提前感知，并开始采取一系列措施，以保证华为有足够的棉衣度过冬天。

这些措施包括：在华为内部谈危险和机遇，引导员工正确对待，激励员工抓住机遇创造历史；大举开拓海外亚非拉国家的市场；将盈利能力非常强的子公司安圣电气以65亿元人民币卖给艾默生；400多名总监及以上干部申请自愿降薪10%；到日本考察其连续十年低增长、零增长、负增长的经济规律，借鉴其"活下去"的应对措施；根据2001年十大管理要点加速管理优化；亲自编写《华为的冬天》《我的父亲、母亲》《北国之春》等具有精神图腾作用的文章，向全体员工传递"活下去"的精神力量。

第一，华为通过内部讨论增强员工的危机意识，并把危机意识转化为人均效益提高的行动。2001年，华为发动全体员工广泛开展对危机的讨论，讨论公司和所在部门有什么危机，所在产品组有什么危机，在工作上还有什么可以再提升的地方，在流程上还有什么能进一步改进的地方，改进之后还能不能再改进，改进后如何提高人均效益。

华为近三年来的管理要点都围绕人均效益问题展开，管理者的述职报告中最重要的指标也是人均效益指标，不仅要看当前财务指标中的人均贡献率，还要预测人均潜力的增长。人均效益指标成为企业运营监控的重要指标，部门、产品线和员工的工资包会随着该指标的降低而调降。

第二，华为通过建立均衡的价值评价和考核体系解决结构性短板，降低组织运行成本和产品成本，进而提升企业竞争力，帮助企业度过冬天。任正非给员工算了一笔账：如果每年人均产量增加15%，但电子产品价格下降幅度还不止15%，那么卖得越多，利润反而越少，这样下去可能连保住现有工资都难，更别说涨工资。解决这个问题，不能靠没完没了的加班，而要靠改进管理。

怎么改进管理呢？管理的改进要点在于均衡发展，就是一定要改进管理这个木桶中最短的那一块木板，在各部门、各产品线、各流程中找出薄弱环节，使全公司的短木板变成长木板，只有这样公司这个桶里装的水才会更多。坚持均衡发展，其核心就是持续强化管理体系的建设，不断优化每位员工手头的工作，提高每位员工的贡献率。

华为的运作全链条很长：从订单到交付，涉及营销系统、研发系统、理货系统、中央收发系统、库存系统、出纳系统、订单系统……如果仅仅重视营销、研发，不重视其他系统的建设，那么其他系统就会成为短板。例如，海外订单经常出现发错货的情况，发到国外的货型号不正确，又发回来调换，造成人工、运费、财务成本等大量浪费。前面干得再好，后面发错货，或者迟迟发不出货，还是等于白干。

销售、研发、用户服务这三大体系中也存在这个问题。例如，用户服务人员的地位一直没有研发人员高，但从岗位胜任模型看，同级别的用户服务工程师本应比研发人员的综合处理能力还强。如果长期不认同和重视用户服务体系，那么用户服务体系就永远不会吸引优秀的员工加入。不是由优秀的人组成的组织，就是高成本的组织。比如说，用户服务人员坐飞机去现场维修设备或升级软件系统，去了一趟修不好，只好又飞过去，导致成本居高不下。反过来，如果一次就能处理好，甚至根本不用到现场，通过远程指导的方法就能完成任务，省下来的成本实际上就是企业竞争力，这是帮助企业顺利度过冬天的关键。

从这个角度上说，任正非认为，华为只有建立起统一的价值评价体系、统一的考评体系、均衡的价值考核体系，才能使优秀人才在内部流动和平衡成为可能。

第三，华为通过建立以流程型和时效型为主导的高效运行机制，加快组织内的流程流转，增加信息和任务的周转率，带动流程优化、人员优化，实现降本增效。

很多企业上 ERP、OA、信息化流程，但流程上各节点运作的员工还习惯于事事都请示上级，导致本该快速通过的流程形成堵塞。实际上，只要是已经有规定，或者成为惯例的东西，可不必请示，应让它快速通过。

工作内容有例行和例外之分。例行的工作是以前遇到的问题，通过讨论、总结、固化形成成熟的解决方案和机制，由秘书对例行的管理工作进行处理。而经理负责处理例外事件，以及对很难判定的重要例行事件做出处理。经理处理例外事件之后，再进行讨论和总结，把例外事件纳入例行事件的管理体系中。通过这个循环，例行越来越多，流程越来越快，经理越来越少，成本就越来越低。流程优化的一个重要作用就是减少编制，尤其是职能管理和机关干部，这些精简出来的机关干部，可以被派驻到直接产生效益的前线去。

例外变例行，减少需要上级确认的事项，才能加快流程运转；流程运转加快，才能给庞大的机关消肿，精简机关和编制；流程运转加快，才有可能再减少流程的环节；流程逐渐优化后，组织效率才能逼近最优；组织效率最优，组织的成本才能最低；公司运作成本最低，才能构建对外竞争的核心竞争力。

华为强化以流程型和时效型为主导的体系。执行流程的人是对事情负责，这就是对事负责制，是扩张体系，通过聚焦于事项本身的特点、条件、规律，不断提炼管理思路，加快事项处理，扩大管理幅度。相反，事事请示，就是对人负责制，它是收敛的，会耗费管理精力，加大管理成本，造成管理幅度收缩。

为了组织能够高效运行，必须简化不必确认的东西，减少不重要的环节，这是流程优化的核心思想。华为号召全体员工在本职工作中要敢于担当，敢于负责任，使流程速度加快。这实际上是一个变革。在这个过程中，会遇到很多矛盾，也会触及很多人的利益，华为提倡敢于承担责任，尤其是领导干部要起模范带头作用。

第四，进行职能部门和机关的精简。通过组织变革，进行 IT 系统的优化和流程优化，最终指向提高人均效益。压缩机关，庙小一点，方丈减几个，和尚少一点，机关的改革就成功了。

> 道路设计需要博士，炼钢制轨需要硕士，铺路需要本科生。但是道路修好了扳岔道就不需要这么高的学历了，否则谁也坐不起火车。因此，当我们公司组织体系和流程体系建设起来的时候，就不需要这么多的高级别干部，方丈就少了。建立流程的目的就是提高单位生产效率，减掉一批干部。如果每一层都减少一批干部，我们的成本就会下降很多。规范化的格式与标准化的语言使每一位管理者的管理范围与内容更加扩大。信息越来越发达，管理的层次就越来越少，维持这些层级管理的官员就会越来越少，成本就下降了。
>
> ——《华为的冬天》，2001 年，任正非在科以上干部大会上讲解《十大管理工作要点》

企业大了之后，有一些部门会不知节约地增加编制，额外的编制人员会制造多余信息，这些多余的信息又进入分拣、处理和清理，于是又制造一些本来不需要的额外工作。同时，因为编制和岗位的盲目增加，组织内的控制程序会越来越复杂，产生各种复杂的文件、冗余的报表、功能雷同的各种表单，使机关组织变得臃肿。这些机关人员的冗余工作不仅不能产生增值，反而会拖累组织效能。因此，华为下决心在机关能够有效履责的前提下，尽力精简机关编制。首先拿市场部机关开刀。市场部机关每天都向办事处要报表，今天要这个报表，明天要那个报表，每天的报表发来发去，令前线员工烦不胜烦。信息的收集、报表的汇总固然是重要工作，但这样的工作方法明显有问题，应该参照统一的格式，让办事处按月把相关的数据制表，一并放到共享数据库里，机关直接到数据库里获取数据。华为把市场部机关多余的员工组成一个数据库小组，作为面向办事处的统一接口，包括市场部在内的所有职能部门想要办事处的任何数据，只能向这个小组要，不能直接找办事处，以减少办事处提供重复性的数据。华为在考核设置上也做了调整，让办事处给机关打分，把考核权交给办事处，这种导向就调整为让市场部为办事处赋能，而不是增加无谓的工作量。

第五，确保基础工作时间与质量。为了迎接华为的冬天，华为开始采取措施确保员工的有效工作时间，提高在工作时间内的工作质量。一方面，要求减少工作协调与调度会议，即使对那些必须开的、开完要立即实行的会议，也要减少参加会议的人员数量。另一方面，禁止在上班时间召开技能培训类远期目标的会议，应全部安排在工作时间外，员工可以自愿参与。至于其他活动，如体检、沟通、团建、拓展、联欢之类的活动，更加全面禁止在工作时间举办。通过以上严格的管理措施，确保了基础工作时间与质量得到贯彻落实，保证了员工输出价值的质和量。

第六，冬天来了，动物的本能是减少活动，甚至冬眠。华为却反其道而行之，把冬天视为机遇，视为为未来做准备的机会。

一方面，华为被动进行过冬棉衣的准备；另一方面，华为并非消极等待严冬过去，而是积极开展战略动作，在财务极度困难时，并不减少研发投入比例，甚至主动出击进行国际兼并购，几年之后，这项举措帮助华为在长距离光传输技术方面成了世界第一。

当时，一些欧美大公司破产之后，很多刚研发出来的新技术舍不得就此荒废，希望有其他公司能够继续研究，于是把这些新技术都拿出来拍卖。华为在自身也处于困境的情形下，非常敏锐地把握住这个机会，积极参与知识产权拍卖。一个经典案例是，华为从一家濒临崩溃的欧美小公司手中，花费400万美元收购了高端的DWDM技术，该收购价不到该技术总投资的1%。利用该技术，华为的光传输技术在4600多千米长的距离内不需要电中继，本次收购帮助华为日后占领了该技术世界领先位置。例如，华为利用该技术支持了位于俄罗斯的一个光环网，全长1.8万千米，创造了世界最长纪录。危机往往也是商机，华为在商场上精彩地诠释了这一点。

2.2 任职资格与长短期考核

2001 年，华为坚定不移地继续推行任职资格管理制度，下定决心改变过去的主观模糊的评估方式。华为认为，任职资格及虚拟利润法是推进公司合理评价干部的有序、有效的制度，是一套良好的激励机制，能使有责任心的人尽快成长起来。良好的激励机制既要有利于近期核心竞争力的不断增长，又要有利于公司核心竞争力战略的全面提升。

对于短期利益和长远利益，任正非于 2001 年用以色列选举为例进行了诠释。拉宾希望以土地换和平，尽早与周边的阿拉伯国家划定边界，换来与周边国家长期的和平相处，为国家经济长远发展赢得有利的大环境。然而，强硬派的沙龙因为能为犹太人夺得近期利益，最终赢得了选举。从这件事可以看出，大多数人只看重眼前的利益，即便优秀的犹太人也会短视。任正非经常用这个案例来比喻华为与竞争对手的长期战略关系，并且学习拉宾的以土地换和平的思路，用专利付费换取国际市场上的和平环境与发展机遇。当然，他用这个例子，更多地是想提醒华为的管理干部不要迎合群众，而要敢于牺牲眼前利益，换来长远的发展。例如，在推行激励机制时，不能有短期行为，而要强调可持续发展，既要看到员工的短期贡献，又要看到组织的长期需求；两者不能简单对立，既不要完全短期化，也不要完全长期化。掌握任职资格的应用，在短期和长期之间找到平衡点，是华为对各级干部的考验和要求。

同时，任正非提出要推行"正向考核＋逆向考事"组合的人才评价方法，即以正向考核为主，但要抓住关键事件逆向分析事件本身。一方面，正向考核很重要，要从目标决策管理的成功，特别是在成功的过程中发现各级领导干部。另一方面，逆向的考事也很重要，对失败的项目，对每一件错误要逆向去查，找出根本原因，要善于总结，以获得长期改进，从中发现优秀的干部，并给予重视和任用。总之，要全面评价，避免考核的绝对化、简单化和形而上学。

2.3 干部的三颗心和四个标准

企业对员工的要求一般是三颗心：责任心、进取心、事业心。

责任心是指对本职工作的认真、负责、尽职，不容忍在工作中出现低级错误和反复性错误，也因在工作中出现错误而内疚羞愧，把自己的工作交付物视为自己的形象，视为对公司和上下游流程的信托精神。

进取心，一方面是指不局限于在一般水平上完成本职工作，而是希望精益求精、追求卓越，对本职工作不断思考和实践，想尽办法成为本职工作中的顶级专家；另一方面是指除了很好地完成本职工作，还主动学习和工作相关的其他技术和管理知识，乐于承担本职工作之外的其他工作，对上级交代的与本职工作无关的任务，不拒绝、不排斥，而是视为挑战和进步的机会。

事业心是指把工作作为自身事业看待，全力以赴，全身心投入，当个人利益和集体利益发生冲突时，以集体利益为行动标准，当面临紧急工作需要加班和个人私事发生冲突时，以工作为重。

2001 年，华为对干部的总体要求是有敬业精神、献身精神、责任心和使命感。

区分干部是不是一个好干部，是不是忠诚，标准有四个。第一，有没有敬业精神，对工作是否认真，是否就改进工作不断追问自己：改进后，还能改进吗？还能再改进吗？第二，有没有献身精神。所谓献身精神，就是不要过于看重自身利益，不要斤斤计较，否则用精密天平来评价，再好的价值评价体系也不可能做到绝对公平。具有献身精神才能把精力放在工作上，用曹冲称象的方法来看待任职资格评价的公平性，而非纠结所谓的公平细节，这是干部考核的一个很重要的因素。第三点和第四点分别是要有责任心和使命感。想当干部的初心，应该是因为自己有责任心和使命感。如果为了追求权力欲望或其他的目的当干部，日久见人心，最终还是要被免下去的。

2.4　管理创新与稳定流程之间的关系

华为对流程有很深刻的认知。

对一家公司而言，不变革就不能提升工作效率与整体核心竞争力。如果变革，究竟要变什么？怎么变？这是一个严肃的问题。必须慎重对待大型变革，切忌盲目创新，千万不能为了管理创新而创新。既要实现高速增长，又要同时展开各项管理变革，错综复杂，任重而道远。管理者既要有崇高的使命感，又要有强烈的责任意识，要在管理创新上做到热烈而镇定、紧张而有序。

首先，要保证 IT 能实施，流程运转通畅，必须要有一个稳定的组织结构和稳定的流程体系。频繁地变革，内外秩序就很难得到安定的保障和延续。盲目创新只会破坏原有效率，一个有效的流程应长期稳定运行，不因有一点问题就常对它大改，管理者要认识到，改动的成本可能会抵消改进的效益。

其次，已经稳定下来的流程，除非在进行整体设计或大流程设计时发现存在缺陷，而且这个缺陷非改不可，这时才能对其进行修改，否则尽量不要大改。所有变革都应该受控，必须经过相应主控部门的严格分析、证实、审批，不能随意创新和改革，因为这样创新和改革的成本太高。

再次，管理创新和流程优化应该重改进轻改革，日常优化重心要放在持续小改良上。"小改进，大奖励"是华为长期坚持不懈的改良方针。在吃透流程之后，对流程非常熟悉了，这时可以鼓励流程环节上的员工提出合理化建议，进行小改进，并不断归纳总结，综合分析。之后可以研究其与公司总体目标流程是否符合，与周边流程是否和谐，要简化、优化、再固化。

最后，一个流程是否先进，要以贡献率的高低来评价。各类变革项目都应预先设定目标，并以量化的贡献率来考核。

2.5 海外拓展

2001 年，为应对华为的冬天，华为号召员工挺身而出，奔赴市场最需要的地方，哪怕生活条件十分艰苦，工作开展十分困难，生活寂寞，长期远离亲人。远赴海外是新的奋斗征程，奋斗总会有牺牲，牺牲员工的青春年华，既雄壮又凄美……华为对这次大规模海外拓展寄托了巨大的期望，也对员工倾注了无限关怀与鼓励，无论成败，精神至上。

你们这一去，也许就是千万里，也许十年八年，也许你们胸戴红花回家转。但我们不管你们是否胸戴红花，会永远地想念你们、关心你们、信任你们，即使你们战败归来，我们仍美酒相迎，为你们梳理羽毛，为你们擦干汗和泪……你们为挽救公司已付出了无愧无悔的青春年华，你们将青春永铸。

——《雄赳赳，气昂昂，跨过太平洋》，2000 年，任正非在欢送海外将士出征大会上的讲话

华为对海外拓展进行了充分的准备，体现在三个组织与制度保障上。

首先，华为对海外业务开拓进行全面倾斜，将是否愿意主动投身国际市场作为选拔和晋升干部的一个重要标准。首当其冲的是市场部的干部。华为把市场部的干部按工作意愿分为三类：第一类是全世界所有地方任由公司安排，绝对服从安排；第二类是国内所有区域任由公司安排；第三类是只愿意在国内经济发达地区工作。第一类干部是公司优先考虑提拔的人选。在薪酬福利待遇方面，华为也采取向海外市场人员显著倾斜的政策，除工资优待和晋升优先外，赴海外工作的员工奖金是国内同等人员的 3～5 倍。

不仅市场部，从 2001 年开始，华为在各部门选拔干部时，执行两条新原则：第一条，以适应国际化为标准，对那些不适应国际化的干部和员工逐步下调职务；第二条，凡是不能以服务为宗旨，在流程执行时设置人为不必要障碍，成为前方阻力的干部和员工都要下岗。华为绝不允许出现"前方浴血奋战，后方歌舞升平"的官僚型腐败，在欢送将士奔赴前方时，后方要用实际行动全力做好服务保障。

其次，人才队伍的保障和技术先进性保障。经历了十多年奋斗，华为培养和造就了一支奋斗的队伍，有组织、有纪律、高素质、高境界，而且高度团结，人才队伍已经准备就绪。华为经历了十年的积累，以客户化的解决方案为先导的产品体系也有了很大的进步，已经具备搏击世界舞台、向全球提供服务的能力。华为认为，要把握机会尽快进行海外拓展，把这些年来培养的人才团队和产品体系进行全球覆盖，否则就是投资的浪费。

最后，管理的保障。随着华为管理体系逐步国际化，IPD、ISC、财务四统一、IT 平台建设、任职资格体系、虚拟利润方法、述职报告制度等全方位的一系列管理体系稳步推行，华为已经完成了国际化管理体系的框架性搭建，华为

的内部组织也因此越来越开放。这种开放性所带来的磁场会吸引越来越多的国际优秀人才加入华为的国际化队伍。

从战略上看，华为自2001年开始的海外大举拓展具有深远的意义。此时的华为，其实既面临着行业冬天的压力，又面临着广阔海外市场空间所带来的机遇，实际上正处于一个危险与机会并存的窗口期。

国内的市场经过十多年的急行军，成功地通过农村包围城市战略，在同欧美国际巨头的竞合中，从市场占有率和技术先进性上看，已经基本实现了成功。但国际大环境的下行，影响了国内电信市场的投资强度，继续在国内市场同欧美公司竞争、攻城略地的难度越来越大。华为在发达国家拓展的时机还不成熟，一方面远不如朗讯、摩托罗拉、阿尔卡特、诺基亚、思科、爱立信等国际对手那样有先进国际经验，另一方面，华为的综合实力、人才、品牌知名度都无法支撑其在发达国家进行业务拓展。相对而言，在亚非拉等第三世界国家发展的机会很大，因为国际对手在较发达国家暂时还有不错的业务收入，并没有把战略注意力转移到这个条件艰苦的新战场。这对华为恰恰是个机会，是一个从全球视野看的农村包围城市的机会。

华为判断这个机会窗大概有三到五年的时间，在这段时间内，一定要建立一支国际化的队伍，否则中国市场一旦饱和，将失去所有战略纵深，最终坐以待毙。华为希望趁着目前暂时领先的短暂窗口期，尽快在国际版图上抢占市场，通过国际市场上的收入，支撑投入的加大，以巩固和延长技术先进性，通过扩大收入和扩大研发投入的双吞吐，实现营销和技术的双领先。

华为没有等到一切条件都准备成熟了才走向海外，而是在机会窗打开时勇敢地走了出去。这既不是借船出海，又不是造船出海，而是采用了一种先出海再造船的模式，一面向竞争对手学习，一面在海外市场奋勇搏击，逐渐熟悉市场，赢得市场，培养和造就干部队伍。

2.6 规范化管理本身已含监控

随着流程体系的全面建设，以及海外的大举开拓，2001年华为开始了"以业务为主导，以会计为监督"的宏观管理方法与体系的建设，要把服务与监控融进全流程，推行逆向审计，追溯责任，从中发现优秀干部，铲除沉淀层。

所谓"以业务为主导"，就是一方面要敢于创造和引导需求，尽力取得"机会窗"的利润；另一方面也要善于抓住机会，缩小同欧美巨头的差距，使自己在国际上有机会生存。

所谓"以会计为监督"，就是为保障业务实现提供规范化的财经服务。规范化了财务，就可以快捷、准确和有序，使账务维护成本降低。规范化本身就是一把筛子，在服务的过程中也完成了监督。

同时，这种管理模式也为后继推行区域、业务的行政管理与统一财务服务的行政管理相分离做好了准备。不久的将来，随着海外大举开拓，华为的财务IT系统将实行全国、全球统一管理。

2.7　IT扁平化，大量裁员将在2003年、2004年发生

任正非在美国时，和IBM、思科、朗讯等几个大公司讨论IT是什么，讨论认为，IT就是裁员、裁员、再裁员。以IT电子化、信息化、数字化替代人工纸质的操作，能大幅度降低运作成本，增强企业竞争力。

华为也面临同样的问题。随着IT体系的逐步建立，IPD、ISC、财务四统一、支撑IT的网络等各IT体系逐步建立和铺开，以前的金字塔状多层行政传递与管理的体系将更加扁平化。扁平化会导致中间层的消失，一大批干部将成为富余人员。华为预计大量裁员的时间大约在2003年或2004年。

然而，与欧美公司直接裁员的方式不同，华为视这些干部为宝贵的财富，为了保留这些财富，华为要求各大部门将富余的干部及时输送至新的工作岗位上，让他们在新的岗位上发挥才干。只有尽早、及时地调配和疏导，才能合理进行资源配置，才能避免以后的过度裁员。

2.8　《我的父亲、母亲》

此文发表于2001年2月25日第114期《华为人》报，全面介绍了任正非自己的身世。这篇文章梳理了曲折艰辛的过往岁月，充满了催人泪下的细腻情感。

任正非的父母一生勤俭，以身作则教育子女。母亲为了家庭，以高中文化水平在特殊年代的艰苦环境中自修文化自学成才。家庭环境的耳濡目染，让任正非懂得了自强不息，造就了华为集体奋斗的基因。从文中能体会到，尽管任

正非前期命运多舛，经历了很多物质上的艰苦、生活和心灵上的磨难，但他还能有人到中年踏上创业不归路的底层驱动力。

家境的贫寒让任正非懂得了不自私的重要性，这也是后来华为全员持股的情感基础。经历三年自然灾害，以及国家经济困难和家庭艰难的生活处境，父母为了养活七个孩子所做出的牺牲让任正非作为家里的老大真正懂得和理解了不自私和活下去的含义。

父母经历峥嵘岁月，一旦恢复名誉，立刻无怨无悔投入工作和事业，这造就了任正非宽容的品格，并在日后成为华为整个组织的精神烙印。

2.9　日本与《北国之春》

从国家层面看，遇到经济寒冬而坚韧地活下来的典型是日本。从 20 世纪 90 年代初开始，日本在经历连续十年低增长、零增长，甚至负增长的情况下是如何"活下去"的？2001 年 3 月，任正非带着这些问题对日本进行了考察访问。回国后，他深有感触地写下《北国之春》这篇文章。

日本经济的腾飞和徘徊，都有其深刻的历史背景。

20 世纪 50 年代日本的经济主要靠美国的扶持，六七十年代日本成为机电产品的世界龙头，经济迅速起飞。这个阶段的附加值主要在制造业上。

随着 20 世纪 90 年代冷战结束，美国把大量军工技术转向民用，促成了全球信息技术的迅猛发展。信息技术融入工业体系后，产业链各环节的产业附加值发生了重要的变化，高附加值从生产制造环节快速迁移到核心技术研发和品牌销售环节，制造业逐渐开放，成了强竞争、薄利润的红海，以制造业为竞争优势的日本面临转型危机。

企业不可能靠一种万能的模式和体制实现永续增长。随着企业的发展、规模的增长、内部矛盾的转化，以及外部政策、行业、市场环境的不断演变，内外部都对原有成功的模式和体制带来挑战。曾经成功过的模式会永远可靠吗？这个问题值得每个企业认真思考。

相比服务型、金融型企业，实业企业毕竟有产品销售和现金流，处境相对好一些，但是多年的经营增长曲线几乎是一条水平线，工资总额也没有增长。

那么，日本企业遇到的具体困难是什么呢？

实际上，日本企业主要面临着三种过剩：雇佣过剩、设备过剩和债务过剩。解决这三种过剩，涉及日本企业体制改变、产业结构调整和重组、企业组织机构改革等，这些都需要系统性的革新。日本企业一贯比较求稳，甚至保守，企业经营者年龄偏大，重大决策过程过于小心谨慎。一旦决策层中有少数人不通过，就要做大量沟通协调工作，甚至无限期地拖下去，这种主张零风险的过分民主的决策体系，使日本企业决策的高效性打了折扣，使日本企业丧失了对宝贵机会的把握。

任正非认为，如果华为的增长速度大幅减缓，日本企业的三种过剩都会在华为出现。如果不及早认识到这一点并做好充分的思想准备，就会陷入被动。因此，在秋末冬初之际，华为主动进行机制调整和组织结构变革，加快企业整体效率的提升，优化流程的合理性与有效性，精简裁并冗余机构和人员，强化员工的自我培训和素质提升。华为只有居安思危、未雨绸缪，赶在严冬来临之前做好棉袄，才能顺利度过冬天。

○ 2002年 崩溃的边缘——勇气、智慧和信念

1. 业务进展

（1）与微软成立联合实验室，与 NEC 共建 3G 移动互联网开放实验室。

（2）NEC、松下、华为宣布三方成立上海宇梦通信科技有限公司，主要从事 3G 终端的研发。

（3）7月，华为被《财富》评定为中国最受尊重企业、中国最佳雇主。

（4）2002年，研发投入 30 亿元。

（5）2002年，销售额为 221 亿元人民币，首次出现销售负增长；海外营收 5.52 亿美元，海外员工达 2000 人。

（6）2002年，华为险些将硬件体系以 100 亿美元的价格整体出售给摩托罗拉，后因摩托罗拉高层出现动荡，交易未能完成。

2. 管理变革

2.1 2002年，全球电信行业形势极为严峻的一年

从1995年开始的全球互联网泡沫于2001年率先在美国破灭。同年，中国邮电被拆分为中国电信、中国移动和中国联通三大运营商，华为一直预判电信和联通会选择GSM技术，结果联通选择了华为并不看好的CDMA，电信选择了小灵通。而恰恰早在1999年，华为高层经过研究，因小灵通技术的过渡性，决定放弃小灵通技术研发。国内外竞争对手凭借技术方向的正确判断，在国内攻城略地，华为却因战略误判，导致市场地位岌岌可危。

任正非后来回忆这段痛苦的逆境时说："2002年，公司差点崩溃。IT泡沫破灭，公司内外矛盾交集，我却对控制这个公司无能为力，有半年的时间都在做噩梦，梦醒时常常哭。"

时艰之下，内外交困，任正非针对华为的冬天写了一篇指导全员如何度过冬天的文章，即《迎接挑战，苦练内功，迎接春天的到来》，指出目前行业艰难下华为的机会，分析华为同西方竞争对手的比较优势，号召大家要有新思维、新方法，发挥创造性的工作思维去改善市场状况。

2.2 发挥创造性思维

在行业的春天，市场光景好，好比粮食作物一年长几茬，各家公司都可以大规模收割庄稼，只要简单地把收割机开过去，一大堆粮食就收获下来，因此竞争烈度很低。这个时期，不用强调工作方法、营销手段、客户需求细分等，没有创造性思维也没有太大影响。

现在，行业的冬天来了，原有大好形势不再，粮食作物一年只长一茬，甚至更少，市场竞争非常激烈。这个时候就不能再沿用以前的老思想看待问题，不能再用老方法对待工作了。任正非号召各个地方、各个产品线、各个部门都要发挥创造性思维，积极思考怎么实现市场的胜利。

2.3 时艰给大公司机会

2002年，华为获得巴西电信一份大合同，该合同囊括了从ATM交换系统

一直到接入服务器的采购。谈判期间，该公司一些主管和谈判代表来中国考察后，都对华为的评价很高，认为华为是一家有实力的公司，有持久生存的能力，值得长期信赖。经过亲自考察，巴西电信分管该项目的副总裁亲赴中国，把合同作为礼品送到任正非手上。运营商之所以如此谨慎，是因为在经济越来越困难的情况下，用户不再选择产品，而是选择公司。

美国IT泡沫期间，许多小公司开发了新产品卖给运营商，在网上运行。后来小公司陆续倒闭了，以前的产品就失去了应有的维护和升级，给运营商造成了很大损失。运营商吸取教训后，不敢贸然使用这些小公司的设备，它们不再只关注价格因素，开始关注合作公司本身，转而选择有实力、能长期提供后继服务的供应商。

在这种市场变化下，美国小公司的出路不再是自己拓展市场，而是考虑怎么让行业里的巨头收购，然后打着大公司的品牌推动销售。因此，另一家竞争对手思科就占了很多便宜，小公司的出路就只有把自己卖给思科，做互补性的开发和研究。

所以，连美国这样一个世界上最开放的国家都发生了这么大的变化，说明2001年的这场IT泡沫对世界大局的影响非常大，导致了人们思维模式的巨大变化。任正非也从中看到了市场空间。

2.4　逆市收购

IT互联网泡沫的破裂使西方大公司首先遭到极大的打击。2001年，电信行业巨头朗讯裁员5.5万人，占员工人数的一半以上，卖掉了约85亿美元的业务。财务报表显示，2000年朗讯销售额为375亿美元，出售部分业务后，余下的应该是290亿美元。但朗讯在2001年实际完成的销售仅190亿美元，也就是说，因为裁员，朗讯丢失了将近100亿美元的市场。同样，另一家行业巨头北电也在2001年裁员2/3，市场份额下降了一半以上。

行业萧条，小公司面临的困境更加凸显。美国IT风暴给全美造成了9万亿美元的损失，波及传统产业、信息网络业、信息制造业等多个行业。假设信息制造业占比1/3，总损失高达3万亿美元。再假设稍具实力的中小企业平均投资 3 亿美元，那么粗略估算，美国的信息类企业有 1 万家左右。当整个网络投资极度过剩时，无论大公司还是小公司，都很难在这种市场情形下做业务拓展，小公司更加举步维艰。

尽管华为自身也处于行业冬天，但从长远战略考量，华为收购了一些有价值的西方小公司。这些小公司投资了上亿美元逐步建立起自身的技术和市场，现在几百万美元就可以收购。如果华为自己开发这些先进技术，至少也得投 10 亿美元，这是一笔非常划算的生意。逆市收购，华为在危机时局中不忘为未来布局，不忘进一步提高自身的核心竞争力。

2.5 棉袄现金流

冬天到了，就要准备厚厚的棉袄御冬，华为为冬天准备的棉袄就是现金流。现金流从哪里来？一是银行账上的存款，二是新的销售额，三是应收账款的催收，四是资产出售。

第一，银行账上的资金总是会坐吃山空的，所以必须有新的销售额。

华为对销售额的认知很深刻，对市场极端情况进行了理性分析。例如，一套设备的成本是 100 元，如果降为 90 元卖掉，就明亏 10 元，这种合同看似不能签。如果不愿意降价销售，虽然不产生明亏，但是因为所有的费用都分摊了，包括员工收入、固定资产摊销、经营管理费用等，因此折合到这套设备上就要贴进去 20 元，相当于亏损了 20 元。两者相比，还是要选前者。可是，如果亏 10 元钱卖出去，能维持多长时间呢？这打的就是库存资金的消耗战，谁的库存资金足够大，谁消耗得最慢，谁能坚持的时间最长，谁就能活到最后。这就是冬天的残酷法则。

在华为的冬天这一关键的历史时刻，华为特别强调重视现金流对公司的支持。在销售理念、销售模式和销售方法上，华为要求改变以前的粗放经营模式，宁愿价格低一些，也一定要拿到现金。

实际上，华为并没有碰到这种极端情况，尽管 2002 年华为在国内市场出现了萎缩，但在海外市场的进展情况却非常好，出口涨得非常猛，同此增长了357%，第一季度出口历史性地高于国内销售，总体呈现出胜利的曙光。2002 年，上半年在独联体地区、亚太地区开始出现规模性的突破；下半年在中东地区、北非地区大面积拓展，就连东太平洋地区的销售也高达7000多万美元。华为预计，按照这个节奏，2003年南美地区的市场也会成长起来。华为多年前在海外播下的种子终于开花结果，多年不懈播种浇灌，借助行业冬天下决心进行新市场转型，催生了海外事业的迅猛发展。海外市场的胜利曙光为华为全体度过冬天提供了信心和坚实的支撑。

客观看，华为在海外市场上节节胜利，与欧美公司现金流严重不足有很大的关系。市场不景气，现金流不足，导致朗讯等国际大公司采取大幅战略收缩，拉美等地区的很多本地化工厂纷纷停工裁员，当地客户看到这种情形，对它们也就失去了信心。由于巨大的财务危机对欧美公司产生了打击，华为于是乘胜追击，扩大市场占有率，抓住了历史机遇。

任正非认为，熬过了冬天就是春天，等冬天过去，没有足够现金流支撑的公司就活不到春天的到来。等到万物复苏，重新洗牌后的行业竞争环境就会有大幅度的改善，那正是华为难得的机会。

第二，应收账款的催收非常重要，有合同、有销售、有产值，但是没有回款，账面上的利润就会变成巨大的拖累。现金流决定了公司能否正常运营下去，缺少现金流的公司，即便账上利润再高，最终也要关门大吉。两年前，华为高度重视应收账款的回收，高调宣传和动员，组织了一个庞大的收款队伍，提前采取了正确的措施，在寒流来临之前提前于同业竞争者把现金流的安全垫尽量做得更厚。

第三，资产出售也是补充库存现金的重要渠道。2001年，华为以7.5亿美元的价格将非核心子公司安圣电气（原华为电气）出售给艾默生后，任正非松了一口气，因为有了这7.5亿美元，华为就算一套设备都卖不出去，支撑两年也绰绰有余。

值得一提的是华为卖掉安圣电气之后的态度。2002年华为自身还在焦头烂额的时候，有一次内部召开市场分析会议，任正非发现会议现场没有像往常一样有安圣电气的员工参加。于是他严肃地提出，大家要帮助安圣电气，以后对安圣电气的员工有价值的会议也应该通知安圣电气各个办事处来参加培训，华为的办事处主任应该认真帮助安圣电气的销售工作。任正非提醒大家，是安圣电气送给华为几十亿现金，绝对不能在穿着暖和的棉衣时忘了送棉衣的人。

由于持续专注于管理体系的打造和管理能力的提升，尽管市场处于严冬，华为内部的总体管理水平却一直比较好，规章制度流程的建立也比较完善。由于对市场和行业的准确洞察，提前对冬天的来临安排了有效的措施，做了更多的储备，因此，华为自信地认为，在这场市场波折中，华为是最可能存活下来的公司。当熬到第三代移动通信（3G）在行业进行大规模投入的时候，春天就来了，"就可以好好捞一块蛋糕，好好庆祝一下"。

在华为存活下来的同时，有些竞争对手有可能消亡。面对走向消亡的竞争对手，华为提出两个原则：一方面吸纳其他公司的优秀员工，给他们出路和机会；另一方面，要选派一些优秀员工继续奔赴海外，进一步增强华为在海外的聚合能量。

2.6 2002年干部大会

2002年是极其困难的一年，华为面对严冬没有退缩，而是客观分析，直面困境。该年，华为召开了全体干部大会，在会上统一了对冬天的认识，在竞争对手削减投资的战略关键领域，逆市加大投资，并部署了针对冬天的一系列措施。

由于措施得当，随着行业回暖，华为率先走出了困境，营收从2002年的221亿元上升到2004年的462亿元，增长超过100%。不仅如此，在行业整体下行的这几年，竞争对手纷纷受到打击，而华为却在困境中得到了历练，很快以崭新的姿态走向更广阔的国际舞台。十多年后，在又一个干部大会上，任正非回忆起当年华为的涅槃勇气。

> 2002年的干部大会是在IT泡沫破灭，华为濒临破产、信心低下的时候召开的，董事会强调在行业冬天改变格局，选择了鸡肋战略，在别人削减投资的领域，加大了投资，从后十几位追上来。那时世界处在困难时期，而华为处在困难时期的困难时期，没有那时的勇于转变，就没有今天。
>
> ——《用乌龟精神，追上龙飞船》，2013年10月19日，任正非在干部工作会上的讲话

○ 2003 年　静待冬逝春转：一面抵抗严冬，一面思考商业模式和流程的本质

1. 业务进展

（1）2003 年 1 月 24 日，思科以非法复制其操作软件的名义对华为提起诉讼；2 月 8 日，华为在美国市场中止销售遭思科起诉涉嫌侵权的相关产品；6 月 7 日，法庭驳回了思科申请下令禁售华为产品等请求，同时判华为停止使用有争议的路由器软件源代码、操作界面及在线帮助文件等；10 月 1 日，双方律师结束对源代码的比对，双方达成初步协议。

（2）华为与美国 3Com 组建合资公司华为 3Com（华为占股 51%），专注于企业数据网络解决方案的研究。

（3）华为与西门子签署备忘录，成立 TD-SCDMA 合资公司。

（4）华为在世界各地部署了 1 亿个 C&C08 端口，创造了行业纪录；全球交换机新增市场第一；名列电子百强第七位，利润居首位。

（5）获评《21 世纪经济报道》IT 行业最佳雇主。

（6）销售额达 317 亿元人民币，海外营收 10.5 亿美元，员工达 22 000 人。

2. 管理变革

2.1　认证

华为印度研究所获得 CMM5 级国际认证，北京研究所和南京研究所分别通过 CMM4 级认证。

2.2　注册公司

2003 年年底，注册了华为终端有限公司，注册资本 7.6 亿元。

2.3　成立手机业务部

2003 年，华为成立了手机业务部，开启了华为手机的漫漫征程。

2.4 商业模式

宏观商业模式 + 微观商业模式：客户需求 + 流程化。

2003 年，华为确立了企业发展的宏观商业模式和微观商业模式，即产品研发的灯塔是客户需求，企业管理的目标是流程化组织建设。

从宏观商业模式上看，产品发展的路标一定是客户需求导向，而非技术导向。互联网的发明和芯片的技术进步，使人的等效当量大脑容量成千倍地增长，日新月异的新技术、新知识、新文化远远超越了人类真实有效的需求。什么技术最有价值，什么技术最有效，在什么时间点采用什么技术，归根结底还是要看客户的需求。也就是说，客户需要什么就应该做什么产品，只有卖得出去，才能成为客户真正的技术需求。超前于客户需求太多的技术，就算是人类瑰宝，最终也只能束之高阁。

日本的例子最能说明问题。在 20 世纪七八十年代，日本整个国家在技术基础设施方面的投资超过几千亿日元，模拟电子领域的技术不仅独步全球，而且独揽庞大的国际市场，电子工业曾经非常成功。但是，过往的成功给日本带来很重的历史包袱，当数字电路兴起时，日本不愿意直面客户需求的变化，迟迟不能下决心抛弃模拟电子，拥抱数字电子，结果被美国迅速超越。当日本发现自己错失良机后，想要做出跨越时代的先进产品，结果却犯下了更大的客户需求认识上的错误。20 世纪 90 年代初期，日本研发出超级先进的 400 G 的 ATM 交换机。当该类交换机在香港应用时，华为的 ATM 研发项目还没有启动，业界对这种异步转移模式的认识还很陌生。这项高尖技术领先了客户需求太多步，最后成了先烈。

恰巧此时，华为开始自主研发 ATM，那是一种客户认可的过渡产品，这个产品迭代的时机，恰好符合客户需求更替的进程，华为填补了日本先烈的空白，把中国市场全部从日本手中拿了回来。

除了这个案例，1999 年摩托罗拉铱星计划的失败，也是因为对客户需求盲目乐观导致的。还有很多光纤通信技术世界领先的公司，也是因为陷入技术情结，没有符合客户需求，导致最终走向失败，成为先驱，成就了他人。因此，从客户需求出发才是产品研发的灯塔，产品的技术导向必须以充分满足客户需求为前提。

关于微观商业模式，为什么企业管理目标是流程化的组织建设呢？

企业的各种体系流程，如 IPD、ISC、CMM、任职资格、绩效考核体系，本质上都是方法论。这些方法论看似无生命，实则是有生命特征的，主要体现在两个方面。一方面，随着一代代管理者不断进行管理优化和沉淀，管理体系会越来越成熟，因为每一代管理者都会在这个体系上添砖加瓦。企业的所有产品都会过时，迟早会被时代淘汰，管理者本人也会更替，组织一直在新陈代谢，唯有企业文化和管理体系会代代相传。坚持推动管理体系流程化，大力推行 IPD、ISC、CMM，就是为了摆脱企业对个人的依赖，从前端输入到后端输出打通端到端，尽可能地减少层级。另一方面，无生命的管理体系是需要有生命的员工来执行和完善的，应不断进行管理的引进、改良、变革，坚持流程化组织建设，设定流程中的具体角色，坚决按流程确定责任和权利边界，逐步淡化功能组织的权威。

企业发展的微观商业模式实际上就是通过这些有效和谐的方法论，完成企业管理诸元素端到端、高质稳定、快捷有效的管理。IPD、ISC 是华为确立的企业管理的两条主线，其他方法论和流程都是辅助。企业管理就像一列火车的运行，管理流程的每个环节就像扳道岔，当管理例行化、规范化之后，岗位操作也就会标准化、制度化。京广铁路上的火车从北京到广州，一路只需要按照标准化流程，把道岔全部扳到位即可，简洁、可控，层级少，成本低，效率高。

企业经营像一条龙一样，不管如何舞动，其身躯内部所有关节的相互关系都不会改变。龙头就如市场营销，它不断地追寻客户需求这个绣球，绣球动，龙头就随之而动，龙的身体也就随龙头不断摆动。因为身体内部所有组成部分的相互关系都不变化，所以管理能保持完整性、顺通性、有序性。

国内一些企业，尤其是家族企业，企业经营管理和决策完全靠企业家本人的威望，企业之魂就是企业家本人。一旦企业家出了意外，企业就会很快垮塌，企业的生命依托于企业家的生命，这种企业其实是最不稳定、最不可靠的。因此，华为志在建立一系列以客户为中心的管理体系，摆脱对企业家的个人依赖。

当管理体系能够规范化运作的时候，企业的生存就不再依赖于企业家的个人魅力和个人决策能力，企业之魂就不再是企业家，而变成了客户需求，变成了龙头追随的那个绣球。

> 我在十年前写过一篇《华为的红旗能打多久》，其中引用了孔子的一句话："逝者如斯夫，不舍昼夜。"我就讲管理就像长江一样，我们修好堤坝，让水在里面自由流，管它晚上流、白天流。晚上我睡觉，但水还自动流。水流到海里，蒸发成水汽，雪落在喜马拉雅山，又化成水，流到长江，长江又流到海，海又蒸发。水这样循环多了以后，它就忘了一个在岸上喊"逝者如斯夫"的人，就是"圣者"，它忘了这个"圣者"，只管自己流。这个"圣者"是谁？就是企业家。企业家在这个企业没有太大作用的时候，就是这个企业最有生命力的时候。
>
> ——《在理性与平实中存活》，2003年5月25日，任正非在干部管理培训班上的讲话

2.5　管理线已经开始清晰了，下一步要追求管理线的效率

华为的宏观商业模式和微观商业模式确立之后，下一步就开始追求管理线的效率。具体说，就是实行定编定员，加强预算管理，强化业绩考核管理，并确立有效的考核模式。华为提出，要在未来2～3年内，把主要部门从费用中心转变成利润中心。

首先是精减人员。

2003年，华为继续快速发展的两条出路分别是增加销售、降低成本。降低成本的关键是要实行组织的结构性调整，以及随之而来的必要的结构性裁员。一方面合理减少管理层级，通过扁平化扩大基层管理幅度；另一方面，尽可能地压缩行政管理干部的数量，降低非生产劳动力的比例。

其次是高绩效的考核文化导向。

坚持员工聘用合同制，贯彻选优留优原则，维持健康的新陈代谢，淘汰不

合适的员工，这是管理者的责任。华为坚持责任结果导向的考核机制，各级干部都实行任期制、目标责任制。干部在任期内要定期举办述职活动，述职报告没有通过的干部会被调降，甚至被直接免职。同时，华为实行各级负责干部问责制，对完不成任务的干部也要问责。此外，华为也强调坚持关键事件行为过程考核。华为并不把关键事件行为过程考核与责任结果导向二分对立，主张责任结果不好的人，就没有关键事件。从完成任务好的员工的关键事件过程行为考察中，发现优秀的干部苗子，进行考察和培养。

最后是加大社会招聘。

华为不断从社会上吸收一定比例的新员工，就如同吸收新鲜血液，形成新的新陈代谢。接纳"丙种球蛋白"加入公司，使得机体重新充满生命活力。

2.6　流程和 IPD

流程的四要素是业务、环节、角色、责任。流程的核心是要反映业务的本质。流程承载着业务，业务在流程上跑起来。业务分为不同的先后环节，对业务的管理依靠流程各个环节中的审核和监督。站在各节点上的是流程节点的角色，流程节点的角色是在组织架构里进行定义的，流程变了，组织架构有可能要做相应调整；反之亦然。最后，角色任命的具体员工，依据该角色在这个环节上的责任进行履职。

> 怎样认识 IPD 的价值？IPD 最根本的作用是使营销方法发生了改变。我们以前做产品时，只管自己做，做完了向客户推销，说产品如何好。这样我们做什么客户应买什么的模式在需求旺盛的时候是可行的，我们也习惯于这种模式。但是现在的形势发生了变化，如果我们埋头做出"好东西"，然后再推销给客户，那么东西就卖不出去。因此，我们要真正认识到客户需求导向是企业生存与发展的一条非常正确的道路。从本质上讲，IPD 是研究方法、适应模式、战略决策的模式改变，我们坚持走这一条路是正确的。
>
> ——《产品发展的路标是客户需求导向，企业管理的目标是流程化的组织建设》，2003 年 5 月 26 日，任正非在 PERB 产品路标规划评审会议上的讲话

2.7 冬天的必然性和规律

2003 年，思科为了抵抗严冬起诉华为。华为积极应诉，一方面与 3Com 联合成立合资公司，另一方面与诺基亚签订技术交叉许可协议。同年，朗讯濒临破产，北电财务造假，濒临倒闭。行业的寒冬真正到来。

任正非对冬天的必然性和规律进行了分析。他认为，华为走过了这十多年道路，每一次预见困难，采取解决措施，都刚好和时代的发展同步了，所以才取得了成功并发展到今天。《华为基本法》提出不能与规律抗衡，只有与潮流同步，才能减少风险，逆潮而行会导致覆灭。信息产业的规律是什么呢？就是客户需求的有限性和行业供给的无限性，这也是信息产业致命的软肋，由于这个矛盾的客观存在，信息产业的冬天迟早会到来，冬天是必然的。

为了客观、正确地看待现在的困难，顺利度过困难时期，华为与业界主要欧美公司的最高层领导人进行了深入交流，大家对未来的形势形成了很多共识。经过这一校验，华为对未来的估计和判断与国际大公司的估计和判断是接近一致的，这更加有助于华为树立信心，制定正确的策略。

预见规律，看清本质，顺应趋势。整个全球经济在经受 IT 行业的痛苦，看清了全球出现一次泡沫化悲剧背后的原因，看清了事物的本质，就能够根据本质的原因跳出当下看到未来的大方向，据此调整大策略，使自身同步于世界的发展变化，这样企业的危机才能最小化。

换个角度，辩证地看冬天，冬天并非如此可怕、可憎，冬天其实也有可爱的一面。华为认为，如果不经历一个冬天，队伍可能一直会飘飘然，长期骄傲自满的情绪是非常危险的。所以，冬天并不可怕，与同行业的公司相比，华为的盈利能力是相对强的，可以边过冬，边整顿，边成长，满怀希望地迎接未来的发展。春夏秋冬是自然规律，冬天到了，春天还会远吗？

2.8 三大问题与五项措施

虽然分析了冬逝春转的客观规律，但如何在冬天克服客观存在的困难，是现实问题。在资源和生产过剩的情况下，竞争的核心要义是什么？关键看谁的质量好、服务好、成本低，这是传统企业竞争中放之四海而皆准的真理。价格和成本体系问题、优质服务体系问题、质量体系问题，是不应回避、也无法回避的三大问题，其重要性在冬天更加凸显。

围绕这三大问题，华为提出了五项措施，分别如下。

第一，积极扩大海外市场。"东方不亮西方亮，黑了北方有南方。"坚定不移地扩大海外市场，就可以拓宽生存空间，提高生存机会和生存质量。

第二，在国内市场上，增长速度可以下滑，但底线是不能低于竞争对手。也就是说，发展有发展的质量，下滑也要有下滑的质量，在全行业下滑的情况下，华为要求自己力争做到相对最佳。

第三，把质量提高，把服务做好，最重要的是把成本降低。降低成本是个系统性、多维度的复合性问题，成本的构成是多方面的，不能简单地认为成本低就是指材料成本低。华为在成本问题上做了深入研究。一方面，向日本人对待成本的精细化学习，深入研究成本结构，发动各部门都从成本的每项构成中冷静反思如何降低成本，不仅仅是生产部门和采购部门，行政、人力、研发、销售等部门都参与了进来。华为不赞成过度降低成本，但也不接受不认真研究成本下降的空间在哪里、办法是什么。另一方面，华为认为，成本高攀的背后存在一个资源错配的问题。例如销售成本，国内一个 2000 万美元的合同，有十几人围着转，而海外一个人手里握着几个 2000 万美元的单，两相对比，国内的单位人力资源成本过高。因此，应该把资源在全球一盘棋中进行合理化分配，必要时源源不断地抽调优秀员工投入海外。

第四，善于建立同盟军。华为主张在目前残酷的竞争环境下，宁亏自己也不能亏了同盟军，要保障同盟军的生存。因为，华为毕竟还能亏得起，但同盟军亏一点可能就消亡了。华为与同盟军是唇亡齿寒的关系，保住了同盟军，在冬天建立了更深层次的互信，等到春天到来，同盟军就可以生龙活虎地出去抢市场，华为也就能以最快的速度缓过劲来。

第五，适当地和竞争对手开展合作，降低研发成本。华为在这一点上，秉承了一贯的对外开放姿态，从现实意义上看，"双边"的合作有利于在广泛"多边"的竞争中取得成本优势。例如和某个对手联合起来，共同研发一个产品，研发成本各降一半，相对其他对手，华为就取得了相对优势。

2.9 末位淘汰

企业都有泡沫。在快速发展时期，有些泡沫可以自行消化，但在困难期，消灭泡沫也变得困难起来。消灭泡沫的措施是什么？就是提高人均效益，就是要强化绩效考核管理，实行末位淘汰，裁掉后进员工，激活整个队伍。

如何在市场低潮期培育出一支强劲的队伍，这是市场系统一个很大的命题。华为通过研究西点军校的军官培训体系和军衔晋升制度，以及 GE 公司基业长青的秘诀后认为，通往将军之路，就是艰难困苦之路，就要坚定不移地贯彻末位淘汰制度。

2003 年，华为的末位淘汰制度。华为通过设定一系列可以量化的指标，对员工进行评价和排名，在一个部门或一个项目组，排名最后的几个员工有可能被淘汰。2003 年，华为因为提前预感冬天的到来，并做了充足的应对措施，现金流储备还是比较好的，财务状况可以支持在冬天继续积极参与市场竞争。为了保证市场竞争的力度和能级，华为没有像欧美同行那样进行大规模的结构性裁员，但持续的末位淘汰制度一直在使用，主要目的是裁掉后进员工，乘此机会调整不努力工作或不胜任工作的员工。

事实上，通过末位淘汰制度调整一部分落后的员工，一方面有利于在组织内部营造出一种努力工作的氛围，另一方面也有利于保护优秀的员工，避免"劣币驱逐良币"的现象发生，由此激活整个组织。

> 有人问，末位淘汰制实行到什么时候为止？借用 GE 的一句话来说，末位淘汰是永不停止的，只有淘汰不优秀的员工，才能把整个组织激活。GE 活了 100 多年的长寿秘诀就是"活力曲线"，"活力曲线"其实就是一条强制淘汰曲线，用韦尔奇的话讲，"活力曲线"能够使一个大公司时刻保持小公司的活力。GE 活到今天得益于这个方法，我们公司在这个问题上也不是一个三五年的短期行为。但我们也不会对人不负责任地进行评价，这个事要耐着性子做。
>
> ——《认识驾驭客观规律，发挥核心团队作用，不断提高人均效益，共同努力度过苦难》，2003 年，任正非在华为研委会会议和市场三季度例会上的讲话

2.10　普遍客户关系

客户关系是一门大学问，任何企业都免不了要进行客户关系公关，而且负责客户关系的营销体系往往是公司最重要的龙头部门。在不同的企业规模下，客户关系维护的模式有所不同。小公司实力有限，针对一个合同，只维护一两个重点关系，主要是决策树上最关键的点，因为这样成本最低。

但是随着企业规模的扩大，这种只对关键决策人进行客户关系维护，不在乎客户单位其他高层副职和中层干部，把工作面缩小到针尖大小的工作方法就存在问题了，而且这是战略性、结构性的错误。

客户关系维护的方式也要因势利导，要多棋眼、多渠道、多工作面展开，要形成多管齐下、多条腿走路的局面，要用多方面的思维方式保障合同的来源，任正非由此提出了"普遍客户关系"的概念。

华为的普遍客户关系与欧美公司的营销体系有重要差别。华为的每层每级都贴近客户，了解客户的需求，分担客户的担忧，各层各级都对华为有普遍好感，各层级的客户也都愿意给华为一票。这一票，那一票，加起来就好多票，形成了一个倾向性的势场，在极端情况下甚至最有分量的一票没投也不会影响大局。当然，在正常情况下，也要搞好与最关键的一票的关系，这样有了倾向性的势场，最关键的一票投给华为就少了很多阻力。

例如，华为在拉美市场拒绝机会主义，在海外拓展时采取建点长期蹲守维护客户关系的方式。欧美公司很势利，有合同时才来本地，没合同时就走光了，客户关系很不稳固，尤其是普遍客户关系没有华为稳固。

为了做好普遍客户关系的维护，构建营销的竞争优势，华为采取了以下措施。

第一，要求市场体系重视普遍客户关系的建立，要有长远眼光。

华为把普遍客户关系这个问题提升为对所有部门的要求。坚持普遍客户原则，就是见到客户方各层级人员都要主动示好，即便是普通的运维工程师，也是支持华为的一票，也要做好关系维护，也要认真介绍产品和技术。

华为要求市场体系一定要加强普遍的客户沟通，把普遍沟通的制度建立起来。为此，华为发动其 200 多个地区经营部积极建立普遍客户关系，建立不管国内、国外，在有效提高沟通质量的前提下，每一个客户经理、产品经理每周要与客户保持不少于 5 次沟通的制度，沟通不够的就降职、降薪、转岗。

第二，从坐商变成行商，提倡新员工去前线磨枪打仗。

"茶壶煮饺子——倒不出来"，是指有的人装着满肚子学问却讲不出来，这样的人在华为就是没学问。学问必须能卖出去。产品经理、客户经理不能装着一肚子学问却见不得客人，必须通过交流巩固、加深客户对华为的了解、认知、欣赏，不能指望守在办公室，客户就会主动找上门来，合同就会从天上掉下来，一定要从坐商变成行商，要多配车，跑起来。尤其是在海外，华为要求干部不能窝在代表处，必须走出去，经常走到客户身边去。

在国内迅速建立了到县局沟通的制度后，华为开始鼓励新员工到县局去实践，去磨枪，在小战场上锻炼自己。新员工不磨枪就是锈枪，以后就成了没法使用的废枪。对新员工，华为反复强调，千万不能有少跑就能省钱的错误认识，讲节约是在不需要浪费的地方节约，不该省的费用就不能省，而且要勇于去跑去花，用战场和弹药磨炼自己。

第三，高管带头建立每周见客户的制度。

华为要求对所有的研发副总裁级人员建立每周例行客户拜访的制度。研发副总裁的人员名单报到客户群管理部，客户群管理部要把对他们的考核交到研发干部部，全公司从上到下都要围绕客户转，坚持常常走到客户身边，与客户交流，倾听客户心声，了解客户更新、更多、更好的想法。

华为认为自己能走到今天，离不开与客户不断的沟通和对客户的指导。不断地与客户进行沟通，就是让客户不断地帮助企业进步。华为生存下来的理由是为了客户，如果口头上天天喊着要关注客户，实际上连客户的名字都记不住，那是叶公好龙。远亲不如近邻，只有常见面、常交流，才不会有陌生感，才能有机会听到客户的心声，才能真正做到关注客户。

实际上，很多行业有类似普遍客户关系的做法。例如，工程领域中施工单位和监理单位之间的关系就是从上到下的分层维护关系。在工地上，项目经理、现场工程师和技术员分别维护监理侧的总监、总监代表（现场监理负责人）、旁站监理等。因为有了上上下下各层级的普遍友好的关系，现场的很多工作更好推动了。

2.11　战略和组织要顺应环境变化

华为非常重视组织架构的及时变革，强调研发体系的战略队形和组织结构不僵化、不教条，要随着环境变化进行有效调整，并且研发的价值评价体系要均衡。

打仗的队形是可以根据不同需要进行变换的。当企业需要攻克新技术时，队形往核心多收一些，使队形变得尖一点，增大压强利于进攻，以期通过新技术突破获得更多市场，此时技术进步会很快，但市场拓展力度就会稍弱；当市场发生变化，客户需求也在变化，新技术的牵引作用减弱的时候，队形可以变得扁平一些，多做一些能满足客户现实需求但技术不一定很高尖的产品，让市场的力量变得更强。

国内相当多的企业没有认识到组织结构变革的意义，或者反应迟钝、不敏感，部门设置常年不变。华为会随着市场和客户需求的变化，对组织架构进行及时灵活的调整，以适应瞬息万变的市场竞争，这是华为组织活力极强的明显体现。

2.12　全流程打通

2003 年，华为一面对研发进行流程构建和结构改革，一面已经意识到整个体系还没有完全按 IPD 运作，会存在流程不畅的问题，全流程打通应该是未来的终极目标。然而，单一体系，如研发内部的流程建设，相对比较容易；想要完成企业级的全流程打通难度非常大，涉及的部门、产品线、层级、角色、事项非常复杂，流程周期长、跨度大，利益点非常多。

打通单一体系流程能够提升该体系的效率和效益，但是如果不打通全流程，华为作为一个规模化的组织，整体效率的提升就会很难。因此，全流程打通是必由之路。

为了对全流程打通提前进行研究和思考，华为要求每个产品线提一个对接人名单，共同组成跨部门的工作小组，研究全流程打通的方向、策略、重点、难点、步骤、计划，第一步把市场、用户服务、研发体系的小组拉进来，第二步把生产、采购拉进来，分步探讨和研究，共同朝着全流程打通的目标前进。

2003 年,华为"全流程打通"的意识已经非常超前,沿着这个思路不断投入、积累、思考、总结、演化,直到 2009 年才正式提出要有"端到端"的视野,用端到端的流程打通并贯穿主业务流,随之启动 CFO 管理体系建设。

2.13 研发的评价体系要均衡

任正非曾经去诺基亚考察,发现在诺基亚,同属研发体系,不同产品线的士气差异很大。仔细了解后,他才知道,原来诺基亚实行产品线考核,由于手机销售好,该部门经理神采飞扬;基站业绩也不错,基站产品线的经理也神采奕奕;但系统部承担的职责有特殊性,财务贡献小,在公司地位不高,部门经理明显不够有神采。几年之后,诺基亚的核心网和光网络垮掉了,而这两个产品线却代表了通信企业未来的竞争高地。因此,华为提出,在研发体系不存在谁养谁的问题,研发评价体系一定要均衡。

> 今年我们的智能网拿到国家进步一等奖,我们其他的项目如果拿去评奖也都能得奖。所以,可以以产品线实施管理,但是要防止公司出现分离。国内的一些友商为什么做不过我们,因为它们是按项目进行核算,部门之间互不往来,如果它们能够集中精力,在一两个产品上超过我们是可能的。产品线还是要考核和核算,但不要说哪个产品赚钱,哪个产品不赚钱,赚钱的就趾高气扬,不赚钱的就垂头丧气,这样,公司很快就崩溃了。
>
> ——《认识驾驭客观规律,发挥核心团队作用,不断提高人均效益,共同努力度过苦难》,2003 年,任正非在华为研委会会议、市场三季度例会上的讲话

那么如何做到对研发体系的各个产品线均衡评价、长远考虑呢?华为认为应该从以下几个方面来全面认识。

第一,公司对于整个研发的考核主要看两个方面:一是当前对公司的贡献;二是提供未来潜力的增长。当前的贡献就是即期收益,未来潜力的增长是对未来的贡献,考核必须兼顾两方面。考核一段时间内要目光短一些,多强调一点当前贡献;过一段时间后要强调潜力增长,眼光放长远,要交叉使用标准。考

核不能认死理，不能固化成一种简单的模式，不然过不了几年土壤就板结了。这就是要根据外部形势来调整队形，调整考核的队形。

第二，当前对公司的贡献，也应该看两个方面：一是本产品线的显性财务贡献；二是本产品线对其他产品、对整个组织的隐性贡献。例如，认为光网络产品在当前不赚钱，就舍弃光网络，这是极端短视的行为，结果会导致交换机无法技术进步，甚至导致企业的整体竞争力下降。

第三，要均衡发展，就要做到对今天不赚钱的项目也要加大投入，对今天赚钱的项目要加大奉献，大家共同努力，为组织做出不同的贡献。想要长远地生存下去，评价就要从长远角度来考虑。

第四，对产品线的识别要看研发的战略规划，要看产品线在整体战略中的定位，对产品线的考核也应该围绕目标进行，不要太偏重利润率，要明确公司给的目标是什么，定位是什么，给了什么样的资源，制订了什么样的目标，是否实现了目标。

第五，对各产品线，用虚拟利润的设计方法制定目标，进一步提高组织的内部核算能力，把效益用虚拟的方式计算出来。

从企业整体看，国内很多企业的内部业务部门分别承担着不同的使命和任务，简单地用短期财务指标去评价，会导致部门之间的不平衡，这种不平衡最终会造成企业战略失衡。华为这种针对研发评价体系的均衡措施，值得研究和思考。

2.14　自我批判就是要说真话

企业要想长治久安，提高内部运作质量，降低内耗，就必须建立一个高质量的管理体系，包括考核、激励、评价等一系列高度有效的管理平台，而且在管理体系运作的过程中，把虚假、无效、陈旧的成分剔除。假如人人不讲真话、不敢讲真话，管理者又不善于听取别人的批评意见，这种高质量的管理体系一定无法完成。

任正非一生经历各种坎坷，养成了自我批评的习惯，每天都会想哪些事情做对了、哪些事情做错了。他在华为大学后备干部的毕业证上写了两句话："只有有牺牲精神的人，才有可能最终成长为将军；只有长期坚持自我批判的人，才会有广阔的胸怀。"

批评与自我批评，是我党广为人知的优良传统。2003 年，华为在任正非的提议下，开展了声势浩大的自我批判活动。他希望通过这次声势浩大的自我批判，使干部的思想得到洗涤，心胸更加开阔，将来能够经得起别人的批评。自我批判，就是提供一个缓冲，先不让别人批评自己，而是自己批评自己，但要让别人来认证。

反对的声音认为，自我批判可能会使员工的自卑心增长，会批垮团队。任正非认为恰恰相反，高速发展的时代与自卑心的增长，两者相互抵消，能够使干部变得更加强大和成熟，遇到困难沉着冷静，使组织更加健康和充满活力。

2003 年，为了更好地实施自我批判，华为让全体员工从上到下都讲真话，实事求是地反映问题及成绩。任正非成立了自我批判指导委员会，从组织保障上开始推行全公司的自我批判。任正非认为，要想在未来真正贯彻"职责分明，赏罚清晰"的方针，首先必须做到所有反映的事情都是真实客观的，但华为认为现在自身的干部体系还做不到。

自我批判指导委员会制订的计划，以"先上后下、循序渐进"为原则。这次自我批判的目标，就是要用三到五年的时间，从上到下进行调整，任用敢于讲真话、敢于自我批评、听得进别人批评的干部。

这一次进行的面较小，只在副总监以上一级干部中开展。让人人讲真话，标准就很清晰：首先，自我批判的东西要给你的部下看，部下只要判断你讲的是不是真的就行，至于你讲得深刻不深刻由指导委员会（可能还成立分委员会）来评判。其次，请同级相关联的工作单位 360 度提意见，善意地评定，主要看是不是事实，批得深批得浅没关系，只要讲真话就可以过关。第一批干部首先讲真话就可以过关。第二批我们评价有经验了，可以适当提高验收标准 5%，以此类推第三批、第四批……自己找自己的问题，和本部门沟通，和周边沟通，真正有价值的是自己批评自己、自己评价自己。

——《在自我批判指导委员会座谈会上的讲话》，2003 年任正非文

2.15　关联交易清理

任何企业都存在大大小小的廉洁问题，大到足以构成刑事案件的犯罪行为，小到一包香烟的虚假报销。企业对待这些内部贪腐的态度也各不相同，有的睁一只眼闭一只眼，有的雷厉风行予以过激打击。前者会导致企业风气不断恶化，内部财务漏洞逐渐扩大，最后发展到不可收拾的状况；后者属于运动式的反腐行为，监管成本非常高，而且也不能常态化。

华为内部也不可避免地存在这些问题。为了从底层掐掉企业内部腐败的思想源头，华为通过自我批判活动进行组织的自我净化，把队伍净化得更纯洁。2003 年，华为开展了一次廉洁检查和净化，并定义为"关联交易"的清理。这次活动采取了"高高举起轻轻放下"的策略，并未对内部腐败大规模"动手术"，但这是后继内部反腐风暴的前奏。

为了表明高层鲜明的态度，并以身作则，包括任正非在内的华为高层（即2004 年的所有 EMT 成员）计划在 2004 年 1 月 1 日正式宣誓。宣誓仪式请了各级部门负责人来观摩，后继再分批进行宣誓，把对组织的承诺传递下去，形成一个利益净化常态监督的势和场。

华为希望通过这些清理和宣誓活动，使每一个人的面貌焕然一新，士气高涨，提升工作能力和效率，增大输出和贡献，用三到五年的变革，使公司更和谐，更具有弹性和战斗力。

第六章
全面国际化时期

（从海外新兴市场走向发达市场，2004—2011 年，8 年）

2004—2011 年，是华为全面国际化的时期，也是华为全面追赶国际巨头爱立信和思科的关键时期。华为于 2004 年在荷兰承接大单，代表着在欧洲市场实现重大突破。这个时期海外凯歌频传，欧美市场陆续斩获大单、标杆单，逐渐在海外主流市场站稳脚跟。直到从重量级的老牌电信运营商英国电信（BT）获得合同，华为才算真正进入了海外发达市场。如果说华为曾经考虑上市是为了以公众公司的身份更好进入欧美市场，那么如今上市已经不再是必选项。

2004—2011 年，也是华为治理架构发生重大变革的时期。2004 年，美国顾问公司帮助华为设计公司组织结构时，认为有必要设立中枢机构，提出要建立 EMT（excutive management team），于是开始了由八位领导每人半年轮流担任 COO 的 EMT 轮值主席制度。多年后回头看，通过这种轮值制度，每个轮值者都得到非常大的锻炼。也正是这种轮值制度，由于轮值者为了获得广泛的拥护，不得不将自己管辖的部门与全局的利益进行综合考量，最终平衡了公司各方面的矛盾，使公司得以均衡成长。

2004—2011 年，是华为管理体系从初步构建框架到成熟丰满的过程。从1998 年起，华为系统地引入多家不同领域的世界级管理咨询公司，借鉴其先进的管理经验，对华为进行诊断和变革。

一方面，华为与 IBM、合益集团（Hay Group）、普华永道（PwC）、毕马威(KPMG)、德国国家应用研究院(FhG)、盖洛普(Gallup)、美世咨询(Mercer)等公司合作，引入先进的管理理念和方法论，从业务流程、组织、品质控制、人力资源、财务、客户满意度六个方面进行了系统变革。另一方面，华为虚心地向这些国际顶级咨询公司学习，在 IPD、ISC、人力资源管理、财务管理、质量控制等诸多方面，全面构筑客户需求驱动的流程和管理体系，把公司业务管理体系聚焦到创造客户价值这个核心上，并结合自身的理解不断优化。

经过不断改进，到 2004 年，华为的管理已与国际初步接轨，不仅承受了业务持续高速增长的考验，而且赢得了国内外客户及合作伙伴的普遍认可，有效支撑了公司的全球化战略。

2003 年前确定的以满足客户需求为导向的流程化组织设计与改革、以责任结果为导向的考核机制、基于贡献的评价与待遇体系、责任结果兼顾关键事件过程行为的任职资格和选拔标准等，是多年管理实践宝贵经验的总结，也是华为走向壮大和成熟的基石。

从 2004 年开始，华为以此核心管理思想为基础，不断加强干部的教育和管理，推进上述管理思想内核的进一步深化和延展，强化组织活力和有效性建设。随着抓住一个个海外战场上乘风破浪的机遇，华为逐渐把自身建设成为一个最具有综合竞争力、管理最有序与最高效、被客户高度信任的伙伴式关系的群体。这个组织不仅在短期经营效益增长方面成为业界最佳，同时在长期持续增长方面具有巨大潜力。

当然，这段时期华为依然碰到了躲不开的困难。其中，2006 年之后连续几年是产业的最困难时期，全行业毛利率下降，任正非针对新的时艰撰写文章，向全体员工做艰苦奋斗的思想工作。2008 年遇到行业的窗口期，又是行业的一个冬天。

庆幸的是，曾经历过严冬的华为已经有了强大的抗击打能力，加上持续多年的海外拓展，慢慢掌握了国际化的规律。在应对思科诉讼华为的事件上，华为表现得非常成熟，争取了各方支持，应对得当，最终同思科和解。该事件等于给华为做了一次全球免费广告，这是思科未曾预料到的。华为从一个又一个危机中走了出来。

○ 2004 年　核心价值观的系统阐述与 EMT 轮值主席制

1. 业务进展

（1）7 月 28 日，思科与华为各自发表声明，双方达成最终和解协议，法庭宣布终止思科对华为的诉讼，持续一年半之久的"侵犯思科知识产权"官司彻底结束。

（2）2004—2010 年实现全面国际化，追赶爱立信、思科。

（3）2004—2008 年 3G 的数据卡业务获得成功。

（4）获得荷兰运营商 Telfort 价值超过 2500 万美元的合同，首次实现在欧洲市场的重大突破。

（5）10 月 18 日，与西门子合作成立合资公司，开发 TD-SCDMA 解决方案。

（6）11 月，BT 采购认证团对华为进行为期四天的认证，华为的国际化首次被全面"体检"。

（7）美国《福布斯》推出美国以外全球最大私营公司 100 强排行榜，华为以 27 亿美元的营业收入排名第 79 位，是唯一上榜的中国公司。

（8）华为赢得中国电信广东省的 163 个国家骨干网络优化合同，华为高端路由器 NE5000 获得了采购合同 100% 的市场份额，成功进入了国家骨干网的超级节点。

（9）12 月 31 日，被《财富》杂志评为"全球 100 强最大私营公司"。

（10）销售额为 462 亿元人民币，海外营收 22.8 亿美元，员工总数达 22 000 人，同上一年度持平，但海外员工增加至 3000 人。

2. 管理变革

2.1　海思，又一个战略布局

2004 年 10 月，海思半导体有限公司成立，其前身是 1991 年成立的华为 ASIC 设计中心。海思的成立，实际上是华为又一个前瞻性的战略布局，日后耳熟能详的麒麟系列、巴龙系列、天罡系列、升腾系列、鲲鹏系列等芯片的问世，都是这一战略决策的成果。

若干年后回顾当年华为一次又一次的战略布局，让人不仅惊叹于这些布局的准确性、成果的丰富性，更惊讶于华为能提前几年甚至十几年进行战略投入和默默耕耘。华为的战略布局眼光、能力和胸怀为众多期待基业长青的企业提供了很好的典范。

2.2　EMT 轮值主席制度

"头狼文化"是狼文化的一个子文化，是指当狼群中的头狼因为某种特殊原因离开这个岗位的时候，狼群会在剩余的狼中共同推选一位最有领导力的新头狼，让它带领狼群继续生存。在自然界中，还有一些类似的组织形式，如雪橇犬中的领头犬。

2004 年，美国顾问公司在帮助华为设计公司组织结构时，建立了 EMT 制度，以形成集体领导的中枢机构，保证华为在未来的发展中不依赖于某个人的能力，而以团队的力量维持组织的生存和发展。作为制度创新，EMT 轮值主席制度并没有脱离华为狼文化的基本框架。

2.3　再提重视人均效益

2004 年左右，华为处在一个新的变革时期，从过去的追求规模、高速增长、活下来，转向强调效益、活得好、获得持续生存的能力。

针对 2003 年提出的三大问题（价格和成本体系问题、优质服务体系问题、质量体系问题），华为于 2004 年明确了在冬天里改变竞争格局的四大法宝：质量好、服务好、运作成本低、优先满足客户需求。任正非始终认为，华为在管理上同爱立信等业界巨头的差距太大。经过连续几年一直推动提高人均效益的认知铺垫，华为于 2004 年确立了具体目标，即用三年时间达到国际业界知名公司人均效率最低水平，开始了对爱立信、思科等国际巨头的追赶。

2.4　"灰色"与管理变革

2004 年，任正非面向全员提出了"管理变革要有灰色"的观念，这是他第一次在管理中提出"灰色"的概念。"灰色"的概念，以及若干年后演变成的"灰度"哲学，其核心思想就是辩证与平衡，动与静、快与慢、推与拉、左与右、模糊与清晰等，这些都要求在过程中把握火候。

非黑即白的观点是极端的，黑与白的对立造成的结果就是撕裂。对待流程变革中的"灰色"，要施以改良的方法而不用"革命"的手段，不要推倒重来，而要继往开来、继承和发展。灰色就是两种观点的妥协，形成共识，每个人都实事求是，以结果论其正确性。

例如，在管理变革中不能走极端，有些事情需要变革，有些事情不需要变革，不能为了变革而变革；需要变革的事情，要分优先级、分阶段、逐步进行，不能一刀切；优先变革的部分也要有策略、有试点，由点及面逐渐探索和推广。

华为认为，管理创新和变革要积极而谨慎，任何极端的变革思想，以及极端的变革战术，都会对已经积累的生产力造成破坏，结果适得其反。

2.5　组织形态与减员增效

组织的形态绝对不是一成不变的，应该根据内外部环境的变化进行动态调整。

一般而言，组织形态的变化大致分为几个阶段。在企业的初创期，组织是混沌的、复合型的、专业分工不明显的；在企业的高速成长时期，需要根据专业分工来规划组织的细分，以每个人的细致专业分工适应高速增长时期的管理变化；在企业发展速度相对平缓的平稳期，由于进行了多年的管理积累和沉淀，许多事情已逐步理顺并例行化，IT 支撑也已经到位，应付突发事件的能力已大大增强，组织形态有条件扁平化，管理团队的管理幅度和跨度可以加大，行政组织机构数目可适当减少。

2004 年，华为处于企业管理平稳期。管理逐渐理顺，再加上 IT 平台的构建和应用，管理信息的传递、业务处理的流转已经能够加速完成。过去管理多层级，不仅管理速度慢，还增加了许多非生产性的管理人员，导致成本高、效率低，和管理高效相矛盾，必须减员增效。

减员增效的展开采用多管齐下的方式。首先，压缩管理的层级，在流程上的反映就是流程审批节点的减少；其次，通过合并与裁撤，减少组织机构数目；

再次，在保留的组织部门里，减少管理干部的数量，尽量加大专家及业务人员的数量，改变非生产人员的比例，同时，采取措施进行宏观管理优化和具体项目管理优化，提高专家与业务人员的有效工作量及工作效率；最后，对岗位职责、岗位资格和流程责任进行合理设计，非必要性地使用高学历员工就是高成本，当管理已经逐步规范，操作规程明晰，在相当多的岗位上，开放专科生上岗，不再处处要求高学历。

通过上述措施，华为逐渐把成本降下来，把人均产出增上去。这就像一个马上要参加国际比赛的选手，只有把脂肪减下来，把体重降下来，臃肿的赘肉变成了肌肉，机体才会更加健康、有力量。

2.6　对干部严要求

"天将降大任于斯人也，必先苦其心志，劳其筋骨，饿其体肤，空乏其身……" 2004 年，华为内部少部分干部开始过分注重生活品质，追求生活享受、追求娱乐消遣，在公司中滋生出一种不好的风气。

任正非及时发现了这个苗头，提出了对干部要加强在思想道德品质上的考核，对干部严要求，具体如下。

第一，要求干部聚焦在工作上。华为认为，员工对工作不全身心投入，就是一种腐败。尤其是干部，一定要有献身精神，要有严于律己、宽以待人的品质，以影响周边的普通员工。要求干部聚焦在工作上，这是一句十分沉重的话。很多企业的干部在工作时间想着其他事情：关心股市，上网浏览非工作所需信息，甚至在工作时干私活。这些行为都没有聚焦在工作上。干部不聚焦在工作上，是对企业资源最大的浪费。当然，员工个人可以选择是否当干部。华为给员工选择权，对普通员工的要求低于对干部的要求。但是，员工一旦选择当干部这条路，就必须把全身心奉献在工作上。

第二，华为很理性地区分干部和普通员工的不同标准和要求。对干部的严要求，不强加于员工。对员工的宽松，也不轻易给予干部，而是要求干部聚焦在工作上，与普通员工的劳逸结合、有效规律的工作区分开来。

第三，加强对全体员工的思想道德品质以及职业道德修养的教育。把对思想道德品质的评价纳入干部的任职资格体系中，同时，加强全体员工的诚信教育，建立员工的诚信档案。

第四，对新提拔的干部实行公示制度，号召员工对公示干部的责任心、使命感、工作能力、思想道德品质等干部素质进行评议，将干部提拔置于员工的广泛监督之中。

2.7 杜绝盲目创新，强调继承和发扬

企业面对创新存在一种困境，即对前任推动的创新，新任上台后，要么全盘否定、另辟蹊径，要么阳奉阴违、推动不力。正所谓"一朝天子一朝臣"，新干部上台后，否定前任的管理是一种常态。

华为对此的态度是，杜绝盲目创新，强调继承与发扬。

首先，盲目的创新对已有的成熟管理很可能起到破坏作用。只有经过全面慎重的研究，对于确实有必要的创新，在不可预见的困难中付出一些代价才是值得的。因此，要善于研究、总结前人的管理经验，继承其合理的部分，哪怕99%的部分是合理的，仅有1%的创新，这也是增量的创新，是有意义的。当然，即便对这1%的创新，也要持审慎的态度：对任何一点小小的变革都要进行充分的认证，反复听取周边的意见。因为有些管理变革站在本位局部来看是好的，但对周边不利，那样也会破坏公司的整体管理效益。不管局部如何美，都不算是一个好的创新，真正的美是整体性的。

其次，以对总目标的可衡量的贡献来检验管理变革。任何创新都是必须支付成本的。围绕变革的总目标，对总成本和总贡献进行量化度量，总贡献大于总成本的创新才是值得的、有益的，反之是有害无益的。而且，过去的管理体系中有许多合理的内核，它们已经与周边形成了习惯性的协调，成为你中有我、我中有你的一个整体。这个管理体系的诸多内核客观存在，本身具有合理、自然的一面，随意破坏会撕裂与周边的关系，破坏上下游的流畅。因此，如果公司已经积累了很多管理程序，盲目创新就是对过去投入的极大浪费。

最后，为了避免管理变革的随意性，华为将管理变革与创新的批准程序变得更透明，甚至人为变得更复杂。例如，成立变革委员会，以民主和科学的原

则对变革提案进行评审和审批，未经变革委员会批准的管理创新不允许上网、运行。在组织中传递一种不会随意妥协的态度，使一些不成熟的变革不容易通过，以冷静、谨慎、沉稳的心态对待变革，可以抑制盲目创新。

2.8　人才选拔标准——人才四象限图

很多企业把对全员的任职资格考核作为日常工作开展，甚至加大频次组织考核，实际上这是浪费资源，因为考核者的精力和时间也是企业宝贵的资源。

华为认为，任职资格考核以及关键事件过程行为的评价应该聚焦在那些拟提拔的员工身上，可多倾注一些考核资源，让他们比其他人多一些考核机会。

企业应该选拔什么样的员工作为干部呢？企业界曾经有一个关于德才的说法：有德有才，破格使用；有德无才，培养使用；有才无德，限制使用；无德无才，坚决不用。华为对德与才进行了更深入的解释，并用象限图表示干部选拔的标准（见图6-1）。

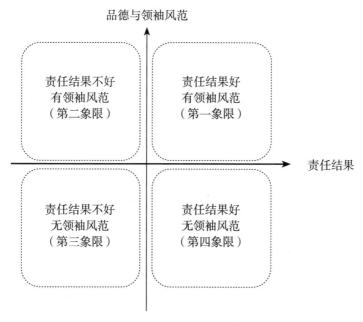

图6-1　华为的人才四象限图

第一，明确责任结果不好、品德不好的，不提拔（第三象限）。

第二，不能选择那些具备领袖风范、业务素质也非常好，但责任结果暂时不好的员工担任管理干部。如果他们上台，有可能造成一种部门的虚假繁荣，浪费企业的许多机会和资源，最后也带不出一支有战斗力的队伍。应该安排他们下去做具体的工作，通过做具体工作，将他们自身的业务素质转化为业务能力和实打实的责任结果（第二象限）。

第三，责任结果好的，可以进行考察，给予重点关注，公司更多倾注考核资源（第一、第四象限）。

第四，2004年，华为明确各级接班人的标准有两条：一是认同华为的核心价值观；二是具有自我批判精神。干部选拔的主要群体就是那些责任结果好、品德优、有领袖风范的干部（第一象限）。

第五，最难判断的是责任结果非常好，但没有领袖风范的人。这些员工绩效非常好，但缺乏高素质与团结感召力，也缺乏为了实现目标，对管理节奏张弛有度的宏观把握。这些人可能是华为的英雄和模范人物，但未必能胜任作为将军的中高层管理者岗位（第四象限）。

华为采取两个措施，尽量帮助英雄成长为将军。首先，华为尽可能多地提供对未来干部的培训机会，包括多提供一些学习的案例、素材，更多开放一些会议、研讨等受启发的机会，使他们掌握自我学习的方法。同时，华为强调，将军是自己悟出来的，主观才是最重要的因素，只有用高标准要求自己，不满足现状，主动进行自我修炼和改造，在实践中磨炼，才是最重要的方法。

华为鼓励员工多学习，多思考，多与周边同事交流，扩展自己的思考维度，提高对案例的分析归纳能力。经过努力，最终实在无法提高到应有高度的员工，华为建议他们心态平和地接受一般性的工作岗位，同比自己年轻的领导好好共事。

2.9 核心价值观的系统阐述

2004年，任正非系统地总结和阐述了当时华为公司的核心价值观。他认为，华为的核心价值观包括愿景、使命和战略三个方面，并具体解释了华为对此的认识，以及如何围绕愿景、使命和战略对内进行管理和对外提供服务。

华为的愿景是，丰富人们的沟通和生活。华为的愿景就是通过自己的存在，来丰富人们的沟通、生活与经济发展，这也是华为作为一个企业存在的社会价值。华为不可能回避全球化，因此，从创立开始就呈现全开放的心态。在与西方公司的竞争中，华为学会了竞争，也学会了开放合作——竞合。

华为的使命是，聚焦客户关注的挑战和压力，提供有竞争力的通信解决方案和服务，持续为客户创造最大价值。早在1998年华为就提出，华为的追求是实现客户的梦想，这一点一直未变，而且逐渐成为华为员工共同的使命。具体来说，就是以客户需求为导向，保护客户的投资，降低客户的资本性支出（capex）和运营管理支出（opex），提高客户在自身行业竞争中的竞争力和盈利能力。

华为的战略有四个方面，分别是：为客户服务是华为存在的唯一理由；优先满足客户需求，提升客户竞争力和盈利能力；持续管理变革，实现高效的流程化运作，确保端到端的优质交付；与友商共同发展。下面逐个进行介绍。

（1）战略一：为客户服务是华为存在的唯一理由。

客户需求就是客户痛点，其本质就是客户的压力和挑战。真正了解客户需求，就是聚焦客户关注的压力和挑战，并为其提升竞争力提供最好的解决方案及最满意的服务。

> 在产品技术创新上，华为要保持技术领先，但只能领先竞争对手半步，因为领先三步就会成为"先烈"。明确将技术导向战略转为客户需求导向战略。通过对客户需求的分析提出解决方案，以这些解决方案引导开发出低成本、高增值的产品。盲目地在技术上引领世界新潮流，是要成为"先烈"的。
>
> ——《华为公司的核心价值观》

华为一再强调产品的发展路标就是客户需求导向。高新技术只是一个工具，只能促进产品的质量好、服务好、成本低，但是没有商业意义。商业的本质，必须以客户需求为目标，以新的技术手段更好地满足客户的需求。

华为践行理解客户需求的最好案例，就是NGN交换机技术与客户现实需求之间的时空关系。几年前，当全球的主要通信设备制造厂家放弃了对现有交换机的研究开发，而全面转入对未来的下一代 NGN 交换机的研发时，华为通过深入调研，认为运营商从自身投入产出考量，总体还是希望在存量设备上进一步改进功能，而不愿因新技术的出现抛弃现存设备重建一个网。

因此，华为坚定地对传统交换机的研发继续进行大量投入。果然，随着 IT 泡沫破灭，全世界的运营商都不再盲目追求新技术，而更多地从建设成本出发，考虑网络的优化，结果华为因为在传统交换机优化技术上的领先，供应量很快成了世界第一。

值得玩味的是，当欧美公司因 IT 泡沫破灭、财务状况不好而开始大量裁员后，其财力和精力有限，不得不停下对下一代 NGN 交换机的研发脚步。而此时，华为又从客户需求中看到新的增长趋势，在 NGN 上开始加大投入，几年后在下一代交换机领域赶上国际对手，进入了世界前列。这就是真正理解客户需求，把客户需求视为真理，然后快速反映到市场业绩上的最佳例证。

客户需求是华为发展的原动力。从客户需求上看，客户购买产品，一般都关注五个方面：产品功能满足需求，技术领先；产品质量高、可靠、稳定；产品价格有竞争力；售后服务及时高效；产品的可持续发展、技术的可持续发展和公司的可持续发展。

做到其中的一条很容易，但要同时做到五条不容易。华为紧紧围绕这五个方面的内容，将它们渗透到管理体系的各个方面，包括客户需求导向的组织、制度与流程、人力资源管理和企业文化建设。

首先，建立客户需求导向的组织。

华为高度重视贴近客户的各级组织，明确了在各产品线、各地区部建立的市场组织是公司的"领导阶级"，也是推动公司流程优化与组织改进的原动力。华为在国内 30 多个省（市）和 300 多个地级市都建有服务机构，贴近客户并倾听客户需求，确保客户需求能快速反馈到公司并纳入产品的开发路标中。

为了专注于对客户需求的理解和分析，华为专门建立了"战略与 Marketing 体系"，负责基于客户需求确定产品投资计划和开发计划，确保以客户需求驱动公司的战略实施。

华为在经营管理团队（EMT）专门设置了"战略与客户常务委员会"，为

EMT履行其在战略与客户方面的职责提供决策支撑，并帮助EMT确保客户需求驱动公司的整体战略及其实施。通过上述组织保障，确保经营管理团队能带领全公司实现"为客户提供服务"的目标。

其次，完善产品投资决策和产品开发流程。

华为的投资决策是一个复杂的过程。是否投资，以及投资的节奏如何，是在对客户多渠道、多元化收集了大量市场需求信息后，经过一系列去粗取精、去伪存真、由表及里的深入分析过程，再综合判断确定的。

研发产品立项后，随之成立由市场、研发、生产、采购、财务、用户服务等各板块员工组成的产品开发团队（product development team，PDT），对产品整个开发过程进行管理和决策。PDT的职责是确保产品一推到市场就按当初预测的那样满足客户需求。因此，在产品设计阶段，就让后端部门前置介入，充分考虑和保障产品的可制造性、可安装性、可维护性，以及估算好成本和投资回报。

再次，建立以客户满意度为导向的人力资源管理体系。

华为委托盖洛普公司帮助调查客户满意度，并把这个指标作为从总裁到各级干部的重要考核指标之一。华为强化对客户服务贡献的关注，把客户需求导向和为客户服务的理念蕴含在招聘、评价、选拔、培训中，最终固化到招聘面试模板和选拔培养干部的素质模型中。

最后，建立基于客户导向的高绩效企业文化。

企业文化不是喊喊宣传口号，而是企业一系列的基本价值判断或价值主张。企业文化体现在流程、制度、政策、组织、文件中，最终根植于员工的思维模式和行为模式之中。华为的企业文化承载了华为的核心价值观，使得华为的客户需求导向的战略能够层层分解并融入所有员工的每项工作之中，由此形成了华为基于客户需求导向的、高绩效的、静水潜流的企业文化。

（2）战略二：优先满足客户需求，提升客户竞争力和盈利能力。

华为所处的通信行业属于广义的投资类市场，客户购买通信网络设备往往要使用很多年，因此，客户购买设备时首先是选择伙伴，而不是设备。客户的要求就是质量好、服务好、价格低，且要快速响应需求，这就是客户朴素的价值观，也决定了华为的价值观。

早在1998年，泰国一家小型移动运营商AIS找到华为寻求合作。1999年6月，AIS和竞争对手同时推出预付费业务。为了帮助客户快速抢占市场、构筑竞争力，华为先后8次帮助AIS对设备进行建设和扩容，在短短的60天内完成了全部成套设备软硬件的安装、测试，比业界平均周期缩短一半以上，协助AIS把竞争对手远远地甩在了身后。此后，华为不仅为AIS提供多次诸如此类的快速响应，并且针对AIS在发展过程中的新需求，专门为其定制并开发了高达80多项业务特性，有效提升了其盈利能力和竞争力，最终使AIS一跃成为泰国最大的移动运营商，并问鼎泰国资本市场市值最高的公司。

正常逻辑下，要做到质量好、服务好、快速响应客户需求，则意味着高投入、高成本，但矛盾的是，成本高会导致价格高，客户又不容易接受。解决这对矛盾的抓手，只有走降低内部运作成本这条路，也就意味着要不断进行管理优化和挖潜。因此，从这个角度看，管理优化的本质其实也是客户需求导向。

（3）战略三：持续管理变革，实现高效的流程化运作，确保端到端的优质交付。

华为管理变革中，对流程的优化有一个很重要的观念，就是"端到端"。端到端是指以客户需求为始，以满足客户需求为终，提供全过程服务，形成一个闭环。端到端的起点是客户的需求端，终点是客户需求实现的交付端。端到端是一个闭环的全过程，其每个环节上的处理速度、运行效率、财务成本、管理成本决定了端到端全链条的总运作成本。每一个环节都要互相连接、互相打通，中间没有"三峡大坝"，没有"堰塞湖"，顺畅且高效。

持续管理变革的目标就是实现高效的流程化运作，确保端到端的优质交付。端到端的改革就是以建立内部最简单、最科学的管理体系为目标的改革。

持续管理变革的基本原则有三条：第一，引进世界领先企业的先进管理体系时，坚持"先僵化，后优化，再固化"的原则；第二，坚持"小改进，大奖励；大建议，只鼓励"的原则，持续稳健地推行管理变革；第三，坚持改进、改良和改善，对企业创新进行慎重有效的管理。华为的持续管理变革体现在信息化、人力资源管理、财务管理变革和生产管理体系四个方面。

首先是信息化的持续管理变革。

一个企业的信息化应该把所有管理流程和制度根植于 IT 网络和数据库，使任何业务处理都能够通过信息化系统快速实现。

2004 年，经过多年信息化管理变革的持续努力，华为已经建立了一个面向全球网络的企业信息化平台，几乎 90% 的行政后勤和业务处理都可以在这个平台上完成。此时的华为，在全球任何地方开设机构，IT 系统都能够复制并支撑到那里，并在以下九种场景中实现各种功能。

场景 1：能够支持分布在全球各地的 14 000 名研发人员，进行 7×24 小时同步研发和知识共享。

场景 2：在全球办公或出差的员工，任何时间任何地点都可使用便捷的网上报销系统，财务系统可以保障在 7 天内完成结算和资金支付。

场景 3：财务管理方面，华为实现了企业级的制度、流程、编码和表格的"四统一"，通过在 ERP 中的财务系统建立了全球财务共享中心，具备在 4 天内完成财务信息收敛和结账的能力。

场景 4：采取网上招聘，接受网上测评，华为的客户、合作伙伴和员工能够 24 小时自由安排网上学习、培训和考试。

场景 5：实现全球所有办公区域的一卡通系统数据连接和打通，人力资源部可每天对 3 万人实现精确的考勤管理，准确、自动地把出勤数据纳入每月薪酬与福利计算。

场景 6：通过 ERP 系统实现端到端集成的供应链体系，供应链管理员每天可执行两次供需与生产计划的运算，以"天"为周期快速地响应市场供求变化，客户也可以通过开放账户在网上查询和跟踪订单执行状态。

场景 7：建立了高质量的全球电视电话会议系统，大量会议在该系统上进行，不仅大大增强了时效性，而且仅此一项，每年可节省差旅费 3000 万元。

场景 8：华为是国内第一家通过 BS 7799 信息安全国际认证的企业，建立了主动安全的预防和监控管理机制，内部的知识产权和机密信息逐步得到可靠的保护。

场景 9：在客户现场的用户服务人员可随时在网上调阅客户工程档案和相

关的丰富案例，还可以在网上发起并获得总部及各地区部及时的技术支撑，孤身上前线的工程师不再感到孤立无助。

其次是人力资源的持续管理变革。

华为从1997年开始与Hay Group合作进行人力资源管理变革，截至2004年，建立了职位体系、薪酬体系、任职资格体系、绩效管理体系、员工素质模型等人力资源管理体系。在此基础上，形成了员工的"选、育、用、留"基本原则和"干部选拔、培养、任用、考核"价值原则。Hay Group每年对华为人力资源管理的改进状况进行审计，找出存在的问题，交给华为解决，之后再纳入审计，不断循环提升。

在员工的分类和定义上，华为按比例把普通员工分为三种类型。前面的30%称为干部的后备队，有机会到华为大学进行管理培训，对培训结果优秀的人给予实践机会；后面的20%属于后进员工，是优先裁员的对象。于是，后进员工希望摆脱后进的状态，就拼命地往中间挤，中间的队伍也就被赶着往前跑，形成了你追我赶的良性循环，在被动前进中实现了事实上的整体提高。

在干部政策导向方面，华为提出"三优先、三鼓励"的政策。

三优先是指：第一，优先从优秀团队中选拔干部，能出成绩的团队，要输出干部，对不能实现管理目标的主管要免职，而且该部门的副职不能被提为正职；第二，优先选拔责任结果好且在一线和海外艰苦地区工作的员工进入干部后备队伍予以培养；第三，优先选拔责任结果好且有自我批判精神、有领袖风范的干部担任各级一把手。

三鼓励是指：第一，鼓励机关干部到一线特别是海外一线和海外艰苦地区工作，奖励政策向一线倾斜，更大幅度向海外艰苦地区倾斜；所有干部都要填表表示自愿申请到海外最艰苦的地区工作，干部提拔首先要谈话，愿意服从分配去艰苦地区作为先决条件，否则不予考虑提拔任用。第二，鼓励专家型人才进入技术和业务专家职业发展通道。在华为有两条通道：一条通道通向管理者，另一条通道通向技术专家，同等层级的管理者和技术专家享受同等待遇。第三，鼓励干部向国际化、职业化转变，鼓励干部主动走向未来。

在干部选拔机制方面，华为反对民主推荐，更反对竞争上岗，而是强调"实践才是检验真理的唯一标准"，坚持从实践中依据任职体制选拔干部。在具体的选拔机制上，华为建立了一个三权分立的架构：提名权归属业务部门，评议权归属人力资源系统，党委有否决权。

一个完整的干部选拔程序包括以下几个环节。

第一，根据任职职位的要求与任职资格标准进行认证，认证的重点在于员工的品德、素质和责任结果完成情况。

第二，认证后要进行 360 度的考察。360 度包括主管、下属和周边，全面评价干部的任职情况，不搞民主推荐，不搞竞争上岗，而是以成熟的制度来选拔干部，这个成熟的制度包括职位体系、任职资格体系、绩效考核体系、干部的选拔和培养原则、干部的选拔和任用程序、干部的考核体系等。

第三，在考察干部后，要进行任前公示，使干部处于员工监督之下。每次任命公示为期半个月，半个月之内全体员工都可以提出反对意见和理由。

第四，干部任命之后有个适应期，公司会为其安排导师，帮助其快速适应。适应期结束以后，导师和相关部门对其进行评议认定，合格才能转正。

第五，干部选拔和任命采取任期制，任期内进行考核，完不成目标的要调降。这样就保证了组织内干部能上能下的氛围，机制透明，大家心无旁骛地施展才能实现梦想。

在干部考核机制方面，华为形成了围绕评价、绩效、晋升的三个子机制：第一是责任结果导向、关键事件个人行为评价考核机制；第二是基于公司战略的分层分级述职，也就是 PBC（个人绩效承诺）承诺和末位淘汰的绩效管理机制；第三是基于各级职位按任职资格标准认证的技术、业务专家晋升机制。

2004 年，华为在干部考核过程中已经不完全重视绩效了。华为认为，绩效只能证明胜任，不能证明值得被提拔，提拔与否的关键要看个人过程行为考核，是要综合各种要素来考虑的。对于干部关键事件过程行为的评价，也要有评定的依据。

针对绩效考核，根据华为的公司战略，采取了综合平衡记分卡的办法。平衡记分卡的关键在于诸多平衡，包括短期目标和长期目标之间的平衡、收益增长目标和潜力目标之间的平衡、财务目标与非财务目标之间的平衡、产出目标和绩效驱动因素之间的平衡，以及外部市场目标和内部关键过程绩效的平衡。这些平衡点从战略分解到指标体系，进而分摊到每一个人的 PBC 指标，都通过平衡记分卡来实现。

华为设置了一些关于干部考核方面的硬框框。从具体的指标来看，对中高层管理者年度目标完成率小于 80% 的，正职要免职，或者调降为副职；对年度 PBC 考核排名后 10% 的各级主管，要调降；原则上不能从业绩不好的团队中提拔干部；被处分的干部一年内不得提拔，包括跨部门提拔；关键事件过程评价不合格的干部也不得提拔。

再次是财务管理的持续管理变革。

华为与普华永道、IBM 等国际顶尖咨询机构进行了连续多年的合作，不断推动预算体系、监控及审计体系、核算体系的流程变革，构建了全球一体化的财经服务、管理和监控平台，助力端到端流程的打通，有效地支持了公司业务的发展。

财务管理的持续变革在某种意义上是最难的变革。因为要打通财务和业务之间的关联，企业往往都用会计财务报表，但只有采用管理财务报表，才能把财务管理作为公司经营管理的有效监控和调整的手段。

华为通过管理数据"四统一"，即组织机构、人力资源、财务制度流程和IT 平台的数据统一共享和调度，支撑不同国家和业务发展的需要；通过审计、内控、投资监管体系的建设，有效降低和防范了经营风险；通过"计划—预算—核算—分析—监控—责任考核"为闭环的弹性预算体系，利用高层绩效考核的宏观牵引，促进公司整体经营目标的实现。

到 2004 年，华为在财务管理上已经能够：①国内账务实现共享，并且实现了统一的全球会计科目的编码，实现了网上报销，海外机构都建立了财务服务和监控机构；②建立了弹性计划预算体系和全流程成本管理的理念和实践；

③建立了独立的审计体系，并构建了"外部审计、内部控制、业务稽核"的三级监控，有效降低了公司的财务和金融风险。

最后是生产体系的持续管理变革。

2004年，华为的生产能力达到20PPM，即每100万个产品中，只有20个有质量问题。同年，专注于先进制造且具备顶级世界先进制造体系的飞利浦公司，生产体系的能力是16PPM。

采购方面，华为早在2002年就用年薪60万美元聘请了德国籍的采购部总裁。两年后，整个采购体系从无系统、无计划、无定额、无反馈的小农水平，全面提升为现代采购体系水准。在IT泡沫最严重的时期，华为之所以能降低二十几个亿的成本，具有国际水平的采购体系功不可没。

到2004年，华为在生产管理和质量管控上已经能够实现：①在质量控制和生产管理方面，与德国国家应用研究院（FhG）合作，对整个生产工艺体系进行了设计，包括立体仓库、自动仓库和整个生产线的布局，以此减少物料移动，缩短生产周期，提高生产效率和生产质量；②建立了严格的质量管理和控制体系，华为的很多国内外合作伙伴对华为生产线进行认证的时候，都认为华为的整个生产线是亚太地区最好的生产线之一；③建立了自动物流系统，使原来需要几百个人来做的库存管理，降到仅需几十个人，大幅度降本增效，并且确保了先入先出的库存物流原则。

（4）战略四：与友商共同发展，既是竞争对手，又是合作伙伴，共同创造良好的生存空间，共享价值链的利益。

华为把竞争对手都称为"友商"。它们既是竞争对手，更是合作伙伴。华为同它们进行良好的沟通与合作，包括阿尔卡特、朗讯、北电、爱立信和摩托罗拉，建立了广泛的同盟军，共建产业价值链。

这种尊重对手和开放竞争的心态，不仅帮助华为迅速扩大了朋友圈，也使华为在这种朋友圈的共享共建过程中，获得了实实在在的利益。更重要的是，这种"友商同盟"也帮助华为极大地提升了在行业内的国际知名度和美誉度。

○ 2005 年　思科事件的启发：知识产权与友商意识

1. 业务进展

（1）2005 年，海外合同销售额首次超过国内合同销售额。然而，虽然华为进入了部分发达运营商的市场，但是在超过一半的市场空间里基本上没有突破，尤其在北美、西欧和日本。

（2）华为与英国最大的电信运营商沃达丰正式签署了全球采购框架协议，参与沃达丰全球移动网络建设。华为成为首家正式进入全球供应链的中国通信设备供应商。

（3）2005 年，华为推出以开放式的模块化为重要特征的分布式基站系列，借此叩开欧洲高端市场的大门，成功进入德国、法国、荷兰、英国、西班牙、意大利等主要发达国家。

（4）成为英国电信首选的 21 世纪网络供应商。

（5）世界电信运营商前 50 强，华为已经进入 28 个。

（6）获得了在中国生产和销售手机的许可。

（7）4 月 28 日，任正非被美国《时代周刊》评为 "2005 年度影响世界 100 位名人"，是唯一入选的中国人。

（8）华为当选为《互联网周刊》"中国电信供应商 100 佳"第一名。

（9）9 月 3 日，入选英国《金融时报》"中国十大世界级品牌"。

（10）销售额 482 亿元人民币，海外营收 33 亿美元，员工总数为 30 000 人，海外员工超过 10 000 人。

2. 管理变革

2.1　软件外包

华为在成立后的很多年内，一直坚持自己进行全部研发，主要目的是把研发全过程掌握在自己手里，通过对研发的理解，打通研发管理体系，典型代表是 IPD 体系的应用和逐渐成熟。2005 年，华为成立关联企业"慧通公司"，将几乎全部软件外包业务及相关行政服务交给慧通。这一举措的目的是，在华为发展到一定阶段，形成成熟控制流程后，转而通过外包降低整体成本。

2.2 友商意识

很多企业把行业内的竞争对手视为对立面，有的百般防范，有的互相诋毁，有的甚至用各种手段视对方为生死大敌。这样做的结果，往往是孤立自己，限制自身发展，甚至破坏行业生态。

华为把竞争对手都称为"友商"。从传统的思路看，自从2000年IT泡沫破灭后，整个通信行业的发展都趋于理性，市场的增长逐渐平缓，未来几年的年增长不会超过4%。而华为想要快速增长，就意味着要从友商手里夺取份额。然而，这样一来，华为就会直接威胁到对方的生存和发展，就可能在国际市场上到处树敌，甚至会因成为众矢之的而被群起而攻之。但此时的华为客观上还很弱小，不足以和国际友商直接抗衡，所以明智地采取了韬光养晦的战略。华为宁愿策略性地放弃一些市场和利益，也要与友商合作，建立伙伴关系，和友商共同创造良好的行业生存空间，共享价值链的利益。

经过五六年的努力，华为已经在很多领域与友商形成了合作。合作利益的牵引使众多国际公司和行业联盟渐渐接受了华为，不少国际巨头越来越趋向于视华为为朋友，愿意不断加强合作共赢。

例如，华为同美国的3Com公司合作：华为以低端数通技术入股（占51%的股份），3Com公司出资1.65亿美元（占49%股份），双方成立了合资企业。这样一来，3Com公司就可以把研发中心转移到中国，降低了成本；而华为则利用3Com世界级的网络营销渠道扩大销售华为的数通产品，大幅促进产品销售，使双方达成完美的共赢。

在海外市场拓展上，华为强调不打价格战，不为短期的销售业绩而损害整个行业的利润水平，不做市场规则的破坏者。华为提倡与友商共存双赢，不扰乱市场，不用野蛮粗放的方式动欧美公司的"奶酪"，而是另辟蹊径，强调通过自身的努力，通过提供高质量的产品和优质的服务获取客户认可，这样既能获得即期销售和发展，又能获得发展的高质量和可持续性。

华为通过践行"友商"的理念，找到一条和平发展的道路，实现了自身的战略发展，这就是东方的大智慧。

2.3 从思科事件开始，重视 IPR 知识产权

任正非用工业化的历史进程解释经济全球化不可避免。工业化进程分为以下几个阶段。

在农耕早期，交通极不便利，人们的活动半径非常小，那时候无法孕育经济。有了马和马车之后，人们的活动范围开始扩大，诞生了方圆五六十千米的小区域经济，逐渐产生了小农经济的集市贸易，使封建成为可能。蒸汽机问世之后，出现了火车和轮船，工业经济开始萌芽，远距离运输和金融的兴起使资本主义有了土壤。再往后，当飞机越来越普遍，以制造为中心的工业经济加速发展，经济的附加值主要在产品制造环节，由于物资匮乏，供给远低于社会的需求，供方市场决定了经济的关键是产能，产品只要生产出来，马上就能卖掉。20 世纪 70 年代末，以日本、德国为代表的工业经济达到顶峰。

随着美国网络技术军转民，伴随着处理器、计算机、光传输、软件系统的发明与使用，创意、设计、采购、供货、生产加工、销售、品牌宣传等产业链环节能够分布式构建，全球产业链分工成为可能。于是，作为劳动力最密集的环节，制造开始转移到低成本的国家，而以美国为首的发达国家通过信息和网络掌握了产业链分工的主动权，把高附加值转移到销售网络的构建中，生产制造环节的利润越来越薄。

掌控销售网络的核心就是掌控产品研发 IPR（专利），这就是美国推动全球知识产权保护的动机，也是美国崛起的重要原因之一。因此，未来的企业之争、国家经济实力之争就是 IPR 之争，没有核心 IPR 的国家，只能被动接受产业链分工，永远不可能成为世界工业强国。

华为自创业以来一直在进行知识产权的积累，但把 IPR 提到战略高度来重视，还是源于 2003 年至 2004 年与思科的知识产权官司。截至 2005 年，华为拥有 5000 多项专利，每天产生近 3 项专利。

无论是发明专利还是实用新型专利，专利从层次上可分为基本专利和应用型专利。华为在 2005 年所拥有的 5000 多项专利中，还没有一项基本专利。华

为对此是这样理解的，一项基本专利从形成到产生价值至少需要七到十年。华为主张国家拨款应该针对基本专利，多给那些基础研究所和大学，形成的基础研究成果可以代表国家，在国际范围内向全球企业收取专利使用费，那是国家级的财富。而企业是面向客户需求、面向市场竞争的，应该在基础科研成果的基础上，多搞应用科学和研究，搞应用科学的人要靠自己赚钱养活自己，不能总指望政府补贴。

例如，早在1958年，上海邮电一所就曾提出蜂窝无线通信技术，其实就是几十年后手机等通信技术的基础。可惜那时候连电话机都少见，该所没有对此申请专利，否则全世界都要向中国支付专利费。由此可以看出，国家应该支持前瞻性、发散性、现阶段不被人理解的科学研究，这些基础研究能促使科技走向繁荣，这些基础科研成果才是真正的大国重器。

2.4　2005年正式注册华为大学

在华为，有大量的员工直接毕业后就来到华为工作。这些应届生都是一张张白纸，为了让他们从一开始就了解和融入华为的企业文化，也为了通过培训尽快使新员工成长起来，华为一直重视员工培训，通过新员工培训、岗前培训、企业文化培训、内部交叉培训、导师制、在职培训等一系列培训活动，努力把华为打造成一个学习型组织。

2005年，华为正式注册华为大学，为华为员工及客户提供更加广泛的培训课程，致力于把华为大学办成培养将军的摇篮。

2.5　与Hay Group的后继合作

基于从1997年与Hay Group卓有成效的合作，自2005年开始，华为继续与Hay合作，进行领导力培养、开发和领导力素质模型的建立，为公司面向全球发展培养领导者。

○ 2006年　洋葱头文化——开放、继承与思辨

1. 业务进展

（1）2月，华为与北电网络宣布成立合资公司，共同开发"超宽带"项目。

（2）《第一财经日报》获得华为最新发布的 2005 年年度报告，这是华为罕见的以比较正式的形式公布详细财务数据。在该报告中，华为总结了自成立到 2005 年的战略、运营状况以及各个产品线的表现。

（3）5 月 8 日，华为正式推出新的企业标识。新标识在保持原有蓬勃向上、积极进取风格的基础上，充分体现了聚焦客户、创新、稳健增长和和谐的精神。

（4）港湾回归。2000 年，李一男在西方基金的推动下，创办港湾网络，与华为直接竞争，严重威胁华为的生存和发展。

竞争对手也利用港湾来制约华为，华为面对着国外基金和竞争对手的双重压力。2001 年，华为通过加强信息安全、加强交付件管理等措施，才逐步把研发黑洞堵住，使研发体系稳定了下来；之后，华为加强市场体系的干部教育与管理，使市场体系逐渐回到正轨；同时召开干部大会，稳定了整个组织，调整了士气，把华为从崩溃的边缘拉了回来。

2004 年，为了抵抗基金和竞争对手的恶意威胁，华为专门成立"打港办"，坚决对其进行策略性抑制和打击；2005 年，华为成功狙击了西门子对港湾的收购。

> 如果基金这样做能在中国获得全面胜利，那么对中国的高科技是一场灾难，它波及的就不只有华为一家企业了。因此，放任，对我们这种管理不善的公司是一个悲剧，我们没有退路，只有坚决和基金做斗争。当然也要面对竞争对手的利用及挤压，因此，较大地挫伤了你们，为此表达我的歉意。这两年我们对你们的竞争力度是大了一些，对你们的打击重了一些，这几年在这种情况下，我们自己为了活下去，不竞争也无路可走，这就对不起你们了，为此表达歉意，希望你们谅解。不过华为逐鹿中原，也是惨胜如败。但愿我们摒弃过去，面向未来，取得双赢。
>
> ——《欢迎李一男团队回归华为的讲话》，2006 年任正非文

一方面，华为在战场上严阵以待，决心之大，战斗之惨烈，可谓前所未有，双方都付出了巨大的代价；另一方面，华为一直用最大的诚意以战促和。终于，

2006年6月6日，华为和港湾网络联合宣布，二者达成有关收购的意向性协定，并正式签订谅解备忘录，华为将收购港湾包括路由器、以太网交换机、光网络、综合接入设备在内的宽带产品线的全部资产、人员、业务以及相关的全部知识产权。

在欢迎回归的仪式上，任正非表达了不去纠缠历史、真诚地对待这次握手的态度，认为港湾的回归对中国科技史也是有意义的贡献。

从现在开始，前半年可能舆论界对你们会有不利的地方，但半年后，一定是十分正面地评价你们的行动，所以你们不要担忧华为的员工如何看这个问题。你们回来后，可能会有一些令你们不舒服的地方，不要看眼前，不要背负太多沉重的过去，要看未来、看发展。在历史的长河中有点矛盾、有点分歧，是可以理解的，分分合合也是历史的规律，如果把这个规律变成沉重的包袱，是不能做成大事的。患难夫妻也会有生生死死、恩恩怨怨，岂能白头呢？只要大家是真诚的，所有问题都可以解决。

——《欢迎李一男团队回归华为的讲话》，2006年任正非文

（5）2月份，全球最大通信运营商沃达丰与华为达成3G手机战略合作，华为将为沃达丰在二十多个国家的市场提供定制的WCDMA 3G手机。9月份，第一款为沃达丰定制生产的3G手机在欧洲正式上市。

（6）由于北电的部分核心客户已选择了其他供应商，导致华为与北电未能就组建通信设备合资企业一事达成一致，其后北电同华为举行非正式会谈，商讨合作策略。

（7）摩托罗拉和华为在上海成立通用移动通信系统（UMTS）联合研发中心，旨在共同为全球客户提供功能更强大的产品解决方案，包括UMTS和高速分组接入（HSPA）方案。

（8）截至2006年，全球50强通信运营商中累计有31家选择了华为。

（9）2006年，华为销售收入达110亿美元（656亿元人民币），其中海外销售收入达54亿美元。销售收入同比增长45%，其中65%来自海外。员工总人数达62 000人。

2. 管理变革

2.1 未来三到五年是产业最困难时期，全行业毛利率下降

2005 年华为的销售规模增长迅速，2006 年看似形势一片大好。就在此时，任正非敏锐地发现，近几年的经营性净利润率在不断下降，而鉴于研发、市场都必须持续高投入，经营性净利润率开始往个位数逼近。事实上，2006 年全行业毛利率下降，不仅华为，其他行业巨头都即将面临很困难的局面，客户对价格有完全的话语权，不断要求降价，一些战略市场几乎没有盈利的希望。基于此，任正非提醒整个管理层，未来三到五年是产业最困难时期，刚从 2001 年冬天走出来没几年的华为，又进入一个市场困难期。

外部开始进入行业困难期，华为的内部却有了攀比的迹象。有的管理者把自己当作富人阶层，带动整个部门的消费成本急剧上升，部门内从事行政服务工作的就高达 13 人。这样做的结果是大家都互相攀比，甚至挑剔工作环境，没有优越的生活条件就不愿出国。针对这类不良现象，华为从精神上强调，选拔干部首要的就是看思想品德中有没有艰苦奋斗的精神，只有敢于"在上甘岭爬冰卧雪"的人，才能被提拔为将军。

唯有开源节流才能渡过难关。除了开源，华为还号召全体员工勤俭节约，要把费用降下去，并针对节流提出几项应对措施。

第一，总体费用的增长率不能超过公司收入的增长率，2006 年总体费用率要下降 1 ～ 2 个百分点。这个指标和奖金挂钩，哪个部门的费用降不下去，就折减该部门奖金。公司整体的费用降不下去，公司全体员工的奖金都要打折扣。

第二，各项费用率要在 2005 年的基础上降下来，但并不等于以前的费用率就是合理的，要确定公司各体系合理的费用率指标，争取实现同比、环比双下降。

第三，首席财务官通过抓重大事情、抓重要指标把重点放到全流程降成本上来，保证在公司级的管理平台上有最优的管理体系和作风。

第四，通过研究财务报表，华为发现 2005 年办公费用和差旅费用的增长率均远远快于收入的增长率。这种状况与公司所面临的竞争压力极其不相称，

华为已经成为运作成本很高的公司。于是，华为找到了主攻方向，即当前主要抓办公费用和差旅费的合理性。

第五，加强客户接待工作的总体控制，通过有效策划、明确目的、提前计划控制成本。在此前提下，重要客户的接待质量还要继续提高，该花钱还要花钱。华为迅速制定了管理细则，加强接待工作的费用报销和管控。例如，所有陪同非客户人员的费用，以及超过规定标准的支出项目，全部要由接待人员自己承担。对于用公司的钱建立与公司无关的个人客户关系的，一经发现会严肃处理。

第六，狠抓差旅浪费，尤其是因出差计划性不强而导致的无谓浪费。有的员工乘飞机出国后发现护照或签证快要到期了，而工作尚未完成，便中途乘飞机回国补办护照和签证；有的员工需要连续去几个国家出差，在去第一个国家的时候，没仔细了解第二个国家的政策，就想当然地飞到目的地，结果落地后却无法办落地签，只能再被遣返回来。针对这些问题，华为建立了严格的制度，杜绝来回办签证的浪费现象，并通过物质奖励鼓励员工买打折机票晚上乘红眼航班出差。

第七，华为认为，公司最大的浪费是无效性工作。为提高工作有效性，华为要求，主管要对部门员工的工作加强管控，工作要有明确的目标和计划。同时，严格劳动纪律，保证员工的有效工作时间，提高劳动效率，对于工作量不饱满的员工加大辞退力度。

例如，某财经员工被外派到国外地区部，在上班时间经常处理个人事务，一个月超额打了一万多元的电话。华为在全公司范围对其进行了通报批评，对该员工予以开除处理，并吸取教训，对外派员工工作量不足的情况进行评估和监控。同时，华为加强公司的日常管理，提高员工的有效工作时间，对于迟到早退、聊天、在工作时间上网之类的情况进行整顿。

第八，不再考核人均销售收入，转而考核劳动投入产出比，制订绩效目标，让部门一把手承担指标。

第九，确定红线。华为向管理层通告，要想活下来，在未来五年，要在销售增长的同时，保证经营性净利润率不低于6%，并据此下达了相应考核指标给所有需要完成指标的管理者。

2.2 再购棉袄

2006 年 11 月，3Com 以 8.82 亿美元成功竞购了华为手中剩余 49% 的华为 -3Com 股份，华为 -3Com 也因此变成一家外商独资企业。随后，华为 -3Com 于 2007 年 4 月更名为华三通信（H3C）。

本着现金为王的原则，华为又购置了一套过冬的现金流棉袄。

2.3 再次呼吁艰苦奋斗

2006 年，随着全行业毛利率下降，华为的第二个冬天即将到来，任正非连续撰写并发表了两篇文章。

《我的青春岁月》从一个人的青春岁月是他一生中最宝贵的记忆说起，谈到艰苦生活及心灵的磨难是人成熟的机会，借此，对全体华为员工进行艰苦奋斗的思想工作铺垫。《天道酬勤》通过回顾华为成长中的艰苦奋斗史，回答了"华为为什么能活到今天"，以及"华为将来靠什么活下去"两个问题，并最终导向华为为什么要艰苦奋斗的思想内核。

回顾华为艰苦奋斗的历史，任正非认为公司高层管理团队和全体员工的共同付出与艰苦奋斗铸就了华为。

创业初期，缺乏人才，研发部从五六个开发人员开始，在缺少资源、没有条件的情况下，秉承"两弹一星"的艰苦奋斗精神，以忘我工作、拼搏奉献的老一辈科技工作者为榜样，以勤补拙，刻苦攻关，夜以继日地钻研技术方案、开发、验证、测试产品设备……奋斗者们没有假日和周末，也没有白天和夜晚的概念，累了就在垫子上睡一觉，醒来接着干，这就是华为"垫子文化"的起源。

创业初期，缺乏资金，创业者们把自己的工资收入投入公司，冒着风险购买了华为的内部虚拟股，只拿仅够养家糊口的最微薄报酬，绝大部分员工长年租住在农民房。正是老一代华为人"先生产，后生活"的无私奉献，才帮助公司挺过了最困难的岁月，否则，华为不可能生存下来，是奉献和信念的力量，支撑了华为的生存发展。

创业初期，华为先是在国内卷入全球最激烈的行业竞争，不得不在市场的夹缝中奋力求生存；后来，华为走出国门开拓海外市场，当时条件优厚的地区早已被西方公司抢占了市场，只剩下那些偏远、动乱、医疗环境差、自然环境恶劣的国家，趁着国际对手尚未重视的时间差，夜以继日以勤补拙，才抓住了一线机会。为了抓住这最后的机会，无数员工远离乡土和家人，不惧未知，奔赴海外。

创业路上，华为的创业者和高层管理者不断地主动稀释自己的股票，以激励更多的后来者加入这项继往开来的艰难事业，一起艰苦跋涉，一起背负民族振兴的希望，一起追寻基业长青的梦想。

华为高层管理团队鞠躬尽瘁、呕心沥血地工作着，多年来，很多高级干部夜以继日连轴转，几乎放弃了全部节假日。全球化后，他们不顾时差问题，经常半夜召开远程会议，手机也是 24 小时待命，随时随地处理突发的问题。这个核心高层管理团队带领着更多优秀的管理者，形成一个坚毅的管理集体，用全身心的付出，牺牲与家人、亲友团聚的时光，牺牲休息和康养，销蚀了身体健康，经历了一次又一次失败的沮丧和痛苦，承受着长年累月的身心煎熬，以常人难以想象的艰苦卓绝的努力和毅力，带领全体华为人走到今天。

2.4　上甘岭呼唤将军与出台"干部九条"

华为多年海外出征，创造了辉煌的海外成绩，比西方同行更早走出困境。但是，华为意识到，西方公司也在调整策略，未来华为的相对低成本优势就不明显了，竞争模型会发生变化。

为了尽快在海外扩大战果、站上制高点，华为的战场从海外新兴市场转移到欧美主战场，形成海外军团全球化作战能力，华为从"呼唤英雄"转变为"呼唤将军"。

英雄出自艰苦地区和艰苦奋斗中，如上甘岭。将军一定曾经是英雄，上甘岭会出很多英雄，但是这些英雄不一定都会成为将军。亚非拉地区的战斗经验，放到英美大都不适用，因为不同地区复杂度和对工作的要求不同。

2006 年，华为出台了"干部九条"。"干部九条"是符合公司未来战略的领导力模型，从建立客户能力、建立组织能力、建立个人能力三个维度，对关注客户、建立伙伴关系、团队领导、塑造组织能力、跨部门合作、成就导向、组织承诺、战略思维、理解他人九个方面进行了细致规定。"干部九条"是指导干部学习和提升自我的指南，指导管理者如何进行工作、如何进行自我提升。通过"干部九条"的磨炼，干部才能具备将军的三个能力：成功的决断力、正确的执行力、准确的理解力，最终从英雄走向将军。

在华为，产生优秀干部的方法有很多。艰苦地区的员工更容易获得被培养的机会，但这并不是唯一的晋升之路。大幅度的后备干部培养，能够在一定范围内快速培养一批干部，但也并非必须经过后备干部培养这个环节，优秀干部才能得到提拔，之前成功的干部选拔方法依然有效，未来还会有更多的产生优秀干部的方法。在干部的选拔和任用上，华为主张不要教条化，不要一成不变，一切都是为了培养合格的将军。

任正非在和非洲艰苦地区的员工座谈时，殷切希望大家能够在艰苦的环境中修炼自己，像欧洲传教士在非洲大地上虔诚传教一般，像印度"圣雄"甘地在 20 多年监禁生涯中不断思考治国哲学一样，把外部的艰难困阻当成自身成熟的催化剂。

当然，除了精神鼓励，华为对非洲艰苦地区工作人员的激励也不遗余力，出台了不少倾向性明显的政策。例如，艰苦地区的管理人员和业务人员的职位高配半级至一级；在艰苦地区工作两三年后不能晋升到管理人员和业务骨干队伍中去的员工，组织会安排输送他们到条件较好一些的国家去；特别重视在艰苦地区做出成绩的女干部，对她们加快晋升；强调思想上的艰苦奋斗，但在生活上给予足够的组织温暖，代表处一把手亲自抓后勤保障，为艰苦地区的海外员工创造安全舒适的小环境。

你们看到过海军陆战队的训练吗？在海南岛的沙滩上，炎炎烈日之下，他们盘腿一坐就是几个小时，他们的肩膀，第一层皮被晒脱了，第二层皮也脱了，接着第三层，第四层……直到露出血丝。他们被空投在荒岛上，不给火，不给吃的，一个星期以后才被接回来，自己想办法生活，抓蛇、抓鱼、抓虫子来吃。这就是从难、从严、从实战出发，为战争做好准备。但战争真正打起来的时候，都是尽可能地创造好一些的条件，尽可能除了克服敌人这个困难外，不应有任何困难。我们现在的要求是思想上艰苦奋斗，而不是在身体和生活上艰苦奋斗，能解决的困难一定要解决。

——《上甘岭是不会自然产生将军的，但将军都曾经是英雄》，2006年，任正非在苏丹、刚果（金）、贝宁代表处员工座谈会上的讲话

2.5　指挥所设在听得见炮声的前线：HR 政策调整的三个改变

2006年，华为预计2008年的销售额会超过200亿美元。为了迎接和顺利跨上这一新的台阶，必须做充足的组织适应性准备，华为再次对人力资源政策进行调整。这次调整，主要有以下三个改变。

第一个改变是决策前移，提升基层作战管理团队的决策力和竞争力。要求真正指挥战争的指挥所，要设在听得见炮声的前线，而不是在后方通过 IT 遥控指挥。为了达成这个目标，着力解决了两个问题：一是解决中层干部不主动决策，被动等待上级指示的现状；二是通过实行授权、行权、问责一整套权责对应的闭环体系，将责任、权利及资源配置到基层。这项调整最先从地区部及代表处开始，通过决策、权责与监控体系的构建提升快速响应的机动能力。

第二个改变是强化基本作战单元的激励，以此提升其战斗力，主要是指针对项目组的能力建设，提升项目组的整体攻击能力。

第三个改变是提升后方机关的服务意识、水平和能力。机关的定位是经营土壤、经营环境，创造一个适应国际化运作的宏观大平台，大后方转变为前线提供服务与支撑。

2.6　华为大学

很多企业会招聘应届毕业生，也会针对应届毕业生进行新员工培训。应届生对于一个企业非常重要，一方面他们刚从大学校园走入社会，工作作风、工作习惯、工作认知都是一张白纸，可塑性非常强；另一方面，他们入职第一家企业后，如果融合得好，将会成长为企业的中坚力量，并长期稳定在该企业。对应届毕业生而言，刚入职的一个月是最重要的时期，他们将在这个时期形成对企业的第一印象、工作态度，企业强化他们对工作中各项规章制度的尊重程度。

从 1996 年开始，华为每年大量招聘应届毕业生，把这些经过几轮面试才通过的应届毕业生作为未来的宝贵财富。为了让应届毕业生从走入华为开始，就掌握必备的专业基础知识和工作技能，了解和融入华为的企业文化，华为会对刚入职的新员工进行长达三周的新员工培训，又称大队培训。

大队培训有几个特色。特色一是体能训练，包括每天早起、做操、晨跑，华为聘请了刚刚退役的国旗护旗手，他们的勃勃英姿让新员工们斗志高昂；特色二是根据应届毕业生的人数进行分班，分为大队或者中队，大家推举一人或个人毛遂自荐做班长，组织全队同学训练、学习，接受各队之间的各种比赛和考试；特色三是专业类课程的培训，主要是讲解、分析各种案例，包括各个产品线的成功经验和失败教训，以及华为对该事件的奖惩情况，通过大量案例非常形象和直观地让新员工领悟华为鼓励什么、反对什么，自己在未来的工作中应该怎样做，这实际上就是把企业文化中的价值观通过案例的形式刻在新员工的脑海中；特色四是无论应届毕业生是什么专业的，只要通过面试就能入职，但必须在大队培训阶段自学几门通信专业的基础知识，如《中国电信网》《信令》等，只有通过大队培训结束后的统考笔试，才能正式毕业；特色五是华为聘请了一些德高望重的中科院老教授，为应届毕业生讲课——讲国家的科技发展史，讲年轻人的职业发展规划，讲国家和民族科技奋斗的希望。

大队培训的主要目的是向应届毕业生进行企业人精气神洗礼，进行企业文化培训和基础专业知识温习；大队培训毕业后，新员工要进入工作前的技能培训，包括一营的市场销售、二营的用户服务、三营的研发等，让新员工全面了解华为的运作体系，了解自己未来工作的定位和在企业整体的坐标，更有方向感地做好自己的本职工作。除了应届毕业生，华为逐渐把社招员工也纳入新员工培训的体系，这就是华为大学的前身。

为了让新员工尽快成长起来，华为不断升格员工培训的机构和力度，通过新员工培训、岗前培训、企业文化培训、内部交叉培训、导师制、在职培训等一系列培训活动，努力把华为打造成一个学习型组织。2005 年，华为正式注册华为大学，并从 2006 年开始公开喊出把华为大学办成"将军的摇篮"这一口号，赋予华为大学更高的使命。

华为大学的办学标杆是国内外历史上著名的军事学校，包括黄埔军校、抗日军政大学、西点军校、南京军事学院、哈军工等。华为研究这些军校培养将军的机制，将其借鉴到华为大学的教学过程中，使员工在学习与实践中逐步成长为各级管理骨干，成为华为的"将军"，担负起华为的历史使命。

抗大、西点、黄埔军校都有自己的校训和鲜明的口号，如抗大的"三八作风""坚定正确的政治方向，艰苦朴素的工作作风，灵活机动的战略战术""团结、紧张、严肃、活泼"；西点的"国家、责任、荣誉"等。华为大学提出"将军的摇篮"这一口号，倡导"从实践中来，到实践中去"，并在发展的过程中不断思考，提出新时期的定位和口号。

华为大学的课程全部采用案例教学。案例教学最早是哈佛商学院采用的。华为大学先是请一些商学院的教授到华为，分享如何进行案例教学；之后华为大学开发了自己的案例教学模式，全部案例都来自于华为自身和社会。真实的案例才是打仗需要的案例，关起门编的案例都是想当然的。这些真实的案例包括成功的经验和失败的教训，都是真实发生的，大部分是案例主角自己编写的，他们对亲身经历印象深刻，思考最深。学员在培训时，也可以对案例进行进一步的思考、讨论和补充。

同时，华为非常重视知识管理，其中一个重要方面就是案例库的建设。华为认为，最大的浪费就是知识和经验的浪费。犯过错误、交过学费，如果不拿出来分享，这个错误的代价就太高了。只有把一个人的经验教训拿出来告诉大家，将其复制到更多人的头脑中，弥补错误的成本才能被摊销，整个组织才能相互汲取指数型的知识经验和养分。华为鼓励和号召公司的专家、管理者乃至新员工把自身有价值的经验教训和对此的心得体会写成案例，往案例库中投稿，并定期评选优秀案例。慢慢地，一个实时更新的、庞大的案例池就形成了。经过若干年的探索，这种案例教学效果在整个公司得到了非常好的验证。

华为大学的讲师大都来自一线，都是有实践经验的人。没有实践经验的人只能做组织工作，没有资格成为教员。在真正的战争中，将军需要抓住主要矛盾和主要矛盾中的主要问题，然后攻其一点，既重视战略，又重视战术。而缺少实际战斗经验的人只会纸上谈兵，缺乏对残酷战争的认知，讲了半天也抓不住要领。

2.7　EMT 的 830 决议和战略定力

战略决策就是做取舍，每家企业在自身行业的发展过程中，都会不断进行战略规划和选择。战略决策是一个动态的过程，因为企业的发展和行业的趋势总会把企业推到发展的十字路口，让企业不得不对未来的方向做出抉择。是否更换赛道？是否转行？是否靠向新的风口？是否升级商业模式？是否转型？但是，短期战略挑战容易，长期战略方向的坚守非常难，最大的困难来自身边的各种诱惑。

2006 年，在华为，有人有钱有知名度，走向多元化或者拿出一部分财力精力搞房地产，貌似是客观现实的最优解。然而，华为在这个重大问题上做出的选择是：坚守。

2006 年，华为 EMT 做出 830 决议，明确华为在通信领域不做资本性的交易，将长期保留通信网络的开发、销售和服务体系。事实上，随着社会、技术进步的影响，这个体系在将来可能会变得越来越不值钱，如同鸡肋。尽管许多同行会选择逐步放弃和转型，但华为坚信人们需要通信产品和服务，即便是鸡肋，也坚持不动摇地持续开发和维护。

坚守不是一句空洞的口号，战略定力也要有具体的战术路径去保障战略的成功。怎么把鸡肋做成美餐？华为总结了三个基本要点。第一，人是第一要素。永远保持奋斗精神，具备奋斗精神的干部是战略成功的决定因素。第二，管理是第二要素。管理必须非常优良，体现在流程简洁通畅、监管简单有效。管理体系分解下来就是四个子体系，包括一个能迅速推出高质量、低成本产品的 IPD 研发体系，一个覆盖全球的高品质、内耗低的营销服务网络体系，一个支持业务发展的准确高效的财务管理支撑体系，一个充满活力、最富组织竞争力的人力资源管理体系。第三，产品会逐渐低利，为了生存，唯有实现"高质量、优质服务、内部运作低成本和优先满足客户需求"这四个基本要求。

有了以上三个基本要点，就有了在低生存条件下存活发展的基础。这三个基本要点组成的优质管理平台在未来成形后，可切出来一块进行复制，种上好"种子"，这些有上升势头的种子产品必将产生最快增长。

华为很欣赏薇甘菊的精神，它低调而有强大的生命力，在低生存条件下依然能够蔓延和生长。不久后，2008 年，华为实施了"薇甘菊"战略。

2.8　一场新的人力资源管理变革：侧重项目管理，机关主管必须有成功的实践经验

2006 年，华为的销售收入超过 100 亿美元，从组织与人才对规模的适应性来说，一道难越的坎摆在华为面前。项目越来越大，系统性、综合性越来越强，执行越来越困难，在海外大型项目的执行和交付过程中就出现了不少问题，用任正非的话来说，当时的巴西项目、埃及项目简直一片混乱，其核心原因就是合格干部方面的准备还不足，无法支撑对大项目执行端到端的及时、准确、高质、高效的交付。

后继的组织体系如何优化？未来的干部数量和质量能否跟得上公司的高速发展？如何打造干部的合格能力？这些已经成了华为成败的关键。

为此，华为又进行了一场大型人事变革，并为此制订了计划。华为计划用三年时间，将总部机关从中央集权的管理中心逐步转换为具备监控职能的支持和服务平台。

信息、决策和资源是决定战争胜负的重要因素。信息就是前线的战情、现场的炮火声，只有将指挥所建立在听得见炮火的地方，才能掌握前线瞬息万变的战情；决策就是指挥权、攻击的决策权，根据前线战情具体分析，制订攻击方案，确定需要调度的炮火资源计划，确定炮火应该打到什么地方去；资源就是实际炮火支援攻击，前方呼叫炮火，炮火就要严格依照决策方案及时准确地打到敌方阵地上去。前方的阵地就是项目，项目通过 IT 系统拥有指挥决策权，资源的合理、有效的调度配置权，使资源能及时、准确、有效地配置给项目，完成项目高质量的交付。

通过参考战争组织框架，华为决心自 2006 年开始，要在三年内将负责支持与服务的机关主管调换为有成功实践经验的干部，具体承担支持与服务的工作人员也必须拥有所服务业务方面的培训和实践经验。三年后决不允许拥有战斗资源管理权的人远离前线通过 IT 遥控战争。

为配合这场大型人事变革，华为开始加快各级项目经理级别干部的考核、培养，让他们在实践中通过项目的管理理论和实践完成遴选。第一步就是要求

各级干部练就刺刀见红的硬功夫，即前线和机关的各级干部要用业余时间通过相应的项目管理的考试，如PMBOK、PMP，可以不计次地反复考，直到最终及格。两年内未通过考试的干部要免除职务，等干部都通过了，再逐级推广下去，直到最基层管理者，完成全覆盖。

2.9 学习英国的管理：精细化＋全面利润考核

2004年，为了开拓海外发达国家的通信市场，华为在英国贝辛斯托克设立了欧洲地区总部。2005年，BT确定八家全球一级设备供应商为未来五年网络建设和改造的超大型方案"21世纪网络"供应商。该项投资计划超过100亿英镑，是当时电信史上最大宗的一笔买卖。在这八家优先供应商名单中，华为赫然在目，为BT提供接入和传输设备。作为中国唯一入选的厂商，华为与思科、爱立信、阿尔卡特等七家国际巨头分食百亿英镑超级大餐。

从2003年开始，BT为完成提升未来网络竞争力的重大计划，着手寻找供应商。BT对华为的考核项目高达18大类别、100多个小项，内容甚至细致到员工宿舍安全、洗手间卫生条件、员工劳动合同是否符合劳动法、产品环保强制性认证等。其中有一个细节，BT检阅了华为的产品开发管理模式及其文档，对华为采用IBM的CMM-IPD流程模式高度认同，认为华为和BT一样，使用了共同可靠的语言。

华为意识到，在国际化初期的探索阶段，不懂如何管理国际市场，在管理上粗放一些，没什么大问题，但是，随着BT项目中标，海外市场也逐渐取得了很大增长，未来将面临更大的战场、更高级别的战争，如果管理还停留在以前的层次，风险非常大。因此，华为不仅把这次BT中标视为一个项目，更把这个项目视为一个近距离学习欧美先进管理经验的窗口，视为提高自身管理能力的绝好机遇。

任正非在BT系统部和英国代表处沟通时，提出对英国代表处率先进行精细化管理与全面利润考核的要求。

英国的管理规范化是全球出名的。英国人的管理模式特征是围绕计划和经营的精细化管理，在相同成本下，使单位成本的贡献达到最大。

精细化管理不是一味追求低成本的管理，而是在成本不变的情况下，为企业做出更大贡献的方法论。

　　简单来说，精细化管理就是有目标、有计划、有预算、有核算，各个指标数据都有据可依，围绕财务进行经营管理，用数据说话。任正非希望英国代表处围绕计划和财务数据进行经营管理。只有基本财务数据清楚了，财务分析清晰了，管理指标才能量化比较和分析，才能明白经营和管理需要改进的问题，从而指导业务发展方向并制订合理可行的业务策略、行动方案及措施。

　　华为要求英国代表处围绕计划、预算、核算，以财务数据为牵引，各项业务策略与措施细化、明确，报告模板化，进行经营精细化管理。围绕计划和经营的精细化管理是实行全面利润考核的关键支撑，也是公司各业务中心建设发展的方向。只有在精细化经营管理下，全面利润考核才能有扎实可靠的基础，利润数据才真实可信。

　　怎么才能精细化管理？就是计划要合理，不能盲目。有合理的计划就可以有效降低运费、降低工程师的差旅费。计划是龙头，制订计划的人员一定要明白业务，地区部要成立计划、预算与核算部，要让明白业务的人来打头。只有计划做好了，后面的预算才有依据，通过核算修正、考核计划与预算。为什么我们的运费控制不住？如果计划做好了，海运比例提升了，运费自然就下去了。对工程人员要实行计划工时管理，今后工程人员派遣的账要算到经理头上，工程人员去到那儿没有活儿干，拿不到工时，就是空置，我们规定空置的比例不能超过多少，多了，就说明这个经理不会管理。

　　——《在 BT 系统部、英国代表处汇报会上的讲话》，2006 年任正非文

　　精细化经营管理后，下一步就要实行利润考核。一方面，代表处干部要懂财务、会经营、擅管理，通过持续改进内部管理降低运作成本；另一方面，财务在精细化管理数据的基础上出具经营管理报告，实事求是，客观公正。从财务数据的视角分析业务和管理，让财务对业务形成支撑，形成"业务为主导、财务为监督"的管理模式。

　　任正非希望，英国代表处率先进行精细化管理与全面利润考核，系统部、

代表处各业务部门主管都要能讲清自己的财务数据与业务经营管理之间的逻辑关系。英国代表处先做到小循环，率先进入国际化，然后循序渐进，待英国代表处成为华为所有代表处的管理典范后，再向世界各代表处输出标准管理范式，带领全公司浩浩荡荡走向国际化。

2.10　开放的洋葱头文化

针对国际化、本土化，华为提出了一些开放性的措施。任正非认为华为文化就是一种开放的、兼容并蓄的企业文化。华为文化就像洋葱头，是中国文化和外来文化精华的融合，一层是英国文化，另一层是中国文化，再一层是美国文化，剥到最后，剩下最小的核心，就是华为的文化精髓，即奋斗精神和牺牲精神。对待国外的本地员工，华为不强制他们中国化，不用中国的思维要求他们，而是以开放的心态吸收他们的思想精华，充实华为自身的文化。

2.11　独特的知识产权的战略认知

从 1988 年成立之初开始，华为一直坚持每年拿出销售收入的 10% 以上投入研发。截至 2006 年，有超过 25 000 位员工从事研发工作，研发投入超过 80 亿元。华为在研究经费的数量级上不断缩小与西方公司的差距，在 IPR 上的差距也在缩小，目前华为已有 1 万多项专利申请。已经成为知识产权大户的华为在 IRP 上有自己独特的战略认识。

首先，尽管每年将销售收入的 10% 以上投入研发，取得了相当了不起的知识产权成就，但华为依然认为，自己的这些成果，相对国际巨擘几十年的积累仍是微不足道的。毕竟 IPR 是一项战略性投入，不像产品开发那样可以短期看到效果，它是一个长期的、持续不断的积累过程。

其次，由于发达国家创新机制的有效支持，创新早已社会化，形成了创新环境和生态，技术创新十分普及，技术成果的涌现有了一定惯性，大量专利已经演变为专利簇，知识产权防御的护城河已经基本形成。无论是系统实现原理、技术实现细节，还是材料使用的跨界融合，国际领先厂商已经占领了很多知识产权阵地。而我国的创新氛围还处于起步阶段，想要突破这一个个壁垒，需要很长时间的坚持和耐心。

最后，由于技术标准的开放与透明，未来再难有一个国家或某一个龙头公司可以持有具有绝对优势的基础专利。这种关键基础专利的分散化，为交叉许可专利奠定了基础，相互授权使用对方专利的现象将更加普遍。

因此，尽管经过 18 年知识产权方面的艰苦奋斗，但截至 2006 年，华为依然没有一项原创性的发明。华为取得的知识产权，更多的是工程设计、工程实现领域的技术进步，是在西方公司的成果上进行的功能、性能、集成能力上的改进提升。

事实上，即便在产品的工程实现方面遇到瓶颈，包括算法、散热技术、工艺技术、能源、节能等，华为也不全靠自主研发。因为自主研发周期太长，等研发和知识产权实现了，市场机会可能就错过了。所以，一切以获得市场优势为目标，只要能够缩短差距并构筑领先，即使需要直接购买技术也在所不惜，绝不拘泥和古板。

另外，随着知识产权的数量和成果不断增加，以在手的知识产权为交换砝码，采用专利交叉许可的方式，也是华为的常用手段。这实际上就是“知识产权的经营”，把知识产权从成本中心转化为利润中心。一方面通过西方公司已有的专利快速跨越产品研发遇到的障碍，这比华为自己想办法绕开这些专利采取其他方法成本要低得多；另一方面，由于向西方公司支付了专利费用，华为能与它们和平相处，实现了产品的国际市场准入，并有机会在竞争的市场上逐步求得生存。

○ 2007 年　权力体系的变革：计划权、预算权、核算权的陆续下放

1. 业务进展

（1）1 月，任正非入选 2007 年由《世界经理人》评选的“15 年来对中国管理影响最大的 15 人”。

（2）建有 20 个地区部，分支机构遍及 100 多个国家和地区，有 12 个研发中心、31 个培训中心。

（3）累计专利 26 880 件，连续六年中国第一；PCT 国际专利申请量全球

第四，通信业第一。

（4）6月，在圣彼得堡举办"华为在俄罗斯10年"庆典，吴仪副总理出席。

（5）6月，被沃达丰授予"2007年杰出表现奖"，是唯一获此奖项的电信网络解决方案供应商。

（6）2007年年底成为欧洲所有顶级运营商的合作伙伴。

（7）与沃达丰、BT、意大利电信、法国电信、西班牙电信和德国电信等多家领先运营商成立联合创新中心，把领先技术转化为客户的竞争优势。

（8）2007年，合同销售额为160亿美元（938亿元人民币），同比增长达45%；海外销售额为102亿美元，占72%，员工达到83 609人。这一年，诺基亚和西门子合并，UT斯达康陨落。

2. 管理变革

2.1　IFS

2007年，华为启动了IFS（集成财经服务）项目，该变革项目覆盖了华为全球所有关键财经领域，进一步提升了华为的管理运营能力并支持未来业务拓展，有助于与领先运营商建立更加全面深入的合作关系。

2.2　内部激活与薪酬制度改革

2007年，全球电信企业发生了几次大整合。这些整合影响巨大，直接影响了未来三到五年的市场格局。任正非居安思危，指出2007年之后的几年将会决定华为近20年来的艰苦奋斗成果是否会付之东流，认为华为已进入竞争最为激烈的国际市场腹地。由于面临内外环境带来的巨大挑战和压力，华为决定继续进行改革，提升企业竞争活力，并持续对人事制度进行多番改革。

为了保证公司内部管理持续保持激活状态，华为继续了2006年以来推行的"以岗定级、以级定薪、人岗匹配、易岗易薪"的薪酬制度改革，并不断深化。

2.3　注重员工心灵困境的疏导，注重艰苦地区的海外生活保障

2007年左右，随着华为员工数量的不断增长，华为员工内部出现了一些思想上的问题：一方面，员工中患忧郁症、焦虑症的不断增多，甚至出现多起员

工自残或自杀事件；另一方面，一些员工突然富有后，在社会上表现得奢侈和张狂，自己和家人在小区表现得趾高气扬、咄咄逼人，影响很不好。

任正非对此非常不安，特意给时任人力资源部负责人陈珠芳及党委成员写了一封信，提出要引导员工懂得高雅的文化与生活，积极、开放、正派地面对人生。

任正非曾饱受抑郁症的折磨，后来通过治疗及自我调整才逐渐康复。因此，他对员工的自杀和自残行为抱有很大的同情心，希望他们能像自己一样走出心灵困境。他希望管理者能经常在周末或晚上组织员工喝喝茶、务务虚、聊聊天，谈谈业务，谈谈未来，互相交换心里的想法，因势利导，使那些员工不再产生厌恶生活的想法，明白奋斗的乐趣、人生的乐趣。

同时，任正非指出，华为给员工提供丰厚的薪酬，是为了通过优裕的生活，让员工更加努力地工作、奋斗。华为的员工有这个经济基础，有条件比国人先走一步，做一个乐观、开放、自律、正派的人，作为公众企业的员工，要给周边做个表率。

> 我曾经想写一篇文章《快乐的人生》，献给华为患忧郁症、焦虑症的朋友们，但一直没有时间。我想他们应该去看一看北京景山公园的歌的海洋，看看丽江街上少数民族姑娘的对歌，这也许会减轻他们的病情。我也曾是一个严重的忧郁症、焦虑症患者，在医生的帮助下，加上自己的乐观，病完全治好了。我相信每一个人都能走出焦虑症和忧郁症的困境！
> ——《要快乐地度过充满困难的一生》，2007 年，任正非给陈珠芳及党委成员的一封信

作为华为的统帅，任正非对员工的关心从未停止过，尤其是对在艰苦地区工作的员工。2007 年，任正非专门召开了艰苦地区生活专项问题汇报会，在会上明确要求各级主管将保障在艰苦地区持续奋斗的员工的健康与生命作为工作的重点。他强调，生命高于一切，公司的员工管理要向那些不断奋斗的员工倾斜，要坚持提高对其的保障措施。

对于威胁到生命的艰苦地区，华为不仅反复提醒和要求员工首先要注意自

我保护，同时，在组织层面也相应进行了倾斜性政策安排。例如，对艰苦和危险地区，若还按高标准要求考核，就是让员工冒着炮火，以生命为代价换取业绩，这不是华为该倡导的。任正非认为，健康比成功更重要，活着比金钱更重要，区域管理部要对这些国家的员工重新调整考核基线，不能让安全保障动作变形。

华为的保障落实和生活改善工作优先从海外开始，包括野战食堂建设、伙食标准、伙食补贴政策、家属入伙的支持、强制性体检、减少员工过度加班、鼓励员工每年与亲人团聚、改善住宿条件……任正非经常亲自走访一些艰苦国家和地区，甚至连基地如何灭蚊这样的细节都会关心。

特别值得一提的有两点：一，华为要求健康指导中心尽快将员工社保、商保和救急体系运作起来，不惜调动全球商业保险公司的可用资源；二，对于路遇抢劫等危害员工安全的特殊情况，华为还教育员工以保障人身安全为最基本原则，不要争夺与保护财产。

从以上这些细节可以看出以任正非为首的华为高层管理集体对海外员工的关心与关照。只有真正关爱士兵的领导集体，才能真正做到将士用命。

2.4 新员工培训

华为对新员工寄予厚望，在新员工培训上一直大力投入。新员工培训的教材和骨干员工培训用的教材的版本是不一样的：骨干员工讲的很多是方法，教他们如何用工具；而新员工讲的是一种精神，首先要有精神，然后才会有方法。

华为招聘新员工的原则是PSD：P就是poor（贫穷），S就是smart（聪明），D就是desire（有上进心），"胸怀大志，一贫如洗"，既能艰苦奋斗，又能长袖善舞。

任正非对新员工培训有两个建议：一是简化培训内容，丰富培训形式，方法要多样，加强员工自悟；二是建议新员工培训重点学习四篇文章，它们是《致加西亚的信》《致新员工书》《天道酬勤》《华为的核心价值观》。

华为新员工培训的成果检验手段也在与时俱进，不再以考试为主，更多地通过讨论，使员工知晓和理解公司各项管理规定背后的价值逻辑，如工资薪酬的管理原则，社保医保、意外伤害保的具体方法，以及如何对员工考核评价，进行干部选拔的三权分立等和自己密切相关的各项政策。通过对这些政策的讨论，华为让员工明确自己成长的方向，也通过丰富多彩的活动，增强员工的人际理解能力与沟通能力。

2.5　围绕"指挥所前移"进行的权力下放大变革

2006 年，华为提出围绕"指挥所前移"进行组织变革和人事变革，在 2007 年开始稳步推进，将权力一点一点往下放，下放的层面也逐步推进。

2007 年，华为开始把销售评审的决策权从总部下移，片区销售管理部逐步关闭，相应职责全部转移到地区部，由地区部进行销售项目评审。公司保留销售管理部，其职责从具体项目评审改为对销售政策、环境、制度以及各种建设产生推动。片区是中央特派机构，它代表的是总部对片区的支持、服务以及监管。所以说，地区部才是真正的计划和作战单元。未来，当有些代表处转成利润中心后，一部分销售决策权将继续下放给代表处。代表处对利润总体负责，自行决策在 A 合同上亏一点，在 B 合同上赚一点，进行总体把握和平衡。

上述权力下放的范围和深度仅仅实现了计划和预算的权力下放到地区部。目前，华为总部采用的还是落后的审批制，权力无法快速下放，因为害怕失控。只有把计划、预算与核算这个体系的建设基本完成，用计划、预算与核算对发展进行牵引，并且用有效的财务管理进行监控，所有权力才能真正下放到第一线去。

华为加快了以财务管理为中心的计划、预算、核算体系的建设，并以产品线、地区部、代表处为基本单元，建立计划、预算、核算体系，其目的是为地区部、代表处及产品线的作战服务，而不是为总部汇总一张财务报表服务。

根据华为的设想，未来的大方针是：指挥所前移到地区部，甚至代表处，总部机关的决策权逐渐下移，以加强前端的机动作战能力；随着向下授权分权，总部机关将从过去的管控型中心，转型成为向一线提供服务和支持的中心；同时，权力越来越往下放，监管也将随之增强。

整个大变革由以下四个方面组成。

第一是以财务管理为中心的计划、预算、核算体系的建设，这是基础。

第二是权力结构的变化，减少总部的垂直指挥和遥控，把指挥所放到前线去，把计划、预算、核算放到前线去，就是把管理授权到前线去，把销售决策权力放到前线去，前线应有更多的战术机动，以灵活地面对现实的情况变化。

后方要加强按计划预算进行服务，用核算监控授权。在全部权力中，公司总部只有两块是不下放的：一个是财务，一个是审计。通过财务加强业务的计划、预算、核算管理，通过审计确认业务的真实性和正确性，这样总部就不用介入业务，前线就可以自己决定项目管理了。既授权又约束，这是前线获得指挥权且后方监控指挥权运用的平衡机制。

第三是流程的简化，伴随着机关的精简，物资弹药向前线输送更加快捷、通畅、安全、可靠，这是后勤保障。

第四是组织结构和形态的变化，从部门数量来看，上部是总部机关，中部是地区部、产品线及各执行部门，下部是代表处、生产线……从上到下逐渐形成纺锤型组织结构。

总部小政府都由具备成功实践经验的人组成，他们能理解前方的诉求，有清晰的战略方向与灵活的战术手段，决策准确高效。部门职能设置比较综合，因此部门较少。中部承担了庞大的作战任务，由于负责许多具体的专业实施，部门分工专业性更强，细分领域更多，部门设置会多一些。而基层针对明确的指令进行操作和执行，部门的职责要综合，部门设置也比较少。由此，战斗队形逐渐清晰。

2007年先下放计划权、预算权，2009年再下放核算权。

在随后到来的2008年、2009年，指挥所前移、权力下放、组织形态变化等逐渐深化，变革进入深水区。任正非在各种场合反复强调对此次改革的重视和期望，把其视为华为走向400亿美元合同销售额的组织构架。

2.6 重新解读精细化管理

自从2006年任正非在英国代表处强调了精细化管理，有些代表处执行起来出现了一些偏差。例如，有些代表处进行汇报时，汇报材料面面俱到，像绣花一样精细，但是缺少了灵魂，没有抓住问题的核心，没有抓住主要矛盾和矛盾的主要方面。

为了拨乱反正，任正非重新就市场扩张和精细化管理的辩证关系进行了解读。

精细化管理就是在混乱中走向治，乱中求治，是收敛的过程；但同时也要治中求乱，也就是打破平衡继续扩张，是发散的过程。市场不光强调精细化管理，还要有清晰的进取目标，要抓得住市场的主要矛盾与矛盾的主要方面。片面强调精细化管理，公司是会萎缩的，精细化管理的目的，是在扩张的同时不陷入混乱，是为了保证扩张更有力量。扩张和精细化管理并不矛盾，两者相辅相成，应当把两者有机结合起来。

> 　　现在人力成本在上升，销售毛利在下降，只有扩大规模才能摊薄成本。一定要想方设法先撕开所在国大T、地区部大T、片区大T、全球大T的口子，才有可能扩大销售额。因此，要继续扩张，攻城占池。撕开口子后要通过精细化管理尽快让已占领地区稳定下来，以提升效率和利润。主要矛盾抓住了，事情就好办了。
>
> 　　——《敢于胜利，才能善于胜利》，2007年7月13日，任正非在英国代表处的讲话纪要

2.7　继续缩短、精简流程

流程的环节到底应该设置多少个？很多企业在设定全流程的环节之后，因为管理中出现各种问题，就不断加强审核及风控环节，采取的方法是不断加长流程的管理节点，让更多的流程角色参与流程的管控，让更多的人承担流程过程的具体责任。这个初衷虽好，但忽视了一个重要的问题，即流程越长，环节越多，流转越慢，效率越低。

2007年，为使企业运作更加快捷、通畅、安全、可靠，华为继续缩短流程，精简及合并部门。缩短流程的原则是，把管理权与知会权分开，多一些并联处理，少一些串联审批。为了进行全域流程的精简控制，最高管理机构EMT决定，用成本控制的高度控制流程节点，全流程管理点超过5个的，必须经EMT批准。

2.8　总部国际化，加快本地化步伐

2007年，华为感受到了国际化的紧迫性。

一方面是国际化管理体系建立的紧迫性。华为一路快跑地奔向国际化，回

过头看，发现还有很多工作需要开展。财务体系已经走出了国际化的第一步，下一步打算将供应链体系和 GTS（全球技术支持系统）全部国际化。

另一方面，服务体系的本地化更是迫在眉睫。大部分中国员工迟早要回国，不会在国外长期定居，因此需要培养本地员工进行接替，否则很多中国员工背井离乡在海外奋斗多年，一些员工回国后无法找到合适的岗位，就流失了。华为发现，现阶段加快国际化步伐，重要的一项就是加快本地化步伐，特别是要加快对本地员工的提拔力度。重视外籍员工和干部的培养，提升总部机关的国际化水平，是华为走向国际化的关键。

国际巨头在非洲和拉美开展业务，员工基本上都是本地的，极少有欧美员工，运作也很通畅。但是，华为自开始本地化并逐步使用当地员工后，发现总部与其沟通不畅，这实际上就是上层建筑出了问题，症结在总部机关的国际化水平太落后。为了改变这个局面，华为打出了组合拳：第一，把在国外工作多年的一些老员工充实到机关，去做机关的干部；第二，把原属于机关但缺乏国际化经验的干部全部派遣到国外前线，接受国际化洗礼；第三，把以前从国外回来但没有安排好工作，导致辞职的员工再诚挚地邀请回华为，以促进机关的国际化；第四，鼓励并逐步强化在国外必须用当地母语进行技术层面的交流，甚至用英语这个国际通用语言作为内部连接的平台和工具。

2.9　7000 人辞职事件与工号重排

和众多企业一样，华为会按照员工入职先后顺序给每位员工设定一个编号，这个编号叫作"工号"。工号是一个特殊的符号，一般而言，工号越小，说明进入公司越早，资格也越老，财富积累和职级相对而言也就越高。渐渐地，工号成了隐形的身份象征。

2007 年 6 月 29 日，全国人大修订通过新的《劳动合同法》，2008 年 1 月 1 日起实施。其中有一个重大变化，就是当员工同企业签订劳动合同满足一定年限后，可以转为无固定期限合同，企业无法轻易对员工解聘。

2007 年 9 月，华为内部宣布，所有工龄超过 8 年的员工，必须在 2008 年元旦之前办理主动辞职手续，辞职后再竞岗。此次事件共涉及近 7000 名员工，这么大规模的员工劳动关系调整没有出现一起劳动争议或劳动诉讼。同时，华为重新排列工号，从此，从工号上再也无法看出入职前后，不再有资历先后，大家重回起跑线。

这两件事情，一方面不可避免地引起了社会关注；另一方面也引发了华为内部重新认识"以客户为中心，以奋斗者为本"的企业文化。

2.10 将军怎么产生

俄罗斯是华为海外的第一站，是华为最早在海外设立办事处的国家，但和其他地区相比，俄罗斯办事处一直没有起到地区性的引导作用，没有建立起客户关系竞争力。

俄罗斯办事处负责人一直认为，华为的品牌是宣传出来的，要加大宣传的投入。任正非对此进行了反驳，认为这是错误的观点，他认为品牌不是宣传出来的，而是打出来的。俄罗斯地区的品牌没有树立起来，就是因为盯了太多的机会，抓了太多的细枝末节，没有抓住主要矛盾，更没有抓住矛盾的主要方面。

任正非要求俄罗斯办事处的管理团队通过自我批判好好地认识这些问题，将军如果不知道自己错在哪里，就永远不可能成为好将军。华为的高层把"动物法则"看得很透彻，清醒地认识到这个法则正是构建大公司的最基本的法则。

任正非对俄罗斯办事处提出几点批评，这几点批评其实在很多企业的分支机构具有普遍性。

第一，将军如果不知道自己错在哪里，就永远不会成为好将军。总结错误一定要深入透彻，要敢于直指问题的本质。没有总结到深处，没有感觉到痛，就不是真正地总结出了经验教训。不要仅仅看到水面上的问题，要知道水面上的光影会造成错觉，要能潜到水下去探究问题的根源。

第二，做市场要有谋划、策划和规划，要在策略上形成自己的特点和优势。仅仅停留在简单的关系营销上，是不能真正扩大市场规模的，要通过谋策规划获得竞争优势。

第三，俄罗斯办事处对于品牌的认识还不够，还停留于表面，没有深入思考并抓住客户需求的魂。必须有一个清晰完整的全局观，从整体出发谋划，动脑筋抓住问题的核心。

第四，市场机会在前方，不在后方，前方就是客户，眼睛要盯着客户才有机会。机会不是总部给的，机会是客户给的，办事处不能过于依赖总部，而要因时、因地、因客户需求，主动对遇到的各种问题进行灵活处理。在很多地区，办事处和客户是生死相依的关系，那是因为办事处已经和客户形成了战略性伙伴关系。

2.11 第一次公开提到"开放妥协灰度"

2007 年 12 月，任正非与美国前国务卿奥尔布赖特在香港举行会谈，向其阐述了华为发展的思想内核和底层逻辑。他首次将"开放、妥协、灰度"三个词并列在一起作为一个整体，认为"开放、妥协与灰度"是华为从小到大、从弱到强成长的秘诀。

○ 2008 年　什么是精细化管理? 从大一统走向差异化

1. 业务进展

（1）2月，与赛门铁克合作成立合资公司，开发存储和安全产品及其解决方案。

（2）截至 2008 年年底，华为已经加入 91 个国际标准组织。

（3）2月，因为无法获得监管当局的批准，华为联合贝恩资本拟以 22 亿美元收购 3Com 的计划被搁置。

（4）根据 Informa 的咨询报告，华为在移动设备市场领域排名全球第三。

（5）12月，被《商业周刊》评为全球十大最有影响力的公司；产品与解决方案已服务于全球运营商 50 强中的 36 家。

（6）12月 19 日，北欧第一大综合运营商 TeliaSonera 与华为签署了全球第一个 LTE/SAE 商业网络系统，这是全球第一个 4G 网络合同。

（7）截至 2008 年 12 月底，华为累计申请专利 35 773 件，包括中国专利申请 26 005 件、国际专利申请 5446 件和国外专利申请 4322 件。

（8）销售额为 233 亿美元（1252 亿元人民币），海外销售额为 175 亿美元，员工达到 87 502 人。

（9）11 月 6 日，华为在深圳召开了首次全球核心供应商大会。

2. 管理变革

2.1　2008 年新年贺词

2008 年，华为首次采用新年贺词的方式，把全年的重点管理工作向公司内外进行了系统介绍。

首先，华为的目标是成为网络设备生产商的业界最佳。"质量好、服务好、内部运作成本低、优先满足客户需求"是达到这一目标的四大策略。

其次，为实现业界最佳的目标，华为将继续优化和夯实管理体系，包括：①继续完善"以岗定级、以级定薪、人岗匹配、易岗易薪"的薪酬制度改革；②进一步提升精细化和规范化管理水平，确保在规模增长的同时，获得更好的盈利能力。

最后，华为正面临着国际化拓展的巨大机遇，愿意同有志于与公司一起成长的外籍本地员工共同分享国际化成果。随着国际化步伐越来越快，华为宣布将关注外籍本地员工的激励、培养和融合，采取的相关措施包括以下几点。

第一，华为将建立国外本地优秀员工定期回总部轮换工作的机制，鼓励更多的本地员工进入管理岗位。

第二，将对本地员工开展长期激励，方案已经开始试点。

第三，确定英文为公司的共同工作语言，要求各部门加强英文语言应用，并落实到 IT 平台。

第四，着手建设全球知识共享平台，使全球员工能更好地学习成长、沟通协作。

2.2　2008 年窗口期，又一个冬天

2008 年被视为电信设备商的融合年，次贷危机拖累全球经济，电信业首当其冲。为了拥有更完备的产业链和更经济的规模效应，电信设备商开始频频进行资本层面的合作。2006 年，诺基亚与西门子宣布电信设备业务合并，成立诺基亚西门子网络公司（简称"诺西"）。然而从 2007 年的业绩表现来看，连

续几个季度亏损，说明诺西的大重组并没有实现预期。同年，UT 斯达康作为移动通信的过渡产品，一直未能找到转型升级之路，当 3G 下一代通信技术迅速来临时，时间窗无情关闭，UT 斯达康开始陨落。

巨头们的重组给了其他企业打时间差的机会。2008 年，华为的国际业务占比已高达 75%，分布全球的地区部扩展到了 22 个，管理幅度和管理质量面临巨大挑战。任正非认为这是电信业的又一个冬天，有必要放慢脚步追求利润和强化管理，控制节奏，用时间换质量。

2.3 《莫斯科保卫战》与决策权下放

为了让华为的各级管理者深刻理解强化管理的意义，任正非组织员工观看了《莫斯科保卫战》。通过观看二战早期苏德战场上由于苏军中层不决策、战斗僵化教条，导致苏军在西线全线溃败的震撼场景，干部了解了中层不决策的危害。针对华为现阶段也存在的"中层不决策，不承担责任，高层听不到炮声，做不出正确决策"的问题，华为通过这种方式，让干部加强对公司正在推动的把决策权和预算权下放的理解和认识。

> 苏联在卫国战争中共死亡 3500 万人，其中 2500 万是军人，应该多数是在早期西线溃败的时候牺牲的。这个错误是以数百万军人的生命为代价的。敌人已经兵临城下了，应不应该做战争准备；保管员甚至以签字未完成为由不打开武器库；不会打仗的军事委员们，一件小事都要等大本营的指示，恰好电话线已被德军炸断……这样的状况跟我们今天类似。
>
> ——《看〈莫斯科保卫战〉有感》，2008 年任正非文

以前，当华为的管理体系和制度尚未建设成熟时，整个体系建设过程是由上层策划，自上而下推动的，这就导致中层干部不承担责任，跟苏联红军一样等待决策。此时盲目地进行权力下放，结果一定适得其反。

2008 年，管理体系已经初步建成，决策权开始逐步下放，但中层干部还不够成熟，任正非对此很担忧。他在埃及代表处指导工作时提醒，计划权下放给

地区部，担任主攻的部队一定要有清晰的目标方向、有效的策略，而且要敢于奋斗，对增长目标达不到公司平均线的部门要加强精细化管理。

地区部的决策权分为战略和战术两个层面。战略问题要加强对总部的请示汇报，因为战略往往以牺牲短期利益为代价，以获得长期利益，通过请示获得总部给予的战略性补贴。而且战略问题也不是要立刻决策的，因此要求遵循程序。战术问题就灵活多了，当战情紧迫或得不到任何指示孤立作战的时候，只要地区部开展工作时紧抓"以利润为中心"这个大方向，放手去做，就不会错。华为的态度是，以利润为中心，地区部有完全独立的决策权。通过这个灵活的授权体制，转变人和人的思想，中层不决策的问题就会慢慢得到解决。

华为所建立的计划体制是面向长期战争的，目标是长期战争的胜利和基于远期发展的财务质量，不是紧盯着短期财务数据，更不是用来向总部汇报的。

爱立信等欧美上市公司必须注重短期财报，当财务质量不好时，为了防止股价下跌，不得不采取裁员的短期措施，连续几年裁员后，反倒给了华为追赶的机会。华为是非上市公司，有比较自主的财务制度，关注的是三到五年后的财务质量，从这个角度说，非上市公司更有机会赢得这场长期战争。

现阶段的华为并不过分强调显性的增长，认为任何一个部门扩张到一定程度再扩张都会加大难度，此时应该回过头来进行精细化管理。例如，比较各个地区部，这两年增长慢一些的地区部，就是前两年增长过快的地区部。对于这样的地区部，近期的工作重点就是精细化管理，休整练兵，等到管理有效进步后再图扩张。

2.4　主战场转移到中央城市

华为一直走"农村包围城市"的市场路线，国内是这样，国外也是同样的战略。由于采用无差别的以销售额为主的考核导向，只要拿到销售额就好，无论是农村还是城市，无论是哪个城市，都没有区别。这种单一维度的针对销售额考核所导致的问题是，由于重要城市竞争激烈，只好缓进，所以华为一直没有突破中心城市。

2008年，面对未来的发展，华为提出了新方案：改变作战方式、打破舒适区、突破心理障碍，从过去的"农村包围城市"向突破大城市转变，尤其是向对中央城市的突破转变。

2.5 铁军产生于关怀员工，珍惜生命

史上彪炳千古的铁军，纪律严明，将士用命，他们有一个共同的特征，就是将帅对子弟兵关心备至，大汉铁骑、李靖唐军、北宋杨家将、明朝戚家军等无一例外。

华为提倡奋斗，也对奋斗者给予充分关怀。

在2008年下半年，任正非连续走访坦桑尼亚、刚果（金）、肯尼亚、利比亚、巴基斯坦、孟加拉、阿富汗等国家，足迹遍布非洲和南亚，多次提出对员工生活条件、安全、健康等方面的改善措施。

从大的制度体系方面，华为提出了建设全球求助系统、一级国际救援系统、美国AIA海外意外险和直升机送认证医院体系、完善体检制度、行车安全规定、伙食改善、员工与家人团聚制度、鼓励周末到五星级酒店聚会放松调剂……在工作、生活各种细节方面也不忘关心，如工程师上山可以请向导防毒蛇、遇到劫匪不用保护公司财产、住所安装空调防止开窗引入蚊虫、安装海水过滤装置以免员工洗澡用水损伤身体健康，甚至在非洲一些条件恶劣的国家，员工的饮用水全都从国内发桶装、瓶装矿泉水。

2008年，华为全球员工接近9万人。几年来，发生了一些员工因病过世、自杀身亡事件。例如，2006年25岁的员工胡某因病毒性脑炎死亡；2007年26岁的员工张某在深圳梅林某小区的楼道内自缢身亡；2007年长春办事处员工赵某纵身从7楼跳下身亡；2008年，成都员工李某从研发中心楼跃下。一系列悲剧的发生，让任正非感到痛心和惋惜，专门写了《人生是美好的，但过程确实是痛苦的》一文，和员工谈如何减轻心理压力，如何避免一些不必要的痛苦，如何正确面对挫折，如何正确看待自己，如何获得快乐和满足感。

对奋斗者，华为从来不吝关怀。紧张项目完工后，弦绷得太紧，华为会给予员工两三天度假安排，在海边或风景区调整一下身心。对因为持续奋斗累坏了身体的老员工，华为从人文关爱的角度，调整其到二线岗位，并给其在内部退休时保留股份待遇，对其为公司做出的历史贡献表示感激。

2.6　战略的长与短

长短结合，相得益彰，当长则长，当短则短，这就是华为对战略的解读。

长远的战略聚焦于大视野、大方向、大周期。把眼光从具体的产品往上移到更高层面，不聚焦在一城一池，而是从宏观视角看 30 亿用户共同的一张通信网，并不断地及时更新。坚信全 IP、有线无线合一的宽带化是未来的大方向，然后考虑如何满足客户需求，提供及时有效的服务，采取相应的技术路线和方案。同时，坚持以 3GPP 为大标准的路线不动摇，坚持在大平台上持久地大规模投入，拒绝机会主义，拒绝短视。以十年为周期看待发展，吸收更广泛的人才一起奋斗，一起有战略定力地坚持长跑，这就是战略的长。

短期的战略聚焦当下的商业成功。在有清晰的长远目标的前提下，要敢于灵活机动，敢于抓住机会窗打开的一瞬间，尽可能赢取利润。除了长线产品和技术的持续投入，同时要对短线产品及配套产品进行开发和销售，用短线产品的利润支持长线产品的生存发展。在长短战略的交替中，也完成战略型人才的变换升级。猛将必发于卒伍，宰相必起于州郡。围绕短期攻城略地，培养起一大群敢于抢滩登陆的突击队，这些勇士会不断激活组织与干部体制。尽管抢滩的队伍不像长期战略担负纵深发展的任务，但勇士们也会成为纵深发展的战役家。

我党的干部先到基层去锻炼，很多企业也要求新员工先下基层和到一线去见习，然后走上职业发展的康庄大道。华为要求各级部门善于从成功实践者中选拔干部，对没有基层实践经验的干部，要求尽快补上这一课，不然很难对其委以重任。

2.7　"以客户为中心，以奋斗者为本"的企业文化

2007 年，7000 多员工辞职再竞岗及工号重排之后，为了让广大员工深刻认识事件背后的文化导向，任正非提出，"以客户为中心，以奋斗者为本"的文化是一切工作的魂，要求各级干部逐步加深理解。

在市场部年中大会上，任正非回顾了 20 年来，由于生存压力，在工作中自觉不自觉地建立了以客户为中心的价值观。特别是 20 世纪 90 年代后期，当华为摆脱困境之后，自我价值开始膨胀，员工常常教育客户：应该做什么，不

应该做什么；华为有什么好产品，客户应该用……这段以自我为中心的弯路，使得华为严重背离以客户为中心，差一点被市场无情抛弃。幸亏后来华为意识到了错误，大力倡导"从泥坑中爬起来的人就是圣人"的自我批判文化，才终于又追赶上来。

华为从历史挫折中意识到，"以客户为中心"是一切工作的指导方针，为客户提供有效服务是价值评价的标尺。不能为客户创造价值的部门为多余部门，不能为客户创造价值的流程为多余流程，不能为客户创造价值的人为多余的人。

任正非对奋斗给出了明确的定义。他认为，奋斗就是为客户创造价值的任何活动，以及在学历教育或学徒等劳动准备过程中，为充实和提高自己而做的努力，否则，再苦再累也不叫奋斗。这个定义的前提是为客户创造价值。奋斗的目的，主观上是为自己，客观上是为国家和人民，但主客观的统一确实是通过为客户服务实现的。这就是"以客户为中心""以奋斗者为本"这两个矛盾体的对立与统一，它构成了企业的平衡。

为使奋斗可以持续，必须让奋斗者得到合理的回报。合理回报绝对不是无限制地拔高奋斗者的利益，否则，就会使内部运作出现高成本。长此以往，奋斗者就会在竞争中被淘汰，被市场和客户抛弃，最后失去奋斗的平台。奋斗者利益的合理、适度、长久，是华为人力资源政策的长期方针。

> 我们在家里，都看到妈妈不肯在锅里多放一碗米，宁可看着孩子饥肠辘辘渴望的眼睛。因为要考虑青黄不接的情况，无米下锅会危及生命，这样的妈妈就是好妈妈。我们人力资源政策也必须是这样的。有些不会过日子的妈妈，丰收了就大吃大喝，灾荒了就不知如何存活。
>
> ——《逐步加深理解"以客户为中心，以奋斗者为本"的企业文化》，2008年7月15日，任正非在市场部年中大会上的讲话纪要

2.8　开放、妥协、灰度

继2007年任正非与时任美国国务卿奥尔布赖特会谈时，首次将"开放、妥协、

灰度”三个词并列之后，2008 年 7 月，任正非在市场部年中大会上再次提到“开放、妥协、灰度”的概念。

开放、妥协、灰度是华为文化的精髓，也是领导者风范。

与中华文明齐名的古罗马文明、古巴比伦文明早已消逝，正是兼收并蓄的包容性，才使中华文明留存至今。华为受其启发，提出要开放，不能故步自封，开放就能永存，不开放只会昙花一现。

企业在前进的道路上，会遇到意想不到的艰难险阻，克服这些困难可刚可柔，但唯有审时度势学会妥协，才能走出一条最持久的路。没有宽容就没有妥协，没有妥协就没有灰度，开放、妥协的关键是如何掌握好灰度。不能依据不同的时间、空间掌握一定的灰度，就难有合理的审时度势的正确决策。

2.9　竞争的本质就是管理竞争

客户从本能出发一定会选择“质量好、服务好、价格低”的产品，因此，理解“以客户为中心，以奋斗者为本”的企业文化，就要认识到企业间的竞争，说穿了其本质就是管理竞争。只有通过不断的管理改进，提升管理效率，才能在强手如林的竞争中保持优势。如果竞争对手在持续不断地取得管理进步，而自身不进步，企业注定会衰亡。

在互联网时代，管理进步比技术进步更难，因为管理变革触及的是人的利益。因此，华为推动管理变革，重分蛋糕，围绕“以客户为中心，以奋斗者为本”进行了以下几个方面的强化。

首先，部门及编制精简，去除不必要的重复劳动，减员增效。

其次，在监控有效的前提下，缩短流程，减少审批环节，减少权力的无效使用。

再次，严格遵守流程责任制，充分调动中下层承担责任，在职权范围内及时决策。

最后，区分明哲保身和技能不足的干部，把不能、不愿、不敢承担责任的干部调整出管理岗位；帮助技能不足的干部提高管理技能。

总之，杜绝论资排辈的作风，把领导力、责任心、业绩能力、品德、沟通协调能力、组织能力等作为选拔干部的正确导向。

2.10　薇甘菊战略

薇甘菊是一种菊科多年生草本植物，其因生存环境要求极低，繁衍速度极快，生命力极其旺盛，被植物学家称为"每分钟一英里"的野草。它只需要很少的水分、极少的养分，就能迅速地覆盖所有的植物，甚至身边的大树都会被其绞杀。

任正非曾经在 2006 年提到过薇甘菊，欣赏它强大的生命力。2008 年，华为开始实施"薇甘菊"战略。

任正非认为，靠技术壁垒取胜的时代很快就要过去，未来将会转变为靠管理制胜的时代。华为的有线网络技术比竞争对手领先 3 ～ 6 个月。如果在这持续领先的几年中，华为尽可能占据更大的市场，将成本尽量摊薄，这个市场就可能长时间占据。谁锁住这个市场，谁就锁住了未来世界。

2.11　以板块思考战略，BG 雏形初现

在 2008 年年中述职会上，任正非首次对不同板块分别进行战略指导，包括终端、有线、数通、网络、云计算、核心网、光传输……

他对各板块进行的具体战略指导如下：终端一定要占据无线宽带接入的这个机会空间；有线宽带只有在光纤到户的时代找到一条称霸的出路，才能真正崛起；数通板块要跨越技术门槛，包括 IP/ 以太网络与产品的竞争力提升，追赶目标要设定为思科，但还需要持续艰苦的努力；网络产品线要看到硬件时代正走向以软件为中心的时代这一潮流，云计算模式以及大型分布式数据库将给网络产品线带来巨大机遇；核心网要更加开放，形成新的思维，进入新的领域，研发要从以产品技术为基础，改为以商业模型为基础，站在客户的角度研究什么样的技术和业务应用能给客户带来收入和利润上的帮助；光传输目前是华为效益最好的产品线，应该加大投入、加大市场进入、加大人员编制，以此确立并扩大优势；服务产品线要有战略性的、结构性的规划，组建完整的产品线，以产品线运作，把代维市场做大做强……

这些针对各大产品线板块的趋势分析和战略思考，正是日后 BG 的雏形。

2.12　主业务流概念

商场如战场，未来的市场竞争是一个大的系统工程，不仅是产品竞争、管

理的比拼，而且是综合实力的较量。为此，任正非提出应该沿着企业的"主业务流"构建公司的组织及管理系统。

2008 年，华为所理解的主业务流包括两项，分别是"产品开发业务流"和"合同获取及执行业务流"。当时，"产品开发业务流"已建成 IPD 系统进行保障；但"合同获取及执行业务流"还没有成熟的管理系统来保证，而这项主业务流集中了公司的资金、物流、存货和回款，至关重要。几年后，华为终于找到构建"合同获取及执行业务流"的路径，并且重新梳理了华为的主业务流清单。

2.13　管理从大一统走向三大差异化

2008 年，华为开始意识到管理大一统存在的弊病，便着手进行管理的三大差异化，即国别管理差异化、奖励模式差异化、吃水线差异化。

华为认为，以前用全球统一的目光看每一个充满个性化的市场，这样的分析方法片面强调了全球统一标准，并不符合以客户为中心导向。实际上，应该加强个性化的策略研究，针对不同的国家、不同的运营商客户提出个性化的解决方案，这才是真正把满足客户需求做实。华为认识到这个问题后，开始积极改进。在一些成熟的海外市场，华为也开始反思是不是已经真正找到管理上的解决方案，开始针对不同国家、不同地区的解决方案坚定不移地进行探索。

华为长期打造完整的人力资源体系，经过连续多年下足硬功夫，人力资源管理体系已经基本规范化，建立了人力资源大政策和大系统，构建了一个人力资源大平台。但是，其中的考核模块采用了大一统的方式，政策过于粗放，机制过于僵化。因此，华为下一步开展奖励模式的改革，强调在不同的地区部、不同的产品线、不同的工作岗位要有差异化的奖励模式和政策。

我认为奖励政策慢慢就会走向制度化。什么叫制度化呢？我把虚拟考核给你，按虚拟的计划、统计核算并配置资源。虚拟销售的含义，包括了费用分摊，不仅是奖金。采用现在的分摊办法，代表处就不会关注那种赚钱不多但是成长很快的项目。华为还是要均衡发展的。我们已经实行虚拟销售了，我们在财务报表上是要真实的财务指标，人力资源实行的是另一套虚拟统计。

通过虚拟考核进行杠杆推动，实现"胜则举杯相庆，败则拼死相救"的目的。我们要让全流程人员分享到胜利的成果，促使后方支援前方。特别是要有手段和措施鼓励新的产品、销售额不高但利润率高的产品，千万不要变成只愿卖、只会卖容易卖的产品的状况。如果好做的就做，不好做的就不做，那么我们是做小，不是做大。

——《在地区部向 EMT 进行 2008 年年中述职会议上的讲话》，2008 年 7 月 21 日

随着华为把计划、预算、核算下放到地区部，地区部就可以按自己的计划组织资源。可调动的资源是由预算约束的，预算也是动态的。如果销售额暴涨，预算自然可以相应暴涨。如果销售额上不去，却把预算花完了，就要被核算分析。但是地区部不花钱，也不能促成市场的前进，这其中存在着矛盾。如何审时度势化解矛盾呢？这就要求管理者根据业务现实灵活掌控和平衡。僵化地使用计划和预算，是不可能做好经营管理的。这种灵活性要求"吃水线"区别制定，不能搞全球一刀切，大一统的"吃水线"是不科学、不合理的。

同时，采用统一的"吃水线"标准，不做具体细分，会造成资源的事实浪费，也会造成企业的发展不均衡。当一个企业的财务核算能力达到一定水平，计划预算核算部门就应该能针对不同的地区、不同的产品线、不同的部门找到企业内部定额，也就是个性化的"吃水线"。例如，成熟的国别市场和成长的国别市场，成熟的地区和成长的地区，成熟的产品和成长的产品，一定是有差异的，它们的分摊模式也不完全一样，否则，没有政策性的孵化和扶持，弱的就没有机会壮大，等竞争对手在这方面形成优势，就永远弱下去了。

这就是要用核算找到个性化的"吃水线"，再用差异化"吃水线"调节均衡发展的原因。

任正非要求计划、预算、核算和人力资源几个部门一起，从财务、经营管理两个后台往前延伸，对每个平台做个性化的分析和管理，联合拿出可以牵引公司均衡发展的考核机制来。第一步设定的目标是，把全公司按上、中、下三

个"吃水线"进行区分和考核，逐渐拿出科学细化的方案，这样一来，考核的标准就能清晰合理了。

2.14 前方指挥后方："班长的战争"雏形

2008 年，华为对正在推行的"指挥所前移"的新管理体系变革进行了补充说明。补充说明里明确了战略问题和战术问题是两个不同方向的问题：战略问题是高层指挥基层，战术问题是前方指挥后方。

战略问题由高层发起，高层指挥，因为战略往往要牺牲短期利益以换取长期利益，这一点要由来自高层的投入进行保证。而且，这个牺牲要有出处，即必须由财务统计放到受益者的财务表中去分摊。所以，只要涉及战略问题，前方就必须无条件向高层报告，申请支持。

战术，是前方指挥后方。前方接近战场，听得见敌人的炮火，看得见战场的硝烟，由前方将士发起指挥更加灵活和准确，后方要尽力支持前方进行炮火调度。这是后方机关存在的唯一价值，不能为前方服务的机关没有存在的价值，是没必要设置的。

5 年后，到了 2013 年，在"指挥所前移"管理理论经过进一步延展和提炼后，华为提出了管理界耳熟能详的"班长的战争"理论。

2.15 高度重视回款

经营性现金流对一个企业至关重要，曾经有一些发展不错的企业因为现金流断裂导致突然"死亡"。这些企业盈利情况都不错，从资产负债表和利润表上看很有钱，但利润都在客户的应收账款里。长期拖欠导致现金流短缺，企业开始向金融机构短融，一旦遇到经营风险，长短错配出现问题，脆弱的现金流会立刻断裂，企业会最终遗憾地倒下。

一般而言，对于销售四要素（客户关系、解决方案、融资、交付），企业最重视客户关系，其次是解决方案，对交付和融资普遍不重视。2008 年，华为同样没有重视财务体系的建设，结果导致客户关系和解决方案强，但交付和融资明显偏弱。任正非敏锐地发现了这个风险，开始强调四要素须均衡发展，并规定以后要根据销售四要素汇报和均衡配置干部。不仅如此，华为高度重视回款，针对性地采取了一系列具体措施。

第一，实行回款责任制，从源头抓起。建立项目责任制，从投标策划开始，就把回款纳入策划案，明确责任人，一贯到底。

第二，从过去的按合同回款，逐渐转变为按站点、按站群、按工程进度回款，把回款的实际操作划小到一个点、一个面、一个片，然后根据工程进度的细分，进行小步催款。

第三，为了降低国际业务的回款难度，成立专项工作小组，推广本币结算，即合同支付按一定比例使用当地币。比如在印度，中小合同就直接用卢比签，回款也用卢比，速度更快。而这小比例的当地币，正好用于当地代表处和项目的行政费用。

第四，把融资作为重要的使能要素。华为认为，随着行业的发展和变化，业务模式也应该随之调整，以融促单，用融资能力赋能业务，是未来的业务模式。在这种模式下，大合同策划就有了抓手，业务经理上战场就直接和客户谈顶层架构、商业逻辑、解决方案、融资方案，再把支付和回款方案结合起来谈，就牢牢掌握了回款的主动权。

为了推动新的业务模式，华为把销售融资板块整体切给地区部，促进其做大做强，并把这个举措视为未来几年能不能活下来的关键。行政归属调整后，销售融资人员的人事任命、定职定级、薪酬奖励等都划归地区部，使融资人员和销售人员一体化，收入、待遇、级别、股权激励等，都提高到与客户线同等待遇。

2.16　商业间谍的坦白从宽

商业间谍在各行各业都存在，不同企业的防范和处理方式各不相同。华为的一些竞争对手公司想方设法从华为员工手上购买商业情报，包括机密文档、核心商业机密、关键代码等，一些员工也因此误入歧途。

华为的处理方法有三条。

第一条是帮助员工理性、长远、正确地看待这样的问题，从思想上堵住这个漏洞。华为站在员工的立场上，苦口婆心地劝导员工，如果为了贪小钱而向竞争对手出卖自己公司的商业情报，就像出卖了自己的灵魂，内心深处会有一辈子的心理阴影。就算一时不会东窗事发，将来职级越高越后悔，有一天成为高级干部，对方公司完全可以胁迫威逼自己继续提供情报。与其一辈子背负这种如坐针毡的痛苦，不如干干净净地靠自己的贡献获得财富。

第二条是高度重视信息安全，从安全技术和管理系统出发采取措施堵住各种漏洞，如安全技术升级、文件加密、严密授权体系、安装电脑机箱锁等。同时，华为也要求并督促各部门和代表处，时时提醒和约束员工，不要做违背良知的事情。

第三条是针对已经犯错的员工，华为贯彻坦白从宽原则。已经做了错事就向公司坦白，只要认真改过，浪子回头金不换，依然可以轻装上阵继续受到公司的信任和重用。华为认为，员工本人承认错误，主动忏悔，就有了免疫力，以后大概率不会再犯错。通过原谅一时误入歧途的员工，用真诚感化的方式，华为从竞争对手的阵营中团结回来更多的员工。

2.17　平台战略

2008年汶川地震后，在一片废墟中竟然有一座一百年前建造的教堂没有倒塌。任正非由此想到，目前正在华为从事平台研发的员工，就如同当年为这个教堂打基础的人们，虽默默无闻，但价值永存。

> 我司的基础平台，要历几代人的智慧不断累积、优化，谁说百年后我们不是第一？这些平台累积，不是一个新公司短时间能完成的，而且我们已把过去的平台成本不断地摊完了，新公司即使有能力，也要投入相等的钱才能做出来。我们拥有这样巨大的优质资源，是任何新公司都不具备的，这就是一个大公司制胜的法宝……
> ——《从汶川特大地震一片瓦砾中，一座百年前建的教堂不倒所想到的》，2008年9月22日，任正非在中央平台研发部表彰大会上的讲话纪要

大教堂思维实质上就是平台战略思维，华为能够后来居上，靠的就是平台的力量。简单说，平台战略就是通过模块化、平台化、构件化的交付，降低研

发成本，提高研发效率和产品质量，构筑信息安全，缩短产品上市周期，以更低的运作成本，更快、更好地满足客户需求。

想要打造百年教堂，就要构建平台基础。这个平台基础包括研发、生产、供应链、交付、财务等一系列环节。经过十多年默默耕耘，华为已经初步具备了有竞争力的软硬件平台、工程工艺能力、技术管理体系等各环节上的平台基础。

华为认为，通信行业的发展趋势是技术日益趋同，伴随着客户需求日益多样化。从长期来看，客户需求日益多样化导致产品间的竞争，归根结底是基础平台的竞争。只有靠平台的支撑，才能更快速地满足多样化的客户需求。如果一个新产品完全从零开始做起，无论成本、效率、风控都无法支撑，唯有通过成熟的平台支持，用平台体系上强大的工程工艺能力和技术管理体系支撑和实施，才有可能使产品迅速响应并满足客户需求。

为了更好地满足客户需求，建设百年教堂，平台必须坚持开放与创新。封闭的文化和系统无法吸取别人的优点，就会成为一潭死水。在产品开发上，华为倡导开放吸收他山之石，充分借鉴公司内部和外部的先进成果。

总之，华为坚持适应客户的各种需求，把握客户的可靠性、节能环保、可服务性等各种关键要素，继续坚持平台战略，持久地大规模投入，构筑了新时期的竞争优势。

○ 2009 年　铁三角牵引组织变革，主业务流指引流程优化

1. 业务进展

（1）7 月，北美 LTE 实验室成立，日本东京建立 LTE 实验室。LTE 是 4G 无线宽带技术标准。

（2）7 月，开始在上海研究所部署桌面云，目前已有 6 万名工程师采用华为桌面云解决方案体验"云办公"，华为桌面云已成为全球最大的桌面云项目。

（3）截至 2009 年 12 月 31 日，华为加入了 123 个标准组织，在任 148 个

领导职位所提交的提案累计超过 18 000 件。

（4）成功交付全球首个 4G LTE/EPC 商用网络，获得的 LTE 商用合同数居全球首位，率先发布从路由器到传输系统的端到端 100 G 解决方案。

（5）12 月 23 日，任正非登上《福布斯》"2009 年度最受国际尊敬的中国企业家人物榜"，居榜首。

（6）12 月，华为获美国电气和电子工程师协会（IEEE 标准组织）颁发的"杰出公司贡献奖"，成为第一家获得该殊荣的中国企业。

（7）2009 年，华为无线接入市场份额已经位居全球第二。

（8）销售额为 302 亿美元（1491 亿元人民币），员工达到 95 000 人。

（9）供应链搬至松山湖。

2. 管理变革

2.1　IFS 变革

2009 年，华为自 2007 年开始的 IFS 变革正在深化。作为继 IPD、ISC 之后又一个重要的管理变革项目，此次变革有力地提升了华为内部的管理效率，进一步支撑了华为与客户在全球展开业务合作。

2.2　铁三角

为了保证对客户需求的快速响应及优质交付，华为实施了组织结构及人力资源机制的变革。这次变革旨在将过去的集权管理过渡到分权制衡管理，授予距离客户最近的组织和员工更多决策权，使他们能快速调用所需要的资源。

华为创新地成立了由客户经理、解决方案专家和交付专家组成的工作小组（称为"铁三角"），这个工作小组能够更深刻地理解客户需求，并有效提升客户信任，最终实现高质量交付，帮助客户实现商业成功。

2.3　优化区域组织设置

优化区域组织设置的目的是协同，实现用全球化的视野完成战略的规划，并对战略实施进行组织与协调，灵活地调配全球资源以更好地服务客户。这一改革推动了各地区部、代表处、产品线和平台机构提升运作效率。

2.4 "开放、妥协、灰度"思想哲学演化详解

早在 1994 年,任正非就开始向新员工谈"开放"和开放系统;2004 年,他在干部工作会议上提出要有"灰色"的观念,在管理变革中不要走极端;2006 年,在华为大学座谈会上希望大家学会"妥协";2007 年,任正非在与美国前国务卿奥尔布赖特进行对话时,向对方总结华为成功的思想哲学,把"灰色"改为"灰度",认为华为从小到大快速发展的秘诀就是"开放、妥协、灰度"。这是他第一次把这三个词放在一起提出来。

2008 年在市场部年中大会上,任正非提出"开放、妥协、灰度"是华为文化的精髓,也是一个领导者的风范。

在 2009 年 1 月 15 日的全球市场工作会议上,任正非系统地阐述了"开放、妥协、灰度"三者的内涵和相互关系,并用正在开展的管理变革进行了说明。

第一,关于成功与开放。

从《华为基本法》可以看到,开放与进取是华为核心价值观中很重要的一条。其实,高层在集体讨论时,对这一条有很多不同的意见。有些高管认为,华为是一个有较强创新能力的公司,开放似乎不重要。任正非却认为,由于华为不断走向成功,组织越来越自信、自豪和自满,实际上也越来越自闭。强调开放,用虚心、海纳百川的姿态,不断向别人学习,才会有更新的目标,才会有真正的启发和自省,才会有时代的紧迫感和危机感。

第二,正确方向来自灰度、妥协与宽容。

企业管理者最重要的素质是把握好方向和节奏,掌握方向和节奏的水平就涉及灰度。一个清晰的方向,是从原始混沌中产生的,然后随时间与空间不断变化,时清时浑。大部分的合理,并不是非白即黑、非此即彼。合理地掌握合适的灰度,使各种影响发展的要素趋于动态和谐与平衡,这种过程就叫妥协,这种和谐与平衡的结果叫灰度。

大河蜿蜒,选择弯路也许是前行的另一种形式。大方向是坚定不移的,但并不一定是一条直线,也许是左右摇摆,也许是曲线,甚至偶尔还往回蜿蜒,看似离散,但大方向仍是指向前方。

正如2009年正在如火如荼开展的以"有效增长、正现金流、正利润、提高人均效率"为目标的考核变革，以及将权力以授权、行权、监管的分权制衡方式授给前线作战部队，都是蜿蜒的变革。华为提醒全体员工，在这次变革中，一定会与之前的政策和方向有矛盾与不适，更会涉及切身利益之痛，但为了未来的成功，就必须有妥协、理解与宽容。

第三，没有妥协就没有灰度。

坚持与妥协并不矛盾，妥协恰恰是对坚定不移方向的坚持。大方向不能妥协，原则和底线也绝不能妥协，但实现目标的一切过程都是可以妥协的，只要它有利于目标的实现。

妥协是找到现阶段的最优解，是利益相关方的最大公约数。"妥协"是各方在某种条件下达成的共识，或许它不是最好的办法，但在没有更好的方法出现之前，它就是最好的方法。人要生存，靠的是理性，而不是意气，懂得在恰当时机接受别人的妥协，或向别人妥协，才是人性丛林里真正的智者。"妥协"其实就是务实权变的丛林智慧。

> 妥协并不意味着放弃原则，一味地让步。明智的妥协是一种适当的交换，为了达到主要的目标，可以在次要的目标上做适当的让步。相反，不明智的妥协，就是缺乏适当的权衡，或是坚持了次要目标而放弃了主要目标，或是妥协的代价过高遭受不必要的损失。明智的妥协是一种让步的艺术，妥协也是一种美德，而掌握这种高超的艺术，是管理者的必备素质。
>
> ——《开放、妥协与灰度》，2009年1月15日，任正非在全球市场工作会议上的讲话

妥协分为内部的妥协和外部的妥协。华为从来就不缺少内部的妥协，华为从创立之初就建立了利益的妥协机制，用全员持股机制同员工进行利益分享，这是最大的妥协，但外部的妥协一直没有得到重视。

华为从国际化初期，到全面国际化时期，一直靠"狼文化"的进攻性风格行事，才在虎狼环伺的严酷环境下脱颖而出。随着2003年与思科的一场漫长

而艰苦的国际诉讼案展开，"一个陌生的市场进入者"打破了西方的商业游戏规则，华为被西方媒体塑造成"攫取、独裁、不包容"的野蛮人，这严重阻碍了华为开拓国际市场的步伐。由此，华为开始思考跨文化的冲突问题，时任华为董事长的孙亚芳反思道："公司这些年来的身段太刚硬了，发展到后来开始变得僵硬，华为需要做出改变。"

1688年的英国"光荣革命"避免了暴力和战争，通过没有流血和牺牲的方式，结束了专制主义统治，国家权力由君主逐渐转移到议会，英国从此出现了持续300多年的长治久安。这次"光荣革命"靠的正是理性精神之上的谈判与妥协。妥协，成为资本主义制度最具建设性的思想营养。

任正非从英国"光荣革命"领悟到，只有妥协才能实现"双赢"和"多赢"，否则必然两败俱伤。通过妥协求同存异，就能消除冲突，化干戈为玉帛；拒绝妥协，最终容易走向对抗和伤亡。任正非要求各级干部深入领悟妥协的艺术，对内、对外都保持开放和宽容的心态，只有这样才能真正达到灰度的境界，企业也才能走得更远。

2.5 详解"铁三角呼唤炮火"

自2003年提出"以客户为中心"，2007年再次明确"以客户为中心，以奋斗者为本"的企业文化，直到2009年，华为一直在思考和探索在从"以技术为中心"向"以客户为中心"的转变过程中如何调整好组织，但一直没有找到最优解。

2009年，华为提出的措施一味强调精简机关、压缩人员、简化流程，出现了一些反对的声音。反对者认为，机关员工被压到一线后，没有合适的落脚点，总以总部来人自居，只会增加一线的负担和成本，实际却帮不了什么忙。在重大管理方向上，EMT最大的价值体现在民主性的充分讨论和纠偏，避免个人独断的错误。任正非听取了EMT的意见，把组织流程变革倒着处理，从一线往回梳理，平台（支撑部门和管理部门，包括片区、地区部及代表处的支撑和管理部门）是为了满足前线作战部队的需要而设置的，并非配置越全面越好，当平台部门和人员减少了，协调量也就减轻了，效率自然就会提高。

但如何实现这一点呢？华为经过反复尝试，最终找到了解决问题的"钥匙"，就是努力做厚客户界面。这就是"铁三角"的由来。

"铁三角"参照了美军特种部队的现代化阵形。传统的作战组织形态是，前线侦察兵发现敌情，要一层层上报到指挥部，指挥部向炮兵或轰炸机下令炮火支援。在现代化战争中，通信系统和指挥系统越来越发达，前方、后方可以无缝对接，实现了前线三人组就能直接呼叫炮火。

前线三人组包括一名信息情报专家、一名火力炸弹专家、一名战斗专家。这三人的能力架构都是一专多能：首先，三人在自身负责的领域都属于专家级别，一旦发现目标，信息专家利用先进的卫星工具等确定敌人的方位、密度、目标、装备，炸弹专家配置合理弹药量和火力类型，战斗专家策划出最优的作战方式；其次，为了更好地互相理解和配合，每名专家对其他两人负责的领域也了解一些；最后，三人对通用的知识和技能，如紧急救援、包扎、野外逃生等都经过充分训练。

当然，呼唤炮火是有成本的，因此不能随意呼唤和滥用。美军作战三人小组用通信呼唤炮火，是在一定授权许可度范围内进行的。授权以作战规模来事先划分和定义，例如，5000万美元的炮火成本，在授权范围内，后方根据前方命令可以直接提供炮火支援。

参照美军的"作战三人组"，华为创新了"铁三角"。从以前仅由客户经理和产品经理两人面向客户谈业务，改为以客户经理、解决方案专家、交付专家组成的三人工作小组，形成面向客户的"铁三角"作战单元，这样的团队做厚了接触客户的界面，能够更深入地理解客户需求，有效地提升客户信任，并推动有效的交付和及时回款。

铁三角的核心本质是，为了实现目标，打破功能烟囱，形成面向项目的团队运作模式。实际上，以此精髓推广开来，广义地理解企业业务开展的方方面面，在各领域、各环节，都可以组建铁三角、铁四角、铁五角，甚至更多。这给企业面向客户进行组织优化提供了非常好的思路和借鉴。

公司主要的资源要用在找目标、找机会，并将机会转化成结果上。我们后方配备的先进设备、优质资源，应该在前线一发现目标和机会时就能及时发挥作用，提供有效的支持，而不是拥有资源的人来指挥战争、拥兵自重。谁来呼唤炮火，应该让听得见炮声的人来决策。而现在我们恰好是反过来的。机关不了解前线，但拥有太多的权力与资源，为了控制运营的风险，自然而然地设置了许多流程控制点，而且不愿意授权。过多的流程控制点，会降低运行效率，增加运作成本，滋生官僚主义及教条主义。

——《谁来呼唤炮火，如何及时提供炮火支援》，2009年1月16日，任正非在销售服务体系奋斗颁奖大会上的讲话

华为"铁三角"的特征是前端全能，即前端组织的技能非常全面。当然，这并非意味着组织要去设置各种功能繁多的部门，而是要求"铁三角"组员拥有一专多能的全面能力。一线的作战，客户经理从单兵作战转变为小团队作战，客户经理要具备营销四要素（客户关系、解决方案、融资和回款条件、交付）的综合能力，要提高谈生意拿订单的能力；解决方案专家要在技术路线方面一专多能，对自己不熟悉的专业领域要迅速打通求助的渠道；交付专家要具备能与客户沟通清楚工程与服务的解决方案的能力，同时对后台的可承诺能力和交付流程的各个环节了如指掌。

华为"铁三角"的大后方变成了系统支持平台，可及时、有效地向前线提供支持、服务、分析监控。在面对前线战事时，不要求前方的每一个动作都经机关批准，否则，机关就会越来越庞大，越来越官僚。

有分权就要有监控，以前的内控只有一层，就是因内控需要而设置合理的流程控制点。现在在原先的内控流程层面添加一层授权规则，也就是把决策权根据授权规则授给前线。这样一来，华为就实现了双保险的两层内控。

授权规则是指，基层作战单元在授权范围内有权直接呼唤炮火。在项目管理上有两个授权规则：第一个授权规则是IBM顾问指导下经过高层讨论确定的"条款、签约、价格"三个授权文件，第二个授权规则是毛利及现金流这两

项指标分级进行授权。前线在授权范围内直接指挥炮火，超越授权则要按程序审批，因为炮火是有成本的，不能随意呼唤高阶导弹，谁呼唤了炮火，谁就要承担呼唤的责任和炮火的成本。

前线在授权范围内可以随时随地呼唤炮火，甚至不需要代表处批准。军队是消灭敌人，企业的任务就是赢取利润。"铁三角"对准的是客户，目的是实现利润，否则所有管理活动都失去了管理的意义。指标也不能僵化：一方面，根据不同区域、不同发展阶段授权的具体标准应该进行科学评估和决定；另一方面，随着时空变化，授权的具体标准也要定期分析和调整。但以不变应万变，授权标准的审批和调标审批，都要遵循授权管理的程序与规则，这一点是不能轻易变化的。

这样一来，流程优化的方法就和过去不同了，流程梳理和优化要倒过来做，就是以需求确定目的，一切为前线着想，前方、后方共同努力控制流程点的设置，从而精简多余的流程，精简冗余的节点，精简富余的人员，提高流程运行效率。

> 用一个形象的术语来描述，我们过去的组织和运作机制是"推"的机制，现在我们要将其逐步转换到"拉"的机制上去，或者说，是"推""拉"结合、以"拉"为主的机制。推的时候，是中央权威的强大发动机在推，一些无用的流程、不出功的岗位，是看不清的。拉的时候，看到哪一根绳子不受力，就将它剪去，连在这根绳子上的部门及人员一并减去，组织效率就会有较大的提高。
>
> ——《谁来呼唤炮火，如何及时提供炮火支援》，2009 年 1 月 16 日，任正非在销售服务体系奋斗颁奖大会上的讲话

2.6　深淘滩，低作堰

2009 年，任正非受福泽万代的都江堰启发，思考李冰父子治堰的诀窍："深淘滩，低作堰"，并将其作为华为对内、对外开展工作的原则和口号。

华为一直用高度职业化的标准要求自身的组织建设和管理优化。思科的创

新能力和爱立信的内部管理水平一直是华为学习和追赶的标杆。职业化就是在同一时间，以相同的条件，做完全一样的事情，成本能做到更低。为了提高职业化水准，缩短与国际巨头的差距，必须持续进行改良管理，不断挖掘内部潜力，连续降低运作成本，这就是"深淘滩"。

"低作堰"，就是节制自己的独占欲，不垄断，也不破坏市场，只赚取合理利润，善待上游供应商，让利下游客户。华为认为，将来企业与企业的竞争就是各自产业链的竞争。从上游到下游的产业链的整体强健，被华为视为生存之本。

2.7　两个主业务流：LTC 和 IPD

任何公司都存在多个业务流，业务流有主有次、有大有小，在梳理管理体系、制度、流程、表单时，有两个思考维度：其一是主要精力应该放在主业务流上，因为主业务流关系到公司的生死存亡，应先把主业务流理顺，再逐渐推至全面业务流；其二是打通管理烟囱，把各职能域负责的主业务流上的各个流程片段拉通，形成一个端到端的业务链，一个入口一个出口，清晰简单，责任明确。

2009 年，华为高层提炼出两个主业务流，也是管理变革和流程优化的主战场，是两条需要"深淘滩"的都江堰。

第一条是贯穿公司经营运作的主业务流，即"投标—合同签订—交付—开票—回款"，这个主业务流承载着公司主要的物流和资金流。华为认为自己在运作与交付上的交叉冲突、不衔接不叠合、返工浪费、全流程不顺畅等现象比较严重。例如，经过分析对比，华为的 DSO（days sales outstanding，账目变现金的平均时间）、ITO（inventory turn over，库存周转率）较业界同行还有较大差距，E2E（end to end，端到端）的成本降低有很大的改进空间。因此，华为把针对这个主业务流的管理系统的建设和流程化组织变革，作为长期攻坚的任务。

第二条是贯穿研发过程的主业务流，即构筑设计成本优势的业务流。这个主业务流被称为 IPD，它承载着公司的研发投入，将新产品开发视为一项投资决策来管理。IPD 是涉及从产品概念到产品发布的全过程的一种理念和方法，它强调以客户需求和商业成功作为产品开发的驱动力，在产品设计环节就开始构建产品质量、成本、可制造性和可服务性等方面的优势，将产品开发作为一项投资来管理。华为高价聘请 IBM 构建 IPD，实现了跨部门、跨系统的协同，采用异步开发模式、重用性、结构化等方法与手段，使研发全过程规范化且高效运转。

2.8　管理中存在的问题

尽管在 2009 年华为的管理体系通过不断变革和优化已经远远优于之前的，但任正非还是严苛地指出了管理中存在的问题，要求各级管理者一刻不停地沿着管理优化的道路继续前进。

> 我们从杂乱的行政管制中走过来，依靠功能组织进行管理的方法虽然在弱化，但以流程化管理的内涵还不够丰富。流程的上、下游还没有有效"拉通"，基于流程化工作对象的管理体系还不太完善。组织行为还没有达到可重复、可预期、可持续化的可值得信赖的程度。
>
> ——《深淘滩，低作堰》，2009 年 4 月 24 日，任正非在运作与交付体系奋斗表彰大会上的讲话

2.9　CFO 管理体系启动

任何管理体系的推行都需要一定的前期准备，要有一定的成熟条件，要有基础土壤。这个基础土壤就是管理变革的时机，系统性管理变革对此的要求更高。例如，基础版本的管理体系要充分就位，思想理念要经过反复讨论和统一，只有公司全员一致认识到系统性管理变革的必要性和意义，才能事半功倍。

华为曾经有一段时间猛烈地推行 KPI，后来发现推行得太匆忙，没有进行顶层的、系统的、整体的思考，于是紧急叫停了。当时制定和推行 KPI 时，尽管"段到段"的局部优化了，但只看到了各部门的眼前利益，没有形成"端到端"的整体优化，导致全局受损。因此，简单、机械、部分地推行改革，缺乏全局视野，就会造成每个人对流程制度的理解差异化、片段化，导致越改越低效。

2009 年，华为整个管理体系处在流程化和职业化建设的阶段，并推进了若

干年，对变革的适应性和接受度越来越高，队伍整体素质也不断提升，变革有了一定的基础，顺势启动 CFO 管理体系建设的时机已经成熟。

2009 年 CFO 管理体系建设，其目的是通过 CFO 的任命，促进 IFS 尽快落地，更加科学合理地推动公司的管理。本次变革首先确立了 CFO 岗位并给予地位提升，旨在通过赋予 CFO 业财融合的使命，把规范的财务流程植入运营流程，实现收入与利润的平衡发展，这样既能保证业务高速增长，又能帮助公司降低成本。CFO 的核心价值是端到端的视野，也是全过程的视野、全局的视野。

CFO 的终极目标是支撑公司"及时、准确、优质、低成本"交付，而且四要素同时达成，才是真正的以客户为中心。如何把握这四个要素之间的平衡，是一个辩证的动态过程，挤出企业内部最后一点多余的成本，才有更多机会成就客户的成功，从而成就企业自身的成功。

CFO 工作的突破口在于构建和实施财务流程，有效支撑业务流程运作，通过流程化和职业化的建设，在分权过程中加强科学监管，降低风险和成本，实现公司的有效增长。

集团的子公司一把手和外派财务负责人之间的关系一直是个难题。华为的看法是，简单地理解为 CFO 是去监督 CEO，这种认识是低级的。应该有这样的认识高度，即缺少 CFO 的支持，CEO 无法稳健前行。CFO 和 CEO 是同舟共济的关系，两者的大目标、大方向完全一致，只不过工作内容有区别。CFO 是要通过流程化、职业化建立和执行正确的财务流程，有效支持业务流程运作，实现有效增长，即正利润增长、正现金流增长和正人均效益增长。CFO 既能坚持原则，又能得到 CEO 的支持和协作，与 CEO 共同把事情做好，这是灰度的管理艺术。

华为认为，企业的竞争力得益于以奋斗者为本的管理哲学，是精神思想和企业文化释放出来的红利，但是华为的管理效率目前还不高，管理的红利还远远不够。对比而言，爱立信的管理效率是华为的 2 倍左右，华为还有很大的改进空间。

为了真实掌握管理效率的数据，准确度量管理进步的具体幅度，需要通过核算把账算清楚，要能纵向核算到项目、区域线，横向核算到各个产品线。核算是管理进步的重要标志。

计划权、预算权、核算权共同组成了战争的指挥权。从 2007 年开始，华为已经将计划权、预算权下放到了地区部。2009 年华为开始更进一步，要继续把更重要的核算权也放到前线去。前线自此拥有了完整的战争指挥权。

为了配合指挥权的下放，华为对代表处的组织结构进行整改，有近千人将被补充到各地区部，组建专业作战队伍，后方平台相应大精简，计划在 2010 年年底基本完成整改工作。同时，华为计划从 2010 年开始对地区部也进行整改，进一步加强授权纵深，加大对基层的授权。

华为担心，在组织变革的过程中，前线忽然拿到极大的权力，在使用权力时可能不会那么准确、科学，因此给予了更多的指导和监管：一方面，帮助前线更好地理解和使用权力，包括在各地区部选拔财务经理，与业务经理配合，以及完成 IFS 落地和组织流程整改；另一方面，财经和审计等部门在监管过程中对关键点不断进行抽查，建立威慑系统，从而保证权力不被滥用。

> 计划权力下放以后，计划被基层控制住了，有的代表处明明可以做到 36 亿元，但为了给明年留有余地，只上报 30 亿元的计划，完全按计划出力。我在中东、北非地区部讲了，能不能在报表上没有完成率这个指标？这个指标不科学。公司在高速发展过程中，一定要坚持流程化、职业化，一定要坚持在分权过程中加强监管，不然我们可能就乱了，一放就乱，一乱就收，收完再放，放了再收，如果这样折腾几下，我们公司就完了。
> ——《CFO 要走向流程化和职业化，支撑公司及时、准确、优质、低成本交付》，2009 年 10 月 26 日，任正非与后备干部总队 CFO 班座谈纪要

通过不断的流程化和职业化，越来越多的管理事项被标准化，公司的管理运作成本就能降下来。另外，人力资源系统对岗位级别定期进行循环称重，随着公司越来越职业化和标准化，原先很重要的岗位，明天也许就不那么重要了，某些高配岗位就能进行调减，这样一来综合成本就降下来了。

综上所述，CFO 和财经体系总体上要服从业务体系的发展，毕竟企业的最

高目标还是高速发展。当机会出现时，CFO既要保障这些机会的实现，又要支撑及时、准确、优质、低成本交付，并完成有效监管。

○ 2010年　详解"让听得见炮声的人来呼唤炮火"管理模式

1. 业务进展

（1）2月16日，在巴塞罗那世界移动通信大会上，华为获得最佳SDP大奖，该奖被称为"电信奥斯卡"，是业界最高荣誉。

（2）7月，华为竞购美国私有宽带互联网软件提供商2Wire，出价高于竞争对手，但最终失利，2Wire被英国的Pace以4.75亿美元购得。

（3）7月，华为收购摩托罗拉移动网络基础设施部门失败，该部门被诺基亚西门子（Nokia Siemens）以12亿美元购得。

（4）11月，由于美国政府的干预，美国第三大运营商Sprint Nextel已经将中国电信设备制造商华为排除在此次数十亿美元采购大单之外。

（5）华为入选美国《财富》500强，位列第397位。

（6）华为的GSM产品全球用户突破10亿人。

（7）2010年营收283亿美元，中国市场历史性地突破了100亿美元，海外收入占比超过65%。员工总数达111 855人，海外员工21 700人，占19.4%，海外员工本地化达69%。

同年，友商的情况是：思科营收400亿美元，爱立信营收308亿美元，阿尔卡特朗讯营收229亿美元，诺基亚西门子营收181亿美元，中兴营收107亿美元。

2. 管理变革

2.1 财经管理IFS等深化变革

2010年，华为的财经管理已进入全面冲刺阶段。IFS从第一波向第二波纵深展开，完成了LTC的流程、组织架构的设计工作，二者将构筑华为整体更大的进步。

华为确定了以代表处系统部"铁三角"为基础的、轻装及能力综合化的海军陆战队式的作战队形，培育机会、发现机会并咬住机会，在小范围完成对合同获取、合同交付的作战组织以及对重大项目支持的规划与请求；地区部重装旅在一线呼唤炮火的命令下，以高度专业化的能力，支持一线的项目成功。地区部要集中一批专业精英，给前线的指挥官提供及时、有效、低成本的支持。

同时，华为借用美军参谋长联席会议的组织模式，提出了片区的改革方案。片区联席会议用全球化的视野完成战略的规划，并对战略实施进行组织与协调，灵活地调配全球资源对重大项目的支持。"蜂群"的迅速集结与撤离的一窝蜂战术，将成为新一年工作的亮点，并以此推动各地区部、代表处、产品线、后方平台的进步。

之后，从 2011 年开始，华为陆续对研发等后方机构进行改革，以适应"让听得见炮声的人来呼唤炮火"的管理模式的转变。

2.2　安全认证中心

2010 年，华为在英国成立了安全认证中心。

2.3　IPD6.0

自 1999 年华为召开 IPD 动员大会，开始着手进行 IPD 流程体系的建设，直到 2010 年，历经 11 年时间，华为的 IPD 已经升级迭代到 6.0 版本。

在升级的过程中，一方面，华为遵循"先僵化，后优化，再固化"的原则，根据自己对 IPD 流程的理解，不断进行反思和优化；另一方面，随着华为的产品序列不断扩大，研发体系的广度不断增加，IPD 的内涵也在不断丰富和延展。

通过十多年的 IPD 业务流持续深耕，华为产品的研发效率和质量得到极大提升，新产品开发的成功率和投资回报率也获得了显著提升。

2.4　从跟随到无人区，进入通信业前沿

2010 年，华为已经走过 23 个年头。2009 年，华为在光传输、接入网领域走向了世界第一；在 3G、LTE 领域，构筑了全球第一的竞争力；在路由器领域，实现了与业界竞争力同步。事实上，华为已经走在了国际通信业的前沿，逐渐进入无人区。

这二十多年，华为采取"跟随"战略，把阿尔卡特、爱立信、诺基亚、思科等视为领路人。华为看领路人怎么走，然后跟着巨人走。现在华为走到了前面，自己成为领路人，必须靠自己来指明方向，决定下一步往哪里走、怎么走，这其实是一件非常困难的事。

领路就是一个探索的过程，正如一个人在茫茫的草原上走夜路，没有北斗七星的指引，如何走出草原？如果缺乏路标，对未来判断不清晰，可能会付出极大的代价，甚至走向消亡。但华为坚定信心，认为一定可以找到未来的方向，最终让自己照亮世界，这个方向就是"以客户为中心"。

2.5　思维方式变革：以技术为中心转为以客户为中心，做工程商人

在国内，很多企业认为最重要的是技术。重技术轻客户需求，重技术轻管理，这种情况在国内比较普遍。但问题是，主宰世界的是客户需求。即便对于高科技企业，技术是企业的核心竞争力之一，但技术的先进性永远是为满足客户需求服务的，始于客户需求，止于客户满意。离开客户需求，纯粹的技术就是无源之水，对企业毫无意义。

华为的基因里有着强烈的技术情结，研发体系中的大多数人是工程师，渴望把技术做到极致。但有些员工错误地认为，把事情做得复杂，别人看不懂，会显得技术含金量高，别人对自己的评价才会高，才能体现自己的价值。相反，有能力化繁为简、提要钩玄的员工，反而在研发体系中声望不高。

华为在创业初期十分重视客户需求，客户需要什么就全力以赴地做什么，这一理念最终帮助华为走到今天。但华为壮大后，在一段时间内技术导向压倒了客户导向，一些研发人员将精力放在技术很尖端但客户不用的方向上，耗费了大量成本和精力，想把自己的意志强加给客户。对客户需求量大但技术简单的东西，他们反倒不重视，不去认真做到最好，这就是以技术为中心的工程师思维，他们的价值导向出现了偏差。

2010年，华为开始重视这个问题，提出要从"以技术为中心"向"以客户为中心"转移，做工程商人。片面重视技术，甚至把技术问题人为地搞复杂，不是以客户为中心。客户需要的是，既能实现同样的服务，又能深入浅出，越简单越好。

很快，在新的导向下，能把功能简简单单做好的工程商人得到公司认可，鼓励"以客户为中心"的思想种子在研发部门中苗壮成长，受到鼓励的员工纷纷开始做工程商人，华为的工程师队伍多了一些商人的气息。华为号召全体研发人员改变思维方式，加快完成从"以技术为中心"向"以客户为中心"的重大转变。

市场需要的不一定是非常先进的技术。市场真正需要的是能满足客户需求的产品和服务，这些需求大多是最简单的功能，研发人员把这些简单的功能做到"界面极简、质量极稳、体验极好"，这才是"以客户为中心"。

2.6 关于加班的认识

员工该不该加班？要不要员工加班？加班能否作为评价员工的因素？这是一个困扰很多企业和员工的问题。

2010年之前，华为普遍存在加班多的情形，床垫文化、消夜文化，甚至根据加班时长进行排名，将其作为末位淘汰的一个依据。创业之初，加班加点是无奈的选择，只有通过以时间换时间，牺牲员工的休息时间才能以最快速度完成客户交付，才能追回企业发展的时间。为了感谢加班的员工，食堂每天晚上21:00可以领消夜，加班成为公司上下一致的习惯和共识，更成为华为与对手竞争市场的无敌利器。

随着公司的发展，会议越来越多，虽然管理在不断提升，但文山会海和加班加点却丝毫没少。更离谱的是，随着加班越来越多，加班本身发生了异化，有的员工早早离开公司回家，半夜再回到公司刷卡以便累计更多工时；有的员工下班后没有事也不回家，坐在位子上做些和工作不相干的事情干耗时光；有的员工熬到深夜就只为了领消夜……

2010年，华为意识到这种形式主义的会议和过度加班是对员工和组织活力的侵蚀，意识到对员工的评价应该重在看贡献，而不是看加班时长。以加班多少来评价人，以加班多少来评判劳动态度，是片面且有害的。有些人很快把活儿干完，质量高，贡献大，用不着加班，说明他是一个潜力很大的人，应该给他承担更重要职责的机会，应该通过提拔使其发挥更大的价值。

同时，华为号召大家不要搞太多形式主义的会议，会议太多只会反映出管理者自己不知道该怎么办，心中拿不定主意，无法做到谋定而后动。只有减少无谓的加班，才能减轻员工的负担，员工才有更多的时间专注于工作上的思考。

2.7 整体解读"让听得见炮声的人来呼唤炮火"的管理模式

华为提出的"让听得见炮声的人来呼唤炮火"这一口号，在中国管理界可谓耳熟能详。"炮声"是指营销人员在市场一线所面对的客户需求和拿单的激烈竞争，"炮火"是指后方人财物的各种资源，包括研发的技术支持、用户服务的交付方案支持、法律支持、风控支持、财务营销费用支持、各种物资配备支持等。

围绕着"呼唤炮火"，从 2009 年开始，华为进行了布局，包括计划权和预算权向代表处下放、核算权向地区部下放、CFO 管理体系建设、IFS 的推动和核算体系的加强、代表处及地区部整改等。随着这些工作逐步推进，"让听得见炮声的人来呼唤炮火"的管理模式逐渐清晰，包含两层"铁三角"的整体管理架构浮出水面（见图 6-2）。

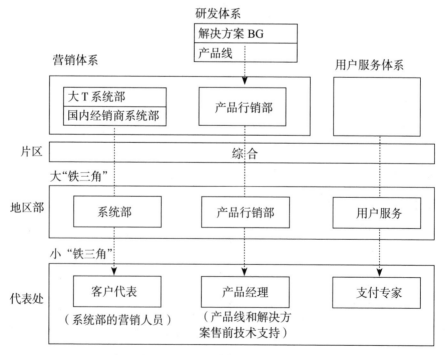

图 6-2 两层"铁三角"架构图

"让听得见炮声的人来呼唤炮火"的管理模式涉及四大类机构的组织架构和机制改革，包括：①权力分配和监控体系；②营销体系结构调整；③产品与解决方案体系的结构化转变；④研发及后方机构的优化，尤其是后方的支持服务联勤化。以下分别进行详解。

第一，权力分配和监控体系。

这个体系主要就是计划权、预算权和核算权这三项权力的分级、分布授权。随着授权而进行监控体系构建，以建立一个制衡机制，包括CFO管理体系建设、IFS的推动和核算体系的加强等。具体可参见2009年的介绍。

第二，营销体系结构调整。

为了能够有效实现"让听得见炮声的人来呼唤炮火"，华为把营销体系按照组织功能、战斗队形、管控层次等进行了系统性的组织架构重建，分为代表处、系统部、地区部、大T系统部、片区联席会议等机构。

一是代表处。

海军陆战队的特点是规模小、装备轻、机动能力强，最适合抢滩战斗这种小规模作战。海军陆战队这一兵种在战争中的功能是聚焦和撕裂，其主要任务是在海滩上撕个口子，帮助身后的主力部队登陆。它的作战模式是：在抢滩登陆之前，先得到指挥中心的充分授权，在抢滩战斗中，直接调度远程炮火，无须再向千里之外的指挥中心反复请示。

参照海军陆战队这种"小任务、尖聚焦、强爆发、长耐力"的运作模式和队形，华为打造了综合作战能力较强的代表处单元。

代表处的"铁三角"在市场的最前端，充分调度和使用联合力量作战。代表处后方的各部门和各垂直业务体系，不再脱离代表处独立作战，更不可直接指挥战斗，而是将指挥权交给代表处的"铁三角"。"铁三角"做厚了客户界面，但同时又使客户感到华为是一个整体。

对大后方的要求是：全力支持前线"铁三角"的战斗，前线、后方互相协同，后方对前线的支持效果按照"及时、准确、优质、低成本"四个指标进行考核。

华为强调代表处自身的能力打造，尽量把代表处打造成拥有完整战斗力的平台。首先，团队成员尽可能一专多能，由具备各种能力的员工组成团队，其能力是完整的。其次，对于中小规模项目的合同获取及交付，由代表处负责独立支持，要求高效、及时、准确；对重大项目，代表处拥有最高协调指挥权，负责组织策划、协调后方炮火，包括地区部支援部队在内的各种炮火资源，都要遵守代表处的总体指挥协调。

代表处总代是代表处的第一负责人。代表处总代履行三个方面的职责：第一，必须有经营思维和经营能力，视代表处为利润中心，负责代表处的财务指标增长；第二，必须有人力资源思维，负责公开、公平、公正地考核和评价干部；第三，能与高层客户无障碍密切沟通，能与客户和友商一起构建健康的商业生态环境。

代表处的副代表是总代的助手，要能进行全面客户沟通、业务深化管理、组织有效拓展，配合总代把代表处建设成"轻型、综合、勇猛"的"铁三角"。

当然，华为认为"铁三角"模式强调协同和协调能力，仅适用于海军陆战队形的组织，不能在其他组织内随意推广，以免将简单的事情复杂化，影响决策效率。在重大项目及上层管理的民主决策的基础上，华为仍然实行一把手负责制，一把手拥有职责管辖范围内的最终决策权，也承担责无旁贷的决策结果责任。

二是系统部。

系统部的"铁三角"的目标就是发现并紧紧咬住机会，将作战规划前移，呼唤组织相关力量，完成目标。这个目的只有一个，就是满足客户需求，成就客户。他们作为LTC流程中的客户代表，站在客户需求的角度来审视和驱动企业的运作。系统部的"铁三角"并不是一个三权分立的制约体系，而是紧紧抱在一起、生死与共、聚焦客户需求的共同作战单元。

由于"铁三角"中有多种角色，企业更有机会和能力做好普遍客户关系。从以往的仅对决策层大水漫灌，改变成对普遍客户关系的细流滴灌，企业更有机会全面提升普遍客户满意度。

三是地区部。

代表处与地区部的关系可以用"海军陆战队"和"重装旅"的概念来描述。如果代表处变成一个重型组织，那么一线的成本是非常高的，而且闲置的资源会削弱整体战斗力。把重型资源上移到地区部，一个地区部管十几个国家，是各种专业力量的资源共享和协调中心，这样的资源配置最高效。当然，组织形式可以是物理的，也可以是逻辑上的虚拟形态。

海军陆战队在海滩上成功撕开一个口子，却在纵深上没有足够实力支撑其继续展开，这时如果没有主力部队跟进，海军陆战队甚至都守不住阵地。但如果没有海军陆战队撕开一个口子，重装部队也是登陆不上去的。所以两者相辅相成，各司其职，形成渐次攻势。

地区部不仅是"重装旅"，同时也是"一窝蜂"。一方面，地区部重装旅的建设，应该重视构建各类平台、打造共享中心、总结分析经验、培养和培训员工。另一方面，代表处组织火力配置中缺少的能力，要在地区部补齐，包括解决方案、服务、投标、法律、风控、财务、投资等，各种业务集中一批尖子，随时准备一窝蜂般地对重要项目实施支持。这些尖子可以是物理式的集中，也可以是逻辑上的集中，通过定期人员流动，实行纵向循环、横向循环，以促使各方面作战能力的提升。这就是华为的"一窝蜂战略"。

地区部的编制结构应该以资源为主，极少比例的员工是决策层，作为行政指挥中心，大量比例员工应该作为资源而存在。具体说，就是地区部要减少行政编制，增加业务专家的比例，减少行政干部，就是减少对前线作战不必要的干预。

现阶段，华为为了做厚客户界面，加强普遍客户关系，将大量的资源力量向一线集中。等到"让听得见炮声的人来呼唤炮火"的管理模式逐渐完备，专业化队伍的支持能力不断提高，就可以掉过头来反向优化，精简一线直接作战部队的人数。

> 例如，发射导弹是少数几个人，一按按钮就行了。但为了按这一下，有几十、几百人在平台上服务，我们加强了专业化的支持能力建设，就可以逐步使直接作战部队更加精干、更加高效。我们与军队不一样的是，有时他们为了取得胜利不计较成本，而我们对成本必须有综合考虑。
>
> ——《"以客户为中心，以奋斗者为本，长期坚持艰苦奋斗"是我们胜利之本》，2010年1月20日，任正非在年度市场工作会议上的讲话

四是大 T 系统部。

大 T 系统部是一个相当于地区部级的加强型的"铁三角"，主要面向大 T 总部及本土子网培育机会、发现机会、抓住机会，呼唤和组织各区域资源参与协同，共同完成目标。

在合同获取环节，大 T 系统部在与所在子网代表处、地区部协同的基础上，承担主要责任。在交付与维护环节，大 T 系统部负责服务质量要求及交付标准制订等规范化工作，由子网所在代表处、地区部负责落实，大 T 系统部代表客户对结果与过程实施监督，使交付与服务质量在客户群内保持一致性和可复制性，实现普遍客户满意度。

五是片区联席会议。

日本袭击珍珠港后不久，罗斯福总统设立了一个代表陆军、陆军航空兵和海军的"美国参谋长联席会议"，它不仅成为第二次世界大战期间领导美军的组织，后来也成为美国各军事力量主要兵种的首长小组，主要职能是发挥对各兵种的协调合作参谋作用。参谋长联席会议成员无论是集体还是个人都没有实质性的作战指挥权，而是充当总统、国防部部长、各作战区司令官之间的指挥链接。

华为借鉴该组织模式提出了片区的改革方案，即片区联席会议机制。片区联席会议站在全球市场的高度看待公司战略，具有战略心态和跨国视野。合纵连横的目标，不是为了短期称霸，而是为了合理、均衡，得到可持续性的发展。基层战斗单元的目标是攻无不克、战无不胜；片区联席会议的决策是在需要胜利时要胜利，在不需要胜利时要敢于战略放弃。片区联席会议直接代表公司进行干部选拔、组织建设、决策与执行。联席会议串联起全球各地区部，有利于资源的合理配置，有利于推动市场的全面发展。

> 片区联席会议要重视干部的选拔、培养，要推动英雄"倍"出，是倍出，不是辈出，辈出我们等不及；宰相必取于州郡，关键在"取"字，要大胆地选拔有成功实践经验且品行兼优的得力干部，加强干部的考核与弹劾，干部要能上能下，能下又能上，以成功的实践度量干部，公平地对待事与人；要

杜绝腐败，怠惰就是一种最广泛、最有害的腐败，人人皆有可能为之，不要以为与己无关，置公司于死地的就是这种成功以后的怠惰。

——《"以客户为中心，以奋斗者为本，长期坚持艰苦奋斗"是我们胜利之本》，2010 年 1 月 20 日，任正非在年度市场工作会议上的讲话

第三，产品与解决方案体系的结构化转变。

华为以前是按照细分专业领域进行组织划分的，如无线解决方案、网络解决方案、数通解决方案等，这些都是以自己为中心的，不是以客户为中心的，没有站在客户需求的角度上进行划分。

实际上，客户需要的不是某个产品或某个单一的专业性解决方案，而是一个综合解决方案。综合解决方案是一个集成包，既可以是华为自己的产品，又可以是华为采购的产品和服务，最好能够高质量集成，最终能够很好地满足客户需求即可。

想通了这一层，华为提出了运营商解决方案、企业解决方案和消费者解决方案的概念，以这三个解决方案引领研发的变革，这就是以客户为中心的研发变革，也是日后华为几大 BG 的前身。

在面向客户的合同获取与合同履行环节，以解决方案为参战部队，以产品线为支持部队。解决方案像一朵大云，云下面有若干小云，还有七彩云、各种需求的云……产品线作为支持部队，应是最精良的部队，不一定什么都做，但要做就要做到最好。

——《"以客户为中心，以奋斗者为本，长期坚持艰苦奋斗"是我们胜利之本》，2010 年 1 月 20 日，任正非在年度市场工作会议上的讲话

2010 年，任正非已经开始思考如何从语音时代走向数据时代。他认为，未来的竞争是平台竞争，三个解决方案都需要更大的平台，必须加大对平台的投入，才能获取明天的胜利。

华为有充足的利润，每年在研发方面投入巨资。但研发对产品的投入很大，对平台的投入却不足，其原因是以当时的管理水平，仍然不足以分析清楚如何均衡投入，不知道往哪里投钱，不能把钱很好地花出去。为此，华为开始着手对各研究所进行定位调整，把深圳建成一个平台研发机构，而把各类产品研发逐步迁到各地研究所去。华为对深圳平台研发的定位是，在平台建设上有更多的前瞻性，以构筑长期的胜利；对产品研究所和应用研究所的期望是，采取更加灵活、开放的姿态，关注可维护化、可商业化、可工程化，做到世界上最优、最好、最灵活、最合算。

> 华为现在强调做管道，未来的管道数据流会越来越大，数据泛滥就像电影《2012》中的洪水一样，还没来得及修起第二道堤坝水就泛过来了，在修第三条堤坝时，水又泛过来了，最后把珠穆朗玛峰都淹了。我们还没在管道中建立起正确的模式，洪水就泛滥了，冲垮你的河堤。有人估算，未来5年数据流量可能会扩大75倍，那么原来的管道也会相应地扩大，未来数据管道直径不是长江而是太平洋，面对直径像太平洋一样粗的数据管道，如何建起一个平台来支撑这个模型？大家都想想看，这不就是我们的市场空间和机会吗？
>
> ——《"以客户为中心，以奋斗者为本，长期坚持艰苦奋斗"是我们胜利之本》，2010年1月20日，任正非在年度市场工作会议上的讲话

第四，研发及后方机构的优化，尤其是后方的支持服务联勤化。

为了配合前方如火如荼的变革，2010年，华为也开始了对后方的变革，以适应呼唤炮火的管理模式。变革的主要方向是逐步使后方的支持服务联勤化，提出不要让前方不停地打电话、发邮件，一对多分别协调后方不同资源要改变为后方靠内部协调机制自身形成一个信息共享整体，前线只看到一个后方接口。打仗的时候，前线只管往前冲；后方给予整体性支撑，依据前方的指令，自发联合所有后方业务，给前线提供联勤服务。

第五，改革的风险提示。

这次"让听得见炮声的人呼唤炮火"的改革是从前到后、从小到大、由点及面渐次展开的。先代表处，后地区部，再片区；先在市场营销体系，后扩大到研发体系；先计划权和预算权，后核算权；先业务系统后财经系统；先IPD，后 LTC、IFS；先产品线，后解决方案……

随着变革的推进，任正非提出可能会遇到的问题，在给大家打预防针的同时，着手进行研究和制定对策。

首先，存在资源过多耗用的风险。由于前线拥有指挥权，其渴望成功的冲动极有可能呼唤过多的炮火，也可能不能及时释放出炮火资源。多中心有利于作战成功的概率上升，而总体对资源消耗过大，形成了矛盾，这是个悖论。要解决这个问题，关键点在成本核算上，一方面要对炮火的成本进行统一台账、统一定价、统一归口、统一结算；另一方面，要根据不同地区、不同时期、不同项目的不同战略价值，制定差异化的炮火政策。因此，项目成本核算是本次变革和各级组织优良管理的基础。

其次，存在对成功无法合理评价的风险。成功有很多原因，很难用一个通用的评价模型来分析。例如，有些地方优先得到资源，很容易就成功了，对他们的成功如何评价和考核？有些地方因为没有及时得到足够资源而失败了，如何客观评价他们的失败？如何对他们的努力进行合理的奖励？呼唤炮火的体系变革增加了科学合理考核的难度和复杂度，这反过来给人力资源管理提出了更高的要求，带来了极大的挑战。因此，华为提出人力资源管理方法也要及时进行相应的研究和变革。

再次，存在监控体系建设滞后的风险。由集权管理向充分授权、分权制衡转型，过程中监控体系的建设是非常必要的，有效核算、审计对转型的顺利和成功至关重要。华为对监控体系的建设开始加速，要求务必在进度和精细度上走在整体变革前面。

最后，存在信息安全的风险。随着决策前移，信息泄露的可能性增大，信息安全越来越重要。一方面，华为采取了一系列加密、安全机箱、保密协议等措施；另一方面，从思想上，华为号召各级干部要加强员工教育，每位员工都要珍惜自己一生的记录，不要为恶性竞争对手提供情报，不要因小失大，给自己的职业生涯蒙上污点。

2.8 代表处自治

2010 年，华为继续精简"官僚"机构，推行"代表处自治"，把原先多个地区部级组织机构进行协调的权力直接下放到代表处。例如，以前地区部要负责管理代表处的伙食，这种管理的效率太低，于是，华为成立了代表处的伙食委员会，使代表处成为伙食自治单位。

2.9 云：进一步红蓝对决

自从亚马逊在 2006 年公开发布 S3 存储服务，云计算于 2006 年正式登上科技舞台。2008 年，微软、谷歌、阿里分别进入云计算行业，因此 2008 年被视为云计算元年。从此，云计算开始形成风口，在其后几年内迅速发展，逐渐显现出一个新的产业生态圈。

2010 年，华为召开了云战略与解决方案发布会。任正非认为，信息网络的未来其实就简单化到两个东西，一个是管道，一个是云。对于云的发展路线，任正非提出两点意见：第一，坚持开放，广开言路，百家争鸣，容忍反对声音，鼓励红蓝对决；第二，坚持合作，保持"深淘滩，低作堰"的态度，多栽花少栽刺，才能朋友遍天下。

为了提倡民主作风，广开言路，允许大家发言，华为早在 2003 年就提出过"蓝军"的概念。当时研发系统的总体办分成"红军"和"蓝军"，"蓝军"的责任是千方百计挑"红军"的毛病，尽可能将其打倒。华为把特别有逆向思维的员工先培养为"蓝军"干部，再把"蓝军"作为培养未来"红军"司令官的摇篮。

2010 年，由于将进入无人区，华为开始强调在公司中培养一股敢于反对的力量，希望有不同观点的人勇敢地站出来。实际上，"蓝军"的概念存在于方方面面，不一定是一个上层组织，内部的任何方面都有"蓝军"；也不一定是一个实体，其实在每个人的思想里面也是有红蓝对决的，甚至人的一生就是红蓝对决的过程。

从技术方向上看，全世界都是从互联网往云这边走，唯有华为是从电信往云那边走的。任正非认为现在很难说谁胜谁负，只有在边走边看、边走边认识的过程中不断修正。在云的道路上，允许异见就是战略储备，华为提醒自己，要从封闭走向开放，要让心中有霸气并容忍异类和异见。

> 我们在走的过程中，不能证明我们这条路一定是正确的，但是我们从这里起步了，就要走向更加开放、更加兼容，本来这条路是不正确的，结果因为我们开放兼容之后，反而这条路成为正确的了，因为这条路已经不是我们想象的那条狭路了，这条路已经异化了。
>
> ——《开放、合作、自我批判，做容千万家的天下英雄》，2010年，云战略与解决方案发布会会议纪要

任正非要求华为员工保持"深淘滩，低作堰"的态度，多栽花少栽刺，朋友遍天下。合作的方式有很多种，可以在不同层面合作，包括战略合作、项目级合作、横向课题联合、专利交叉授权、成立联合实验室等，甚至在资本层面合作。华为采取的是分阶段合作方式：先成立合作联盟，支持和鼓励联盟成员成长，等合作联盟成长到一定程度后，华为同其进行技术合作或者对其进行战略投资，甚至进行兼并购。

2.10　1998年香港展与2010年世博会

2010年，上海举办了举世瞩目的第41届世界博览会（简称"世博会"）。世博会闭幕前一天，任正非特意同上海世博会工作组的全体华为员工进行了座谈，在会上他感谢大家200多天的努力，并回答了大家关心的问题。

第一个问题是关于世博会的方针。1998年的香港展，华为在接待方面花了1.5亿元人民币，让海外所有代表处邀请客户决策层到香港参观展览会，趁机到深圳参观华为。华为为此表现出最大诚意：邀请不到决策层就邀请管理层，邀请不到管理层就邀请操作层。结果，香港展一下子把华为的品牌打到国际上了。

过去华为一直盯项目、盯客户，客户关系很好，但不注重塑造社会形象，

商业生态环境很差，跟媒体和政府的关系也不太好。这次世博会，华为确立的方针是改变华为的商业生态环境，改善同政府及媒体的关系，最终基本达到了目的。

> 这次世博会给了我们一个天赐良机，上海那么漂亮，客户来了，黄浦江一游，外滩一看，政府又不收我们的费。上海漂亮了，好像把我们也变漂亮了，其实我们还是丑小鸭。中国这么开放，社会这么繁荣、这么美好，改变了他们很多看法，包括这次欧盟对我们公司反倾销，我们在世博会中做了大量的工作，也追到欧洲做了很多的工作，应该说这个问题基本解决了。
>
> ——《世博结束了，我们胜利了》，2010 年 10 月 31 日，任正非与华为上海世博会工作组座谈纪要

第二个问题是澄清关于孙亚芳拿 10 亿元分手费离开华为的谣言。

从创立那一天开始，华为确立的路线就是任人唯贤而不是任人唯亲，十多万名员工中绝大部分是高端知识分子，还有相当多的是全球级专家，这些高级知识分子能团结在一起，本身就说明了华为有一种任人唯贤的文化基础。

华为是搞高科技的，科学技术不仅仅存在于个别人的头脑里，而在所有人的头脑里，必须靠集体的智慧和勤奋，才能拥有今天的成就。为了持续成功，更需要依靠集体奋斗，因此，华为一贯的文化就是不走家族发展的道路。

另外，华为的股权结构设计，也体现了华为自创立至今的文化导向：全员持股的机制设计，把十多万名员工团结成一个民主的集体。

作为全员持股的股份公司，华为在财务管理上是极其严格的，每年都要审计，还要对 EMT 成员进行单独审计，公私分明是基本的职业素养和职业要求。例如，2010 年的审计报告点名批评了任正非，审计显示他在出差期间在宾馆洗衣服由公司付了钱，将公私混在了一起。另外，秘书为任正非安排了头等舱座位，但公司文件规定出差坐飞机的最高报销级别是商务舱，后来任正非不得不自己掏钱补了差价。

因此，华为这种任人唯贤的文化基础、依靠集体奋斗的发展道路、全员持

股的机制设计，以及严格的财务管理，使得孙亚芳拿10亿元分手费离开华为的谣言不攻自破。

这则谣言是一家著名网站媒体做的不实报道，但任正非宽容地表示，媒体也是因为不了解，渴望知晓华为之"谜"，赚点眼球，要理解人家。"别人想活的时候要你痛苦一下，你就痛一下吧，这不是一个大的问题，对公司一点影响都没有，外面的谣言以后还会多得不得了。"

2.11 开始注重政府关系、社会关系、媒体关系

自创立以来，华为在业界一直保持着神秘的形象，任正非也与媒体保持一定的距离，很少接受媒体采访，具体有以下几个方面的原因。

首先，任正非一直坚持认为，华为应该盯着客户，其他人都不太关注，甚至发生过这样一件事：一次，某省政府领导和某市区级电信局主管同时来华为参观，任正非舍弃政府领导，而亲自接待电信局客户。

其次，任正非从各种商界沉浮案例中看到，媒体有可能会成为企业脱不掉的"红舞鞋"，远离媒体是一种智慧。

再次，华为以前的产品主要面向行业客户，行业知名度和美誉度很高，"华为"这个品牌在公众心目中的形象，并不直接影响华为的业绩。

最后，任正非本人付出大量心血在华为的经营和内部管理上，决策压力长期巨大，他自己感觉担不起同媒体打交道这个担子。

但从2010年开始，任正非的思想发生了很大转变，他开始注重政府关系、社会关系、媒体关系，这个转变也有几个原因。

第一，尽管华为刻意同媒体保持距离，但行业的光环和企业的神秘感，吸引了各类媒体对华为的关注。由于缺乏正式渠道，一些假新闻甚至谣言在媒体界传播，损害了华为的形象。

第二，此时的华为已经体格健壮，抗风浪抗打击的能力已经很强，这时候和媒体打交道，有了对等沟通的实力和底气。

第三，华为20多年的成长，一直重视研发和市场，不重视均衡的组织管理，不重视边缘系统，这种不均衡给华为带来一些负面影响，也消耗了管理层的不

少精力。华为必须正视政府关系、社会关系、媒体关系等外部营商环境，才能走向均衡发展，而媒体是华为走向均衡发展的一个重要环节。

第四，华为的消费者解决方案（未来的消费者BG）已经开展了面向消费者的业务，正面、健康、积极向上的公众形象对手机等业务至关重要。

由此，2010年任正非召集孙亚芳、徐直军、郭平等高层管理团队，以及公共关系、品牌部、媒体关系、终端公司、党委相关人员等进行了一次座谈，主要议题就是如何改善与媒体的关系，其主旨有三条：善待媒体，掌握主动权，以及坚守永远不要利用媒体的规则。

任正非认为，媒体的不实报道有时候是一些气话，是对华为的愤恨，是对华为封闭和傲慢的反弹。因此，他主张在媒体关系上，也要低作堰，要善待媒体。

记者辛辛苦苦来了，好赖信息都得给他两个，让他能写篇文章；要采访任何一个员工都可以，员工想说什么就说什么，批评华为公司更好，不一定要说华为公司的好话，事实自会有鉴别的。华为有什么事，捅捅也好，不小恶则大病，早些知道哪里错了，总比病入膏肓好。第二点，公共关系部也不要那么僵化，善待人家，允许人家采访一下，回去有名有姓地写了也就交差了，也就不恨华为了。

——《改善和媒体的关系》，2010年11月25日，任正非与相关人员座谈纪要

公共关系部负责媒体关系，任正非要求所有的工作都要有规划和计划，包括预算费用的规划、文稿的策划。由于华为的手机业务即将迎来爆发，为了迎接手机销售的井喷，一定会面向大众做广告，公司的形象必须合理宣传。宣传时要有策划：一方面是官宣文稿要坚持高质量、高标准，请国际上顶级的设计师操刀，投放的渠道不一定是高级场所，但设计质量上务必是顶级水准；另一方面是宣传要有预案，广告中要讲哪句话，要用哪些辞藻、哪些音乐、哪些画面，都要针对受众认真策划。

任正非提醒公共关系部和高管，在同媒体合作时要遵循一些规则和底线，即合作的目的是改善媒体关系，扭转以往不和谐的局面，让媒体给企业一个弹

性的环境，但千万不可利用媒体，否则容易把关系变复杂。

2.12　华为手机的"遵义会议"

华为做手机的初心可以说是被逼上马。一方面，华为当年没想过做终端，《华为基本法》也确定了不做终端，后来因为消费者在市场上买不到 3G 配套手机，连累了华为 3G 系统的销售，才被迫上马手机，主动扩大 3G 系统应用场景。

另一方面，以前国家一直没有批准华为涉足终端，于是华为在海外注册了公司，主要在国外进行销售，后来发展壮大了，经国家批准转移到国内来。国内销售平台做得不如国外大，就是因为销售是在海外起步的。

虽然被逼上马，但一路走来，华为手机业务市场做得非常成功。但任正非认为，终端业务要想进一步发展，还需要在战略层面进行思考。于是，2010 年 12 月 3 日，他与终端骨干员工进行了一次座谈会，决定放弃低端贴牌模式，改做高端机，此次会议被称为华为手机的"遵义会议"。2003 年，华为手机业务部成立，历史走到 2010 年，华为开启了 ToC 转型的新征程。

在这次会议上，任正非就终端业务的战略发展分享了一些重要的观点。

第一，手机时尚化的思维。

用时装行业类比手机行业，有助于理解"时尚化"这一概念。大部分人是从技术的角度去看国际服装名牌，这其实是低维度思维，实际上，时装产业在哲学和心理学层面上是比较成功的，因为真正理解了人性。做手机，也要从人性的角度用一句话阐述手机与其他产品的差异。

任正非认为，终端应该设立消费心理研究室，研究如何引领大众时尚。手机作为消费品，未来一定会像时装一样，走向时尚化。因此，华为学习巴黎时装的时尚化，聘请宝马设计总监范文迪担任首席设计总监，确定了两条工作定律：工业设计（ID）牵引硬件，用户体验（UE）牵引软件。四年后的 2015 年，华为全球首个美学研究中心在巴黎成立，主攻华为手机的美学创新设计。

第二，终端公司几大产品定位。

终端的第一个产品是固网终端。固网终端要求对网络技术深刻理解，恰巧华为在网络后方平台和前方沟通方面理解能力最强，最有可能做到最佳响应。

只要市场盯着客户需求，在不同的国家、不同的民族中，能够及时把握潮流，固网终端一定能在国际竞争中胜出。

终端的第二个产品是移动宽带。移动宽带是纯技术问题，技术性问题就是通道问题，在通道的问题上，华为有优势。如果在通道上继续加大平台、技术、芯片投入，就有可能在移动宽带上保持优势。

终端的第三个产品是手机。手机产品存在创新不够的问题，OEM 不能成为主方向。应该结合华为的整体优势打终端市场，抓住自己的优势，做出几款好的产品，尤其是对终端市场的响应要更主动一些。例如，2009 年巴黎展会期间，华为的手机接不进自己的云，就是典型的缺乏内部整合。

第三，转售转变为渠道，主要问题是防腐。

华为在手机业务初期采取转售路线，专门给大运营商定制低端手机，获得了巨大成功。但随着业务进一步扩大，手机作为消费电子产品，非常重要的是渠道。

渠道的问题是怎么防止渠道产生内部腐败。以前华为长期不做渠道，是因为没有建立起防腐败的能力，但又不能因为怕腐败就彻底放弃渠道。终端要建渠道，首先就要学习和思考如何防止腐败产生。2010 年，华为开始加大渠道建设，着眼点是在符合业界规则的基础上，建立公开、透明的渠道政策体系。

第四，设计部门属地化。

设计部门应该分散在主要客户群所在地，贴近客户需求。产品设计一定要贴近客户，绝不能闭门造车，以往传统的不出门包打天下，必然一败涂地。具体实现可以改为依靠网络为全球提供支持和支援，这样既解决了设计的前线化，又解决了支持系统的后台化。

第五，规划依靠利益机制。

产品的规划一定要加强利益分享机制的建设，终端要实际改变自己，要从改变内外部因素，即改变内部分配机制和外部分配机制。

第六，核心生产能力，供应链的理解，产品质量的保障。

华为之所以对管道系统做得好，是因为保持了核心生产能力。如果不建立自身的核心生产能力，那么对供应链的理解就不深，更不可能在流程上全面打通。

任正非支持终端相对性地恢复核心生产能力。一方面，不能完全甩出去给外包，这样太机会主义，一旦出现风险，就会出现系统性崩溃。另一方面，在市场外包资源丰富的情况下，只恢复精干的制造能力，把核心生产筹建起来。

第七，终端库存问题。

面对华为手机在市场上供不应求的问题，有员工提出增加库存解决供应，任正非坚决反对。他认为，终端有三个紧箍咒：一是恶性库存，二是质量低下，三是内部腐败。这三个问题绝对不能妥协。只能在量增加上来后，考虑如何增加供应柔性的问题，而不是靠增加库存解决供应。这一点本身也是管理优化的动力。

如何让供应链变得更柔性一些，计划的响应速度变得更快一些？积极进攻不一定库存很大，在供应上一定要研究怎么积极响应，怎么缩短供应周期，怎么加大供应柔性。终端增长模式和网络设备完全不同：网络设备是库存式供应，先买原材料生产再按订单供应；而终端设备随着产品越来越时装化，库存的风险会越来越大。华为宁可成长慢一些，也不要库存，因为一旦控制得不好，一两次库存危机就可能会导致公司灭亡。

实际上，因库存失控导致衰败的例子数不胜数。2009年Palm公司因为库存倒闭，西门子倒贴几亿欧元出售、爱立信的手机业务被合并、摩托罗拉等都是因为库存过大导致衰败。

2.13　云管端

任正非通过分析宏观行业趋势，认为无论是苹果公司先有端再有云的模式，还是谷歌公司先有云再有端的模式，不管从哪个方向开始，"云端协同"都是一个大趋势，华为的终端和应用软件也应该朝这个方向发展。

2.14　加大云的投入

华为认为，如同IP改变了整个通信产业一样，云计算也将改变整个信息产业，是未来的方向。因此，自2010年9月华为云战略与解决方案发布后，华为不断加大云计算的投入。2011年，华为在全国建设了20个云计算数据中心。2012年，华为和全球33个国家的客户开展云计算合作，建设了7万人规模的全球最大的桌面云。

开放合作是云产业的未来趋势。华为长期坚持的战略是绝不抛弃传统盲目创新，而是基于原先存在的基础开放、合作和创新。在云平台的前进过程中，华为一直强调要绑定电信运营商创新，否则华为云就缺乏生存的根基。华为云的特点是基于电信运营商的需求做云平台和相关云应用，技术路线是从通信走入云。因此，做出来的云平台和相关应用马上就可以让电信运营商方便使用，这种无缝对接更容易促成云平台的生态成熟。这一点与其他厂家从 IT 走入云不同，是华为云的优势所在。

华为立志在云平台上短时间超越思科，在云业务上坚持不懈追赶谷歌，最终让全世界的消费者像用电一样享用方便、快捷、低成本的信息应用与服务。

○ 2011 年　轮值 CEO 制度，华为治理体系的新阶段

1. 业务进展

（1）2 月 25 日，华为高管就收购服务器科技公司 3Leaf 遇阻事件发表公开信，华为以安全原因撤回对 3Leaf 的收购。

（2）2 月 22 日，美国北伊利诺伊州地方法院初步裁定，华为在诉讼摩托罗拉案中获胜，禁止摩托罗拉向诺西转移任何华为知识产权和专利技术。

（3）4 月 13 日，摩托罗拉与华为宣布，双方已就所有未决诉讼达成和解。

（4）4 月 28 日，华为宣布将以侵犯公司数据卡、LTE（第四代移动通信系统）专利和商标权的名义，正式在德国、法国和匈牙利对中兴提起法律诉讼。20 小时后，中兴发表反诉声明称，中兴也以侵犯 LTE 若干重要专利的名义，在国内对华为提起法律诉讼。

（5）3 月，任正非入选美国《财富》中文版"中国最具影响力的 50 位商界领袖"，排名居首。

（6）4 月 6 日，2011 年中国民营经济 500 强出炉，华为荣登榜首。

（7）7 月 8 日，在 2011 年《财富》世界 500 强排行榜上，华为排第 351 位，比去年上升 28 位。

（8）《财富》中文版"中国最具影响力的商界女性"华为董事长孙亚芳

荣登榜首。

（9）与全球领先运营商成立了 34 个联合创新中心。

（10）研发投入达到 37.6 亿美元，为销售额的 11%；近 10 年累计投入研发费用 1000 多亿美元。

（11）销售额为 324 亿美元（2039 亿元人民币），员工达 138 000 人。

2. 管理变革

2.1　2012 实验室

2011 年，华为成立了赫赫有名的"2012 实验室"，取名 2012 的含义是指面向未来。

"2012 实验室"下辖多个子课题实验室，涉及领域极广也极尖端，不仅包括基础通信链路协议、4G/5G 标准、算法研究等领域，也包括石墨烯、新材料等范畴，基本涵盖同华为产品相关的数学、物理、化学、材料等各专业领域。

"2012 实验室"是一个里程碑，标志着华为从仅在技术应用领域开展技术研究和创新，走向了基础性技术的前端研究，包括大众熟知的芯片、操作系统、编译器等。

其中，方舟编译器来自"2012 实验室"旗下的"诺亚方舟实验室"，操作系统则由旗下另一个实验室即"欧拉实验室"研发。在一次内部讲话中，任正非表示华为决定做终端操作系统是出于战略的考虑，"如果他们突然断了我们的粮食，Android 系统不给我们用了，Windows Phone 8 系统也不给我们用了，我们是不是就傻了？"七八年后，事实印证了任正非前瞻性的战略考量。

2.2　以客户为中心

1 月 28 日，马来西亚电信案例在《华为人》报上正式发表，全公司以马来西亚电信一次反面案例的剖析为切入点，进行了公司级的广泛讨论和深入反思，再次把"以客户为中心"的发展理念在全体员工心中进行强化。

2.3　三大 BG

在察觉到通信技术和信息技术融合的大潮后，2011 年，华为做出了重大决策——调整公司业务架构，设立运营商网络 BG、企业业务 BG 和消费者业务 BG 这三大业务部门，完善了组织架构保障，全力开拓运营商市场之外的蓝海。

2.4 企业业务 BG 的"被集成"战略

企业业务 BG 是华为的新业务板块，对新业务板块这个大市场，如何制定大战略、大模式？

在华为经营了 20 多年的运营商市场，一直以"直销"为主模式，即销售和服务都不经过合作伙伴。但在企业市场，面对不同行业，华为缺乏对各个行业深入的业务理解，也不可能把各行业挨个都走一遍，因此，绝大部分业务要通过合作伙伴来做。想明白了这一点，业务模式也就清晰了，华为就此提出"被集成"战略，即明确自身的定位是被行业合作伙伴集成，而非集成对方。"被集成"成为华为企业业务 BG 的一个重要战略。

华为这样解释"被集成"战略的用意，"在企业业务市场，商业模式就是你一定要有合作伙伴，而且是大量合作伙伴，他们心甘情愿地和你一起同舟共济、实现双赢才行"。实际上，明确提出"被集成"战略，就是想让合作伙伴放心，华为会充分保护合作伙伴的利益和行业地位，打消对方同华为合作的疑虑。

2.5 海外快速设立研究所

2011 年，华为在全球各地快速设立研究所，分别在德国、瑞典、英国、法国、意大利、俄罗斯、印度等国家和地区设立了 23 个研究所。这些研究所各自的功能定位既有重叠又有区分，不仅扩大了技术合作，还夯实了全球市场。

2.6 新董事会

2011 年 1 月 15 日，51 名持股员工代表选举出新一届的董事会和监事会。新董事会成员包括：董事长孙亚芳，副董事长郭平（与思科官司的总指挥）、徐直军、胡厚崑、任正非，常务董事徐文伟、李杰、丁耘、孟晚舟，董事陈黎芳、万飚、张平安、余承东。

两天后，任正非在全公司市场大会上做了题为《成功不是未来前进的可靠向导》的讲话，阐述了公司交接班、成功怎样才能复制、未来的变革路线、未来的人才导向等一系列重大问题，并一改以往韬光养晦的策略，吹响了在信息领域与美国公司正面竞争的号角。

2.7　交接班问题

大企业接班人问题一直是个难题，很多家族企业因为没有处理好这个问题导致衰落。中国历史上的封建王朝，兄终弟及也好，父亡子继也好，都躲不开朝代消亡。然而，西方公司的 CEO 走马灯似的换，也没见轻易垮掉。所以，一个公司成功的交接班，应该是文化的交接班、制度的交接班，不能是人传人封建式的交接班。

随着华为不断发展壮大，社会上一直有关于华为接班人的各种猜测，甚至在华为内部也有疑虑和不理解。对此，任正非明确指出，华为的交接班绝对不是人传给人，华为的交接班是要建立一个文化、制度、流程的交接班，而不是要交接给某一个人，更不是交给自己某个亲属。华为的核心价值观，永远都不会改变。

事实上，华为公司的交接班，一直都在进行着。

从 1998 年开始，华为一直着力推行从西方引进的管理变革，IFS、LTC、IPD、ISC 等一系列变革，其实都是华为文化的一部分。经过这些管理变革活动的洗礼，华为实际上已经换掉了 90% 的干部，未来还会持续更替，那些能理解并实践华为文化的优秀干部，以及那些品德优秀、胸怀广阔、有干劲、学习能力强、实干结果好、奋斗和奉献精神强的优秀员工，不断涌现出来，这其实就是华为的交接班。

华为从 2004 年开始实行 EMT 轮值主席制度。六年来的轮值过程也是交接班的过程：让所有 EMT 成员轮流主持工作，承担责任，历练管理水平。在第一轮轮值主席制度中，原有的成员中有些退出了，也有新生力量增补进来，不断循环，不断轮岗，不断拓展视野和全局观。

因此，华为把交接班视为一个系统的、组织性的、一直持续着的过程，从上到下、从高管到中层，华为通过治理体系和管理变革，形成一个动态适配的接班人群体。

2.8 成功怎样才能复制

华为高层主编了《华为管理文化提纲》后，华为内部一直在推动高、中级干部及后备干部学习，因为这个提纲概括了华为 20 多年的奋斗历程和思想，这个浓缩的文化精华就像灯塔一样指引华为未来前进的方向。

2011 年，华为展开了"成功怎样才能复制"的大讨论，希望借此总结、提炼成功的核心要素，复制和指导未来的成功。有些员工认为，经过这么多年的管理进步，拥有完善的管理体系、成套的工作方法，总结出那么多的成功经验，再加上强大的企业文化，未来的成功是必然的，成功能够轻松复制。

过去的成功能不能代表未来的成功？历史上有很多成功的企业走向消亡，说明成功不是未来前进的可靠向导。因为时间、空间、管理者的状态、企业发展的阶段等都在不断变化，成功是不可能简单复制的。能不能成功，关键在于如何掌握、应用企业文化和经验，灵活地去实践，并在实践中再评估、分析、判断和调整。

华为提出，要善于借鉴以往成功的思维方式，而不是简单地用"拿来主义"去复制固化的工作方法。

如果管理者和员工在思想上懈怠，用"刻舟求剑"式的思维方式，原来怎么做的，现在就怎么做，完全沿着这条路盲目地往下走，不用动态思维、辩证性思维去研究成功的本质，最终一定会陷入成功的陷阱。只有研究透彻成功的必然性和偶然性，才会发现每个时点上的成功路径，才会懂得如何简化和优化工作，真正走向成功。

同时，整个商业生态环境也发生了很大的变化，技术迭代和成熟度也发生了很大的变化，从语音时代走向宽带时代，从宽带时代走向信息时代，未来会走向什么时代？必须理解和适应，并以此推动变革。这些外部环境的变化，所带来的未来空间是不可想象的。例如，云计算到底多么广阔，又多么深刻，谁都难以预测。未来的信息社会是什么样子？根本不可能设计出一个完美的应用场景和商业模式。

但是有一件事情是确定无疑的，那就是信息流会越来越大，而且流量越来越便宜，只要这个逐渐积累增长的流量基础在，总有一天会爆发出能够赢利的商业模式。这个方向就是"以客户为中心，以奋斗者为本"，唯有坚持这个方向，成功才能复制。

面对新时代、新机遇和新变化，华为坚决贯彻"以客户为中心，以奋斗者为本"的路线，逐步改革一切不符合实际的组织结构、流程、考核，坚定地实行大行政部门管理制，继续减少组织层级，推动"精官简流程"和定编定员，加强功能的综合与组织的合并，以此减少大协调，减少大会议，推动"以客户为中心，以奋斗者为本"的竞争力提升。

> 为实现共产主义而奋斗终生，为祖国实现四个现代化而奋斗，为祖国的繁荣昌盛而奋斗，为了把家乡建设得比北京还美而奋斗，生命不息，奋斗不止。这些都是共产党的口号，我们不高举共产党的口号，我们高举什么？但手段上由于我们民营体制的局限性，不可能有其他方法，只能用钱作为度量手段来测量你的奋斗。你是奋斗者，就给你股票，给你奖金。我们不能倒过来，为了奖金和股票而奋斗，如果这样价值观就倒退了。
>
> ——《成功不是未来前进的可靠向导》，2011年1月17日，任正非在公司市场大会上的讲话

2.9　耗散结构

熵是热力学中的一个重要概念，表示一个体系的混乱程度。例如，如果用熵表征能量的传递，那么熵增就是能量在转换过程中从高水平、高质量的能量形式变成了低水平、低质量的能量形式。

自然界各种演变过程都遵循其规律。按照热力学第二定律，自然界都是向着熵增的方向发展演变的，即从有序到无序。例如，闲置的房子会布满灰尘，身体的机能会随着年龄增长逐渐下降，无组织的社会任其自由发展其结果一定会越来越混乱，企业不进行有效管理必然导致衰败，等等。1969年，伊利亚·

普里高津提出"耗散结构"理论。他认为，远离平衡态的开放系统，通过与外界交换物质和能量，可能通过熵减形成新的稳定结构，这个有序结构就是耗散结构。

灰尘遍布的房子，打扫之后会焕然一新，打扫这个动作就是一种外界输入能量的行为；经常去健身房锻炼身体，通过锻炼塑身这种能量输入，才能延缓身体机能的衰老；社会通过政府进行规范、管理和约束，才能避免混乱，走向长治久安；企业不断进行管理优化和进步，用各种规章制度、职能部门管理作为输入的能量对抗熵增，企业才能基业长青。

1996 年，华为正处于多事之秋的转型期，隐藏着各种危机。有鉴于此，华为提倡在有效控制的基础上进行管理变革。何德全院士用热力学中"耗散结构"的理论解释了任正非的管理逻辑，就是要让能量在受控状态下不断释放，形成渐进有序的核聚变，而非因释放得太迅猛变成核爆炸。

华为长期推行的管理结构就是一个耗散结构，有过剩能量就及时把它耗散掉，通过耗散获得新生。有的华为员工说自己对公司非常忠诚，任正非却认为这种忠诚不一定能持续，因为这种忠诚是因为薪酬比其他企业高。在华为看来，奋斗者是先付出后得到，表面的忠诚是先得到再忠诚，两者有着本质区别。因此，任正非要求把这种对企业的浅层次的热爱耗散掉，用奋斗精神、流程优化、价值评价来巩固。通过这样的耗散，不断进步，把潜在的能量耗散掉，从而形成新的稳定势能。

2011 年，任正非用熵和耗散结构的理论带领全体华为人从更高层面重新认知管理变革的重要性。华为正是长期在稳定与不稳定、平衡与不平衡之间交替进行各种变革，从而使公司保持长久活力。

2.10　营销体系的变革：从片总到炮火

华为的代表处建立于早期，当初仅仅是为华为的"运营商业务"服务的。那时候的代表处，实际上就是一个直接作战队伍，它只负责"运营商业务"，或称"管道业务"。

随着三大 BG 的建立，终端建立自己的营销体系，企业网建立自己的营销体系，运营商业务之外的业务都无法通过代表处成长起来，三大 BG 没有在代表处形成合力，代表处的作用没有完全发挥出来。

2011 年，华为成立片区总部（简称"片总"），旨在通过片总的领导，把各地区部、各代表处逐步从作战部队转变为支持保障平台。片总不是一个完整机构，而是由每个管片区的总裁带着几个人分别组成小型办公室，代表公司协调并管理各个区域、各系统业务部门执行公司的政策，以及对各级主要的管理干部进行考核、评价、使用与弹劾。

地区部和代表处的这个转变过程不是很快，而是用三到五年，逐步转成一个支持、服务和监管的平台，将来会以系统部为中心，组织作战部队，当然系统部涵盖了运营商 BG、企业网 BG、终端 BG，以及未来其他 BG 业务……

同时，华为加强了各个运营中心作战方式的转变，不同运营中心有不同的作战方式。用三到五年使组织流程优化，"让听得见炮声的人来呼唤炮火"，形成从片总到炮火的营销层级体系，即片总、地区部、代表处、系统部、运营中心，直到炮火。

2.11　全球能力中心

任正非经常去欧美先进国家走访、考察和学习。2010 年 G20 会议后，任正非赴日本考察。他在考察中发现，海尔在日本招聘了大量的本地优秀员工以改进海尔的产品，产品获得改进后再大规模出口日本，近几年海尔发展非常快。

受其启发，任正非向人力资源部提出要打造全球能力中心的课题。但人力资源部交出的答卷却仅仅围绕以研发为中心进行能力建设，在任正非看来，这仍是狭隘的技术导向，没有走向综合均衡能力的提升。任正非的蓝图是，依托全球各地的资源禀赋，在全球建立不同的能力中心，比如：英国的财审能力全球第一，就在英国建立审计共享中心；华尔街是全球金融和资本高地，就在纽约建立融资风险控制中心；还有经营管理中心、项目管理中心……建设若干个这样的全球能力中心，就能超脱于狭隘的"以技术为中心"的执念，在更广的地域进行更大范围和更高层面的能力整合，获得全面的管理能力的提升。

很快，华为就开始着手打造全球各地的能力中心，并让国际优秀人才领导这些能力中心，通过这条路径，迅速提升占领全球能力制高点的国际化综合能力。

2.12 人力资源变革

早在 2000 年华为就提出，先认真学习 Hay 公司提供的西方公司的机制，当管理系统规范后，再打破 Hay 公司的体系，引入一批"胸怀大志，一贫如洗"的优秀的人才。他们不满足现状，不愿意被旧规范约束，于是他们会不断创新，并带动人力资源管理体系再次裂变，进而促进企业的不断增长。其后，华为提出招聘新员工的优先原则——PSD（poor，smart，desire），既能艰苦奋斗，又能长袖善舞。

这些新员工是一支很强的生力军。他们的加入让华为有了更强大的战斗力，战斗力强大了才能夺取更多的粮食，有了更多粮食做保障才敢于进行更大的投入，而持续增长的巨大投入才是更大的实力和优势的基础。这些新员工帮助华为逐渐形成发展的良性循环。

多年来，随着 PSD 招聘原则的贯彻，越来越多充满活力的年轻人加入华为，华为渐次展开各项人力资源变革。

首先是薪酬变革。

尽管华为面对的环境越来越困难，但这并不影响华为继续推动薪酬合理化。待遇改革的大方向是向成功者倾斜，向奋斗者倾斜。待遇改革也是改革陈旧的待遇理念，包括资历化待遇、明哲保身情感化待遇，以及一劳永逸的分配制度。华为面对竞争激烈的生态环境，做出了正确反应。

第一，按贡献拉开待遇差距，促使员工在任职期间加倍努力。敢于拉开薪酬差距，对于贡献等同于国际巨头的核心骨干，在薪酬上逐渐向爱立信、思科等国际巨头看齐。

第二，对所有业务岗位，职级待遇封顶。不管员工资格有多老，只要贡献不涨，薪酬调涨就冻结。

第三，推行本地化薪酬合理化。对有家庭困难的当地员工，公司给予理解和自愿选择的机会，不强制根据能力把其放在关键岗位。为一些不能全球化的中低端岗位，华为设计职级待遇，而且待遇略高于当地优质企业，形成稳定的本地化团队。

第四，在一些全球化岗位上，不仅设计了任职期限，还根据工龄设计了轮岗的要求，防止一些地区和岗位存在长期的人才沉淀。

第五，把过去的刚性薪酬弹性化，把薪酬分成不同组成，包括基本薪酬、岗位津贴、出差补贴、加班补助等，当原先的岗位调整了，承担的责任不同了，津贴也就很方便地随之调整，员工也容易理解和接受。

通过待遇改革，华为十万多名优秀员工队伍生机勃勃，在你追我赶中充满活力，坚持奋斗的员工能分享到胜利果实，怠惰的干部感受到末位淘汰的压力，组织充满了战斗力。

其次是考核变革。

考核路径有两种，分别是相对考核和绝对考核。以往华为对所有员工都采用末位淘汰制这种相对考核，一定要把员工分出 A、B、C、D 不同层级，这种考核在前期的确发挥了很大作用，鼓励先进、淘汰后进，为团队优化做出了贡献。但随着整个团队的整体水准不断提升，相对考核的方式开始显现偏差。例如，某个部门的员工都做得很好，95% 都是 A 也是可能的。根据部门人数进行末位淘汰的强制分布，缺乏合理性。

其实，末位淘汰的制度应该是选拔领袖用的，采用挤压政策，挤压出领袖来。普通员工还处于积累阶段，无需用末位淘汰的方式来挤压，应该用绝对考核评估工作实效，不该设定 A、B、C、D 的量化指标。

2011 年，华为认识到这个问题，并进行变革，主要措施是针对 12 级以下的低层级员工改变考核方式，进行绝对考核。

但是，针对奋斗者，针对拥有股票的骨干和干部，华为坚定不移地贯彻相对考核制度，以此鞭策核心员工持续努力。尤其是股票既得者，如果获得股票后，未来几十年不再奋斗，躺在其他奋斗者的成果上享受，对努力奋斗的新生力量太不公平，资源就会错配，企业发展就会受限。

最后是内部人才市场。

在企业快速发展过程中，华为的各个部门和产品线不断壮大。企业壮大后，华为发现在人才的发现和选拔上存在阻力，主管与员工之间出现了不少矛盾。有一些部门主管工作能力和作风都很差，但他的很多下属能力很强，这些员工被主管死死按住，能力得不到发挥，但因为华为待遇高，他们又不愿辞职，只能忍着窝着，造成生产力的极大浪费。

从 2011 年开始，华为提出要开放内部人才市场，通过活水计划为员工在内部提供很多可选岗位，员工可以依据自己的兴趣和实际情况去选择。当然，选择也有风险，有可能创造出丰功伟绩，也有可能对方向选择错误，甚至连薪酬也降了下来，组织和员工在过程中也会进行评估。

开放内部人才市场，首先公开考核。华为认为，要低成本地解决主管与员工之间的矛盾，唯一解决方法就是考核结果公开。不仅公开现在的考核结果，也要把过去历次的考核结果公开，把考核结果放在阳光下，让员工看看主管的评价是否客观公正。

开放内部人才市场，其次是把管人和管事在一定程度上分开。例如，行政管理团队的管事就是办公会议，日常办公会议正常召开。但是，行政管理团队主任不再由本级选拔担任，而是由上级管理团队的核心成员兼任下级行政管理团队的主任。一级管理团队的核心成员做二级行政管理团队的主任，二级行政管理团队的核心成员做三级行政管理团队的主任。而且，行政管理团队的跨度可以大一些，从端到端来看，它有可能跨越两三个业务部门，这有利于打破部门墙，有利于干部在一定范围内流动，避免用人问题上的封闭性。

开放内部人才市场，最后是鼓励人才流动。华为鼓励和欢迎员工毛遂自荐到艰苦地区和岗位上工作，愿意为有志者搭建一个阶梯，给他们创造业绩的机会，并使他们得到更快的提拔。华为提倡整个组织要理解员工对岗位、对主管的选择，建立内部人才市场，使员工敢冒在内部人才市场落选的风险，敢冒降低职级和薪酬的风险，去调整他个人的职业意愿。

通过以上几个措施，内部人才市场给管理者带来了很大压力。如果自己不是一个好的管理者，下属可以自由流动，优秀的员工都流失了，部门业绩就会垮下来，自己免不了被撤换。如果自己是个好的管理者，部门业绩好，给优秀下属提供更多施展才华的机会，下属不断升迁，自己的管理地位才更稳固。这样就反过来倒逼管理者不再给属下吃大锅饭的机会，也不再打压优秀的下属，最终才能做到良币驱逐劣币。

2.13　与美国公司全面竞争

面对美国市场，华为又爱又恨。长期以来，华为的策略都是韬光养晦，尽量回避与美国公司正面竞争，能让就让。华为一直希望通过同美国企业各界多维度、多链路的合作，实现共赢。

然而，2011 年，在美国商务部的直接干预下，华为非公正地丢了 Sprint 项目这个大单，整个华为美国团队为此白白付出了巨大的艰辛和努力，在美工作团队伤心地抱头痛哭。

团队的伤心哭泣，让华为丢掉了最后的希望，美国的傲慢与偏见，使华为放下了精神包袱，下定决心挺起胸膛直面竞争。

2011 年，华为不再顾忌和妥协，提出了新的历史使命，在信息领域里与美国公司正面竞争。同时，华为呼唤全体员工挑起重担，努力改造自己，克己复礼，发挥潜在的能量。

2.14　注重生命安全

随着华为海外业务持续发力，越来越多的员工临时或常驻海外，生命安全问题凸显。

2011 年，供应链体系的派遣员工在海外遇到突发危难，救助过程中，当时的责任主管对下属说"明天再处理"，该不负责的言辞在心声论坛上造成了很大的不良影响。

任正非对该事件进行了批示，指出要确定"第一受信主管"的责任制。一个主管接到员工危难报告后，并非上报以后就没有责任了，尽管不一定是对方的直接主管，但"受难者"找到了谁，谁就是第一责任者，一定要跟踪落实，直到上报的员工及时得到了负责任的救助为止，否则就要承担责任。

任正非同时要求，各级主管绝对不能对员工有冷漠感，不能麻木不仁，不仅仅是对员工，即使路见"受难人"，也应尽可能地提供帮助，至少发出求救电话。华为既然已经全球化，中高级主管的手机就要保持每周 7 天，每天 24 小时开机。任正非更提出，华为不仅应帮助自己的员工，即使是对竞争对手，包括那些竞争态势很恶劣的对手公司的员工，在危难之时，也应伸出援助之手。

华为认为，公司之间是市场竞争关系，但员工之间是人性关系，该帮一把时就要帮一把。

在财产与生命的选择上，华为历来主张生命第一，要对生命加以关爱。华为在为员工进行安全培训时提到：员工在遭遇抢劫时，可以无条件地放弃抵抗，因为留得生命在，还可以再创造出财富；员工在上山作业时，要多注意野蜂、蛇和各种毒虫，工作多耗费一些时间，主管不要过于挑剔；由于员工对危险敏感，做出了过度反应，主管也不应随意批评。为了应对高危地区的风险，主管在投标时要预留足够的安全成本。

华为要求员工要有职业素养。员工在选择工作岗位时应与家人一同商量好，做好风险控制与管理。家人担心亲人在前方的工作安全是人之常情，不应受到漠视，但应与前方亲人沟通好，而不应对公司施加压力。作为员工，必须在工作移交出去后才能离岗，不能无条件地逃跑，职业素养不允许自由主义。

员工要有职业责任，干部更要有担当。华为人的职业操守是维护网络的稳定，豆腐、油条店等小作坊可以随时关门，但华为永远不能。任何时候都会有危险和动荡发生，华为决不会介入任何国家的政治，但在任何地方、任何时候都要对网络的基本稳定承担责任。既然华为已为 20% 的人类提供了通信服务，通信服务网络需要充分保障，要求任何时刻不间断，在全球这么广阔的地域范围内，不知道什么时候就会有瘟疫、战争、地震、海啸等发生，放弃网络的稳定，会有更多的人无谓地牺牲。华为要求所有的干部，要向解放战争期间的共产党员学习，"冲锋在前，退却在后；吃苦在前，享受在后"。

2.15　财务共享中心

2011 年，华为在罗马尼亚建立了财务共享中心。在一次财务共享中心的座谈会上，任正非就财务的内容建设、财务与业务之间的关系、财务风险和责任边界，以及风控体系等内控管理，进行了一次深入的阐述。

第一，财务与业务的关系。什么是称职的 CFO？称职的 CFO 应该能随时接替 CEO，CFO 应该是财务体系员工的未来职业生涯发展方向。财务体系的大多数员工不懂业务，对业务的理解不深刻，提供的财务服务也只是表面的、例行的、低价值的基础会计服务。针对 CFO 的成长目标，华为对财务人员最基本的要求是，第一步至少要能读懂合同。

第二，华为的财务系统是垂直运作的。华为多年来一直保持财务相对业务管理线的独立性，就是希望财务能担起"大坝"的职责，对业务能起到监督和制衡的作用。理想状态是，在项目交付时，对交付成本有统计数据和分析，长此以往，财务人员就应该对业务数据胸有成竹。那么，当业务人员上报数据出现了偏差和异常波动时，财务人员出于职业敏感性就会提前发现问题，并承担起多问几个"为什么"的责任，向业务部门多要求一些核实资料，这就是发挥了监督作用。华为通过 CFO 的岗位设立、财务共享中心的建设，希望业务人员能够理解，财务不仅有服务功能，还有监控责任，监控重于财务统计与服务。

实际上，账务的垂直运作是华为内部运作机制中建立的一个筛子。用这个筛子，把合规、合理的东西放过去，把不合规、不合理的筛出来，然后通过分析、沟通、核实、请示等方法，减少业务运营过程中的差错和风险。

第三，财务的监控责任和业务之间的关系。

财务拥有对业务的监控责任，这一点毋庸置疑，但对这种关系的认识还需要深入阐明。华为就财务人员的监控责任和业务人员之间的关系界定，进行了清晰的解释。

首先，明确财务人员是公司的大管家，没有任何一件事情是不能管的。

其次，业务人员对风险负最终责任，但财务人员要向业务人员提示该风险的存在。财务人员一旦发现了业务人员存在的问题，不仅要向业务当事人报告，同时要往上和向平行周边扩大范围进行报告，每一个收到报告的人都有权利和义务提醒、关注、批示。这样就建立起一个以财务人员为中心的风险管控场。

再次，客观承认监控与效率存在天然的矛盾，因此在具体执行过程中要善于平衡与把握。既可以快速通过，辅以事后回溯，也可以事前控制，搞清楚后再让业务通过。选择哪种方式，取决于财务管理者对风险程度的判断与灵活把握。

同时，财务应该提供风险报表，这个报表就像公告牌，将业务运作中出现什么问题、怎么处理、处理效果如何进行广而告之。财务人员只负责将发现的问题公告出去，承担的是风险揭示义务，有关业务部门承担具体执行责任。风险报表的内容应分成以下几个部分：新出现的问题及沟通结果；上一次问题发布后，业务的改进情况；意见和优化建议；等等。这些风险报表与经营分析报告一起，例行纳入各业务单元的经营管理机制中。

最后，改进的主要责任在业务部门，财务部门承担一部分责任。具体来说，由业务部门制订改进计划，并负责按计划执行改进，财务部门负责检查改进成效。华为提倡有原则、有立场的财务服务，在业务未达标前，财务部门有权力停止相应的服务。

2.16　监控体系：多组织共同承担监控职责

企业的监控体系是业务营收的坚强后盾，企业的高质量发展和健康运营都离不开监控体系的构建。一般企业的监控体系比较简单，常见的方式是通过内外审计展开对运营的监控。

随着华为的发展，组织的层级越来越多，建设一个高效的监控体系显得越发重要。华为认为，监控不是一个点上的事情，监控是一个体系，流程中的每个节点都有监控的作用，具体理解如下。

第一，监控体系是一个由多组织承担的大体系。

从业务上看，地区部总裁是地区部的第一监控责任人，系统部主任是系统部的第一监控责任人，而财务体系在全流程中的每一个监控点上都能发挥作用，是各个业务线第一监控责任人的重要助手。

从审计上看，审计是随机的，随时进行检查，没人知道审计会在哪个点开展。因此，审计部门有点像警察局，它的存在使大家产生畏惧，不敢有侥幸心理。

从财务上看，财务监管责任就像社会、学校和家庭，每时每刻对不良行为进行监管，与业务流程一起端到端，无处不在。财务监管与审计监管使整个流程中每个节点都如履薄冰，这样的监控成本最低。

从道德上看，道德遵从委员会的职责，对每个员工进行思想教育，就像宗教让人在思想上认识到不能做坏事，因此自发产生一个自律的场。

综上所述，业务、审计、财务、道德遵从委员会共同组成一个完整的监控体系。业务是自发监督；审计由警察局和司法部队完成，关注"点"的问题，通过对个案的处理建立威慑力量；财务监控每时每刻、无处不在，关注"线"的问题，与业务共同揭示端到端的风险，并持续改进；道德遵从委员会关注"面"的问题，持续建立良好的道德环境和行为准则，建立一个"场"的监管。

第二，要对财务数据的"准确性"有清醒的认识。

财务数据来自于业务人员的填报和汇总。尽管财务数据在准确性和及时性上已经有大幅度的提升，但这个"准确性"是基于一个假设，即业务数据是可靠的。但如果业务数据不可靠呢？那"准确性"的假设也就不成立了。从这个意义上说，"准确"的财务数据并不一定能"准确"地反映业务实际。

举个例子，打完一场仗，通过清点炮弹壳，统计到底花了多少炮弹，这个数据要和炮弹的领用数据进行合理性比对，对得上才能核销，这就是监管体系的职责所在。为了炸开城墙，就要打炮弹，假如刚打完 100 发炮弹，城墙还没有被炸开，业务主管说不炸了，因为他担心费用花多了，审计要来查，这就是错误的教条主义。但是，如果占领城墙，按照以往的统计数据，大概要花 100 枚炮弹，这次打却花了 1000 发炮弹，这个数据是否合理，账务就要核实。核实的办法有很多种，可以向业务部门沟通了解，也可以到阵地上看看是否真有 1000 个弹壳，如果最终判断这件事情可以得到合理解释，也是合规的，财务就可以进行核销。但假如在数炮弹壳的时候发现只有 500 发，财务就要停止核销，多问几个"为什么"，多要一些佐证，把数据弄清楚后再核销，这就是财务的监管责任所在。

也就是说，财务很重要的责任是，要通过财务的独立性，保证业务数据是真实的、可靠的、准确的。

当然，在具体执行监管时，还有几点需要注意。

首先，凡事要辩证对待，只要业务部门在进攻，就一定会犯错。业务部门只要不是主观上故意犯错，就不要有顾虑，要放下包袱努力扩张。作为后端的服务与监控组织，用筛子筛一筛，如果筛出来错误，就提醒业务部门，并与其一起制订改进措施，监控改进效果。但如果是主观上故意犯错，如越权、故意绕过评审、上报虚假数据等，就应该让审计部门接手对其严肃处理。

其次，建立业务部门的信用体系。诚信度低的业务部门，每单都可以查，服务响应速度也可以降下来；诚信度高的业务部门，可以快速放行，事后抽查，既能保证响应速度，也能履行监控的职责。

最后，核算的深度与广度要合理。核算的细度决定了成本高低，并非核算到最细单元就是好的，要根据业务场景进行讨论。例如是否要核算到电阻，在不同的情况下有不同的答案：从物料采购角度来说，必须核算到电阻；从工程交付和产品销售角度来说，就完全没有必要核算到电阻，核算到台套才是合理高效的。

2.17　从一个案例理解为何财务人员要懂业务

每个项目都有其复杂性，华为要求每个人都应该深度渗透到项目经营的过程中，而不是简单地把数据收集汇总起来。只有深入到业务里面去，财务人员才可能实行有效的核算，提供有价值的建议，帮助企业产生合理的利润，从而发挥财务人员的最大价值。

例如，越南曾经遇到百年一遇的台风，台风把诺基亚和爱立信等西方跨国公司的铁塔都吹倒了，只有华为的铁塔没有倒，任正非问财务人员对此如何评价，回答问题的每个财务人员都充满了自豪感：你看，诺基亚和爱立信的铁塔都倒了，就我们没倒，华为的水平多高啊！

问题是，华为的铁塔只有一个标准，无论是在东南亚沿海台风地区，还是在中东沙漠，装的铁塔都是同一种型号。实际上，华为僵化地制定了安全度太高的标准，为此每年多浪费了 20 多万吨钢铁，项目存在过度交付的问题，换个角度看，就是成本管理并没有做好。另一个类似的案例是飞利浦的灯泡，一般只有两年寿命，用两年刚好坏掉，这就是最好的产品。如果客户只付了两年灯泡的价钱，但是产品保证了十年的寿命，只能说明过度交付、不懂经营。

2.18　强推 LTC 和 IFS

生产制造型企业一般来说都有三大业务流，分别是产品研发、市场销售和售后服务。这三大业务流代表了企业的核心能力，也支撑了企业发展的主要方向。华为在这三大业务流上相应地建立了三大业务流程系统，即 IPD、LTC 和 ITR。

为配合业务系统的 LTC，华为同时引入 IFS。引入 IFS，就是确定一个过程的规则，由规则的确定性来对付结果的不确定性。

当然，推行任何一个变革都可能带来短期的效率下降。例如，推行IFS之前，收入是按合同维度确认的，推行IFS之后，收入按站点或站点群维度确认。管理的精细化必然带来公司运作成本的上升。

华为希望全体员工都能看到管理效率的短期与长期的辩证关系。在推行IFS的过程中，可能会僵化教条，会带来一段时间成本的增高，导致变革的过程中效率下降。但两三年后进入变革稳定期，公司的运营效率就会逐步提升，公司发展越快、规模越大，这种提升也就越明显。因此，华为在强推IFS时希望各业务单元能真正理解和正确认识IFS变革，因为这是未来流程优化和效率提升的长期保障。

从时间轴来看，华为IFS的引入、推动和实践是一个长期的过程。

2009年华为提出CFO工作的突破口在于建立和执行财务流程，完成IFS落地和组织流程整改，有效支撑业务流程运作。

2010年，财务管理进行全面进步的冲刺，IFS从第一波向第二波纵深展开，完成了LTC的流程、组织设计工作。为了保证"让听得见炮声的人来呼唤炮火"的管理模式转变和授权机制改革的运行，开始加强流程化和职业化建设，同时加强监控体系。通过IFS的推动，支持这种前线指挥后方的作战模式成为可能。

2011年，华为坚持推行IFS和LTC，逐渐看见了曙光。华为强调，必须把LTC和IFS推行落地，阻碍LTC和IFS落地，就是阻碍公司运作效率的提升，在这个过程中任何阻碍推行的人都要被挪开，甚至不惜替换代表处代表和地区部总裁。

两年之后的2013年，华为推动了财务和业务的干部通融，构建混凝土结构的作战组织，使LTC和IFS能真正发挥作用。

直到2018年，华为全球销售收入首超千亿美元，LTC和IFS稳健地支撑了华为，使其成长为有持续生命力的大公司。

2.19 "压强原则""力出一孔""针尖战略"

早在1995年，任正非就提出了"压强原则"，即先集中一切力量，在一个点形成突破，然后以点带面，逐步扩大优势，改善公司的总体实力。事实上，华为也一直是这样做的。

创业初期，华为把代理销售取得的微薄利润全部集中到小型交换机的研发上，利用压强原则，形成局部的突破和优势。

20世纪90年代初，在资金、技术、人才各方面条件都匮乏的情况下，华为的奋斗者咬紧牙关，背水一战，依靠集体奋斗，日夜攻关，同样是利用压强原则，重点投入形成了重点突破，通过数字程控交换机C&C08逐渐取得比较优势，不断扩大技术领先和利润空间。

20世纪90年代后期，尽管实力大大增强了，但华为仍然坚持压强原则，集中力量投入核心网络的研发，形成自己的核心技术，使华为稳步积累到核心网世界先进水平。技术的领先带来了机会窗利润，华为再将积累的利润投入升级换代产品的研发中，周而复始，螺旋上升。

进入21世纪后，华为的产品线和解决方案逐渐丰富，华为依然坚持在不同板块、不同产品线运用"压强原则"，先撕开一个突破口，再快速扩大比较优势，逐渐在ICT（信息与通信技术）多个领域形成领先优势。

2011年，任正非针对无线产品线的研发力量因过于发散而导致容易让竞争对手赶上来的现状，对"压强原则"进行了新的继承发展。他受到高压水线穿过很细的孔产生可以割断钢板的巨大力量的启发，提出了"力出一孔"的概念，即力量从一个孔出去才有力度。当时的无线产品线，每一个具体产品、每一个工程师都渴望成功，但研发资源不集中，产生太多、太小的项目。他要求无线产品线对产品创新和新产品研发要有战略统筹，要有战略集中度，"力出一孔"，加强向主航道的投入，提高主航道的能力，在主航道上拉开与竞争对手的差距。

针对无线行业大趋势，任正非提出了对空口技术、运营商频谱资源、光纤回传、多频多模基站等未来方向的见解，提醒高管必须成为战略家，然后才能懂得把战略力量集中在关键的突破口上，集中在主航道和主战场，而不要太关注成本降低等细节。资源和力量的使用，一定要有战略集中度，不要把力量用在非关键的功能和特性上，不要用在不是特别有利于竞争力提升的次要方面。

后来到2013年、2014年提出的"针尖战略"，其本质也是提升资源使用的战略集中度，以利于核心竞争力提升，和"压强原则""力出一孔"也是一脉相承。

2.20　喝咖啡吸收世界的力量

任正非一向主张开放，让员工和组织打开心胸，吸收世界的力量。具体来说，参会人员中若没有外籍员工，任正非就认为这是缺乏开放的勇气和心胸。他鼓励中高管走出去参加各种国际会议、论坛、交流会，和外部的思想碰撞，以获得新思维的启发，点燃自己的灵感。同时，他主张高级干部多上战场，多去主战场，去感受产品和客户需求的适配度，去判断产品在技术之外的价值含量。

> 在座的这些人将来要拿出时间参加国际会议，不管听得懂听不懂，都要去听和讲，一定要敢。要拿出时间来喝咖啡，国际会议中间休息可能就十来分钟，你拽两个人喝咖啡，这时候是有可能敞开说心里话的。
>
> ——《力出一孔，要集中优势资源投入在主航道上，敢于去争取更大的机会与差距》，2011 年 10 月 31 日，任正非在无线业务汇报会的讲话纪要

2.21　EMT 轮值主席转为董事会领导下的轮值 CEO

2011 年在华为历史上是一个重要的年份。一方面，这一年华为基本完成了国际化，从成长期走入成熟期；另一方面，华为的治理结构发生了重大变化，从 EMT 轮值主席制度，转变为董事会领导下的轮值 CEO 制度，标志着华为治理制度进入新的阶段。轮值 CEO 是华为最高行政首长，着眼于公司的长远战略和制度建设。

任正非在 2011 年的圣诞节写下了《一江春水向东流》一文，回顾了自己的心路历程，总结了华为自创业一步步走到今天的经验和教训。他把自己定义为从甩手掌柜到文化教员，再到制度建设的推动者，推动了 EMT 中枢机构的建立。经过两个循环，历时八年，该制度演变为董事会领导下的轮值 CEO 制度。这篇文章，也被视为为轮值 CEO 制度鸣锣开道。从此，华为又掀开了一个新篇章。

第三部分

从领航者走向无人区

（成熟期，2012年至今）

经历了创业期的混沌、迷茫，初创期的探索和奋力牵引，成长期的沉沉浮浮、痛苦涅槃，华为终于逐渐成熟。从窄带到宽带、从固定到移动、从语音到视频、从终端到云端，华为敏锐地把握住每一轮技术发展先机，协同行业发展到新高度。

随着30岁生日的到来，华为完全实现了全球化，基本上成为完全意义上的全球化企业。在业务上，华为进入了真正的无人区，再也无法采用跟随战略，不得不成为引领者，这对华为而言既是挑战又是压力。经过30年的追赶与奋斗，华为业绩上终于超过爱立信，成为当之无愧的全球第一。华为手机后来居上，智能手机Mate大卖，终端排名全球第三，华为从一个行业内的佼佼者成为家喻户晓的品牌。从3G追赶者，到4G主要参与者，再到5G输出标准，华为成为全球移动互联网领军企业。随着业务不断增长，华为也在不断探索治理架构变革，几经变化，最终调整为董事会领导下的轮值CEO制度。

在这个阶段，华为也不可避免地遇到各种困难和挫折。2013年华为得了富贵病，员工富裕后逐渐丧失了艰苦奋斗精神，不愿去艰苦地区，任正非担忧"华为快垮了"。美国业务屡次受挫，持续遭遇美国制裁和打压。

在这个阶段，华为没有停止管理优化和变革的脚步，从更加理性的视角出发，用成熟的手段，不断推动自身管理体系成熟和稳健发展。

在这个阶段，"华为"逐渐被国内大众和媒体熟知，被国际社会广泛关注，华为用低调谦逊的姿态展现自己的企业形象，用高调和自信的姿态宣传自己的产品和服务，正如华为对灰度理念的一贯倡导——继续在平衡辩证中不断前进。

第七章
全球化架构

（构建全球化组织模式和经营模式，2012—2014年，3年）

从国际化一路走来，华为开始着手进行全球化的整体架构构建，以支撑从国际化向全球化阶段的转型升级。在这个阶段，华为全面构建了先进的全球化组织模式和经营模式。

在治理架构上，EMT轮值主席转为董事会领导下的轮值CEO后，组织逐渐适应并稳健运作。在全球化布局上，加快对外建设全球化能力中心；对内号召"力出一孔，利出一孔"，并通过从"授予制"到"获取分享制"的利益分配机制革新，以及采取推动干部流动"之"字形成长等方式，提升组织活力。

内部流程持续变革，通过端到端与流程责任制，终于打通部门墙，站在全局的高度看待整体管理架构的进步。

华为秉承创新与开放的理念，成立了"2012实验室"，为了预防和控制风险的发生，开始规划自有操作系统"鸿蒙"，并开始打造芯片的备胎"海思"。

○ 2012年　主航道，主流程，主战场——业务、组织架构和流程优化

1. 业务进展

（1）1月30日，任正非应邀参加第一届欧洲竞争论坛，做了《开放、竞争、合作》报告。

（2）3月30日，美国著名商业杂志《财富》（中文版）发布中国最具影

响力的 50 位商界领袖榜单，任正非再次荣登榜首，公司董事长孙亚芳榜上有名。

（3）5 月 23 日，在 2012 年 LTE 全球峰会上，华为荣获 "LTE 最佳商用表现" 和 "LTE 最佳核心网" 两项大奖。华为连续三年在 LTE 全球峰会上获奖，证明了华为对推动 LTE 产业发展做出的持续努力和贡献，也证实了华为在 LTE 领域所处的领先地位。

（4）8 月，华为在美国遭受 "337 调查"，华为高层出席美国参议院情报委员会公开听证会，明确否认任何间谍行为。

（5）9 月 11 日，华为在英国宣布一项投资项目，持续推进全球本地化经营，加强了在欧洲的投资，重点加大了对英国的投资，在芬兰新建研发中心，并在法国和英国成立了本地董事会和咨询委员会。

（6）华为与中软国际合资，华为与软通动力合资。

（7）预计 LTE、云计算、智能终端将是公司业绩未来持续增长的主要驱动力。

（8）推出的 Ascend P1、Ascend D1 四核、荣耀等中高端旗舰产品在发达国家热销。

（9）华为收购华赛。

（10）2004 年华为发布 10 G 路由器，落后思科 4 年；2006 年华为发布 40 G 路由器，落后思科 2 年；到 2010 年发布 100 G 产品时，华为已追平对手；2012 年，华为开启 400 G 路由器时代，将思科甩在身后，开始领跑。

（11）终端总部落户松山湖。

（12）2009 年开始 5G 研究，2012 年在巴塞罗那通信展上展示了 5G 原型机。2014 年华为的 5G 专家团队就有 300 名以上，设立了 9 个 5G 研发中心，在全球不遗余力地推行 5G 标准。终于，华为从 2G 时代的跟随者，到 3G 时代成为追赶者和参与者，到 4G 时代成为主要参与者和第一军团，到 5G 时代成为领军人。

（13）员工达到 146 000 人。

2. 管理变革

2.1　自律宣言

1 月 28 日，华为新一届董事会、监事会在市场大会上发表自律宣言。

2.2 多业务运营中心

华为公司已从单一平台运作走向多业务运营中心运作。

2.3 "鸿蒙"

2012年，华为未雨绸缪，开始规划自有操作系统"鸿蒙"。

2.4 聚焦主航道、主流程、主战场，抓住机会窗

随着宽带化的进程，华为预判社会大众对宽带的需求会产生井喷式增加，需求变化和升级越来越快，很多跟不上需求变化的IT公司极可能被淘汰。华为客观分析自身，无论是技术的满足度，还是市场的适应度，按照现有的实力和储备，可能跟不上宽带需求的更迭，而这正是一个新的主潮流、主航道、主战场，因此，华为决心聚焦在这项战略投入上，跟上或引领其发展。

华为把超宽带视为一次重要的机会窗，认为只有在超宽带上获得突破，超越需求发展的速度，才有可能占据战略高地，才有可能改变20多年疲于奔命的追随方式。

华为认为，未来的成功取决于两点：一是组织的能力与活力，二是商业生态环境。前者是内部问题，即内部组织有没有能力担负起千亿美元产值的公司运作，是否有足够的活力应对各种挑战。后者是外部问题，外部的商业生态环境对企业的容忍度是否容许企业做大做强；如果不允许，如何改善商业的生态环境，使得外部环境更宽松和有弹性。

围绕后者，2012年华为在惠州召开了一次务虚会，为迎接高潮到来积极部署，提升竞争力，迎接机会窗。总体部署分为以下四个方面。

第一，研发设计架构的变革。

华为参考IT的架构设计，开始实现软、硬件解耦，方便软、硬件各自升级。在运营商业务的硬件设计上，推行标准化、通用化、简单化，使之与业界通用。这样一旦华为出现危机，客户不用搬迁、替换华为的硬件设备，就可以直接使用爱立信、诺基亚等设备进行升级扩容，就能减少客户的损失与风险。这样的机制和能力，反过来促进了客户对华为的信任。

第二，恢复盈利能力。

华为发现各BG尤其是企业BG、消费者BG，以世界排名为目的，以赶超思科、苹果为目标，盲目追求合同额和规模，导致合同质量低下，合同利润持续走低。据此，华为提出必须在两到三年完成两个重要举措：一是改变合同质量低下的状况，二是大规模消灭内部腐败。通过这两个举措，恢复盈利能力，只有这样才能支撑战略目标的实现。

第三，调整人才政策，提升作战能力。

为了提升竞争力，迎接机会窗，华为进一步调整了人才政策。

首先，华为的人才政策长期向一线倾斜，从2012年开始，这种倾斜越来越清晰。例如，一线作战部队的升职加薪速度要快于一线作战平台，一线作战平台的升职加薪速度要快于二线管理平台。

其次，华为不仅建立基于部门的干部授权、价值评价与激励机制，还建立基于项目的干部授权、价值评价与激励机制，逐渐把项目作为评价的核心单元。

再次，构建专家体系。华为强调低级别主管中尉连长也要有战略领导能力，加强一线干部、专家的能力提升，专家体系亟待建设。行政首长负责制为代表的组织架构已经不再适应现代战争，现在的战争是复合型综合性作战，缜密的合同、复杂的交易结构、高难度的执行，要求的是海陆空一体化、电子化、信息化的融合能力作战，组织改革迫在眉睫，特别是建立庞大有效的专家体系更成为2012年迫切的需求。为此，华为开始认证、评定高质量项目经理和专家队伍，并给他们赋权。

最后，破格提拔。华为在某些战略机会点上，敢于不拘一格地灵活配置干部。华为认为，组织渴望成功，就应该围绕成功的目标配置资源，而不是处处担忧打破平衡。对提拔的底线控制是，对没有实践经验的人，不能轻易提升为领导干部。对那些没有基层主管经验的领导干部或准干部，人力资源部都会安排他们上前线补充这一课。

第四，实行大部门制，支持主干流程的融通。

在很多企业，有一种普遍的现象，就是进行公司内部的公关比外部公关难很多倍。这个现象可能有很多原因：有的是责任心不强，有的是工作作风不良，有的是企业文化欠缺，有的是当责者过于小心怕犯错。如果从流程的角度看，这种严重的滞后效应，是因为流程没有打通而造成的链条过长，决策点太多，授权不足。

华为创业之初，由于没有良好的管理体系支持，为了快速发展，划小了行政责任，实行小部门制，以适应快速变化的业务与发展。小部门制为公司做出了历史性的贡献，但也产生了严重的后遗症，决策链条过长过多，不利于规范化管理。

2012 年，华为推动的 IFS 与 LTC 正处于关键时刻，下一步要实现公司各个主干流程的融通，减少低价值内耗和重复劳动，使之变得快捷有效。华为经历了十几年的流程改造，初步形成了合理的流程管理，深化流程优化就要沿着科学的轨道进行流程革新，实事求是、因地制宜地推进。

2.5　流程优化上的七个反对

在流程优化上，华为提出七个反对，并在流程变革的过程中一如既往地进行贯彻。七个反对分别是：反对完美主义，反对烦琐哲学，反对盲目创新，反对没有全局效益提升的局部优化，反对没有全局观的干部主导变革，反对没有业务实践经验的员工参加变革，反对没有得到充分论证的流程进入实用。

2.6　关于考核的一些认识和做法

进入成熟期，华为依然没有停止对管理体系的自我批判和管理优化。2012 年，华为在考核方面进行了系统性的总结、反思和优化。

第一，关于绝对考核和相对考核。

华为把考核分为绝对考核和相对考核。对待基层员工，应该采用绝对考核。2012 年，华为针对 12 级以下的低层级员工，改变考核方式，进行绝对考核，不再采用相对考核。

第二，关于绝对考核的指标。

绝对考核，即采用绝对指标考核，对各项指标量化。考核的指标分为主观指标和客观指标。越是基层，越应该量化工作，用客观指标衡量贡献和价值。主观指标如劳动态度、工作积极性、领导交办事务等非客观、易受考核者和被考核者主观判断影响的指标，以及峰终效应会影响考核结果的指标，统统不用。尽量采用第三方能独立验证的客观指标进行绝对考核，保证考核的客观公正。

例如，把劳动成果放第一位，劳动技能放第二位，淡化工作态度，因为态度是个很虚的指标。如果确实要考核工作态度，可以具体化，比如说按时上下班、上班时间专心本职工作等，抓住几个关键点即可。

华为没有局限于仅针对 12 级及以下的员工搞绝对考核，先不针对更高级别实施，是因为要在绝对考核的推行过程中，对其适用范围进行研究再行推广。

第三，关于末位淘汰和 ABC 分级考核。

ABC 分级考核和末位淘汰制度一样，都是为了选拔领袖，其中，末位淘汰是西点军校的考核方式。两者的目的都是激活组织，激励先进，鞭策后进，进行领袖的选拔，不能为了选拔领袖，而进行扩大化，搞全员 ABC 分级考核。组织对高级管理者的要求更高，因为高级管理者是去做领袖，必须用高压力考核迫使他们实现从优秀到卓越。

第四，关于 360 度考核。

华为认为，360 度考核也是非客观考核，不该用于考核，应该用于评价。严格来说，应该称为 360 度评价，而非 360 度考核。这个工具用来评价和识别员工的能力和贡献，以找出公认的真正"奋斗者"。同时，使用这个工具也要科学，不能把 360 度考核盲目扩大化，以免变成专门去找对方的缺点，更不能刻意为了满意度达标，而选出一个老好人，这迎合了大家情感关系上的满意，却偏离了组织贡献的满意。

第五，关于考核的区别化、差异化和基准线。

华为很注意对基层员工、高级别员工及管理者施以不同的管理侧重点和方法。对基层员工的原则是按劳分配、多劳多得，不指望基层员工一下子做领袖，要让他们尽其所能创造绩效、贡献收益。对基层员工的考核简单、导向清晰，设定标准基线，考核目标是价值贡献。

华为在下属外包公司慧通率先取消了 ABC 评定的比例限制，实行基准线考核。达到基准线就认可该员工的本职工作，把百分之七八十的员工能成为优良员工的水平设定为基准线。这样一来，基层员工很团结，一起努力把工作做好。当然，企业在发展，为了使基层员工不怠惰、思进步，跟上企业的发展步伐，企业也会不断调整基准线。华为的具体做法是：每年根据上一年进步的平均幅度对基准线做一次上调。通过这种调整引导大家一起向前走，走着走着，基准线逐步提高，企业也就不断进步了。

2.7 创新与开放

创新需要"土壤"，这个土壤就是产权保护制度。没有产权保护，创新的冲动就会受到抑制。华为一向崇尚创新与开放，在内部不断打造小环境的创新土壤。

华为对创新的核心理解有以下几点。

第一，创新一定要强调价值，一定是为了创造价值而创新，绝对不能为了创新而创新。离开了创造价值，一切创新都没有根基，也没有意义。

第二，创新要对失败宽容。宽容失败也要有具体的评价机制，不是所有的领域都允许大规模的宽容失败，一般而言，越高端的研究领域，模糊区域越多。

第三，创新是承前启后。华为鼓励员工走出去与外界碰撞思想，总结心得体会。华为也鼓励员工把这些总结、感悟、心得、思想发到公网上，让全社会都能看到，甚至让竞争对手也看到。华为认为，如果这些心得体会启发了别人，说不定就能创造新的业务、新的模式、新的天地。所以说，广义上的创新，更多的是一种继承，本质上是在为社会做贡献。

第四，科学家的创新应该是不受局限的。例如，中科院工程热物理研究所所长吴仲华20世纪50年代完成了涡轮机械三元流动方程，创立了三元理论，后来英国人按照三元理论发明了第一代斯贝发动机。再比如，1979年，复旦大学教授周有光代表中国，到国际标准化组织陈述中国对文字的观点，最终争取到汉语拼音作为拼写汉语的国际标准，为汉字融入电脑时代打下了坚实的基础。由此可见，科学家对人类的发明创造不应该受到时间的局限，他们的贡献即便当时看不见实用价值，最终也能促使社会进步。

在华为自身的创新与开放上，有两个案例值得提及。

华为认为，数学是科技创新的一种资源，是一种普遍适用的并赋予人能力的技术。数学实力往往影响着国家实力，世界强国必然是数学强国。华为在俄罗斯成立研究所，因为俄罗斯有全世界最顶尖的数学家。"我认为用物理方法来解决问题已趋近饱和，要重视数学方法的突起。"任正非高屋建瓴的思想决定了华为对数学认知的高度。事实上，华为借助俄罗斯的数学家解决了通信管道变粗、流量变快的问题，让华为的数通产品走到世界前列。

石墨烯的出现，受到了众多企业的追捧。尽管华为也同英国高校实验室联合对石墨烯进行研究，但华为清晰地知道自己的优势在数理逻辑上，而不在物理和材料上。为了能集中发挥优势，华为在材料科学方面更多地倾向于对材料应用的研究，即应用最新科技材料，而不是创造发明新材料。对材料创新的理解，华为重应用而非基础科学发明。

2.8　整合

业界有两个不同整合模式的典范。一个是 IBM 通过兼容机模式，完成个人计算机横向整合，成就了 PC 机霸主地位；另一个是苹果采用 App 生态圈模式，完成智能手机及其应用的纵向整合，最终成为智能手机第一。华为希望能够吸取两者经验，沿着管道来整合，把通信网络管道视为江河、太平洋，把企业网视为城市自来水管网，把终端看成水龙头，用管网视角看业务布局，沿着这个管网整合。

2.9　将军赌未来

2012 年，华为处在一个发展相对稳定的时期，当年纯利润高达 30 亿美元。华为决心加大研发投入，把这些收益耗散掉，转变成新的优势，这种转变过程体现了耗散结构理论。华为认为，只有通过耗散结构，才能形成未来的优势和竞争力。对未来的投资绝对不能手软，不敢用钱的企业，要么是缺少对未来的战略和信心，要么是缺少将军。

华为反思自己，能从当年做模拟交换机代理商走到今天，靠的正是将军的长远眼光。为了让后继者持续产生将军，华为开始调整文化机制和考核机制，把利益机制从"授予"改成"获取"。"授予"就是上面来评，评出来每个人应该有多少待遇；改成"获取"和"分享"制，就是将整个考核机制倒过来，以在农场上收获的粮食为基础反过来分配给打粮食的人，一切以利益获取为中心，积极性也就调动起来了。

对未来的宏观架构进行假设，谁都讲不清楚，但是，对未来的大架构又必须做出判断，勇于做出判断，这就是将军的价值。将军赌战略眼光，赌未来。

2.10　海思的战略定位：操作系统＋芯片的备胎

华为每年向"2012实验室"拨付的研发经费高达4亿美元，员工数量接近两万名，其目的是希望通过自主研发站起来，减少对欧美的依赖。华为投入之多，决心之大，可以称得上绝无仅有，由此可见其战略决心。

2012年，华为开始自主研发终端操作系统。这一举措是出于战略的考虑，就如任正非说的："如果他们突然断了我们的粮食，Android系统不给我们用了，Windows Phone 8系统也不给我们用了，我们是不是就傻了？"

同时，华为一边以采购美国高端芯片为主，一边开始研发高端芯片。一方面，华为认为美国的高端芯片质量好，能够很好地帮助华为产品满足客户需求，在现阶段应该作为主要的芯片渠道；另一方面，通过应用美国高端芯片，有机会更好地了解、学习并融入高端芯片的自主研发中。

华为坚决反对狭隘的自豪感，无论是做操作系统，还是做高端芯片都是一样的道理，华为遵循的原则是：因为对方的好用，平时用对方的；断粮时，备胎也能上战场。

从大国博弈的历史中，人们不难理解核武器技术的重要性，尽管从来没有打过核战争，但各核大国依然不会停止以核武器作为战略震慑力量的研究脚步。华为海思的存在，就有着类似核武器的战略定位。

从战略价值平衡的维度看待海思，有识之士不难理解为什么即使做成功了暂时没有用，还要继续做下去。2012年，华为下定决心，即便坚持做几十年都不用，也得做，因为一旦华为出现战略性的漏洞，可能就是几百亿美元甚至几千亿美元的损失。华为很清醒地认识到，辛苦积累了这么多的财富，一旦被别人抓住了阿喀琉斯之踵，所有财富都可能灰飞烟灭。

2.11　华为展厅

几乎每家企业都有展厅，以此对企业进行宣传，展示企业的产品和服务。但是，要把展厅的展示做好并不容易。

展示不成功的原因有很多：有的展示太科普化，过于注重技术细节；有的展示太虚化，对企业发展历史和文化着墨过多；有的没有清楚地了解客户或潜在客户的痛点，一厢情愿地进行功能性的产品兜售……

华为的展厅是华为对外展示的窗口，是外界人士了解华为的一个渠道。华为对展厅的展示方式和定位是，要"从面向现在转变到面向未来"。华为的几个主要展厅包括深圳总部的F1主展厅、上海研究所的MBB展厅，以及企业业务展厅。在这些展厅里，没有领导视察的照片，没有华为的历史介绍，只展示未来——保持五到十年提前布局的未来。

展厅为谁服务？当然是客户。任正非曾表示："我们公司的最佳表达是什么？我们的展示应该从哪个地方切入？我认为应该从客户的痛点切入。我们要搞清楚客户的痛点在哪里，我们怎么帮助客户解决他的痛点。抓住客户的痛点进行表达，才能打动客户，让客户认可我们。"

客户要精准。华为的展厅主要以技术展示为主，所以瞄准的是全球客户的CTO、CMO和CIO，他们是全球电信领域最高端的群体。展厅向他们表达的不仅仅是单一的技术，而是全流程、全要素地展示华为的现实能力与远景目标，如研发、生产、制造、服务、交付、财务、升级……

对于CTO，华为希望他看完之后认为未来的战略合作伙伴就是华为，华为有能力帮助他解决面向未来的问题。因此，展示方式和定位从面向现在转变到面向未来，重点表达如何解决客户面向未来的问题。同时，在表达的过程中穿插一些故事，这样的表达更加丰富多彩，让普通人也能理解、被吸引。

例如，华为的企业展厅虚拟出一个惊险的"反恐"案例：某个美国城市遇到炸弹威胁，在平安城市系统的帮助下，警方迅速锁定嫌疑人，还通过行车记录分析找到了第二枚炸弹。这种价值表述直接明了，甚至能让不懂技术的客户也能看懂华为。

不仅如此，华为下一步展厅的优化方向是，考虑如何抓住CEO和CMO的关注点。他们更关心应用场景和营利模式，关心他们的企业怎么赚到钱。华为认为，客户到华为展厅来，是为了探索和思考自己看不到的未来的。因此，华为要求未来展厅的表达要从经济性对比、新业务、新应用场景、新商业模式上下功夫。

同时，华为的几个主展厅面积都很大，是从传统物理连接的角度来考虑的。

华为提出，未来新展厅的设计要重视展厅的小型化、分布式、分散化。展厅已经不需要物理上在一起，而是逻辑上连接，以体验为中心。再往后，借用虚拟现实的技术，展厅所展示、宣讲的内容以基于云的技术方式面向全球展示，到那时，展厅就会成为全球各地随时可以接入的面向未来的虚拟空间。

○ 2013 年　对外建设全球化能力中心，对内提升组织活力

1. 业务进展

（1）华为公司各项业务持续增长，实现全球销售收入 2390 亿元，同比增长 8.5%，净利润达 210 亿元。

（2）2013 年，华为研发投入达 307 亿元，占销售收入的约 12.8%，过去10 年累计研发投入超过 1510 亿元。

（3）华为公司的信息与通信技术覆盖了全球 170 多个国家和地区，帮助近 30 亿人加入了全球信息网络连接，让人们随时随地实现信息分享。

（4）以消费者为中心以行践言（make it possible），持续聚焦精品战略，其中旗舰机型华为 Ascend P6 实现了品牌利润双赢，智能手机业务获得历史性突破，进入全球前三名，华为手机品牌知名度全球同比增长 110%。

（5）4 月 18 日，美国《时代》周刊公布了全球 100 位最具影响力人物，任正非入选巨擘类最具影响力人物。在入选理由中，《时代》周刊称："任正非是世界上最具争议的商人。"在中国，任正非"是一个英雄的企业家，他证明了中国能够与西方在最前沿的行业进行竞争"。据悉，任正非在 2005 年也曾入选《时代》周刊"全球最具影响力人物榜"，也是中国唯一进入《时代》周刊全球 100 人名单的企业家。

（6）7 月 8 日，2013 年《财富》世界 500 强排行榜发布，华为以 349 亿美元的营收排名第 315 位（上一年为 351 位），爱立信则以 336.44 亿美元排名第 333 位（上一年为 309 位），华为在财富 500 强中的排名超过了全球第一大电信设备商爱立信。不过，华为的收入由三大业务组成，其中的运营商网络业务占整体收入的 70%，即 1673 亿元（约合 276 亿美元），也就是说，爱立信仍然是全球第一大电信设备厂商。2010 年，华为携 218.21 亿美元的营收首次

杀入《财富》世界 500 强榜单，排名第 397 位，当时爱立信以 269.97 亿美元排名第 301 位。

（7）2013 年，华为的 ICT 转型战略已经初见成效。华为在控制成本的同时，注重积极拓展新的领域，已经形成三大业务领域：传统运营商市场、企业业务市场、消费者业务市场。华为在总体营收上已经超过爱立信。

（8）华为通过加大在软件定义网络（SDN）、网络功能虚拟化（NFV）等未来网络新技术和 5G 上的研发投入，表明它希望引领行业发展。

（9）作为 3G 与 4G 技术之间的一个过渡，LTE（long term evolution，长期演进）具有明显的成本领先优势。由于 LTE 牌照的发放，4G 领域成为全球电信设备商的兵家必争之地。2013 年，华为 LTE 业务保持全球领先优势，已经进入了全球 100 多个城市，覆盖了伦敦、纽约、苏黎世、新加坡、香港、东京等九大金融中心，持续领跑全球 LTE 商用部署。

（10）作为欧盟 5G 项目的主要推动者以及英国 5G 创新中心的发起者，华为在 2013 年发布了 5G 白皮书，构建无线未来技术发展、行业标准，引领全球 5G 研究创新。同时，华为积极构建 5G 全球生态圈和产业链，并与全球 20 多所大学开展紧密的联合研究。

2. 管理变革

2.1　全球财务风险控制中心

2013 年，华为在伦敦成立了全球财务风险控制中心，监管华为的全球财务运营风险，确保财经业务规范、高效、低风险地运行。

2.2　欧洲物流中心

欧洲物流中心在匈牙利正式投入运营，辐射欧洲、中亚、中东和非洲国家。

2.3　持续推进全球化建设

华为持续推进全球化建设，进一步开放合作，整合全球优势资源，加大本地化经营授权，并力争成为对当地社会卓有贡献的企业公民。

2.4　力出一孔，利出一孔

在 2013 年的新年献词中，任正非把华为的大战略从"力出一孔"拔到更高的层次，提出"力出一孔，利出一孔"的口号。

对于"力出一孔"的威力，可以用水和空气的例子来加强认知。水是柔美的，但水在高压下从一个小孔中喷出来，竟然可以切割钢板；风是轻顺的，然而火箭燃烧后的高速气体，通过拉法尔喷管的小孔扩散出来的气流，能够产生巨大的推力，把飞行器推向宇宙。两者都说明，最平凡、最柔顺的事物，一旦力出一孔，威力无穷。和水与空气一样，华为也是平凡的，但正是这平凡的十几万人，25年聚焦在一个目标上持续奋斗，如同从一个孔喷出来的水和气，造就了举世瞩目的成就。这就是聚焦战略。

对于"利出一孔"的意义，管仲在《管子·国蓄第七十三》中就说过"利出于一孔，其国无敌；出二孔者，其兵不诎；出三孔者，不可以举兵；出四孔者，其国必亡"。很多昙花一现的明星企业陨落，正是因为企业有太多的孔，企业内部的高管和员工通过关联交易的孔掏空集体，个人或小团体私利，最终令千里之堤溃于蚁穴。华为认为，25年来，自身基本是利出一孔的，总体上形成了15万员工团结奋斗的局面。但为了强化利出一孔，华为从EMT最高层到骨干员工进行全面宣誓，承诺全部收入只能来源于华为的工资、奖励、分红及其他，不允许有其他额外的收入，并在组织上、制度上坚决禁止从最高层到执行层的个人谋私利行为，决不妥协。

> 如果我们能坚持"力出一孔，利出一孔"，那么下一个倒下的就不会是华为；如果我们发散了"力出一孔，利出一孔"的原则，下一个倒下的可能就是华为。历史上的大企业，一旦过了拐点，进入下滑通道，很少有回头重整成功的。我们不甘倒下，那么我们就要克己复礼，团结一心，努力奋斗。
>
> ——《力出一孔，利出一孔》，2013年新年献词

2.5 家人不接班

为了减少华为员工及外界的猜疑，任正非再次正式澄清了关于接班人的传闻。任正非主动介绍说，自己有四位亲戚在华为上班，但都是职业经理人，凭自己的劳动在华为努力工作，是奋斗群体的一分子，绝不会进入接班人的序列，

因为华为的接班人是任人唯贤，而不是任人唯亲。

这里的"贤"，是指华为接班人应有的能力和素养，除了要具备全球市场格局的视野、宽容服众的品格、坚强不屈的意志等基本要求，还需要对外具备若干能力，包括对客户需求深刻理解的能力、对价值评价高瞻远瞩的能力、对商业生态环境驾驭的能力、对自我不断批评和不故步自封的能力……对内还要具备若干能力，包括对交易和风险把控的能力、对公司巨大数量的端到端流程（业务流、信息流、物流、资金流等）宏观把控和简化管理的能力……这么多的能力，任正非认为他的家人都不具备。

这样的明确表态，不仅逐渐平息了内外部关于华为接班人的猜忌，也明确澄清了华为对接班人和接班人群体的要求，为所有潜在接班人树立了努力前行的灯塔。

2.6　华为不上市

不同的企业有不同的发展基因，也有不同的发展路线。一些企业长袖善舞，适合在资本市场上叱咤风云；另一些企业以管理经营为主，更适合缓慢地积累与增长。为了进一步让员工安心做好本职工作，确立长期稳健发展的集体心态，任正非对华为上市的传闻进行了反驳和澄清。他认为，企业的发展不是只有上市一条路，上市不适合华为的发展。

华为的董事会对此有统一的认知，他们洞悉资本的本质，慎对资本运作，抑制欲望和贪婪，避免被拖入资本陷阱。华为决定，既不考虑整体上市，又不考虑分拆上市，不考虑通过合并、兼并、收购的方式进行产权交易，也不会与外部资本通过合资项目介入资本运作。

华为保持与资本的距离，其本质原因是华为不希望受外部资方的影响，使长期战略受到干扰，打断其正处于良性循环的行政改革、管理变革和未来三至五年的治理结构及运作方式变革。华为正心无旁骛地苦练内功，努力将公司从一个中央集权的公司，通过将责任与权力前移，"让听得见炮声的人来呼唤炮火"，推动机关从管控型向服务支持型转变，最终构建成一个适应和引领行业发展的现代化、全球化企业。

2.7 "有钱了怕吃苦，华为快垮了"

历史上有很多军队马革裹尸、拼杀疆场，当收入和社会地位提升后，开始有了不思进取、贪图享乐的富贵病，这样的例子数不胜数。2013 年，华为的员工收入远高于社会平均水平，有钱了就开始怕吃苦了。海外拓展严重缺人，往海外派出员工却很难，老员工都想在大城市买房，小富即安，想陪在家人身边过安逸的生活。任正非感到了危机，用他的话说，"华为应该快垮了"。

与此同时，尽管经过 25 年的艰苦奋斗，华为已经成熟，但在全球化经营、成熟业务发展深耕、新业务创新壮大等方面，仍然面临着诸多挑战。然而，华为内部新陈代谢开始变慢，组织机体的活力开始下降，无论是企业文化还是员工的工作作风，都存在凝聚力和战斗力不足的问题。

2.8 关注组织活力

内部出现的各种问题和潜在危机促使华为开始关注组织活力，思考如何激活组织。

华为常务董事会认真组织了一次对员工群体状态与需求的调研和讨论分析，认识到由于在领导观念、管理作风、工作氛围，以及评价、任用、授权、激励等政策方面存在诸多问题，导致员工活力没有得到充分激发，一些本可以为公司继续创造价值的员工刚到 45 岁就申请退休，甚至离职。

谁来挑起公司未来的重担？任正非认为，一方面，华为处在最先进的高科技领域，新技术的发展日新月异，年轻的员工更有优势；另一方面，老员工的收入很高，累积的财富比较多，生活比较富足，追求更高薪酬的内驱力下降，而年轻的员工更加渴望成功和成功带来的财富，要让年轻员工脱颖而出。

为了制定更好的制度，营造更好的文化氛围，团结、激励优秀员工群体与公司共同长期奋斗，华为认为有必要建立一个解决长期艰苦奋斗源动力的机制，通过补水机制，"让水流的速度快一点，把沉淀的泥沙冲掉"，让年轻有为的新生力量上来。为此，华为形成了若干有针对性的措施和要求，以指引后续政策的制定和优化。

第一，建立共同愿景。

2013 年，华为的员工群体状况已经与创业早期有很大的不同，新员工的家境不再像 20 多年前一样普遍贫寒，而老员工一路走来，通过多年的奋斗也已经实现了财务自由。华为认为，此时单纯依靠物质激励的效果十分有限，唯有通过精神激励，确立共同愿景并用其凝聚员工，才能真正激发员工持续艰苦奋斗的原动力。

建立共同愿景是团队建设的核心要素，华为要求各级组织和部门承上启下，基于自身的使命和职责，承接和传导公司愿景；要求各级干部善于沟通，积极营造责任结果导向、开放进取、富有活力的氛围，以事业发展来牵引员工长期共同奋斗。

第二，明确团结优秀员工群体的管理导向。

首先，团结员工要从领导做起。只有善待士兵的将军才能建立起一支"士为知己者死"的铁军。华为要求领导干部和高级管理者有宽广的领袖心态、得体的干部举止，要有全局观，要以身作则。高级干部对下属要客观公正，勇于团结有不同意见的下属，不亲不疏，坚持以责任结果导向评价员工。

其次，团结要坚持以奋斗者为本。华为的团结不是为了团结而团结，而是有原则的团结，团结那些有意愿、有能力、有成果的员工；对于不想干事、不能干事的员工，必须及时调整和淘汰。

最后，团结要加强文化与制度的包容性。海纳百川，有容乃大，通过岗位安排适当兼顾个人意愿、工作模式及用工方式的多元化设计，以及各类物质激励和非物质激励工具的组合运用，团结优秀员工群体共同长期奋斗。

第三，营造尊重与信任的氛围与作风。

一定层级以上的管理者与专家往往具有较强的独立思考能力，他们不仅能创造更大价值，对自尊也有较强的要求。主管要给予他们足够的尊重，尊重他们的思考，尊重他们的表达，信任他们的能力，与他们平等沟通并探讨工作上的不同意见。主管随意打压员工的思想，甚至毫不尊重对方人格，是员工带着怨气离开岗位的常见原因之一。

一家企业能够给予员工的岗位晋升机会和物质激励是有限的，但尊重和信任可以有效地吸引员工留下来，继续发挥价值。对员工取得的工作业绩和进步，企业要给予及时、公开的肯定。华为要求各级主管提升管理能力，善用倾听、有效沟通等管理方法，用人所长，不求全责备，尊重个体差异。只有优势互补，才能满足公司在各种经营形势下对人才的综合性需要。各级主管应实事求是地看待员工的个体差异，避免管理的简单化，不应贴标签式地、简单地把年龄偏大的员工与没干劲、没冲劲画等号。

华为发现，随着公司的发展和干部年轻化，下属比自己年长或资历老的情形越来越多。在这些资历老的专家和员工中，很多人有经验、有抱负、有能力，但有些年轻干部面对他们时不愿管、不敢管，甚至把他们"晾"在一边，导致他们长期待在不能充分发挥作用的岗位上，无法发挥价值，造成极大的人才浪费。因此，华为号召各级主管要敢于管理，内心认可这些老员工的价值，这样才能激发他们的积极性，才能使用好他们。

第四，政策的建设与优化。

组织的活力来自于哪里？华为认为，组织活力来自于人与岗的良好"匹配"。一个人在做自己喜欢做又擅长做的工作时，干劲最足，也最容易做出成绩。只有把组织的需求与个人的意愿相匹配，才能达到理想的组织人才配置状态，实现组织和个人的双赢。

华为每年通过例行的人岗匹配，审视员工的贡献和绩效，审视岗位职责和岗位安排，把合适的人放在合适的岗位上，不仅能做到人尽其才，也能防止滥竽充数，避免人力资源浪费。通过人与岗的合理匹配，把不合格的人调离岗位，把有意愿、能履行岗位职责的人匹配到岗位上来。

经过多年奋斗，华为的老员工越来越多，如何为老员工探索多样化的岗位设计和用工方式成为重要课题。华为的做法是，在符合组织需要的前提下，给员工提供更多可选择的奋斗方式。例如，安排老员工到战略、运营等岗位工作，用他们宽阔的视野、丰富的经验、成熟的人格，与一线岗位上冲劲强的年轻主管形成互补。再比如，建立区域董事会，成立少将连长连或将军池，给资深的将军级干部配备助手，到一线协调指挥重大项目，建立高层客户关系，建设商业生态环境，以充分发挥老干部的优势。

企业的员工长期在一个岗位上，有时会产生职业疲劳，导致工作效率和贡献输出降低。华为建立横向换岗机制，通过构建内部人才市场实现人才合理流动。对于在同一岗位上工作超过一定年限的干部，组织主动调查个人换岗需求，在做好工作交接的前提下开展横向换岗；建设内部人才市场，为那些期望到更适合自己的岗位上做出更大贡献的员工，以及组织精简释放的员工，提供内部岗位选择机会，给予员工最大的岗位灵活度，甚至员工在符合一定条件时可以不经部门审批直接进入内部人才市场。

很多企业有职级框架，但大多数是静态的，对一些关键责任岗位，如新产业、新市场、临危受命的岗位、扭转劣势的岗位等，不能给予充分的激励。华为认为，职位职级系统既要有整体框架的平衡稳定，又要根据业务的需要，在一些关键点上合理打破平衡，应提升职位职级框架的灵活性，大胆给予战略性岗位更高待遇，大胆破格提拔业绩突出人员的级别和薪酬。华为通过这种打破平衡、达到平衡、再打破平衡、再造平衡的大破大立的过程，实现了企业激励成效的螺旋上升。

2.9　反对浪费

华为发展到 2013 年，业务蒸蒸日上，规模和体量巨大，盈利可观，持续发展能力很强，已经有了足够的资格和实力去放松和享受。但华为却在此时提出反对奢侈浪费，倡导适度节俭，把有限的资源聚焦在为客户提供更好的服务上面。围绕反对浪费，华为制订了一系列的防止浪费、厉行节约的措施，具体如下。

华为在发展初期要求普通员工住宿至少是三星级酒店，一定级别的员工住五星级酒店，陪同客户时更要同等待遇标准，以提升公司形象。2013 年的导向完全变了，华为要求在高端接待的商务出行中，安排客户坐头等舱，华为的陪同员工只能坐经济舱；安排客户住五星级酒店，陪同员工要另住等级相对较低的酒店。

华为提倡公司举办各种活动，如颁奖大会、新年晚会、内部庆功会等，以自娱自乐的方式举办，不再注重排场大、档次高，反而注重实打实的团队激励及士气鼓舞。

在举办内部庆功会、新年晚会及颁奖大会时，华为禁止邀请外部演出机构参与，违反者自掏腰包。

这些措施不一而足，总的指向是树立反对浪费、合理消费的工作作风，不仅节约了公司的成本，也荡涤了浮躁奢侈的风气。

2.10 片联推动干部流动，"之"字形成长

华为在选拔和培养干部时，最大的特点是干部要有基层的成功经验，要有实践经验。

任何管理方式都有利有弊，华为这种干部选拔方式存在两个问题：其一，从基层打拼上来的干部存在一个普遍的问题，就是眼睛容易盯着下面，喜欢抓具体事，喜欢务实，不善务虚。其二，从成功项目和地区中选拔优秀干部，容易造成地方主义，部门利益的阻挠使人才流动变得困难。

这些问题让机关和现场逐渐脱节，任正非担心若因此形成两个阶级，华为迟早会有分裂的危险。为了破除板结，加强干部流动，华为在 2003 年召开片联成立大会，让"片联"这个新实体走上历史舞台，在这个历史时期担负起新的使命。

尽管任正非还没有完全想清楚片联的定位，但基于"先存在，后完美"的原则，他把片联的核心使命定位在主管干部的循环流动后，开始边走边看，边干边完善。

片联有以下几个方面的特点。

第一，片联主管干部的循环流动，无法准确地规划清楚，但这不是一级串联组织，不影响公司的流程运行，而是在流程外并联于流程运作，激活流程的流动。

第二，片联不是片区的领导，可以视为中央特派员，代表公司协调 BG 和区域，特别是管理 BG 的机关干部的选拔配置。

第三，片联的人都是老资格，绝大多数做过地区部总裁，有威望，稳健而成熟。年轻员工能胜任技术工作，但和人打交道的片联需要有资历、有经验、有方法。

第四，片联是华为公司很重要的一个组织，这个组织的作用是推动干部的循环流动，主要的工作策略是加强干部"之"字形成长制度建设。借鉴美国航空母舰选舰长的方式，一是要挚爱航空母舰，愿意献身航空母舰；二是要设定"之"字形成长路径，把有培养前途的人送到航空母舰上，放在前线循环一两次，把有实战经验的人抽回来，盘活人力资源队伍。

第五，通过片联推动干部流动，形成一个有力的作战群体，不断选拔和培养优秀人才上战场。

2.11 利益分配：从"授予制"改为"获取分享制"

2013 年，任正非提出几点声明，包括驾驭商业生态环境、技术层面、管理的简化等，其中最重要的一点是要驾驭价值评价体系，核心亮点是"获取分享制"的实施。利益分配从授予制改为获取分享制，实际上是价值评价顺应企业发展的重大变革，体现了华为的高瞻远瞩。

企业机关庞大，是因为机关拥有分钱的权力，利益机制是"授予"，结果机关先把自己的利益留好，剩下的才分给前线将士，这不是一种鼓励产生英雄的机制。利益机制从"授予"改成"获取"和"分享"，把整个考核机制倒过来，以获取的粮食为基础反过来分配给打粮食的人，一切以利益获取为中心，将士和英雄的积极性也就调动起来了。这种考核机制的调整本质上是一种文化机制的调整。

获取分享制，是指物质回报来自于其创造的价值和业绩，由获取收益的单位组织利益分配，而不是由机关评价后授予各单位奖金。作战团队根据经营结果获取奖金，后台支撑团队通过为作战部门提供服务分享奖金。

华为是怎样用获取分享制来激活组织的？

第一，华为强调过程奖、及时奖、实时奖。比如，50% 的过程奖必须在年底前发完，没有发完的，到年终就不再发放，这样可以促使各部门及时发放奖金，用实时奖金刺激组织。

第二，设立合理的资本与劳动的分配比例。如何管理员工人力资本所得和货币资本所得的分配结构？货币资本所得保持合理收益即可，其他收益全部给人力资本所得。华为不愿通过股票的大量分红过分保障退休员工利益，而更重视切实保障作战队伍获得大量的收益机会。

员工的货币资本所得主要是员工获得虚拟受限股所带来的收益，这部分收益是考虑员工过去的劳动回报，那是他们在当时历史条件下所做贡献的回报。同时，员工的人力资本所得管理更多要看现实成绩和表现，包括工资性薪酬、年度奖金和 TUP（时间单元计划，是一种虚拟受限股的变形）。

第三，基于合理的资本与劳动的分配比例原则分红。

华为每年都将大部分利润用分红的形式分配掉，2013 年左右，华为每年几乎把净利润的 100% 分掉，赚多少分多少，以此激励员工继续奋斗。如果利润留存不分，就意味着资本增值，造成新员工配股成本过高，回报变低，新员工的积极性就减弱了。

任正非主张每年分红，这是从激励员工的角度考虑的，而不是从财务的角度考虑的。因为华为的现金流一直很好，基本上没有融资需求，一年不分利润，账面上就会有几十亿美元做流动资金。

第四，针对劳动的分配，在薪酬包范围内灵活地设计激励制度。

华为鼓励各代表处在薪酬包范围内灵活设计激励制度，目的是鼓励优秀人才上战场、多冲锋，创造卓越绩效。只要是在薪酬包的范围内，在激励设计方面前线有足够的自由度。2012 年，巴西办事处连续多年亏损，任正非在巴西开展试点，选了五六个年轻员工组队，对项目做得很好的员工破格提拔，然后就激活了整个巴西的组织，士气大增，2013 年上半年成效赫然。巴西的改变，就是"不拘一格降人才"的案例。华为鼓励人力资源和各部门可以多条路走，只要能激活组织和创造价值。

第五，薪酬包来自当期贡献，提拔要看战略贡献。

华为一方面重视当期贡献，用当期贡献夯实当前发展；另一方面也重视战略贡献，通过虚拟考核评价战略贡献，以抢占未来战略高地。华为一方面根据当期粮食产量确定基本评价（KPI），另一方面根据对土壤未来肥沃度的改造确定员工的战略贡献，两者兼顾。没有当期贡献就没有薪酬包，没有战略贡献就不能提拔。在具体设定考核 KPI 时，指标既要关注抢粮食，又要关注战略指标，把当期贡献 KPI 和战略性贡献 KPI 分列。

第六，让"获取分享制"成为公司价值分配的基本理念。

只要把"获取分享制"作为企业价值分配的基本理念，让拉车的人收入比坐车的人高，拉车时比歇息的时候拿得多，就能导向冲锋，激发员工活力。人体的细胞被激活，人就不容易衰老；企业的利益分配制度被激活，企业就充满组织活力。社会保障机制是基础，获取分享制是发动机，两者双轮驱动，企业一定会持续发展。

2.12　轮值 CEO 的解释

2011 年，EMT 轮值主席转为董事会领导下的轮值 CEO。两年后，任正非对轮值 CEO 制度进行了公开解释，希望全体员工充分理解轮值 CEO 制度。

在轮值期间，轮值 CEO 是华为公司最高级别领袖，华为重大决策权归属于轮值 CEO 领导下的常务董事会。任正非作为精神领袖，和董事长孙亚芳一起行使否决权，而非决策权，他们两位是虚位领袖。

任正非认为，轮值 CEO 制度"歪打正着"走了一条正确的道路，优于西方个人决定组织的模式。因为轮值 CEO 制度充分保护了干部队伍，不像西方企业那样走马观花更换 CEO，每换一次就带走一批干部，导致人才很快就流失殆尽，公司很容易垮掉。

而在华为，历任三位轮值 CEO 每天全身心投入工作，因为他们清楚自己签发的文件会对企业产生什么影响，会让三五年后的华为变成什么景象，正确的决策会让上上下下都很有信心，公司一片朝气蓬勃。当然，任正非认为华为的董事会结构还不够完善，希望用三到五年时间把这个结构完善起来。

2.13　最好的防御就是进攻

华为一直在进行动态前瞻性的行业研究。2013 年，在华为看来，从 2G 到 3G 再到 4G，网络将变得越来越扁平、越来越简单，宽带很宽，接入网络会像接自来水管一样简便，数据和信息的成本将大幅降低。未来社会面临的是超宽带，超宽带之后或许是超超宽带；未来频谱带宽技术路线的竞争，到底是从室内走向室外（美国的 Wi-Fi 全频率开放），还是从室外走向室内（爱立信举起 LTE 的大旗），最终成功的技术路线没有人知道。

不管是向左转（从内往外）还是向右转（从外往内），甚至也许将来是内外融合，华为都做了充分准备。在技术路线上，华为采取灵活的手段，最后不管哪一方胜出，总会有华为的机会。

过去，华为市场走的是农村包围城市、低端走向高端的路线，从下往上攻。这种成本领先战略，物美价廉是唯一的选择，结果把不少西方公司拖垮了，自己也苦不堪言。美国公司向来是高举高打，擅长站在战略高度进行创新，从上往下攻。未来美国为了强推 Wi-Fi,和 LTE 正面竞争,会采用各种策略。华为认为,仅靠防守不足以抵挡美国的强大攻势,唯有坚持开放性,采取开放式的攻击路线,在开放的基础上才有可能成功。

开放就是从农村走向城市,从国内走向国际。静态知识已经成为过去式,过去拥有的知识已经失去价值,更重要的是掌握面向未来的知识,以及掌握知识和应用知识的能力与视野。高级干部的视野对组织而言尤为重要,为了拓宽视野,高级干部与专家要多参加国际会议和交流论坛,多"喝咖啡",与高手交流,与其他行业上演头脑风暴,要知道,一个灵感就能擦出火花,最终形成燎原之势。华为内部经常召开务虚会,也是为了找到正确的战略方向和定位。任正非把这项工作方法称作"一杯咖啡吸收宇宙能量",喝的是咖啡而不是茶,从某种意义上讲,这正代表华为走出东方传统,拥抱全球文化。

最好的防守就是攻击,以攻为主,掌握主动。华为非常重视蓝军的作用,舍得向蓝军投资,用蓝军的攻击成就红军,确保红军的攻击方向正确和攻击结果成功。在华为内部,蓝军有较高的地位,这是一种保护机制,保护蓝军中敢想、敢说、敢干的"疯子",一方面鼓励他们疯狂地思考和尝试,或许他们就能走出一条新路;另一方面,在红蓝博弈之后给蓝军相当的宽容,鼓励他们继续发挥反对者的价值。实际上,华为认为蓝军机制也是自我批判的一部分,而"2012实验室"就是自我批判的武器。

> 世界上有两个防线是失败的,一个就是法国的马其诺防线。法国建立了马其诺防线防德军,但德国不直接进攻法国,而是从比利时绕到马其诺防线后面,这条防线就失败了。还有日本防止苏联进攻中国东三省的时候,在东北建立了 17 个要塞,他们赌苏联是以坦克战为基础,不会翻大兴安岭过来,但百万苏联红军是翻大兴安岭过来的,日本的防线就失败了。所以我认为防不胜防,一定要以攻为主。攻就要重视蓝军的作用,蓝军想尽办法否定红军,就算否不掉,蓝军也是动了脑筋的。
>
> ——《最好的防御就是进攻》,2013 年 9 月 5 日,无线业务会议纪要

2.14　自主开发还是采买先进的现代化工具

很多企业在运营过程中需要各种软件系统和工具，包括 ERP、CRM、PMIS、OA 等。在实现这些系统和工具时，要么选择自己研发，要么选择采购成熟的系统。哪种选择是正确的呢？从定制化、拥有自主版权、更新迭代便利等角度看，很多企业选择了自己研发，结果回过头发现当初的美好愿望并没有实现，功能需求理解的不透彻、开发小微团队的不稳定、开发过程反复攻关等问题不断出现，造成不必要的巨大浪费。

华为强调自力更生，为了经济性考虑，以前也是自己开发测试工具。从2013年开始，华为对此进行反思，认为这其实是落后的思维方法，应该从自主开发转变为采买现代化工具。华为认为，现代化战争中，拥有的武器越先进，越容易抢占战略制高点。以前打仗只重视战略战术，不重视武器，结果内耗过大，形成战场上的短板。现在开始应转变观念，重视武器在现代化战争中的作用，下决心把最高级的武器用在战场上，用最先进的工具做最先进的产品，用最现代化的方法做最现代化的产品，这样才能最快抢占制高点。

具体来说，就是敢于投入，采买先进的测试仪器、先进的研发工具，用科学的方法开发、服务和制造。这样一来，以往大量做研发测试设备和工具的人力就会被释放出来，投入交付、质管、服务，使资源配置得到优化。有的企业越节约越亏损，华为越投入越赚钱，这就是资源投入和调配的问题，就是作战方法不一样。用现代化的方法打现代化战争，敢于抢占制高点，就可以赚更多钱，投入更先进的武器装备。

2.15　2002 年干部大会与 2013 年干部大会

早在 2002 年，全球 IT 泡沫破灭，行业处于最艰难时期。华为在内外交困、士气低下、濒临破产的时候召开了一次干部大会，在会上统一了认识，强调要勇于在冬天改变格局，弯道超车，一手做厚棉袄，一手逆向投资，在别人削减投资的领域，加大了投入，结果从后十几位追到行业前列。

2013 年，华为再次召开了一次干部大会，在发展状态良好的情况下，号召继续发展，以有效的发展为目标，超越一切艰难险阻，超越自己。

这次干部大会主要谈了大公司的发展策略、聚焦战略、未来的组织结构，以及为支撑灵活机动的战略战术所需要达成的管控目标。

华为在内部曾对宝马对决特斯拉的案例进行辨析，实际上就是特斯拉这种颠覆式创新能否超越宝马这样的传统大企业的思辨。汽车有四个核心要素：驱动、智能驾驶（如电子地图、自动换挡、自动防撞、L1到L5无人驾驶……）、机械磨损、安全舒适。华为认为，宝马在后两项居优势，只要宝马不封闭保守，前两项是可以追上来的。大公司不是必然怠惰保守，更不是必然会死亡。只要宝马不断地开放自己、改进自己，避免陷入狭隘的自主创新，主动向特斯拉学习，宝马一定有机会成功。

华为和宝马一样，也是大公司。在瞬息万变的信息社会中，华为如何战胜信息产业界"特斯拉"这样的颠覆性创新者？如何继续发展使基业长青？华为的答案是，用25年的时间建立起一个优质的管理平台系统，拥有优质的资源，这些资源是无数高级干部及专家耗费了巨大精力和财力才打造和积累起来的。过去所有失败的项目、淘汰的产品，其实都是学费，也是宝贵的财富。华为认为，只要能够开放自己，珍惜和善用这些通过失败积累起来的宝贵资源，敢于边破边立，一面打破自己既得的坛坛罐罐，一面热情勇敢地拥抱新事物，华为一定不会落后。

> 当发现一个战略机会点，我们可以千军万马压上去，后发式追赶，你们要敢于用投资的方式，而不仅仅以人力的方式，把资源堆上去，这就是和小公司创新不一样的地方。人是最宝贵的因素，不保守，勇于打破目前既得优势，开放式追赶时代潮流的华为人，是我们最宝贵的基础，有了他们，我们就有可能追上"特斯拉"。
>
> ——《用乌龟精神，追上龙飞船》，2013年10月19日，任正非在干部工作会上的讲话

华为的战略发展委员会对未来几年的盈利能力有信心，想在战略上多投入一点，提出"潇洒走一回，超越美国"的主张。但在这次干部大会上，任正非提醒，尽管自身体量已经很大，但企业的能力依然有限，华为只可能在针尖大的领域

里领先美国公司。如果这个压强面扩展到火柴头大小，就有可能无法实现这种超越。不收窄作用面，压强就不会足够大，就不可能有所突破。因此，创新不能盲目，把创新视为潮流，就有可能葬送华为，一定要在主航道上发挥主观能动性与创造性，不能发散投资与力量。

2.16　从金字塔模型到铁三角模型，也就是班长的战争

从古至今，战争的模式发生变化，战争的组织形式也应顺应变化而变化。华为的管理从金字塔模型到铁三角模型，就是顺势而变的革新。

在西方顾问的帮助下，华为在人力资源和各部门的干部和员工的努力下，用25年时间，建立了金字塔式的人力资源模型，并推动华为达成400亿美元的销售规模。然而，金字塔模型是用来应对过去机械化战争的，那时的火力配置射程较近，信息联络手段落后，战争决胜只能依靠千军万马上战场。将军一声令下，数千辆坦克和机械化部队投入战场，数万士兵冲锋，才能形成足够的火力。

随着远程火力制导更加精确、侦察手段更加丰富、通信方式更加快捷，现代战争的组织模式已有很大不同。现代战争是通过卫星、宽带、大数据、保密通信、无人机实现侦察和指令下达，通过导弹集群、战斗机集群、航母集群实现火力调度。现代战争不再采取短兵相接的战斗模式，而是决胜在千里之外的电磁波中；不再完全依靠将军对战场的分析判断，而是更多依靠前线的"铁三角"。

2013年，和现代战争的组织形式类似，华为的销售、交付、服务、财务等也是通过远程支援来实现的。一线铁三角不是孤身在前线作战，投标、合同、概算、交付、服务……全过程都由后方数百人通过网络平台给予支持。这就是现代战争的模式，即前线小分队调动后方强大支援的模式，也可以理解为"班长的战争"。

2.17　拉开人才差距

2013年，任正非再次强调要拉开人才之间的差距。任正非把"热力学第二定律"从自然科学引入社会科学，希望通过拉开人才之间的差距，由数千中坚力量带动十五万人的队伍滚滚向前，这样才能不断激活队伍，防止组织"熵增""熵死"。组织的"黑洞"就是怠惰，一旦组织活力丧失，黑洞就会吞噬

组织的全部活力。

拉开人才之间的差距，就是要按价值贡献进行评价和分配。华为以前的人才评价体系按照官职大小、管辖面来确定待遇。2013 年，人力资源大方向政策重新确定，不同场景、不同环境、不同地区有不同的人力资源政策，适当差异化。华为的导向是，按贡献和责任结果，以及他们在此基础上的奋斗精神，找出践行价值观的那一群"火车头"，给"火车头"加满油，让"火车头"做功更多，这样"列车"才能跑得更快。

2.18 少将连长的高质量交付，优质资源要向优质客户倾斜

面对客户，如何实现高质量交付是每个企业都面临的课题。然而，企业的资源是有限的，尤其是高水平的项目经理更有限。当有限的资源投入相对无限的客户和项目中，交付质量、客户满意度就成为困扰企业的难题。

如何破局？

有的企业采取"项目经理＋项目总监"的模式，由认证过的综合能力最高的项目管理者作为项目总监，协助项目经理总控下属项目的进度、质量。这种模式可以在一定程度上解决交付质量的问题，但代价很大，须项目管理力量和资源在同一项目上双重投入。

企业管理者都知道，优质资源要向优质客户倾斜，这是资源合理配置的一个重要方向。但什么是优质客户，什么是优质资源呢？华为认为，能让企业赚到更多利润的客户就是优质客户，有丰富经验的高级项目经理就是优质资源。把少将作为连长派出去，服务优质客户，就是"少将连长"，他们的高水准服务水平能够为客户提供更好的服务体验。

华为把"少将连长"作为解决上述问题的一个探索，并在各个产品线试点，按项目的难度大小与价值高低，结合该客户已产生的业务贡献与价值，合理配置管理团队及专家团队。面对 CEO、面对复杂项目、面对极端困难、面对需要紧急扭转局势的失控项目，就要让具有少将能力的人去做连长。

2.19 管控目标从中央集权转为决策前移

随着企业业务的增长，员工也会越来越多，企业规模会越来越大。伴随这

一过程，很多企业的管理队伍会越来越大，管理会越来越复杂。

2013 年华为开始重视管理简化。管理简化的重要方式就是公司的管控目标逐步从中央集权式转向"让听得见炮声的人来呼唤炮火"，让前方组织有权力、有责任，让后方组织能赋能、能监管。这种组织模式必须建立在一个有效的管理平台上，包括制度、流程、数据、信息、授权等。

在西方顾问的帮助下，历经二十多年的努力，华为已经构建了一个相对统一的平台，对前方作战提供指导和帮助。华为希望在此基础上，再用五至十年的时间，逐步实现决策前移及行权支撑，真正实现支持"让听得见炮声的人来呼唤炮火"管理模式的完整体系构建。

2.20　端到端，站在全局的高度看待整体管理架构的进步

"端到端"的概念，在华为提出已久。早在 1997 年，华为就提出端到端优质交付、端到端解决方案，那时更多是在产品和服务层面。2003 年，华为在确定微观商业模式时，提出要完成企业管理诸元素从端到端、高质、快捷、有效的管理，并明确在管理中要"全流程打通"，这个意识在当时非常超前，随后沿着这个思路不断积累、思考、演化，直到 2009 年正式提出了要有"端到端"的视野，用端到端的流程打通并贯穿主业务流，并随之启动 CFO 管理体系建设。

随后，华为的管理优化几乎每年都要提"端到端"，反复强调并不断推动。端到端的流程打通，说起来简单，真正实现难度非常大。只有站在全局的高度看待整体管理构架的进步，系统地、统筹地、连贯地建筑一个有机连接的管理体系，才能端到端地打通流程，避免孤立的段到段改革带来的壁垒。

在这个过程中，华为要求：一方面要努力使内部作业数据在必要的职责分离约束下，尽可能地减少流程环节，提高流通效率，进而提升企业运营效率；另一方面，要坚持实事求是，坚持账实相符，对假账零容忍。

数据的真实、准确，既是端到端的目的和结果，又是端到端的过程要求，是自始至终的要求。不单单是行政、技术、营销、市场、生产、供应链等，要使管理全方位严格、有序、简单，内部交易逐步信息化、数据化，降低人为干扰的可能，基于真实透明的数据协同作业。

协同作业对各级干部的要求是知识的互相融通，财务人员一定要懂点业务知识，业务人员也应了解些财务常识。华为有序开展了财经和业务的干部互换及通融，一段时间后，财务人员懂业务，业务人员也懂财务，整个组织对运营的理解就发生了质的变化，就形成了"混凝土结构"的作战组织，不仅能够使公司推行的 LTC、IFS 真正发挥作用，也能够及时抓住机会窗，在积极进攻中实现稳健经营的目标。

2.21 股权问题

股权问题是企业家最重视的问题，以足够多的股份控制和把握企业的决策权和经营权，是一般企业的通常做法。任正非仅有 1.4% 的股份，是如何把握企业经营的？

任正非在 2013 年接受《世界报》采访时，就这个问题进行了阐述。

首先，董事会是一人一票制，而不是根据股权重量。董事会采用民主讨论的形式，谁说得对，大家就听谁的，谁说得不对，就会遭到大家反对。

其次，截至 2013 年，华为有 7 万多员工持有公司股份。由于全球各国法律各不相同，华为在适应不同国家的法律要求的前提下，保持利益分享一致原则。中方员工持有的公司股份也不是通常意义上的工商注册的股份，而是虚拟受限股，仅享有分红权和增值权，不享有投票权。外籍员工采用 TUP 模式持有股份。

另外，当员工离开华为时，如果劳动合同关系终结，则需要退出股份；如果员工到了规定年龄退休，可以自愿决定放弃股份或者持有股份。如果选择持有，同时也要承担相应风险。而且，员工所持的股份不能继承，是一种类似银股和身股的结合。

值得一提的是，华为采取的虚拟受限股的方式是经政府批准的。历届中央领导都关心过这种模式，认为其能促进产业发展，称其为中国特色社会主义的一种尝试。当然，任何投资都有风险，华为把风险捆绑在员工的艰苦奋斗上，如果员工对自己和组织有信心，就自愿购买。公司处在发展期时，任何员工也可以自愿全部退出股份，但退出后就不能再逆向购回。员工退出后若再想购买，仍然是按基于贡献的饱和配股计划执行。

总体来说，华为的股权激励是开放的，基于员工的贡献。

华为的股权架构展开介绍内容非常多，包括历史成因、政策背景、授予原则、多样形式、不同时期的作用与演化过程、增值与分红的控制等，有兴趣的读者可以参考相关书籍深入研究。

2.22　疏导流量，自来水与信息大数据

2013 年 6 月，斯诺登向《卫报》和《华盛顿邮报》曝光美国国家安全局有一项代号为"棱镜"的秘密项目。之后不久，法国媒体采访任正非，任正非用自来水比喻信息和数据，用传输自来水的管道比喻传送信息的通信管道，并明确了华为的定位。

他认为，棱镜事件讲的是信息的问题，更是互联网公司的问题。华为做的是管道，就是传输信息的管道，甚至都不是管道本身，而仅仅是做管道的铁皮。自来水污染了，应该去找水厂，不应该怨管道。

华为致力于做管道，因为管道是新基建的重要组成部分。当流量越来越大时，就要看谁有疏导这些流量的能力，有这个能力的公司才能最终胜出。只要有流量就有希望，毕竟在疏导流量方面华为的能力非常强大。

任正非打比方说，巴黎的自来水管网已经相当复杂了，但毕竟自来水管网里流淌的只是自来水，自来水在管道里面分子是一样的，从这个支路到那个支路流动的都是水，复杂性并不高。信息管网就不一样了，在信息管道里面流的每一个分子都不同，每个分子都必须准确流到应该去的地方。因此，这个信息管网比自来水管网复杂千万倍，信息流比自来水流的介质大上亿倍，"信息管道比太平洋还粗"，这是未来需要解决的核心问题。

2006 年，华为在莫斯科投资建设了一个研究所，从数学的角度专攻无线接入和融合的解决方案，数十名全球顶级数学家帮助华为的无线业务发展成为世界一流。如今，面对未来的大数据业务，为了强化数学能力的支持，华为继续在数学领域加大投资，在法国成立了一个数学研究所，专职解决大数据问题，用数学的办法找大流量大数据管理的解决方案。

2.23 关注产品后周期，重视维护专家

任何产品都有生命周期，很多企业重视产品的头部市场，即重在销售。但日本的车企更重视后市场、尾部市场，重在维护保养和备件经营。非洲比较穷苦，非洲人需要汽车，但买不起昂贵的新车，于是日本车企把从日本市场上淘汰的二手汽车卖到非洲，一辆才 3000 美元，便宜得不得了，在非洲遍地都能看到那种老款的小型红色丰田车，一大家人挤在里面，至少能买得起。但是开车总要维修保养换配件，旧车换配件的频次更高，而丰田的备件卖得很贵，空滤、汽滤、刹车盘换一个新的就得几百美元。就这样，日本车企找到新的商业模式，轻轻松松赚大钱。这就是产品生命后周期的商业化思维方式。

华为借鉴于此，认为产品的生命后周期不是商业的生命后周期，提出要把一些精力用在备件经营商业化的思维方式上。例如，华为开始考虑 C&C08 这样的拳头硬件，考虑如何改变生命后周期的经营模式。零部件贵一点，客户也能接受，备件、维护的优化既有挑战性，也能赚取丰厚利润。为了更好地在生命后周期实现商业成功，要提前谋划和策划商业模式的战略框架，在产品尚未投产前，就应该同步展开对生命后周期的模式研究。

通过 C&C08 备件涨价，产品生命后期就做出了增量，以技术为通道的维护专家就有了自己的新战场，即便 C&C08 市场空间做完，也可循环去做其他如 1000 G 路由器等新硬件的生命后周期管理。

华为对用户服务人员、维护专家的重视，不仅体现在产品生命后周期管理上。随着大数据、大流量时代的到来，遍及全球的网络互相关联、无边无际，无论在世界哪一个角落，都有可能出现小问题，需要大量优秀的服务专家参与进来。流量越大，网络越复杂，维护能力越重要。

未来大数据流量出问题的概率越来越大。维护专家首先要判断出故障在哪儿，也就是说，对故障的定位能力非常关键，解决问题不一定能真正体现专家的能力，第一时间找到故障点、发现故障点的能力价值更大。节约宝贵排障时间，减轻关联故障影响，降低问题处理成本，让专家在未来价值连城。从 2013 年开始，华为的重装旅已把维护当成了主要工作方向，在浩大的存量网络空间开辟了新战场。

2.24　华为也是互联网公司

2013年左右，各类互联网企业发展迅速，成功的互联网企业如雨后春笋般涌现，"互联网+"一时成为时髦概念。

华为内部很多员工也受到"互联网+"浪潮的影响，形成一种"互联网转型"的思想潜流。为了防止这种冲动对华为实体经济性质造成不利影响，任正非于2013年公开表达了自己的观点，阐明了互联网精神内核。

从历史角度看，蒸汽机和电力都在产业和社会生活中起过革命性的作用，但这些技术革命不是颠覆性的，而是极大地推动了社会经济的进步。互联网也不例外，其本质作用在于用信息化改造实体经济，增强其高质量、低成本和快速响应客户需求的能力。一句话，互联网精神的内核是提升实体经济的核心竞争力。

因此，任正非提出一个观点，认为从某种程度上说，华为也是互联网公司，是为互联网传递数据流量的管道做铁皮。这类公司也在为互联网做贡献，因此也是互联网公司。其实，做信息传送管道的公司有千百家，做信息管理的公司也有千万家，但能做太平洋这么粗的管道铁皮的公司越来越少。

2013年，华为的年度结算单据流量已超过2.5万亿人民币，供应点超过5000个，这是一个巨大的"内部互联网"。任正非劝导员工不要光羡慕别人的风光，不要为互联网冲动，而应该踏踏实实地用互联网的思维方式优化内部供应、交易、流转的信息化，并在此基础上，深刻地分析合同场景，提高合同准确性，降低损耗，这才是对企业最大的贡献。

从本质而言，华为是不是互联网公司并不重要，华为的精神是不是互联网精神也不重要，这种精神能否使企业活下去，才是最重要的。

○ 2014年　打通部门墙的两大利器：端到端与流程责任制

1. 业务进展

（1）2014年，华为各项业务持续有效增长，实现全球销售收入2882亿元人民币（465亿美元），同比增长20.6%；净利润279亿元人民币（45亿美元），同比增长 32.7%；爱立信、朗讯、诺基亚、中兴通讯四家企业净利润之和不到 30 亿美元，与华为相去甚远。

（2）2014 年，华为不仅在销售总额上，还在电信业务的营业额上超过爱立信，成为真正意义上的全球第一大通信设备制造商。其中，这些收入仅 37.8% 来自国内，海外收入已占绝对主导地位。

（3）国际会计师事务所毕马威为本次年报提供了独立审计的财务报表。

（4）华为手机业务的质变发生在 2011 年，当年，华为手机放弃白牌、低端定制的业务模式，走上自有品牌中高端之路；2012 年，华为手机实现品牌、产品、渠道三大转变，并坚定实施精品策略；2013 年，华为手机在全球市场初步构建起公开市场能力；2014 年，华为智能手机跻身全球第一阵营。华为实行"华为＋荣耀"双品牌运作，坚持精品策略，在多个国家成功进入智能手机第一阵营，智能手机发货量超过 7500 万台。其中，华为品牌旗舰智能手机的市场份额大幅提升，P7 全球发货 400 多万台，畅销 100 多个国家和地区；Mate7 在高端旗舰手机领域人气攀升，供不应求；荣耀品牌创立一年以来，以互联网为渠道，全球销量超过 2000 万台；同时，经过多年努力，荣耀模式初获成功。华为智能手机站稳了全球高端市场，消费者 BG 在 2014 年实现了里程碑式的超越。

（5）2014 年年底，华为联手业界在英国启动了全球首个 5G 通信技术测试床，加速推动 5G 研究进程。

2. 管理变革

2.1 组织运行转变

组织运行开始正式从"受命"向"授权"转变。

2.2 激励机制

2014 年，华为再次优先给一线作战部队和绩优员工提升了工资水平，用激励力度导向冲锋力度，充分落实了"获取分享"的奖金机制。在长期激励方面，华为在全球范围推行 TUP，让全体优秀员工，尤其是中基层骨干员工更多地分享公司的长期发展收益。

2.3 关注"价值"的几个维度

任正非对危机有着异于常人的敏锐和低阈值，他在 2014 年又一次提出，最近的 3~5 年是全球范围内行业洗牌的战略期，既是机遇又是挑战。如果 3~5 年不能站稳脚跟，恐怕华为就要关门了。

2014 年新年，华为高层集聚一堂，讨论华为在新时期的战略机会点。该会议研究并绘制了战略地图，标明了未来华为在大数据流量时代的战略高地，其中主航道中的每一个战略机会点都被清晰注明，非主航道的业务机会也被标注出来，提示华为努力创造价值的改革。

什么叫价值？每家企业对它的认识各不相同：高价值市场区域、高价值客户、优质供应商、有价值的客户需求、干部的价值创造……华为从不同维度理解价值。

首先是高价值市场区域。

据统计，全球 10% 的地区聚集了 90% 的流量，这些地方就是高价值区域。华为认为，市场空间无限大，不需要抢占所有地方，只要打进 10% 的高价值区域，抢占一部分高价值大数据流空间，华为就能够活得很好。关注高价值市场区域，做厚高价值市场区域，是华为第一个价值主张。

其次是高价值客户和优质供应商。

华为以前采取"八爪鱼"式的客户策略，只要是客户，都被无差别地纳入开发和维护。2014 年，华为开始调整策略，认为战略伙伴的选择应该有系统性、区域性，不可能与所有客户都结成战略合作伙伴，要聚焦在少量有价值的客户上，形成突破。

经营模式转变之后，虽然有些地方会缺一个角，但可以多派一些"少将连长"，提高对优质客户的服务质量，帮助优质客户在自身所处行业中的竞争力变强，提升客户对华为的依赖度，让华为和客户的战略黏结更强，敢于把优质资源向优质客户倾斜，最终与客户建立战略合作伙伴关系。

华为在如何选择供应商以及如何与其改善关系方面，也遵循类似的原则。华为认为，只有和优质供应商联合在一起才更有可能成功，于是开始有选择性地与优质供应商强强联合。

再次是干部的价值创造。

干部也有不同的价值，应该按干部的贡献和价值创造确定其级别、薪酬和收入。

华为过去的人才价值观按权力大小和管辖范围确定干部的级别，从 2014 年开始调整为按贡献和价值创造确定级别。人才价值观做了修订，并非管的摊子越大、所辖人数越多、层级越复杂的就越有价值。这跟团队的规模没有关系，效率提不上来，价值和贡献升不上去，薪酬和级别就应该降下去。

最后是满足客户有价值的需求。

业软产品线长期利润不高，华为认为其原因是太想满足客户太多需求，什么都做，最后做不出有竞争力的主力产品来。因此，华为对客户需要也要进行选择和评估，"满足客户需求"应该改为"满足客户有价值的需求"。任何公司的能力都是有限度的，只有重点满足客户那部分有价值的需求，才能真正把这些需求做实做好。这既符合实际的现实选择，也是以客户为中心、对客户和自身负责任。

2.4　蓝军思维

华为早在 2003 年就提出过"蓝军"的概念，提倡民主作风，鼓励广开言路。当时华为在研发系统的总体办中组成红军和蓝军，让蓝军想尽办法挑红军的问题，把有逆向思维的员工培养成为蓝军干部，最终成为红军司令官。

2010 年，即将进入无人区的华为开始强调在公司中培养一股敢于反对的力量，希望真正有不同观点的人站出来，帮助华为在无人区的探索中对大方向进行广泛论证。当时华为已经意识到，蓝军的概念存在于方方面面，不一定是一个上层组织，其实在每个人的思想里面也有红蓝对决。

2013 年，本着"最好的防守就是攻击"的认识，华为不断重视蓝军的作用，向蓝军大举投资，用蓝军的猛烈攻击成就红军正确的攻击方向和攻击成效；同时，确立了蓝军在华为内部较高的社会地位，保护蓝军中敢想、敢说、敢干的"疯子"，一方面鼓励他们疯狂地思考和尝试；另一方面，在红蓝博弈中蓝军输了之后，给蓝军以相当的宽容，鼓励他们继续发挥反对者的价值。实际上，华为把蓝军机制视为自我批判的一部分，"2012 实验室"就是一个重要成果。

2014 年，华为把蓝军的定位明确为一种思想和精神，上升到"蓝军思维"的层面。蓝军不是一个常设组织，更不是一种形式主义，而是给员工一个百花齐放、百家争鸣的机会和权利。可能讲对了，也可能讲错了，但都不要紧，因为在这个过程中至少会有更多的思考，也会引发更多的思考，给公司带来源源不断的活力。

华为认为，不去思考自己哪儿做错了，怎么能看到改进的空间？

2.5　一杯咖啡开阔视野

2013 年后，任正非经常提到"一杯咖啡吸收宇宙能量"，这里的"宇宙能量"就是指公司之外来自各种行业专家和顶尖学者的更广阔的思想精华。想"用一杯咖啡吸收宇宙能量"，就要经常出席各种国际会议、论坛、讲座、交流会，喝喝咖啡聊聊天，就有可能灵光一现，擦出思想的火花，吸收很多知识"能量"。

国内和国际上很多院士级的专家、诺贝尔奖获得者，有非常清晰的宏观理论体系，和他们多交流能领悟到国际宗师级的思想架构和思想精髓，受到意想不到的启发。尤其是在一个新业务萌发的过程中，要和世界顶尖人才多开一些务虚会，讲清楚自己是谁、要到哪里去、准备怎么走，只有先厘清目标和定位，业务形态、技术框架和路线以及解决方案才会更加清晰。

2.6　华为强大后的转型：做谦虚的领导者

2014 年，驱动华为发展的双重动力分别是：①满足客户需求的技术创新；②积极响应世界科学进步的不懈探索，即不仅满足客户需求，还在未来方向上牵引客户。两者一推一拉，形成推动华为前进的双发动机。

然而，在华为不断强大的历史转型期，如何正确定位自己，如何处理与客户的关系，如何保持对客户的尊重，成为华为的新课题。如何使华为的存在，让客户视为是有益的，让社会认为是有益的，让竞争对手认为是有益的，让供应链伙伴也认为是有益的，这才是华为转型的核心。

如何做谦虚的领导者？

任正非认为，首先，华为应该帮助客户取得商业成功，在此过程中增加客户对华为的"黏性"，而绝不能反过来"敲诈"黏性强的客户，这种自律是对全公司的考验。

其次，华为应该为公共的市场秩序做贡献。作为强者，华为不能只顾自身利益，不关注市场公共秩序的建设。尽管华为还不清楚一个超宽带时代的全球化市场秩序和宏观商业结构是什么样的，但应该作为建设者去积极探索，而不能用恶性的方式去破坏。

最后，在争夺机会窗时不能独占市场，谁独霸天下，谁最终就会被灭亡。华为即将成为行业领导者，华为的态度是绝不独占市场，要有顾及友商的正确心态。华为更大的使命是引领全球服务不断增值，引领行业不断寻找新的增长空间。

2.7 战略沙盘与循环流动

技术在更迭，行业在发展，市场在变化，企业要不断分析价值市场、价值地区、价值客户。华为总部主导让全球各地区部和代表处参与进来，共同建立一个战略沙盘，对未来市场的指导和考核发挥作用。

例如，华为在某个地区遇阻严重、久攻不下，便留下以新员工为主的围城部队，把这个地区的战略力量撤到其他主攻战场去。这种围绕战略沙盘动态调整战略资源的方式，可避免在极困难地区纠结过久，耗费战略力量，而能机动集结，抓住其他地方的战略机会窗，争取一部分战场的胜利。战略上要的是胜利，不是山头。

为提升战略性力量的机动调整，华为采取了几项具体措施，包括：建立大区协调机制，从组织上保证循环调整的政令通达；建设战略预备队，加强重装旅，推动技术专家和干部的循环流动；推动重大项目部商业领袖的"之"字形循环成长；建设项目管理资源池，对八大员的综合能力进行提升；甚至让子公司董事和片联成员到审计部循环锻炼，加强反腐败的推动力度和广度……

通过促进上、下、左、右管理干部的流动，各种循环渐次展开，这种"大周天"式的循环，广泛而有序，逐渐在华为发挥越来越大的作用。

2.8 从流程遵从到流程责任制：账实相符 + "五个一"

华为把管理团队分为两条线：一条是行政管理团队，负责干部选拔和任命，称为AT；另一条是经营业务管理团队，负责业务发展，由所在BG和区域一把手组成，称为ST。一向以来，AT力量太强，大权独揽，不利于拆掉部门墙。

2014年，华为提出要重新梳理ST和AT的职责分工：人力资源委员会重新架构组织机制，ST组织重在依托流程建设，打通部门墙，AT组织专注于行政区块建设，然后把业务流程的责任建立起来，逐步实现流程责任制。

坚持流程责任制，逐步给流程负责人赋权，加快基于流程的专家决策制度的建立。以前叫流程遵从，没有建立起流程责任制，现在建立起流程负责人和专家的权力后，各层级流程岗位授权，建立起流程责任制。

流程责任制要求每个环节对本环节的数据负责，包括数据的真实性、准确性和及时性。流程责任制变革的奋斗目标，也就是其评价的标准度量衡，即用三年时间实现账实相符，用五年时间实现"五个一"。"五个一"是指：订单处理准备 1 天、从订单到发货 1 周、所有产品从订单确认到到达客户指定地点不超过 1 个月、软件从客户订单到下载 1 分钟、站点交付验收 1 个月。

华为计划通过三至五年的奋斗实现账实相符和"五个一"，实现管理制度实质性优化、管理成本实质性降低，目标直指销售收入做到通信领域全球第一。

2.9 开放合作，坚持"被集成战略"

对于如何同外界合作的问题，每家企业因开放度各不相同，故有各自不同的见解。华为认为，企业之间的合作归根结底是利益问题，故主张竞合。一方面，在竞争中合作，和强者一起利益捆绑，总能找到和对方合作的切入点，帮助自己在某个薄弱项上提升，最终的结果是通过双边合作建立了多边优势。另一方面，在合作中竞争，充分发挥自身的独特优势，在竞争中取得合作的议价权和战略优势。

合作是双向的，既要善于搭便车，被别人整合，又要擅长建平台，整合生态圈资源，让别人搭车。生态圈整合有两个著名案例。微软就是一个整合资源的大平台，很多小微团队在 Windows 上开发二次应用，微软的生存就是靠这些小微团队的庇护，这个生态圈反过来成为保护微软的力量。苹果是另一个生态圈建设的典范，App Store 上的百万级合作伙伴在给苹果带来丰厚利益的同时，也为其夯实了行业地位。华为也希望做一个成功的整合者。

然而，一家企业一味强势集成他人，就有可能树立一大堆敌人，就会破坏原有的秩序和利益。因此，华为提出，要善于利用盟军的力量，搭上全球各种顺风车，把利益多元化、交织化，不要想着独吞世界。在整合资源的同时，也可以被集成，建立多种生态伙伴群，用伙伴群把产品卖给客户群。

2.10 未来三到五年抢占大数据的制高点

华为判断，2014 年之后的三至五年是抓住"大数据"机遇、抢占战略制高点的关键时期。因此，战略要聚焦，组织变革要围绕如何提升作战能力，要能够打赢战争。

具体来说，图像技术的发展趋势是从 1K 走向 2K，从 2K 走向 4K，再从 4K 走向高清，手机拍照、短视频、VR、AR、MR，各种分享和应用，形成海量数据发送到数据中心，流量将以几何级数增加。数据的迅猛膨胀势必要求数据中心的存储、传输、发布更强大，管道要迅速增粗，这就是华为的战略机会点。

华为预计，2020 年左右将实现超宽带化，大数据的制高点就在 10% 的企业和 10% 的市场区域。从世界范围来看，90% 的大数据流量会集中来自于 10% 的地区，唯有战略上聚焦，集中战略力量，才能抓住这个机会，平均使用力量是无法抓住战略机遇的。

在具体实施战略时，要善于战略选择和放弃，根据攻克难度进行战略力量的动态调度，把主力部队集结到能攻得下的战略高地去，就能迅速占领那 10% 的高价值世界高地。同时，华为需要一支庞大的、强大的、能迅速集结和聚焦的作战部队，只有通过组织变革才能解决这个问题。

2.11　针对未来三到五年的战略机会，展开新一轮组织变革

持续组织变革是华为主动适应变化、不断自我优化的优良传统，华为之所以能长期坚持组织变革，是因为对其有着深刻的认识。华为认为，组织变革不仅涉及组织结构本身的变化，更涉及公司整体运作模式的变化。

在过去 20 多年里，不断主动适应变化、持续自我完善的管理变革帮助公司实现了快速的发展和商业成功，我们不能等到泰坦尼克号撞到冰山再去调整航向，而要在欢呼声中出海时，就针对长远航程中可能遇到的挑战进行布局，未雨绸缪。功劳簿的反面就是墓志铭，近十年来多少行业巨头走向衰败，就是因为不能适时顺应环境的变化，不能积极放弃过去，不能主动打破自我舒适区。

——《自我批判，不断超越》，2014 年 2 月 19 日，任正非就公司组织变革致全体员工的一封信

2014 年，随着大数据机会的凸显、ICT 技术的加速融合，以云计算为特征的 IT 技术正在成为引领和促进 ICT 行业创新和发展的核心技术。

为了抓住未来三至五年的战略机会，真正成为行业领导者，华为决定展开新一轮的组织变革。本次变革主要有以下三点。

第一，通过内部研发资源的整合，成立新的 ICT 融合的产品与解决方案组织，旨在进一步强化华为在 IT 技术领域的能力，建立华为在 IT 技术上的领导地位，并把 IT 技术广泛运用于 CT 产品的进步上，构建未来面向 ICT 融合时代的技术领先优势。

第二，通过匹配客户需求，建立面向三个客户群的 BG 组织，适应不同客户群的商业规律和经营特点。BG 面向客户进行战略洞察，洞察客户需求，并针对客户的需求、痛点、经营挑战和同行竞争，整合华为内部的各种能力和资源，提供创新的、差异化的、领先的解决方案，帮助客户实现其自身的商业成功，持续提高客户满意度和客户黏性，最终反馈成华为的成功。

第三，把区域组织改革为区域的能力中心与资源中心，有效组织和协调遍布全球的内部资源为客户服务。把代表处改革为本地运营的完整性经营组织，授权充分、灵活机动，不仅能够调用全球资源，快速满足客户需求，还要不断本地化，致力于在运营所在地的可持续发展。

为配合新一轮组织变革，华为要求按照先立后破的原则，务必确保日常工作有序进行。一方面，华为要求全体员工在了解公司变革意图的情况下，积极支持和拥抱变化，并继续做好日常本职工作；另一方面，各级管理者要积极参与详细方案的设计和实施，做好组织和业务的平稳迁移，以及员工的良好有效沟通。

2.12　手机业务的战略方向：从工程师创新走向工程师和科学家一同创新

2014 年左右，以手机业务为代表的消费者 BG 开始爆发式增长，随之而来的是各种目标和口号，包括"赶超苹果和三星，争做世界第二"的口号，以及打算尝试互联网化、平台化电子商务等各种模式的浮躁目标。面对各种躁动，任正非特意组织了一场午餐会，提醒消费者 BG 的管理团队不能走偏，在大机会时代不能搞机会主义，要有战略耐性和定力，具体要点如下。

第一，活下来最重要。2013 年，华为手机业务销售突飞猛进，但销售2000 万部手机贡献的纯利润才 1 亿美元，平均下来一部手机仅赚 30 多元，利润率太低。任正非批评说，手机业务不能只考核销售额，实现销售额最终是为了实现利润，销售额本身不应当是奋斗的终极目标。过低的利润率无法体现华为的高科技水平，量大但质低，就不可能抓住消费者的深层痛点和迭代需求，无法形成客户黏性，再高的销售额迟早也会昙花一现。基于此，华为对手机业务的考核关注点进行了调整，考核关注利润率而非合同额；同时，从贡献利润到净利润，再扣除税、分红等，剩下的才是真实贡献，基本上要打七折，这是从财务核算的角度计算净利润，并对此设定目标和考核。

第二，用互联网平台推动华为的实业，用马拉松精神保障持续赢利。所谓互联网时代，是通过信息的快捷、通达、准确、高效，促进实业、产品、服务的进步，最终指向的还是实业，并不是网络本身。互联网交易平台也只是为实业服务的工具，不能主次颠倒。华为是实业企业，有自身的产品和服务，有知识产权，有生产和供应链，能自主控制交易质量，不能混淆自己的定位，放弃自己的长处，本末倒置。华为用马拉松精神把赢利放在长周期上看，慢慢跑，越做越好，徐图持续赢利。

第三，整合产品结构，找准自己的战略方向。华为的每一类产品都应该找到自己的作战大方向，必须从工程师创新走向科学家与工程师一同创新，在作战策略上共同认真分析。例如，运营商 BG 的有线网，创新发展的大方向就是模块化开发、菜单式集成、开发敏捷、测试快速。无线网的产品大方向是一手打造基础平台这个"万里长城"，一手研发短平快的应用平台，两手都要硬。对于消费者 BG，应该通过产品结构的整合，梳理分析战略方向，实在无法形成战略地位的小、低、过渡产品，就应该果断放弃。

第四，做好 SWOT 分析，清醒地找到定位。

对于物联网芯片，战略定位就是做到长期世界领先。物联网空间非常大，通信模块和数据卡要在实现盈利的前提下，控制硬件的质量和成本，尽快占领全球份额，提高竞争对手进入的门槛。

对于手机功能集成，一方面集中力量突破，并取得机会窗的利益；另一方面整合自己的优势和别人的优势，最快转化为市场优势，这种总集能力是最有效的打法。例如，手机三大功能包括通信、图像、操作系统。通信是华为的老本行，通信平台也不涉及操作软件的问题，必须做到全球最好；图像是模糊数学，是新事物，华为长期投入未来的科学研究，有大量的数学家储备，希望通过压强原则实现突破，一旦突破就形成差异化战略优势；华为不擅长操作系统，不可能做到全球最佳，因此与微软、安卓等成熟系统捆绑，借用它们积淀了几十年的经验是最佳市场策略。

华为实际上也善于用数学方法分析消费者需求的正态分布规律，在使用量最大的功能上，亲自下场做到最好；对于边缘需求，华为鼓励外包整合，善于通过整合提升投入产出效率。

总之，做好自身的 SWOT 分析，找准自身定位，把自身优势和他人优势结合起来，才是最佳营商之道。

2.13 LTC 流程

为了推进 LTC，实现销售、供应、交付、财经等业务流程与 IT 的集成方案，华为选择了德国沃达丰系统部的项目组进行试点。在试点的过程中，任正非指出了几个贯彻全流程打通的关键问题。

第一，把全流程打通，视为华为的互联网化。互联网的特性是对标准化、数字化的内容传输的便利性和规模化，它是促进实业在挖掘、消化、分析信息后的改进，并不仅仅指网络本身。这是任正非又一次通过公开讲话表达对互联网的理解，以及对华为如何互联网化的宣贯。

第二，LTC 重在账实相符，要研究出一套通用编码。有了这个编码，在全球任何地方扫码，就知道账实相符的信息。而且，不仅得到目前的实时信息，也能清晰和便捷地获得以往的存量信息。

第三，账实相符是企业管理方向上数字化的终极目标。数字化是从设备硬件等固定资产的数字化，到 OA 系统的文件、合同、流程的数字化，再到主航道业务和供应链的数字化，最后达到账实相符。

第四，为了能够快速推动 LTC，采取训战结合的方式。GTS（global technical support，全球技术支持系统）建立教导队，把干部送入 LTC 推行的资源池，进行沙盘演练赋能。培训和考试都是实际项目案例，按实际项目进行沙盘推演，合同、计划、预算、结算、核算等都以真实的场景来模拟实战。参训干部结束培训后，再参加实战就有了非常丰富的经验。

第五，加强干部循环和裂变。LTC 在一个国家试点成功后，只留少部分员工继续总结、优化，把其他员工分成两组，分派到两个新的国家继续试点，和当地干部融合起来，对新的团队进行培训。按照这种方式循环裂变，一生二、二生四、四生八，若干次循环下来，干部就被全部激活了。

第六，推行 LTC 和账实相符，不要急于求成，要有条理、有步骤。一方面要先易后难，先做小国，再做中等国家，最后扩展到复杂的大国；另一方面，刚开始要求不要太高，不能要求百分之百准确，要耐心地用三年时间慢慢有序实现。

> 过去我们在区域的账实是不一致的，其实很大一部分原因就是供应链发货以后就把 SO（装运通知书）关了，具体的物料信息在区域就没有了。我们在流程上（在发货站点和验收完成这两个点）切两刀，形成两个断面，要求任何一个环节都应该账实相符。这个流程中，没有水蒸发，应该是百分之百一致的。现阶段没要求百分之百准确，希望通过三年时间的改进实现账实相符，五年实现"五个一"。当然也可以"五个二""五个三"，只要逐年进步就行。
>
> ——《三年，从士兵到将军》，2014 年 3 月 14 日，任正非在 LTC S2/S3 项目演示汇报会上的讲话

2.14　转型：从规模优先转为利润优先

企业在不同的发展阶段，经营和发展的侧重点不同，应该根据外部环境和内部情形适时调整，调整得好就能踩准鼓点。华为 25 年来的发展历史就是不断调适自身，去踩准这个鼓点。

在世界整体经济大爬坡的时候，华为强调规模化增长，因为只要有合同，就能扩大规模，规模化就能摊薄变动成本，规模化一定能带来利润。但长期采取这样的经营思路，就会有惯性思维，只重视抓订单数量，不重视抓订单质量，不管订单是好是差，只要能装到销售额里，就盲目做大规模，这样做会导致订单含金量下降，平均利润率降低，导致企业发展质量下行。

2012年，华为敏锐地发现内外部环境的变化，提出一定要恢复盈利能力，必须在两三年内改变合同质量低下的状况；同时，用考核做抓手，制订了相应的措施，比如管理服务、终端产品两大类业务在考核时只看利润，不看销售额，引导员工加强合同质量管理，利用对考核指标的控制实现了营销战略的转变，坚持以利润为中心，到了2014年，终于绕开了前方沼泽。

在这个过程中，华为不仅坚持推动原有战略战术，还采取了一些新的方法。比如，华为把销售收入、优质交付所产生的贡献作为基本薪酬包和奖金，确保各个基础单位一定有效益；干部获得提拔的充分必要条件是，要能使所在部门赢利，同时也要有战略贡献；推动干部的循环复制；公司各个层面聚焦机会窗，坚持"针尖"战略，加强压强原则，坚持像乌龟一样慢慢爬；等等。

回头看2012年的情形，战略方向正确，战术策略得当，帮助华为顺利渡过了难关。

2.15　学习"蓝血十杰"

从1998年起，华为陆续开展了IT S&P、IPD、ISC、IFS和CRM等管理变革，经过十几年的持续努力，建立起一个集中统一的管理平台和较完整的流程体系，支撑华为进入了ICT领域的领先行列。但随着华为全球业务的扩展和新的奋斗目标的提出，企业管理不断面临新挑战，而且存在一些难点问题亟待解决。

一是主干流程上跨领域、跨部门的结合部贯通和端到端集成，仍是2014年华为最大的短板。

二是公司运营管理与业界最佳实践还存在较大差距，已经成为公司市场竞争力提升的阻碍。一方面，经过比对可知，由于华为还停留在流程遵从，未能升级到流程责任制，同样的管理任务，华为的用工比爱立信多。大量资源掌握在职能部门手上，导致机构重叠、分工太细、人员冗余。另一方面，账实相符和"五个一"还有很长的路要走，LTC落地是未来两三年的重要任务。

三是要实现以项目为中心的管理转型，避免大公司的功能组织冗余的毛病，使干部快速成长。

四是管理还需进一步简化，防止出现管理的复杂性随企业规模非线性增长的问题。

对此，华为开展了"蓝血十杰"的评选，号召全员学习"蓝血十杰"的数字化精神，帮助企业走上数字化科学管理。

"蓝血十杰"是二战期间美国空军后勤英雄中的十位杰出代表，他们卓有成效地将数字化用于战争。战后，他们集体加盟福特公司，把数字化管理引入现代企业，为福特建立了财务控制、预算编列、生产进度、组织图表、成本和定价研究、经济分析和竞争力调查等一系列管理手段，构成了现代企业管理体系的基本要素，开创了全球现代化企业科学管理的先河。之后，他们分别成为美国国防部部长、世界银行总裁、福特公司总裁、商学院院长和一批巨商。

"蓝血十杰"对现代企业管理的主要贡献可以概括为三条：基于真实数据的理性分析和科学管理，基于计划和流程的规范化的管理控制体系，以及基于客户导向的简单高效的产品开发策略。

科学的管理和决策要求掌握生产规律，这就需要严格准确的数据、事实，在此基础上进行理性分析。离开这个基础，就谈不上科学管理。信息革命的时代和工业革命时期一样，掌握规律，预测未来，离不开基础做实。因此，华为坚持用五年时间推行 LTC，实现账实相符、"五个一"工程，学习"蓝血十杰"的数字化，提升内部的数字化管理水准，实现与客户和供应商的互联互通。

> 我们要学习"蓝血十杰"对数据和事实的科学精神，学习他们从点滴做起建立现代企业管理体系大厦的职业精神，学习他们敬重市场法则、在缜密的调查研究基础上进行决策的理性主义，使各部门、各岗位就其所承担的主要职责（业务管理、财务管理、人员管理）获得集成化的、高效的流程支持，而不是各类流程看似各自都实现了端到端打通，但到了真正使用流程的部门和岗位那里却是"九龙戏水"，无法配合，效率低下。
>
> ——《为什么我们今天还要向"蓝血十杰"学习》，2014 年 6 月 16 日，任正非在"蓝血十杰"表彰会上的讲话

2.16　仰望星空的思想家

"以客户为中心"的核心价值观是华为永远不可动摇的旗帜。华为提出需

要两类顶级人才，去实现"以客户为中心"的战略目标。

一种是各个领域的统帅人物，在管理、研发等领域造就一批战略家。战略家的目标永远是"以客户为中心"的。

同时，华为也需要一批仰望星空的思想家，指引未来思想理论结构，牵引未来的客户需求。假设正确，才会有正确的思想、正确的方向、正确的理论，正确的战略……一切源于正确的假设。

任正非把方法论提炼构建，形成了一个模型，由上下两个锥体组成。一方面，通过"一杯咖啡吸收宇宙能量"，广泛地吸收外界各种思想和假设；另一方面，仰望星空去思考和探索，不断探求未来的真理。两者汇集成宇宙能量。上面的锥体大喇叭口朝上，让宇宙能量进来；下面的锥体喇叭口向下，把各种思想、理论和假设传达到博士、硕士、各类专家人才……他们去落地、验证、商业化，培育未来的土壤。最后，上下两个锥体连接在一起，形成一个拉瓦尔喷管，像火箭的发动机一样，成为华为的发动机，产生强大的推力，推动华为腾飞。

2.17　流程优化的底层逻辑：动静结合

流程到底是动态的还是固定的？建立一整套流程之后是不是就可以高枕无忧了？什么时候需要再调整优化流程？进行流程优化的依据是什么？这些问题使很多企业家感到困惑。

固化的流程和时代的变化天生存在矛盾。想一劳永逸地找到一种普适模式，建立一个固化的、长期有效的可靠流程，是不可能的，一定要随着内外部环境的变化进行调适，甚至变革。

如何跟上时代变化呢？

华为给出的答案就是动静结合。所谓"静"，重在流程的衔接程度、集成性、端到端的整体性；所谓"动"，重在对客户需求的持续追求，就像一条蛇，蛇头不断随客户需求摆动，身体的每个关节都用流程紧密连接，蛇头不断转变方向。组织管理和流程优化要能跟得上变化。

2.18　资源会枯竭，唯有文化才会生生不息

2014 年，华为的一句"资源是会枯竭的，唯有文化才会生生不息"，赢得

社会各界广泛赞誉，这是 1996 年任正非有一次在迪拜转机时的感悟。

当时任正非和外经贸部的领导在迪拜转机，飞机降落时，大家说迪拜是中东的香港——硬生生地在沙漠里建了一个"香港"。迪拜酋长国非常重视文化建设，精英们把自己的孩子一批批送到欧美学习后再回来，迅速提高了整个社会的文化素质水平。同时，迪拜制定了各种先进的制度及规划，吸引世界的投资。尽管迪拜连一滴石油都没有，但竟能在沙漠中建设一个富有生命力的繁华都市，成为中东地区的经济金融中心、物流中心、航空中心和世界主要运输枢纽，跻身世界一线城市。

迪拜精神给了任正非很大的震撼和启发，任正非认为，一定要创造一个环境，一个文化环境，这才是无穷无尽的资源。华为也只能靠自己，唯有自己的文化和精神才会让华为生生不息。

2.19 全球化下的组织模式和经营模式

在任正非看来，华为首先是中国企业，拥护共产党、热爱祖国是华为的基线。同时，华为有一个法律遵从委员会，以及民主选举的道德遵从委员会，以规范和控制员工在国外的行为。中方员工出国，一定要遵守所在国的法律和道德规则，外籍员工也要遵守。

但是在经营模式上，华为是全球化公司，全世界谁能干，谁就领导公司整体。华为在欧洲、俄罗斯、日本等地建立了几十个能力中心，那些科学家就是领导全世界的。

所以，华为的组织模式还是一个中国公司，但经营模式已经逐渐走向全球化了。

华为全球化的一项重要工作是在全球建设研究所，各国核心研究所的定位和分工不同。法国建设的是大数据方面的数学研究所；俄罗斯研究所的优势是无线算法，对处于起步阶段的有线算法进行前瞻性研究；美国研究所的做法比较特殊，通过加拿大研究所的基础平台支撑作用，帮助美国研究所通过小型化、分散化，支撑五六个科学家成立一个小的机构，在全美分散布局。华为一直没有停止全球布局的脚步，不断寻求在全球范围内最贴近增长的地方，找到顶级科学家。

华为的全球化就是瞄准全球最好的标杆企业，不断学习并超越。在科学家人才领域，华为不搞田忌赛马，用最好的产品与最好的企业比，要比业界竞争对手在数量上多、在水平上高、在能力上强。例如，在存储方面与该领域的霸主 EMC 对比，包括理论构建能力、顶级科学家数量、核心竞争能力、财务数据等，和业界最佳对决，自己也能很快成为业界领先。

2.20　供应链变革要端到端：各环节最好、端到端最优

华为的业务链上有个重要的环节，就是供应链。华为非常重视供应链和仓库存储的管理优化。2012 年，任正非安排专人去全球各地悄悄调查仓库管理的实际情况。经过近两年的摸底，2014 年，华为召开了全球仓库大会，从微观管理层面提出全面引用质量改进"一次做对"首要原则作为部门的 KPI 考核。

任正非认为，中心仓库应该是虚拟化的，从合同到站点，全流程一次把事情做对，应该是追求的目标，尽可能多地一次把站点搞清楚，尽可能逐步减少区域中心仓库的二次分拣式生产，任何国别的二次分拣比例高于 30%，都要纳入优化改进队列。

如何减少二次分拣式生产？着眼点在核算上，即谁受益谁承担费用。第一，仓库的租赁费用、人工费用等所有费用都要核算并分摊到受益者身上；第二，所有存货、退货、报废也要核算到受益者身上；第三，供应中心仓库的成本也要由受益部门分摊，绕过供应中心仓库直接发货，节约出来的利润，取一部分作为奖金发放。

受益者承担成本和利润的考核，成为成本控制的第一责任人，也就有了珍惜仓库存储成本的动机，自然就会主动减少二次分拣，主动优化流程。华为实行的是薪酬包，薪酬和效益直接挂钩，节约费用有利于提升自身收益，这样就牵引各业务部门管理进步，也就最终有利于公司的收益。

2.21　费用核算，一切可视

华为认为，有了改进供应链体系的内驱力，具体落地的关键就在"一切可视"上。订单可视、ATP（availabe to promise，可承诺量）可视、资源可视、运输状态可视、库存状态可视……可视就是数据透明，就是核算精准。

"五个一"里面就有两个跟供货相关。为了实现这"两个一",华为采取了以下几项措施。

第一,以仓库为中心建立供应网络,其成本和库存都核算清楚并让受益者承担。

第二,在正常范围内允许少量的二次分拣。但无论是在范围内还是在范围外,所有二次分拣产生的成本也由受益者承担。

第三,供应链不追求单个环节的成本最低,而是从端到端的顶层出发,做到端到端全流程总成本最低。

第四,基于成本核算的排单管理,普单便宜急单贵,急单成本必须超过正常生产计划单的成本,用成本差异化培养成本意识。

第五,2014年,华为组建了站点勘测队,对全球站点进行勘察,把全球站点的相关信息纳入站点勘测数据库,形成全球台账。这样不仅能够通过工具扫描等掌握站点物资的实时在库及流转情况,而且能通过建立不断完善的每批次应发货物清单,使用技术手段与实际发货对比,实现信息流和实物流打通,找出偏差并改进。从某种程度来说,这就是大数据基础上的专家系统应用。

从更高层面看,供应变革不仅仅是供应链变革,更是从前到后各个环节的变革,包括研发、制造、业务、供应链、交付、服务等全过程。研发做到最好,就是界面简约,客户体验最佳;制造做到最好,就是制造水平精良,性价比最高;营运部门做到最好,就是准确地进行有条不紊的合同和计划管理;供应链做到最好,就是按计划及时准确地把物资送达;交付和服务做到最好,就是最终让客户满意度最高。

2.22　确立未来胜利的三点保障

华为一直在思考未来胜利的保障,2014年总结的三点保障是:第一,核心管理者集体的特征是坚强有力,视野广阔,善于自我批判;第二,与时俱进的全面管理体系,即宏观设立有确定性的两条管理轨道,作为约束发展的边界,在轨道内比较自由地发展,才能以确定性应对不确定性;第三,群体奋斗,这个群体的特征是人数众多,善于学习,勤奋勇敢。

想要实现以上三个要素的打造，既要管理又要发展。管理是收敛性的、约束性的，建设是发散性的、成长性的，唯有综合地平衡二者的互生互限，才能引领整个队伍前进。

为配合发展和管理的平衡，华为提出以下几点。

第一，要平衡区域和 BG 的关系。区域和 BG 是互相制衡的计划体系，BG 的销售计划应该偏激进，而区域应该偏保守。BG 和产品线是资源中心，可以看到更多的市场机会，销售计划应该趋于激进，全力以赴推广自己的产品，不用关心利润；而区域以利润为中心，销售计划应该偏谨慎和保守。BG 的首要目标是做大销售额，而区域的核心目标是产生合理利润，这样，在激进与保守之间找到了一个平衡点。其实，如果细细体会，这种平衡也能促使产品体系质量的进一步改进。另外，"班长的战争"是指权力下沉，"让听得见炮声的人来呼唤炮火"，炮火的指挥权和决策权应该在区域，BG 作为资源中心支撑作战。

第二，代表处的变革方向是从屯兵组织转变为精兵组织。一个代表处有几千人，屯兵太多则养兵压力太大，非战时期就养不活这几千人了。实际上，代表处是综合性的一线直接作战组织，应该以最小作战单位参加作战，这就是精兵组织形式。华为决心用五至十年，通过一系列变革落地，逐步实现组织模式转变。其中一项变革是利用云技术打造运营商 BG 三朵云——"体验云""知识云""客户方案云"，将一线员工武装到牙齿，支撑实现从屯兵模式转变为精兵模式。

第三，在未来变革过程中，强调紧抓目的，就是要多产粮食和增加土地肥力。凡是不能为这两个目的服务的，都要逐步简化。换个角度，变革主要围绕"为客户服务创造价值"设立流程、制度，不能为这个中心服务的都要简化。

2.23　反贪腐：高压线和"坦白从宽"活动

不同企业处理内部贪腐问题的策略和方式各不相同，华为通过道德遵从委员会对干部进行监督，警示员工不要触碰高压线。不过，华为对犯错误的干部总体保持着宽容的态度。

首先，不先做人性恶的设定。在华为这个组织内部，不希望员工有违规行为，不鼓励抓住了贪腐干部就表现出"你看我又抓了一个出来"的得意心态。华为并不是为了抓犯错干部而去抓，更不会对抓犯错干部这件事设定考核指标。

其次，华为对有非严重错误的员工尽量采取团结的态度。例如，很多企业都有业务部门做假账的行为，有的公司对此上纲上线。华为认为大多数人都可能做过假账、填过假数据，因此把做假账的定性降格，定义成一种工作行为的错误，而非品德行为问题。"只要坦白清楚，说清楚就轻装上阵，扛着机关枪继续上战场。"华为要求董事会、监事会、审计部善于看到犯错干部和员工的改过意识和行为，只要愿意前进就应该团结。

最后，对犯了严重错误的员工，华为也尽量给予改过的机会。2014年，华为启动了一场"坦白从宽"活动，有四五千人主动坦白，几亿元的非法所得汇款到廉政账户。值得一提的是，华为最后把这几亿元作为分红发给全体员工，其背后的含义是，这些财富是全体员工的，贪腐行为侵占了广大员工的直接利益，全体员工都有权利也有义务对其进行监督。

当然，华为从"坦白从宽"活动也看到，内部治理还有很多工作要做，治理贪腐现象还有很长的路要走。

第八章
无人区探索

（仰望星空，开放合作，2015—2018 年，4 年）

实质上进入无人区后，华为不得不承担起行业领袖的角色，在探索中寻找方向。面对未来的强不确定性，华为设立了战略框架五层架构，并提出无人区探索的几个原则，包括多梯次、多路径、多场景、饱和攻击。

为了承接并汇聚平台的思想火花，把前瞻思想变成市场化成果，华为不拘一格降人才，采取三个人才梯队的架构，作战体系也相应调整为战前队形、战中核算、战后封赏的多层次系统。通过强化红蓝对抗这种自我批判与纠偏机制，华为希望能够主动发现黑天鹅，掌控未来的不确定性。同时，华为构建了内控三层防线来确保企业内部健康，以支撑对未来无人区的探索。

面对未来的机遇，华为仰望星空，开放合作，立志做一个谦虚的领导者。

○ 2015 年 自我批判与纠偏机制——红蓝对抗，主动发现黑天鹅

1. 业务进展

（1）华为发布了 2015 年年报，华为运营商、企业、终端三大业务全球销售收入达 3950 亿元，同比增长 37%；华为研发投入 596 亿元，占销售收入的 15%；净利润 369 亿元，同比增长 33%；经营现金流达 493 亿元。

（2）截至2015年年底，华为在全球的渠道伙伴数量超过8000家；而在中国，华为企业 BG 中国区的合作伙伴数量已超过5000家，来自合作伙伴的业务收入比例超过了80%。

（3）智能手机发货超1亿台，华为在智能手机市场稳居全球前三，在中国市场份额位居首位。

（4）从2015年开始，华为开始在国内市场加大线下渠道的建设，并提出了覆盖大量区域的线下零售店的"千县计划"；而在国外市场，华为则加大品牌投入，花费600万欧元签下了顶级巨星梅西作为代言人。

（5）聚焦管道，推进数字化转型。

（6）华为在2014年对"运营商 BG+ 云"有了初步构思，2015年对"三朵云"（体验云、知识云、客户方案云）的顶层设计进行了详细阐述。

（7）使能垂直行业抓住数字化转型机遇。联合国2010年报告指出，ICT行业长期以来都是以供给为驱动的，有什么技术就提供什么服务。但是，这种情况已经发生了变化，开始从供给驱动转变为需求驱动。各行各业都对网络提出了更多需求，ICT 已经成为垂直行业提升产业竞争力的新型赋能工具。华为提出，ICT 行业应该抓住当前的机会，深刻理解垂直行业需求，帮助各个行业实现数字化转型。典型的案例是肯尼亚的平安城市项目，通过该项目部署，城市犯罪率下降了46%。

（8）扩大朋友圈，做大产业。技术和商业模式日新月异，生态竞合将是产业发展的主流。华为坚持开放、合作、共赢的原则，聚焦 ICT 基础设施，积极开展与产业界、开发者、学术界、产业标准组织的密切合作，激活商业和科技创新，推动业界建立合作共赢、公平竞争的产业健康发展生态。

面向合作伙伴，华为构建 Open Lab 互动环境，支撑联合创新，实现业务快速商用。面向开发者，华为打造了 eSDK 开放使能平台，提供灵活易用的开发工具和便捷的开发支持服务。面向行业数字化转型，华为与咨询、应用领域领先伙伴合作构建产业生态，共同为交通、能源、政府、金融等垂直行业提供"一站式"解决方案，并在 5G、NFV/SDN、云服务、数字化运营转型等产业发展方向上，与上下游伙伴开展联合创新。华为提出一句口号：与世界握手，世界就握在手中。

（9）4.5G开拓运营商新蓝海。为了满足消费者不断提升的体验需求，并保护运营商的投资，华为在业内率先提出4.5G理念，基于现有的4G网络设施，引入5G技术进行优化，不断提升网络速率，改善用户体验，助力运营商创造蓝海，开拓更多新业务。截至2015年，华为同全球多个领先的运营商在挪威、德国、澳大利亚、科威特、沙特、阿联酋、中国、日本、加拿大以及新加坡等国家试商用了4.5G。

（10）深度创新，加速5G发展。5G发展正处在关键节点，华为坚持投入、大胆创新，成为全球5G发展的主要贡献者和领导者，不仅取得了5G关键技术重大突破，还积极参与了全球主要5G行业组织，如欧盟5G公私合作联盟（5G-PPP），并与合作伙伴开展联合创新项目。华为联合日本最大移动通信运营商NTT Docomo在四川成都开通了世界第一个多用户5G技术验证外场，系统性地验证了5G空口技术和网络架构。

（11）打造云生态。华为发布云生态战略，聚焦I层，使能P层，聚合S层，围绕软件平台和企业云服务，打造领先的云操作系统、大数据平台、PaaS平台，构建开放云生态。截至2015年年底，华为云计算的企业级合作伙伴达500多家，服务于全球108个国家和地区的2500多家客户，覆盖政府及公共事业、运营商、能源、金融等行业，部署超过140万台虚拟机，在全球部署660个数据中心，其中255个为云数据中心。

2. 管理变革

2.1　管理权和指挥权的分离

围绕"让听得见炮声的人来呼唤炮火"的改革，华为开始了实施5～10年的大平台支持精兵作战的战略，并逐步开始让管理权和指挥权分离。为此，华为开展了一系列的管理举措。

2.2　战略Marketing部

很多企业都有Marketing部门，主要负责宣传，好一些的会加入市场信息的收集和分析。华为的Marketing组织核心职能是产品定义，包括品牌、营销、规划。

华为还有一个战略 Marketing 部，这个部门的定位很高，是"抬头看路"的部门，指导各业务的战略规划和发展，具体工作包括专职战略规划、专职业务合作、专职市场营销、专职竞情分析等。

从 2015 年开始，战略 Marketing 部带头改革，把主要精力聚焦在对产业不确定性的关注上，紧跟产业政策和发展趋势，通过抓住产业脉搏，沿主航道引领公司未来的发展；把原先的一些确定性的工作进行模块化和例行化，把一些耦合度不高、重要性不强的模块逐步剥离出去。

2.3　红蓝对抗和自我批判

华为搞红蓝对抗的初衷是希望动员内部自我批判力量进行自我发现和自我纠偏，与其让别人搞出"黑天鹅"，不如自己把"黑天鹅"找出来。

对于蓝军真枪真刀地对抗庞大的华为红军，内部和外界都存疑。华为在质疑声中不断升格红蓝对抗的形式和内容，甚至提出"红军司令也应从蓝军中产生"，因为如果未来的将军不能率领蓝军找出红军的破绽，狠狠地打击红军，只能说明他是一个守成的人，没有创新能力，因此华为坚持贯彻把红军主管放到蓝军中去磨砺。除了红蓝对抗，华为还通过民主生活会、心声社区、管理优化报等各种形式和机制保证公司内部存在强大的自我批判力量，并自发地进行自我纠偏。

从 2013 年开始到 2015 年，华为每半年召开一次有常务董事参加的民主生活会，主要进行自我批判，直面问题，客观理性分析，推动自我改进，并逐渐推广到下属各体系团队。民主生活会的制度化和外部顾问委员会的定期召开，标志着华为纠偏机制的建立。

2.4　组织活力的提升

2012 年左右，华为内部新陈代谢开始变慢，组织机体的活力开始下降，凝聚力和战斗力呈现不足。华为意识到，未来的成功取决于组织的能力与活力，于是开始关注组织活力，思考如何激活组织，并以激励为牵引，采取了一系列措施。

几年后的 2015 年，多位外部顾问观察认为，这几年华为员工的积极性和组织活力有了明显提高，激励机制改革发挥了作用。对症下药的成功，让华为更加坚定了要让全体员工及时分享公司发展成果的决心，充分鼓励和调动大家去冲锋。

一方面，华为继续推动"获取分享制"的奖金机制，在全球员工中推行TUP，加大对关键人才的长期激励力度；另一方面，持续优化激励制度，既包括实现薪酬所得与资本所得3：1的目标，加大对艰苦区域工作员工的倾斜力度，又包括继续推行明日之星、"蓝血十杰"等非物质激励的评选，让华为的奋斗者物质、精神双丰收。

2.5 向不确定性要结果，向确定性要效率

华为认为，在这个复杂多变的时代，需要设定的经营管理目标太多太庞杂，只有把握住正确的方向才最重要。针对未来的不确定性和已有经验的确定性，管理精力和资源的投放方式会有所不同。

在面向未来的前沿科技研究领域，要强化对不确定性的投入，采取多梯次、多路径、高强度的投资，允许试错，容忍失败，在不断创新中寻求突破。颠覆性创新一定会出现，"黑天鹅"一定会出现，华为希望通过大投资、大宽容，让"黑天鹅在我们的咖啡杯中游泳"。

同时，对确定性的管理工作，如研发活动、生产活动、工程安装交付等领域，更强调事先制订目标和计划，杜绝管理松散、随意和无序，通过管理要效率、效能和效益。

2.6 芭蕾脚

一次偶然的机会，任正非看到美国摄影家亨利·路特威勒（Henry Leutwyler）的摄影作品集《芭蕾舞》中的一张照片。照片中展现了舞者的两只脚：一只是高雅的芭蕾脚，一只是伤痕累累的脚。前一只脚代表的是对外的华丽和品质，后一只脚代表的是不为人知的磨砺和痛苦。

在任正非的授意下，华为买断了这幅作品的版权，并在全球投放广告，用《芭蕾脚》展现华为艰苦奋斗、凤凰涅槃的精神境界。"宝剑锋从磨砺出，梅花香自苦寒来。"华为人痛并快乐着，虽然在追求成功的路上布满坎坷，但他们一

路洒满血汗，不断实现梦想，践行着华为人的价值取向。《芭蕾脚》展现了舞者极具视觉冲击力的双脚，反差极大却又内在统一，代表了华为的伟大和所遭受的苦难，向全世界解释了华为如何走向全球并将继续前行。

2015 年 3 月 19 日，《人民日报》对此发表评论："这其中有华为引以为豪的艰苦奋斗、以苦为乐的企业文化，也折射了中国品牌在海外筚路蓝缕、努力开拓的不懈精神。"

2.7　运营商"三朵云"

云和企业的经营到底有什么关系？怎么把新技术和传统业务结合起来为业务赋能？这是很多企业在思考的问题。华为在 2014 年就"运营商 BG+ 云"有了构思，2015 年就"三朵云"的建设思路顶层设计进行了详细阐述。

"体验云"是建设全球互联的分布式体验中心，把模块化集装箱送到一线，将客户的业务体验前移到代表处，实现全球远程方案推送。"让体验飞到客户身边去"，最便捷地向客户展示未来大数据管理时代的解决方案。客户提前预约希望体验的内容，就可以从全球体验中心或区域体验中心的服务器云端推送过去，由此，既实现了客户的敏捷式体验，也实现了解决方案的全球同步快速更新迭代，支撑解决方案体验式营销转型。

同时，"体验云"作为客户解决方案设计能力前移的工作平台，探讨和研究在未来大数据时代行业之路的方向，实际上也承载着与客户基于商业场景的联合创新的使命。"体验云"的建设分为三个步骤：第一步，实现客户到代表处体验，不需要再飞到华为总部；第二步，实现让重装旅员工可以带着超宽带的终端去见客户并演示，把体验推送到客户的会议室；第三步，给高端客户授权使用，让客户本人能随时使用、体验、给下属演示，这其实就是在替华为做宣传。实际上，"体验云"的终极目标是把体验送到客户身边，并让客户习惯于把体验变成自身研讨分析的平台。

"知识云"是建设知识管理平台，实现前线与后方的连接、员工与专家的连接、人与作战系统的连接，打造"连长社区""最佳案例"，赋能一线营销和支撑炮火呼唤。一方面，"知识云"像微信一样，把主动推送与被动检索结合起来，鼓励专家分享知识和经验；另一方面，信息时代的知识都有保鲜期，要让专家在最佳时期发挥最大价值，鼓励专家不断进行知识提炼，"从2500千克玫瑰中提炼出1千克的精油"，把知识价值发挥到最大。而且，一段时间后，让专家再循环到前线作战，再去吸收能量，再赋能，再提炼，再授课，再分享……如此不断循环，实现知识的更新和迭代。

连接需要网络带宽的支持，对此华为毫不吝啬，高层对IT部门的口号是"要想富，先修路"，对于带宽的问题，不怕高投资，即使租赁卫星也在所不惜。华为把全球各地办公室的带宽基建视为基础性投入，其建设、使用、维护皆由华为总部纳入专项成本支出。艰苦地区和国家无一例外都配备了智真系统，可以随时通过网络实现互联，实现了体验资源、专家资源的远程投送、全球可达。

"客户方案云"是建设客户侧的战略沙盘，支持一线进行网络规划与设计。

第一，要能看懂客户的网络，把客户网络数字化和可视化。

第二，通过客户网络的数据分析，把这个网络作为客户侧的推演沙盘，进行有前瞻性的沙盘演练，成果是向客户提出细分级网络建设的有效建议，既有当前网络优化建议，也有前瞻性的建设性意见。这种基于客户真实网络数据的、经过可行性研究的高可用方案，使客户投资的有效性大大增强，客户更愿意接纳和购买。

第三，帮助战略伙伴实现商业价值。例如，在一些国家，客户买的全是华为的设备，但经营效果不佳，华为只是把产品销售出去，没有帮助客户赚钱，这就不是真正的以客户价值为中心。华为认为，应该通过"客户方案云"帮助客户分析应该在哪里投资、不应该在哪里投资，利用"客户方案云"与客户协同的作战模式引导客户进行投资预算，告诉客户如何把高价值区域做厚，少做低价值区域，实现投资收益最大化。这实际是用一种智库的形式帮助客户设计营利模式，帮助客户算账，算清楚投入产出和投资收益，才能真正帮助客户建立投资信心。因此，客户更离不开华为。只有华为和客户深度绑定，才能共同成功。

2.8　微观指导案例：网络规划怎么做

任正非不仅长于宏观管理架构的构建，也经常对微观管理进行细致的指导。

例如，2015 年，任正非提醒 GTS 交付体系，几年前曾专门招聘的一批测绘专业硕士研究生已经锻炼了几年，有了一定的经验，可以选拔其中的优秀人才，让一部分流动到运营商 BG 解决方案，另一部分进入质量与流程 IT 管理部，让网络拓扑图、信息流动图，与谷歌的街景图和华为自己发明的网络地形图结合起来，更好地进行网络规划。

网络规划不仅涉及物理位置，同时也和信号强度、人口密度、数据密度强相关。2015 年，华为建立的"客户方案云"中的地图是平面的，而实际上在无线网络里应该是立体的，通过"客户方案云"把网络拓扑图和卫星地图融在一起，把两维变成三维，引用谷歌的地图与融合网络拓扑图引进更多环境因素来指导网络的规划，把周边环境清晰地可视化展现，为客户做出来的方案能更加精准；同时，利用这种方式，通过信号回传、传输方式、遮挡反射等技术，工程成本将会大幅降低。

2.9　专家系统

华为把专家分为综合型和专业型两类，通过整合综合型和专业型专家，建立起专家系统，汇聚集体力量，共同支持一线作战。

综合型专家类似海军陆战队，火力轻，但有很宽的武器使用面，他们知道什么时候向谁求助，也知道应该用什么级别的火力解决问题，更擅长组织轻重型火力实现目标。

专业型专家的价值主要在解决一个点上的专业问题。例如，汇困问题是一个长期问题，华为通过"边解决问题、边培养人才"的方式让汇困问题解决团队快速成长。由机关汇困管理部、区域 COE（center of expertise，专业知识中心）、子公司董事会组成铁三角进行运作：首先，机关专业化，即机关汇困管理部作为专家团队，深入研究各类专业的汇困解决方案；其次，能力综合化，即区域 COE 作为汇困国家的核心作战队伍，通晓汇困各类技能、手段和方法；最后，通过权签设置方式，把操作类事项的审批权签等权力前移到子公司董事会。这样一来，机关就不再是一批单一的行政决策者，而是一批精通金融和贸易的专家，具备足够的能力帮助前线赋能。

华为把综合型和专业型专家整合起来，建立起专家求助系统。例如，售后服务系统建立起面向客户的远程求助系统，能随时集结几个专家，及时回答客户遇到的问题。和客户对话的人不一定是"将军"，但一定要有"将军"的水平，这个水平就来于后方大平台的支持。再例如，远在国外的某台机器发生故障，前方的人不一定会修，但通过这个系统，可以模拟前方的环境，靠后方专家支持系统把一层层的网络打开来找出问题症结，最后在专家的指导下完成设备故障排除和维修。

华为同步建设人力资源的专家系统，把该系统和各个领域的专家系统结合起来，在专家系统之上叠加人力资源大数据应用，积累专家的工作记录，建立专家档案并对专家进行定期扫描，把专家的知识贡献和晋升加薪挂钩，能轻易识别出职级未涨、工资未增的专家，逐渐找到了正确评估和考核专家的方法。

2.10　作战体系

在"让听得见炮声的人来呼唤炮火"的指导思想下，2015年华为对作战体系进行了进一步明晰，主要体现在战前队形、战中核算、战后封赏三个方面。

第一，战斗采取什么队形。

前线采用铁三角，后方既有重装旅，又有BG。区域是呼唤炮火的指挥中心，不拥有军队，但是拥有作战权力。BG是能力中心、资源中心、客户解决方案设计中心，拥有军队，但是没有作战权力，军队移动需要区域这个指挥中心批准。

BG也有大后方，它的大后方是研发体系。BG作为能力中心、资源中心和客户解决方案设计中心，重要的工作是倾听客户声音，收集、分析和过滤客户需求，生成客户解决方案并且传递到研发体系。研发体系瞄准技术的未来实现形式，研究技术方案和技术路径。双方不断争论和碰撞，最终达成一致，双轮驱动公司整体前进。

第二，战斗过程怎么统计核算。

"让听得见炮声的人来呼唤炮火"，这样前方使用炮弹有一定的自由度，根据战场情况自主决策，但炮火的呼叫必须统计、核实、核算和摊销。一方面，财务系统事后对前线核算打了多少炮弹、生产了多少粮食，来约束前线不要浪费炮火；另一方面，审计部门去查炮弹壳在哪儿，核实真实性，作战权力前移的同时也把监督组织前移。

第三，战斗之后怎么论功行赏。

前线炮弹打出去了，也核实清楚打了多少弹药，也算清楚花了多少钱，搞清楚打回多少粮食之后，整个战斗的数据就清晰完整了，下一步就是人力资源系统依据"获取分享制"对参战将士进行封赏。一般情况是，假如一番炮火打完，最终没有收到粮食，按照"获取分享制"的原则就没有收益分配，但是，具体情况具体对待，最终由人力资源系统和干部部门根据战场实际情况决策。

通过以上作战体系，把权力和责任关联起来，把成本和收益关联起来，华为希望几年后能形成科学的作战方法和定额。华为计划用十年时间，把这个思路下的作战体系真正建立起来。

2.11 对消费者 BG 的祝贺，以及对下一步的指导

2015 年年初，华为公司对消费者 BG 设定了很高的业绩目标，要求营收大幅增长 69%，没想到消费者 BG 一路高奏凯歌，8 月份就提前完成了全年任务。任正非组织了消费者 BG 的年中沟通大会，表扬和祝贺了大家，也对消费者 BG 未来的发展战略和策略进行了指导。

第一，消费者 BG 要善于把对未来发展的热情转化成科学方法。首先，要充分理解世界的真正需求。如今的世界已进入过剩经济时代，人们已转向对高质量的需求。其次，要改变思维。不能再用运营商业务的传统方式卖终端，而要认真学习消费品的科学销售方法，这样才能走得更好、更快。最后，要将销售模式多元化，根据不同环境、不同条件、不同国家的国情，建立不同的销售模式。要对市场做好规划，逐步建立覆盖全球的销售网络，采用科学的销售模式和工具，并在销售方面学习西方公司，实现产品的标准化、简单化、免维护化。任正非认为，如果消费者 BG 能做到以上三点，华为终端的销售会飞速增长，几年后华为手机就能做成"小苹果"。

第二，消费者 BG 要着力提升产品质量，不仅提升硬件质量，还要提升软件品质。对软件的提升，要依靠全世界的力量，在战略资源集聚地建立战略能

力中心。例如，建议在西雅图建立软件研究所，在日本建立图像研究所，把软件质量控制和图像处理技术吸收承接过来，成为整合的产品质量优势。

第三，消费者 BG 的差异化产品既要差异化定位，又要互相支撑。高端产品的定位是攻占战略高地，树立高端形象；品质入门级产品的策略是"标准化、简单化、生命周期内免维护化"，做高端产品的防火墙。精锐部队攻城，围城部队打援，二者相互支撑总体战略的成功。

入门级产品打援，不是打价格战，而是扎扎实实把产品质量做好，通过让消费者真正体验到华为产品的高质量，从而接受价格稍高。

高端产品对入门级产品的支持，在于每年从高端机技术转移一些成熟的软硬件到入门级，这样经济条件弱一些的消费者等一段时间也能用上很好的手机，因为今年的低端机就是去年的高端机，这样就形成了互相支撑配合、共同前进的局面。

第四，重视战略竞争力的提升。

华为认为，企业面向市场竞争体现出来的强大实力，一方面来自自身的能力建设，另一方面来自优质合作伙伴和供应商的支撑。与优质合作伙伴开放合作，能形成共赢关系，进而获得企业生态层面的战略竞争力。把"获取分享制"的内涵外延，可以扩大到合作伙伴、供应商、渠道、零售伙伴……

在三大 BG 中，尤其是消费者 BG 离不开供应商的支持。华为曾经为了控制成本和提升议价能力，试图扶持供应链小微公司，结果供应商的能力瓶颈变成华为终端的能力瓶颈，严重阻碍了华为手机的高品质和保供给。2015 年，华为出台了《关于与供应商合理分享利益的决议》文件，提出改善与供应商之间的关系，特别是要改善与战略供应商的关系。华为认为，手机出货量迅速增长，生产如此数量级的产品，必须找到可靠的关键供应商，形成战略伙伴关系。

华为眼中的战略伙伴关系，绝对不是口头上说说，或者协议里空泛框架性的概念，而是实实在在给供应商分享利益。有切实的利益分享，供应商才会真正有意愿投入更多，把零部件品质做得更好，展现在最终消费者面前的华为产品才能更好。在具体合作方式上，华为的政策是对于供应链生产线不一定采取入股和自建，只要在"对外开放、对内开源"的大原则下，诚心诚意与供应商

做好价值分配，就一定能实现合作共赢。

第五，要有战略耐性。消费者业务产品数量巨大，如果激进发展、匆忙发展、拔苗助长式发展，就可能会因为某一个零件问题，导致几十万部同批次手机出问题，就有可能使整个终端公司毁于一旦。所以，一定要踏踏实实，控制加速欲望，合理控制发展速度，该快则快，该缓则缓，要有战略耐性与平和之心，要用长跑精神看待发展。

因为手机是消费品，消费者一般两三年换一次手机，任正非鼓励团队不要担心对手短期内占领了这个市场，而要耐着性子长跑，要用长远的眼光，不断提升质量和服务，提升核心竞争力，提升品牌美誉度，成为马拉松比赛的最后赢家。

2.12　福布斯中文网采访

2015 年 9 月 6 日，任正非再次接受了媒体采访，这次采访的媒体是福布斯中文网。

在这次公开采访中，任正非用热力学的"熵增"概念回答了记者对创新的提问，表明了华为以开放的心态和全世界进行能量交换的愿望和决心。

对于华为的创新实践，任正非解释了华为的创新是长期聚焦主航道，从工程师创新转变为工程师和科学家共同创新。

对于记者关心的全球研发中心人才问题，任正非认为不应偏狭地认为要找到一种什么模式的人才，而应该有广泛人才观，瞄准研究目标后，对该领域有理解、有思想、有建树的科学家都广泛开放，这样才能在比较广泛的领域里吸纳更多人才，带来更绚丽的思想碰撞。

关于知识产权保护问题，任正非坦言，以前华为把软件截成一段一段的放到芯片里，拿到美国去加工，间接地利用美国的知识产权保护实现了对华为知识产权的保护，当时称为"软件硬化"战略。随着社会大环境越来越重视知识产权保护，依靠法律保护的创新才是低成本的，才能诞生伟大的公司。

任正非同时也回答了关于信息化、未来通信行业发展趋势、华为的企业文化和机制等问题。

通过这次采访，任正非向外界展示了华为坦荡、公开、开放、进取的形象。

2.13　最终竞争是质量的竞争：产品质量、合同质量、经营质量

任正非在2015年10月的区域总裁会上，再次强调了对质量的重视，把质量提升到"最终竞争是质量的竞争"的层面。

在他看来，现在是供大于求的过剩经济时代，企业在生产过剩的大环境下想要生存只有三条路。第一条路是生产像地沟油这样的低质伪劣产品，然而消费者也在学习和进步，网络信用渠道也在不断建设中，这种行为能骗得了一次却骗不了一世，最后只能进入死胡同。第二条路是打价格战，试图把竞争对手消灭后垄断市场赚大钱，然而这种策略的出发点和最终目的都不是为客户服务，客户得不到最优的产品和服务，企业必然会和竞争对手一起两败俱伤，行业生态圈遭到破坏，最终反噬自身。华为走的是第三条道路：坚持以客户为中心，把自己的质量做好，让客户通过合作获益，帮助客户实现价值，从而坚定不移地选择华为。要真正地提高质量，因为竞争的核心是质量。

全面提高质量，不仅是提高产品的质量，还包括提高合同的质量、提高经营的质量。为了提高质量，一方面，让听得见炮声的人呼唤到炮火，要不计代价配置先进武器，学会使用先进武器，作战方式要灵活变化。只有作战工具、作战方式双提升，才能提高作战能力，才能走向精兵战略。另一方面，加强队伍建设和思想建设。参照美国军队考核方法，转变思想，把原先重视学历与能力考核，改变为以责任结果为导向，考核目标清晰化。同时，简化评估表，表格上只需要真实填写以往做过的最重要的几个关键事件。只要经历过、思考过、实现过，就说明有这样的能力。受过磨难意志才能坚强，任正非要求"技能一样的干部，得过疟疾的先升将军"，用以强化结果导向。

2.14　从"呼唤英雄"到"呼唤将军"

2015年，华为从"呼唤英雄"转向"呼唤将军"。英雄和将军的定位是不同的，英雄要有战绩，一般出自营销和技术序列，而将军出自管理序列。在从以功能为中心的管理体系向以项目管理为中心的管理体系进行转变的过程中，更需要涌现出一大批懂管理的"将军"。

项目管理中有两个职位非常关键，一个是交付经理，一个是服务经理。交付经理主要应对确定性事务，核心竞争力是效率和效益的提升；服务经理应对不确定性事务，展现的是快速处理故障的综合能力。

对交付经理而言，交付虽然是确定性事务，但准确率和正确率永远存在改善的空间。把握和理解客户需求、编制合同、合同转清单、组织发货、交付和服务等每个环节都需要正确性。

交付经理想要成为将军，就必须编制出高质量的实施方案，把预算做精细、不漏项，把工程组织设计最优，这样才能全面提高项目级效率。例如，虽然按图交付了，但总体盈利效果还不够好，因为交付的正确性不足。这时候，项目经理在前方最能提出有价值的合理化建议，例如，是不是可以改为按站点发货？是不是可以缩小合同验收规模？是不是可以更小地阶段性验收？好的建议就是核心竞争力。

交付经理要善于批判性地总结，在总结中找到自己的问题。实施若干项目后，对这些项目进行复盘，各项指标都拿出来比较一下，反思指标背后的深层次原因，进行逻辑梳理，进而总结出项目执行过程中有哪些规律、经验和教训。这种复盘的输出就是改进的方向。这是一种对比性的进步，是螺旋式上升型的进步，也是一条通往"将军"的康庄大道。

走向综合性是服务经理成长的路径，服务专家的关键作用是能够快速找到故障点，找到网络和设备出问题的关键原因。华为预计三年后收入将达到4.5万亿元，在这么庞大规模的设备网中定位故障难度极大，具有非常高的不确定性。服务经理发现问题后，交给其他专家处理，自己仅仅专注于最核心的工作，这就是"将军"的价值。

为配合"将军"在战场上打仗，华为的考核机制也在不断变化。一方面，原先复杂的HR考核方法重视能力的考核，未来要改革为以责任结果为导向的考核，并进行考核表格的简化。另一方面，考核机制也从以前统一"吃水线"、统一分摊的方法，改变为在全球建立不同考核基线，这样的目的是将艰苦地区的考核基线降下去，利润涨上来，多出来的利润一分为三：一部分激励员工，一部分改善作战环境和武器，一部分用于区域公共关系维护。

2.15　软件产品投资策略

很多软件企业一直面临着软件产品投资策略问题。由于大部分软件产品是个性化的，需要针对客户定制。企业不去做定制，就会丢失一部分业务；去做定制，会花费大量精力，却无法拷贝，无法降低边际成本，加上客户不愿意支付高价格，这就让企业长期背着一个沉重的壳，不能在战略机会点上抢夺战略机会。

华为的软件业务也同样面临投资策略问题，华为采取的策略如下。

第一，不做定制而只做软件套件，不做颗粒而只做平台。例如，电信软件进一步聚焦在BES、收入管理（计费）、融合视频三个平台，华为向SAP（思爱普）、ORACLE（甲骨文）等西方公司学习，打造可重用的软件套件及平台。

第二，投资有风险，产品开发的投资失败很正常，要动态评估，对投资失败的产品应该关停。但同时要认识到，产品开发的失败是需求把握的失败，是市场化的失败，不能推定为研发队伍是失败的。失败的项目里面也有英雄，这些员工走过弯路、交过学费，都是宝贵的财富。这些失败经历给组织带来的是"丙种球蛋白"，应该给予正确评价，并加快这些员工转移到新战场的步伐。

对于一些研发员工所担心的转换新战场时编程语言不同的问题，任正非用孙中山弃医从政和鲁迅弃医从文的例子，鼓励大家要敢于转行，因为经验比语言本身更重要。学软件的人换一种语言之后依然能够成为英雄，甚至还能成为领袖。

第三，软件的商业模式要转型，说服客户采用并夯实"软件License+软件年费"制度，当客户需要升级时，就收取License费。在进行软件顶层设计时要提前考虑未来面向市场时的商业模式。

第四，从"迁就客户"变成"选择优质客户"，并为优质客户提供最好的服务。华为提倡要敢于拒绝一部分客户，只有这样才可能保证软件的合理利润，才能聚焦在如何提供好的服务上。

○ 2016 年　如何掌握不确定性？战略框架五层架构

1. 业务进展

（1）华为发布了 2016 年年报。华为运营商、企业、终端三大业务全球销售收入为 5216 亿元人民币，同比增长 32%，净利润为 371 亿元人民币，该销售收入超越 IBM，也超过了 BAT（百度、阿里巴巴、腾讯）的总和，大致相当于 2 个联想、5 个格力电器、5 个中兴、5 个阿里巴巴、6 个比亚迪、7 个小米，也约等于万达＋万科。然而，2016 年虽然华为依旧保持了高速的增长，但利润不佳是内部公认的事实。

（2）2016 年，从收入构成看，华为约有 60% 的营收来自海外。

（3）2016 年，华为的研发费用高达 764 亿元人民币。据欧盟委员会 2016 年 12 月底发布的 "2016 年全球企业研发投入排行榜"，华为研发投入位居中国第一、世界第八。相比而言，苹果公司当年研发投入为 74.1 亿欧元，世界排名第 11 位；美国制造业巨头 IBM 当年研发投入 45.15 亿欧元，世界排名第 27 位。

（4）华为与徕卡在 2016 年共同推出双摄像头技术，全面引领了手机摄影的新潮流，P9 系列全球发货量突破 1000 万台，成为华为首个发货量突破千万的旗舰产品。

（5）全年智能手机发货量达到 1.39 亿台，同比增长 29%，连续 5 年稳健增长；全球市场份额提升至 11.9%，居全球前三，仅次于三星和苹果。

（6）2016 年被称为 "4.5G 商用元年"。全球 4.5G 商用 / 预商用网络数超过 90 张，其中 55 张由华为部署。同时，华为已开始投入重金布局 5G 网络。

（7）2016 年还被认为是 "视频爆发元年"，视频业务成为运营商的战略业务。2016 年 9 月，任正非签署了华为与徕卡共同设立麦克斯·别雷克创新实验室的协议。他预计，未来的信息社会将有 90% 以上的流量来自图像和视频。

（8）手机业务成为 "造血利器"。手机业务在华为已经从最初的贴牌生产、利润 "薄如纸" 的边缘部门，成为销售收入的 "造血利器"。华为消费者业务 CEO 余承东在 2017 年新年献词中公布，华为 2016 年消费者业务销售收入约1780亿元人民币，同比增长42%。消费者业务已经占到华为整个销售收入的34.2%。

据IDC（互联网数据中心）预测，智能手机行业增长缓慢，全球年度发货量增长约1%，而华为年度发货预计1.39亿台，整体提升29%。华为已是仅次于苹果、三星的全球第三大手机企业，也是国内首家年发货量过亿的智能手机厂商。

（9）全球电信运营商的网络建设逐步由"投资驱动"向"价值驱动"转变，华为开始助力打造ROADS体验。

2. 管理变革

2.1　提升质量

华为轮值CEO徐直军在2017年新年献词中提到，首先要保持公司有利润的增长，有现金的利润，关键在于提升质量，特别是合同质量、经营质量。

2.2　管道战略

"华为随便抓一个机会就可以挣几百亿，但如果我们为短期利益所困，就会在非战略机会上耽误时间而丧失战略机遇。"2015年，任正非曾对中国人民大学教授、《华为基本法》起草小组组长彭剑锋说，华为多年来只做了一件事，就是坚持"管道战略"。

任正非把通信网络管道比作太平洋、黄河、长江，企业网就是城市自来水管网，而终端就是水龙头。巨量的通信网、企业网和终端组成了一张庞大的管道网络，沿着这个大网络进行整合，就是华为的"管道战略"。

2.3　不拘一格用人才

2016年，任正非号召员工要"力出一孔、利出一孔，密集炮火攻击前进，努力进入无人区"，承担起引领行业发展的重任，用开放的心态，持续建设和谐的商业生态环境。华为希望建立一个开放的架构，引导全球数万家公司共同服务于信息社会，以公正的秩序引领世界前进。

为了支撑这项宏伟战略，华为认为除了组织变革、流程变革，以及通过十年内实现大体系支撑下的精兵战略，还要逐步实行资源管理权与作战指挥权适当分离，更重要的是不拘一格用人才。

如何不拘一格地选拔优秀人才呢？华为认为，各岗位、各专业、各部门、各类工作，都是可以走出英雄和将军的"上甘岭"。为此，华为总结了八条经验。

第一，破格提拔要有连带责任。一般情况下，选拔各级干部要实行少数服从多数的表决制。对破格提拔的，推荐人要在一定年限内承担连带责任。

第二，有限否决期。即使道德遵从委员会对某位员工实行一票否决，其否决期最长只有6个月，6个月后可以重新提名，对于已改正的干部和员工，可以放手使用。不轻易否定一个冲锋的将士，才能让将士放下包袱，随时准备上战场。

第三，干部要不断循环和流动。华为要求各级主管必须有全局观：一方面，干部主管必须多输出优秀员工走上主战场，给他们立功的机会，让他们年纪轻轻擢升将领；另一方面，调入部门的干部主管也不允许排斥外调进入的骨干，不允许用专业不对口作为拒绝的理由。这样一来，干部就能循环流动起来，就能有效防止技能老化和队伍"板结"。

第四，全面提高前后方的作战能力，批量打造"少将连长"和"中将班长"。华为希望提高作战队伍的能力，少将连长的打造一方面让连队也具备师一级的火力；另一方面，少将连长首先必须是少将，必须同时具有管理确定性的能力，以及对不确定性有清晰的视野与方向感。同时，机关主管也要不断循环流动上战场，有了成功的实践经验，就能造就一批又一批的中将班长。

第五，前后方既有分工，又有协同。所有作战主管关注的是胜利，对他们的考核是战斗的成败。他们把确定的事权交给职能部门，职能部门眼睛盯着前线，及时、准确地提供服务与支持，对他们的考核是服务的结果。前方、后方考核挂钩，一荣俱荣，一损俱损，前方打了败仗，后方也是败将。

第六，在精简编制的同时，大量招收应届生作为新生力量。一方面精减非主航道、非战略机会点项目的人员编制，另一方面增强战略力量和编制，以千军万马夺取战略机会窗开启的巨大机遇。为了防止人才青黄不接和人才梯队断代，华为坚持每年从应届生中招收不少于6000人的新生力量。

第七，干部分级要求。对基层干部，重在意志力和毅力的选拔，只要他努力奋斗了，哪怕暂时成绩不佳，仍要继续培养和辅导；对中级干部，重在组织协调能力的考察，看他是否能激活整个组织，并充分利用平台学习他人经验；对高级干部，主要是评价方向感与节奏控制，即灰度的把握。方向就是明确目标，明了当前位置，从当前到目标形成坐标方向；节奏是审时度势，因势利导，运筹帷幄。

第八，责任结果导向达到全覆盖。华为的各级干部都有清晰的目标与责任，只有采用以责任结果为导向的考核机制，内部氛围才能简单，迎合内耗的作风必然消失，才能引导更多作风正派的将士勇于面对客户和战场。华为认为，精英不仅在金字塔塔尖，还广泛存在于每个阶层、每个级别、每个岗位、每种工作。行行出状元，行行出精英。政策要覆盖并激励所有精英，包括销售精英、焊接精英、测试精英、支付精英、签证精英、仓库精英等，这样才能形成组织合力，才能集组织的洪荒之力搞好质量、提高效率、增加效益。

2.4　领袖和方向感

2016 年的华为已经成为无可争议的行业领袖。领袖的作用是引领方向，引领行业走出困境，走出混沌，走向更广阔的未来。

做行业领导者，以前是华为的梦想，现在变成了华为的使命。华为认为，做领导者是艰难的，想要领导好这个世界，必须进行思想革新，无论是对内还是对外，都要开放和团结。

首先，未来的社会是个智能社会，面临大信息、大流量、大数据和低时延。智能社会的未来网络是什么样的架构？这个架构中需要哪些基础理论支撑？数学、物理等基础科学能力突破的方向和假设是什么？已经具备哪些能力？还有哪些能力尚不具备？如何用交换许可或者其他工程技术解决的方式补齐短板？这些问题都需要探索和研究。

其次，在探索和研究的道路上，一定要做到"一杯咖啡吸收宇宙能量"和"炸开人才金字塔"。领导面向未来的战争，企业不能再依靠内部人才金字塔塔尖的那几个人，而要炸开封闭的人才金字塔模型的顶尖，仰望星空获得真理，让全世界成千上万的人才加入，用全人类的智慧探索未来。

华为在全球范围内广泛搜寻，把能力中心建到战略资源聚集地区。在一定的地区、一定的专业，形成针对性的汇聚平台，用汇聚平台消化和理解这些灿烂的思想火花。例如美国分布式的研究所、加拿大的汇集平台、俄罗斯的数学研究所和针对新西伯利亚战略资源聚集区的研究所、法国的大数据研究所、日本的图像研究所等，甚至为了照顾顶级科学家对家乡的眷恋之情，华为不惜为全球顶级专家在其家乡设立研究所。例如，为全球著名微波研究专家隆巴迪（Renato Lombardi）在其家乡意大利米兰设立微波研究中心；为全球知名商业架构师克里纳（Martin Creaner）在其家乡爱尔兰科克市设立商业模式研究所等。

除了研究所的设立，华为每年还拨出大量的经费支持全球各个知名大学的教授、学者进行专题研究，而且不计成败，也不求现实利益回报。

2.5　三个人才梯队

为了承接、汇聚平台的思想火花，把前瞻思想变成市场化成果，华为采取三个人才梯队的架构。

第一梯队是一线，主要精力在主战场，若几年之后能量耗尽了，就回炉到后方再提高。

第二梯队是号称"初生牛犊不怕虎"的年轻人，他们高举第一梯队这些先辈的旗帜递补上去，继续攻击和前进，形成前仆后继、将星闪耀的局面。这些年轻人的组成有很多途径：一些是在国内招聘的激光、物理、化学等专业的顶尖学生；一些来自华为在世界范围内资助的有远见的教授专家团队，华为会派一个年轻的助理团队配合教授专家工作，这些年轻人几年后就有了更高的视野；还有一些是在大学里发掘的具备聪明才智的准博士，甚至还有一些不走寻常路的特殊人才，华为从学生时代就对这些潜在的将星给予支持，他们组成了第二梯队的生力军。第二梯队除了继承第一梯队的理想，更重要的是发现前面存在的问题，解决一些想不到的问题。

第三梯队是能工巧匠梯队，他们把理论转化为高质量的产品。生产系统放眼全世界，在全球工匠聚居地寻找高端技师，以其为中心，在每个特殊专业打造顶尖的工匠。之后，再用高精密自动生产模式将工匠的不确定性稳定下来，实现全流程自动制造，使生产过程全自动化、高精密、信息化。不仅如此，实在无法在国内做出来的关键部件，华为就在德国、日本、英国、比利时等国建立精密制造中心，放在海外精密制造中心生产。

2.6　多梯次、多路径、饱和攻击

华为认为，在无人区前进的过程中，只要形成多梯次就不会出现怠惰，只要形成多路径就不会出现僵化。

多梯次是指，前一个梯次在冲锋的时候，视野受限，只关心当前目标，对所有的外围东西都看不见，一心只为了拿下"上甘岭"；前一个梯队攻破城墙口达成目标后，能量消耗殆尽，这时下一个梯队上去扫清外围，他们视野广阔，关注星空，能实现更深远的目标。

多路径是指，朝着一个目标和方向，采取不同的备用路径，在主航道上增加保险系数，以确保主航道上的胜利。小公司财力有限，要么采用跟随策略，要么赌一个方向，赌对了就赢了，就像当年初创期的华为。如今，华为是大型公司，研发投资实力雄厚，有实力采用多种路径，以增加成功的概率。

美国曾在一场战争中，用短短9天消耗天量弹药，仅炮弹就消耗了约36万发，相当于一门炮发射了2860发（平均一门炮1天318发），该弹药量是美军平常使用量的5倍，这就是所谓的"范弗里特弹药量"。

任正非用"范弗里特弹药量"比喻饱和攻击，他认为多路径、多梯次应该重在研究和创新，前面喇叭口要做大。

华为认为，要严格区分开发和研究创新的投资结构。"范弗里特弹药量"要用在未来方向上，但开发是交付问题，是确定性的工作，不能乱花钱，要有计划、预算、核算和交付管理。

在这个指导思想下，从2016年开始，华为进一步提升研究和创新投资比例。一方面，总研发经费从每年销售收入的10%进一步提高到14%；另一方面，研究体系的经费从研发经费的20%扩大到30%甚至更高。

2.7　蓝军实体化

华为一直提倡蓝军思维。早在2003年，为了打破惯性思维和路径依赖，

任正非就提出在研发系统的总体办中组成一个"红军"和一个"蓝军"，进行红蓝对抗。但那时的蓝军还停留在思维层面，在会议中进行红蓝对抗，在工作之余写几篇批判性的文章。

2016年，为了重视各方面的思想火花，以应对未来的不确定性，华为提出把蓝军实体化。华为在非开发的研究团队中，在大量的梯队里，组建和红军一样的蓝军队伍，并且蓝军和红军一样要有自身的假设、思想、理论等一整套思维体系，这样才能和红军进行更深层次的对抗，帮助红军反思、纠偏、提升。例如，红军坚定不移地走"专用芯片＋软件"这条研究路线，蓝军就用自己的假设同红军对抗，提出各种难题：未来的网络宽10倍怎么办？多模块叠加时延太大怎么办？传送图像成本太高怎么办？哪些技术路线可以解决低成本下的低时延？蓝军这些对抗迫使红军不断反思自身的假设和技术路线，从而找到一条成功之路。

2.8 掌控不确定性的战略框架五层架构

从最前端的思想，到最终端的商业化产品，其中的过程是一个完整的战略体系，只有构建好这个战略体系，才能真正抓住产业趋势，把方向变成看得见摸得着的具体业务。华为围绕管道战略大目标，将战略总体框架分为五层。

第一层战略也是最前端的战略，是思想研究院和战略务虚会。这一层战略的核心使命是研究未来五到十年的问题。

思想研究院就是一个"思想火花研究院"，现在谁都不知道信息社会在未来会是什么样子，因此要通过思想研究院研究未来信息社会的各种假设。思想研究院研究未来的思想和方向，是指引未来前进方向的原点。

第二层战略是承接思想、验证思想、验证未来发展方向，并形成具体理论的战略，主要落地部门是"2012实验室"和战略Marketing部。两者都是二次验证部门，只不过具体侧重点不同。"2012实验室"进行的是思想实验，钻研技术细节，验证思想，尽量采用多路径、红蓝对抗，奉行"不把鸡蛋放在一个篮子里"的原则。战略Marketing部关注的是商业机会、趋势、节奏，组织全球专家进行论证，验证其商业可行性。

第三层战略是在验证过的思想上，基于客户需求寻求未来三年方向更清晰的战略，由产品线 Marketing 来承载。未来三年是指，既要基于客户需求研究，又要早于客户需求研究，但不能超前太多；既要有现实主义，又要和现实主义保持可控距离。超前半步到一步，超前一两年就可以，不要把步子迈得太大，否则投入资源过多、过早，就会成为先烈。

第四层战略是产品方向清晰化的战略，也是具体研发投资决策的战略，主要由各产品线负责。该战略负责基于客户需求导向进行投资决策，明确和细化到做什么产品、产品做成什么样、什么时候做出来。

第五层战略也是最后一环战略，是能工巧匠战略，也是执行端战略。这一层战略是最务实的战略环节，由开发团队、生产团队、交付团队执行。基于 IPMT（integrated product management team，集成产品管理团队）批准的投资预算，按计划、预算、核算组织人力、物力，完成产品开发、生产和交付。

以上五层战略环环相扣，形成了一个完整的、闭环的、能够掌控不确定性的战略体系。这个战略体系帮助华为敏锐地抓住产业趋势，快速而稳健地把一系列前瞻思想一步步转变为商业化产品。

2.9　充分利用外部顾问

很多企业会聘请外部顾问，但聘请的方式各不相同，这些不同的方式导致最终的管理成效差异很大。华为为了管理进步，不吝重金聘请顾问公司或顶级职业经理人来华为，帮助华为进行各方面的管理体系建设。所聘请的顾问都是业界最负盛名的顶尖专家，而且与之深度合作并接受其指导。

例如，华为每年花费上亿美元请 IBM 顾问团队帮助管理体系建设和优化；华为聘请丰田的退休董事带着一个高级团队在华为工作了十年，帮助华为梳理建立精益生产体系；华为聘请了一个德国的工程研究院团队来华为合署办公十几年，帮助华为提升质量品质控制；等等。这些外部顾问的理论、知识、经验和手把手的培训，使华为的生产过程逐渐走向了科学化、规范化。通过外部顾问的悉心指导，以及华为下大决心推动外部顾问和自身团队的深度融合，华为从几万元生产能力开始，一步步发展到 2016 年能够支撑几百亿美元、上千亿美元有条不紊的生产供应。

2.10　黑天鹅 + 一杯咖啡 = 白天鹅

2016 年，任正非把"一杯咖啡吸收宇宙能量"理论进行了进一步的演化。

在一次任正非与记者的交流中，对方提到历史上很多大公司几乎在一夜之间倒闭，问他有没有这种忧患意识。任正非回答，至少在大数据传送这个领域不会出现这种状况。即使有"黑天鹅"，也是在华为的"咖啡杯"中飞。而且，华为可以及时把"黑天鹅"转化成"白天鹅"，因为内部的思想氛围是很开放、自由的，已经汇集了世界主要的技术潮流，"黑天鹅"只会出现在内部的"咖啡杯"中，而不是在华为外部。

2.11　知识产权"核保护伞"

商场如战场，企业间的激烈竞争并不鲜见，如价格战、挖墙脚、打嘴仗，甚至采取残酷的焦土政策，但华为却可以和国内外的竞争对手自如地对话，声誉甚佳。

华为从小公司起就很开放，对内治军严苛，对外总体友好，展现出了谦虚守法、宽容友善、尊重对手的处事原则。华为知道，基本礼节做得好是浅层次的，如果想稳固声誉和地位，还需要有更深层次的链接，这就是知识产权。

《从 0 到 1》的作者、PayPal 创始人彼得·蒂尔非常重视知识产权，他认为专利技术是一家技术公司最核心的优势，它使本公司的产品和技术很难或不能被其他公司复制，因而鼓励公司专注于技术创新。只有更多的人去做原创，原创才有可能发展成产业，造福人类社会。作为科技创业"意见领袖"，蒂尔指出了知识产权对于公司的巨大价值。一个真正懂得知识产权价值的公司，会对这个富矿深入挖掘，使其在公司发展过程中发挥更大的作用，如专利族壁垒、专利经营、标准必要专利、专利入会、专利结盟、专利交叉许可等。

华为历来重视知识产权申报和获取，通过多年的研发投入，积累了数目庞大的专利技术。华为通过签订专利交叉许可协议的方式，用知识产权和国内外同行建立了健康的利益关系。多年来，华为不仅向其他公司交了巨额知识产权费，而且礼尚往来，也收了非常多的专利费，这是对市场经济规则的尊重，对知识创新的尊重，本身也是对友商的尊重。任正非称其为知识产权的"核保护伞"，通过它不仅保护了华为的生存环境，还对外展示了华为作为行业环境建设者愿意和友商一起共促行业有序竞争和持续创新的姿态。

2016 年，华为同最强大的竞争对手爱立信续签了专利交叉许可协议，根据协议，双方都许可对方在全球范围内使用自身持有的标准专利技术。签订后华为上下欢呼雀跃，华为内网上的一个帖子写道："我们与世界握手，我们把世界握到了手中。"意思是华为买了一张世界门票。

2.12　新华社专访

2016 年 5 月，任正非接受新华社专访。这次采访涉及十多个方面的内容，主要是关于华为发展和产业环境的一些宏观议题，包括战略定力和聚焦、开发与合作、技术创新、劳动与资本的分批机制等。

其中，任正非谈到华为不上市的原因："如果上市，股东们看着股市那儿可赚几十亿元、几百亿元，会逼我们横向发展，我们就攻不进'无人区'了。"

他也谈到在科研领域，人比设备更重要，因为高级研究员用简易的设备能做出复杂的科研成果，而头脑简单的人即使使用先进的设备也做不出什么来。

关于政企关系，他的看法是，其实政府只要管住法治化、市场化这两条堤坝，让企业在堤坝内有序运营，其他就不要管了。

当被问及小公司如何发展成大企业时，任正非坦言，华为是利用两台万用表加一台示波器在一个小棚子里面起家的，曾经也是落后工厂。演变是一个循序渐进的过程，高科技公司也是在"低科技"的基础上成长起来的。只要有目标、有战略，结合适当的条件，甚至自己创造条件，坚定信念不断改进自己、赶超自己，慢慢就会发展起来。

他给小企业提出几个中肯的建议。第一，小企业要做大，就得专心致志为客户服务。特别是初创企业，就是要认认真真、踏踏实实、真心诚意为客户服务。小企业不要去讲太多方法论，就是要真心诚意地磨好豆腐，"豆腐做得好，一定是能卖出去的"。只要真心诚意对客户，改进质量，一定会有机会。第二，先在一个行业细分领域里做好，哪怕仅仅做一个行业里的"零部件"，也要不断精益求精，持之以恒，做成工匠企业。大企业也需要小企业的零部件，高科技公司也需要"低科技"的零部件。只要这个零部件性价比最好，就会有客户。第三，小公司不能稍有成功就自我膨胀，企业应该始终专注于主航道，踏踏实实地一步一步发展。

2.13 面向大机会时代的未来机遇

走入成熟期后，华为考虑更多的是未来。

20 世纪 40 年代，IBM 董事长托马斯·沃森对计算机发展的看法是"5 台计算机足以满足整个世界市场"。80 年代，比尔·盖茨对未来内存存储空间做预测时颇有信心地说"640 K 内存就足够了"。行业巨擘尚难以预测未来，如今社会逐渐演变成一个超级复杂的智能社会，其深度和广度很难想象，谁也不可能清晰地构想未来信息社会的规模、结构、模式。随着信息大爆炸、云大物移智的推广、石墨烯时代的来临、生物技术的突破，引发电子工业革命、材料革命、生活方式变革、生产组织方式变革等，社会经济的变化越来越快，越来越迅猛，很多人感到前途迷茫，一切都在各种不确定中。

越是不确定，越需要探索和创造，不确定性为千百万企业提供了千载难逢的历史机遇。如今华为已经成为行业的翘楚，历史的进程把华为推向了承担重大社会责任的风口浪尖。

在这样的大机会时代，为了承担造福人类社会的重任，华为总结出以下几点举措。

第一，华为已经在 ICT 行业攻入无人区，在这里，无人领航，无既定规则，无清晰方向。华为决心把从跟跑时期延续至今的较高的发展速度逐步降下来，去承担创立引导理论的责任。

第二，为了从思想的火花中感知未来发展趋势，华为视人才的内生外引并重，开放封闭的人才金字塔结构，炸开金字塔尖，开放地吸取"宇宙"能量。华为展现出真诚开放的态度，加强与全世界科学家的对话与合作，支持同方向的科学家的前沿研究，积极地参加各种国际产业与标准组织、学术会议和论坛。

第三，华为在世界各地渐次建立了 26 个能力中心，并逐年增加。华为将能力中心建立到战略资源的聚集地区去，聚集了一批世界级的优秀科学家，他们在全流程的各个环节引导着华为。这些能力中心本身就是磁力中心，吸引着各方智力资源，自身也在不断发展壮大中。

第四，2016 年，华为仍只是在工程数学、物理算法等工程科学领域搞创新，尚未真正进入基础理论研究领域。社会发展已逐步逼近香农定理和摩尔定律的极限，但面对大信息流量和低时延的理论还未创造出来。重大创新是无人区的生存法则，没有理论突破，是不可能产生爆发性创新的。因此，华为持续增加研发经费，8 万多研发人员持续努力探索。

第五，华为对不确定性的研究，正实施多路径、多梯次的进攻战略，进行密集弹药的饱和攻击。面对不确定性，华为不以成败论英雄，力求从失败中提取成功的因子，总结鼓励，持续探索。

第六，创新本来就有风险，可能成功，也可能失败。华为不断强调宽容，支持奇思妙想。重大创新是很难规划出来的，正所谓"鸡蛋从外向内打破是煎蛋，从里面打破飞出来的是孔雀"。华为坚信，只要敢于拥抱异见，不再固守成规，容忍失败，就会有"黑天鹅"从华为的"咖啡杯"中飞出来。

2.14　第二次大规模出征大会

研发体系是华为员工队伍的大后方，人数众多，精英荟萃。每当华为处于历史上的关键时刻，研发将士都会整装待发，支持前线作战队伍，保障公司战略目标的实现。

2000 年，华为为生存所迫，动员员工赴海外开拓国际市场。当年在五洲宾馆出征将士的送行大会上，张贴着"青山处处埋忠骨，何须马革裹尸还"的大标语，气氛十分悲壮。华为将士在完全不了解外面世界的情况下，就毅然决然地踏上了茫茫的"五洲四洋"，不惧战乱的非洲、干燥的沙漠、危险的丛林……通过多年的奋斗，历经千辛万苦，2016 年华为终于达到 800 多亿美元的销售收入。

2016 年 10 月 28 日，华为以"出征·磨砺·赢未来"为口号，迎来了历史上第二次大规模的研发将士誓师出征大会。和第一次出征不同，此次出征是为了抢占未来的战略高地，巩固成绩和获取更大的胜利。2000 名华为高级研发人员和专家纷纷奔赴欧洲、东南亚、中东、美洲、非洲等地，配合一线的市场团队挖掘市场。

> 在当前行业数字化及网络转型的时机，我们从研发部门集结了 2000 名高级专家及干部奔赴战场，与几万名熟悉场景的前线将士结合在一起，形成一股铁流。在机会窗开启的时间，扑上去，撕开它，纵向发展，横向扩张。我们错过了语音时代、数据时代，世界的战略高地我们没有占据，我们不能再错过图像时代。我们短时间直接选拔了有 15～20 年研发经验的高级专家及高级干部投入战场，他们对技术深刻的理解能力与前线将士的战场掌控能力结合在一起，一定会胜利的。
>
> ——《春江水暖鸭先知，不破楼兰誓不还》，2016 年 10 月 28 日，任正非在"出征·磨砺·赢未来"研发将士出征大会上的讲话

对这次出征，华为做了充足的准备：从使用"汉阳造"转变为驾驶"航母"的现代作战方式，从支持单兵作战到建设全球流程 IT 体系，历时 20 多年打造服务体系和智能化服务平台，由 170 多个国家配备最先进武器的前线队伍，以及大量全球同方向的科学家在后方提供巨大支持。

○ 2017 年　企业机体健康的保障——内控三层防线

1. 业务进展

（1）2017 年，华为迎来了自己"30 岁"的生日。通过多年努力，华为在 2017 年交了一份非常好的成绩单，几近成为千亿美元量级公司。

（2）2017 年华为净利为 474.55 亿元，利润率为 7.9%。营收高速增长，盘子越做越大，但利润率不足 8%，且一直保持在低位。而且，不仅 2017 年，近五年华为的净利润率皆保持在 10% 以下，并呈现下降的趋势。

（3）影响华为净利率的因素主要有两个。

首先是研发成本。华为的研发投入是以营收的固定比例投入的，比例高达 10% 以上。2017 年，华为在研发上的投入达 897 亿元人民币，同比增长17.4%。如果华为把这项费用省下来，那么华为在 2017 年的净利润将会达到约1300 亿元，净利率将提升至 22.7%。

其次是人力运营成本。员工薪酬为 1402.85 亿元，比 2016 年的 1218.72 亿元增长了 15.11%，此外还有 171.55 亿元的"TUP 时间单位计划"。

（4）华为近十年的研发投入累计 3940 亿元，年均投入近 400 亿元；累计获得专利授权 74 307 件，90% 以上的专利为发明专利。

（5）相比利润率，华为关注销售收入、营业利润以及经营活动现金流这三个数据。这三个数据都在增长，尤其是经营性现金流，从 2016 年的 492.18亿元增长到 963.36 亿元，几乎翻了一番。企业现金流直接影响生产经营、偿债能力等，可见华为的财务状况非常稳健。

（6）2017 年华为的运营商 BG 收入 2978 亿元，同比增长 3%，对总体收入的贡献为 49%，系首次降至 50% 以下，这标志着华为已经完成了阶段性转型，在运营商 BG 继续增长的同时，大幅提高消费者 BG 的营收占比，实现了 ToB和 ToC 双驱动。

（7）从战略角度看，华为聚焦万物互联主航道，成为智能社会推动者和赋能者。在万物互联方面，华为持续扩大优势；在万物感知方面，华为聚焦连接和边缘计算、分布计算，持续构建并巩固优势；在万物智能方面，华为聚焦云计算和大数据人工智能平台，赋能电信网络及其他行业数字化和智慧化转型，同时也赋能华为内部管理的智慧化。

2. 管理变革

2.1　新成立 Cloud BU

为了抓住云技术的机会，集聚更大战略力量占领云存储、云计算、云平台等云技术阵地，华为于 2017 年成立了 Cloud BU。

2.2　对未来成功的认识

2017 年，华为重新定义了未来能够持续成功的关键：一方面，战略要瞄准正确的大方向，但并不追求精确，要为适应不确定性留下调整的空间；另一方面，管理重点在于让日益庞大的组织始终充满活力。

2.3　内控三层防线

对于一家企业，尤其是大中型企业，要实施有效的内控绝对不是一件容易的事情。随着企业业务规模越来越大和复杂度越来越高，尤其是海外业务的持续增长，内控更是一项系统工程。内控就像企业内部的"红绿灯"，大家在潜意识里都不希望受到"红绿灯"的约束，但是没有"红绿灯"，企业将陷入一片混乱。

2017 年，华为作为一个千亿级企业，用 5 年时间将全球销售收入翻了一番还不止。更难能可贵的是，华为发展这么快，组织规模这么大，内部贪腐和舞弊却很少，而且逐年下降，这得益于华为在管理和内控领域做出的巨大努力。

参考 IBM 的内控管理实践，华为早在 2007 年就起草了《内控管理制度》，并将其作为内控建设的纲领性文件去执行，该制度起草小组的组长正是任正非，可见华为对其重视程度。经过十年的不断完善和监管队伍的持续努力，华为的内控监管体系日趋成熟。整个监管队伍包括内控、内审、稽查、CEC（道德遵从委员会）、法务、信息安全、子公司董事等监督岗位和战线上的所有员工，他们共同铸就了强大的监管体系，这个监管体系成为华为不断发展的重要支柱。

首先，介绍一下华为内控监管体系的三层防线。

第一层防线是内控的第一责任人，也是业务管理者和流程负责人。首先，从最初的流程设计开始就注重风控在流程中的植入，每一道流程本身和流程流转过程都有风控点的设置。其次，在流程流转中树立内控意识，不仅要做到流程的环节遵从，还要做到流程的实质遵从。流程的环节遵从只是简单的表面合规，而流程的实质遵从，则是每个流程节点审结的行权质量。落实流程责任制，业务管理者和流程负责人要有真正承担内控和风险监管的责任意识。同时，为了确保流程责任制的落实，每个流程节点的评审和流转都有责任字典，详细说明该节点的审批责任。最后，任何流程节点的审结存在随意、疏忽的行为，无论是否导致公司损失，都纳入履职信用，影响个人未来职业发展。以上构筑的第一层防线，通过实质遵从的流程化作业，化解了将近 95% 的风险。

第二层防线是稽查体系，由内控及风险监管的职能部门负责。一方面，针对跨流程的高风险事项进行拉通管理，负责方法论的建设、指导和推广；另一方面，聚焦事中，帮助各业务部门进行日常管理赋能，帮助业务主管成熟地管理自己的业务，从事中发现问题、改进问题、闭环问题并总结复盘。稽查和内控的作用是帮助业务部门在流程化作业的过程中实现监管。

第三层防线是内部审计。审计部门相当于司法部队，通过独立评估和事后调查建立全局性威慑。审计就像国家纪检部门，抓住一个线索，不折不扣地深查到底，中途碰到其他问题也要暂时搁置，沿着这个小线索、小问题把风险责任查透。稽查体系是横向的，而内部审计是纵向的，无论大小，一查到底，形成一个威慑势场，让全体员工不敢贪腐。

其次，为了配合这三道防线的发挥效果，华为还进行了相配套的舆论宣传和反腐攻势，建立了良好的内控环境。早在 1995 年华为就开始提出廉洁公司的行动，现已延伸到基层干部；2003 年在自我批判指导委员会上要求 EMT 成员对杜绝关联交易的清理进行宣誓；2014 年通过问责体系的建设，加强问责制的实行，在过渡时期开展"坦白从宽"活动，通过设置廉洁账户给坦白者一个改过自新的机会。

同时，对下属的子公司，华为通过监督性董事会，在治理层面发挥内控的顶层作用。子公司董事会在一个合理范围内履行内外合规监管的职责，明确对外合规是以产粮食为中心，防止内控内审比外部要求更左更严，以免其妨碍经营生产，偏离初心。

　　高铁跑得很快，但没有内控能行吗？高铁流程内控做得很好，从北京直达深圳的列车，一站都不停，一整夜要经过很多监控点，但并没有影响它的速度。在审结点实行大部门制，一个部门只有一个审结点，这个审结点是有时限的，过了时限就自动通过，出了事追究评审点的责任，这样我们才能像高铁一样运行。

　　——《内外合规多打粮，保驾护航赢未来》，2016 年 12 月 1 日，任正非在监管体系座谈会上的讲话

2.4　内控体系之外的若干配套

在内控体系之外，华为学习 IBM 公司建立了有效的内控测评制度，推行 SACA（semi-annual control assessment，半年控制评估），保证内控设计及执行的有效性。在金融的内控上，华为引进了英国的专家，并在美国、日本建立了金融风险控制中心，帮助华为在全球市场经济中乘风破浪，安全航行。

任何体系的建立都离不开人，人力资源体系在监管体系的建立和运作过程中发挥了极大的作用。

监管体系的各个监督岗位都实行个人负责制。所谓个人负责制，就是要求监督岗位的员工不要看业务部门领导的脸色行事，而要勇于在事实面前坚持原则。人力资源部门也会观察、评估敢负责、敢担当的优秀员工，尽快对其升职、升级、破格提拔，尽管业务领导可能不喜欢他们；同时，为监督岗位员工特别设立申诉的通道，防止发生冤假错案。在华为，同一职级的监督岗位比其他岗位高一两级的工资，但是不对其关联项目设奖，以避免产生利益关联。

另外，华为奉行"干部离任要审计，在任也要审计"的原则，并将其视为对干部最大的关怀。干部审计的实操上，华为采取无罪论定，审计调查问题，必须有证据，没有证据不能随便伤害一个干部。审计落实"查处分开"原则，即审计本着实事求是的原则，把问题调查清楚，确属责任事件且确有责任人的，交给 HRC（人力资源委员会）的纪律与监察分委会进行处理。

最后，华为认为，数据透明是监管的基础，也是防腐的前提条件。2016—2017 年，华为在主航道上已经实现了账实相符，下一个目标就是针对大后方和全部业务，全面实现账实相符。

2.5　全授权管理试点：授权前移 + 稽查内控加强 + 减编制

2017 年华为计划对几个代表处实行全授权管理试点，实施业务授权试点、内外合规试点、稽查试点、监控试点等。例如，一个典型的试点动作是，合同在代表处审结完毕。

2017 年，华为有 11 000 多个合同，全球有 430 万个站点，当年新增站点或机器扩容96万个。2017年的运作模式是，每个站点合同信息全部传回总部，包括每颗螺丝钉、每根线；然后总部专门安排一批员工解读这些厚厚的信息，再往上传，然后又需要人去解读……华为认为这种管理模式是低水平的，浪费了太多管理精力。

所以，华为设想未来的模式是授权前移，同时加强代表处的稽查、内控监管作用，走顺以后再逐渐减少编制，就能迎接2000亿美元销售收入的增长。

2.6 凝聚人智的哲学

2017年，任正非在达沃斯论坛接受记者提问时说："首先我不懂技术，我不懂管理，也不懂财务，我手里提着一桶糨糊。"这句比喻表达了华为的经营哲学，黏结人与组织的糨糊本质就是哲学，这个哲学的核心就是价值创造和分享。

30年来，靠着这桶糨糊，华为逐渐团结了18万名员工。2017年，任正非访问加拿大四所高校时，以"一杯咖啡吸收宇宙能量，一桶糨糊黏接世界智慧"为题，表达了期待用分享的哲学黏结和团结全世界最优秀的科学家的愿望。

华为拥有自己的科学家和技术专家，但企业是商业组织这一本质决定了企业会更看重利益，更贴近现实。相对而言，高校的科学家进行基础研究，更贴近理想，常产生超越时代的知识。华为和全球高校的合作，就是通过资助获得前沿知识，做到提前知晓。

高校的前沿知识，超时代的思想火花，自上而下落入华为的漏斗。第一层漏斗是华为自己的近万名科学家和基础研究人员，以及作为华为合作伙伴的世界一切优秀的企业、全球大学和研究机构。这些漏斗中的基础研究科学家和产品研发平台解析先知的思想，转化为理论，比任何人都快，这是华为的优势，也是全球技术的最佳组合。第二层漏斗是华为7万多名产品开发人员，加上每年约200亿美元的研发费用，这层漏斗具备无可比拟的消化能力，把理论转化为人类的应用和面向客户的产品。

华为正是通过"一桶糨糊"黏结了越来越广泛的同方向的朋友圈，漏斗上方的养料越来越多，两层漏斗越来越庞大有力，漏斗最终输出的结晶也就越来越丰富。

2.7　对人工智能的认识

1950 年，马文·明斯基与他的同学一起发明了世界上第一台神经网络计算机。同年，被称为"计算机之父"的阿兰·图灵提出举世瞩目的图灵测试，并大胆预言了智能机器的可行性。

1956 年，达特茅斯会议提出了"人工智能"（AI）这一术语，是指用机器模拟人类智能，这一年被视为人工智能的诞生年。

经过 60 多年，四大因素不断推动人工智能的发展：一是通信技术和互联网技术的进步与应用，使得连接领域更加广阔；二是芯片计算速度越来越快而成本越来越低，使得计算方式更多样、更自由；三是浩瀚的数据和数字化处理模式，使得基于数据处理的维度更多、更准确；四是机器学习结合数学模型和算法，正在转化为新的发动机，用于预测未来。

近几年，这四大因素发展迅速：大型和超大型计算机产生，构建网络的无线和光纤产生，大数据存储设备产生……整个信息网络低成本延伸到各个领域，人工智能的前景有了基础。四大因素互相融合、互相促进，越来越多的人工智能应用走进现实，不断推动人类社会进步。

人工智能是研究和开发用于模拟、延伸和扩展人类智能的理论、方法、技术、应用的科学。重复工作自动化、模糊判别智能化，是华为在人工智能领域努力的两个方向。

华为在人工智能上的投资极大。一方面，人工智能大量解决管理中的重复性劳动问题，使其实现既有规则下的自动化，极大提高了管理效率，降低了管理的成本，又避免人做重复工作时因疲劳、自信、盲目等人为因素犯下低级错误；另一方面，人的记忆力和知识有限，对于不确定性事物的模糊性几乎无能为力，因此，对不确定性的模糊性识别和智能化处理非常重要，例如对复杂的全球网络进行故障预防、处理、经验吸取。首先，人工智能能够在故障出现之前进行预测和预防，提前通过规律性的数据变化给出预警。其次，万一故障出现，智慧化的解决方案通过预案使百分之八九十的故障自感知、自适应、自处理，甚至自愈。再次，少量的故障必须由人解决，但人解决问题需要依靠人工智能系统进行辅助指导，引导科学家和工程师了解应该从哪个路径去处理该问题。最后，新的问题一旦解决，新获得的经验通过数据化描述，又再次形成数据库中的案例和经验，成为人工智能的养分，反哺人工智能，提升人工智能的能力，形成正向循环。

2017年，华为渐次开展了在GTS、财经、服务体系上进行人工智能的研究和应用，让人工智能做实，避免虚化，让人工智能真正服务于企业，产生价值。就像核能的运用，核裂变应用于军事领域会产生原子弹爆炸的危险力量，而在民用领域，合理控制核聚变的速度和规模，就能实现持续平稳的能量输出，造福人类，获得取之不尽、用之不竭的清洁能源。

○ 2018年　5G方法论：多梯次，多路径，多场景

1. 业务进展

（1）全年全球销售收入首超千亿美元，意味着华为站在一个新起点上。

（2）华为董事长郭平介绍，华为参与380多个行业组织，担任超过300个重要职位，每年贡献提案超过6000篇；在无线、光通信、数据通信、智能终端等领域，华为已经处于领先的地位。"没有华为参与的某些5G市场，就像是没有球星的NBA比赛，打不出最高技术水平。"郭平说。

（3）华为投入5G技术研究已超过10年，累计向ETSI（欧洲电信标准协会）声明2570族5G标准必要专利。截至2019年2月底，华为发布业界首个基于3GPP标准的端到端全系列5G商用产品与解决方案，和全球182家运营商开展5G测试，签订30多个5G商用合同，40 000多个5G基站已发往世界各地。2019年，5G已经启航，华为GIV预测，到2025年，全球5G覆盖率将达到58%，成为主流的联接技术，并推动平台化的联接。

（4）2018年，华为约有8万人从事研发和创新，占华为总人数的45%，其研发费用超过1000亿元，占销售收入的14.1%。过去十年，华为持续加大研发费用投入，近十年研发费用总计超过4800亿元。

（5）华为不断加大基础研究类的投入费用，在每年150亿～200亿美元

的研发投入费用中，约有 20% ～ 30% 是用于基础研究的。

（6）在最新公布的 2018 年全球 500 强公司排行榜上，华为以 893.114 亿美元的收入排在第 72 位，比 2017 年的 83 位上升了 11 位。

（7）以"利他"实现"利己"，合作共赢，优化营商生态。理解西方价值观，运用西方思维解决在西方遇到的问题。

（8）企业业务致力于为客户打造融合、创新、开放的数字平台，使政府和各行业企业能进行敏捷高效的业务创新，实现数字化转型和智能化提升。"平台＋生态"是企业业务的战略，华为要做平台的平台，做行业平台下面一层的数字化平台。

（9）美国"实体清单"对华为的发展带来一些干扰。

2. 管理变革

2.1　激励的短期和长期

物质激励一般针对短期行为，所以有即期奖励的说法。能把即期奖励做好已经很不容易，如何做到公平、公正、合理有度，如何通过激励进行奖优惩劣的导向，一直是企业人力资源研究的重要课题。

华为经过多年的学习、摸索和革新，已经解决了这个问题，于是把对激励的定义进行了外延。华为认为，奖金激励既要激励当期贡献，又要牵引对未来的投入，不仅要让"多打粮食"的工作得到当期回报，还要让"增加土地肥力"的努力获得合理收益。

2.2　做到"五个极"，实现全面领先

在 5G 的问题上，华为立志做到战略领先。为了把复杂留给自己，把简单留给客户，华为从 5G 组网做起，做到"五个极"：网络架构极简、交易架构极简、网络极安全、隐私保护极可靠、能耗极低。

5G 基站和核心网一起，率先推行网络架构极简、交易模式极简。在新产品里，用新的开发手段不断进行产品架构重构，积累经验，培养力量，随着新网络的市场扩大，一个先进的网络就形成了。终端也纳入 5G 极简网络这个战

略里来，预先进行 5G 的端管云联合设计，上别人的网也是标准接口，上自己的网，双方可以基于特殊接口简化算法，速度更快，能耗更低，更受欢迎。

华为认为，未来的社会是云上的社会，网络安全面临极大挑战。因此，华为把网络安全提到最高纲领的地位，因为安全性是一票否决项，谁安全谁就有了基本入场券。华为的 5G 网络安全策略不仅重视"城墙"的建设，还重视不同域要分域实现各自安全抵抗，即建设层层抵抗的安全机制，"攻城战"是第一道防线，"巷战"是第二道防线。在这里叠一块"砖"，那里叠一块"砖"，别人不知道"砖"是怎么叠的，而且这些"砖"不是同一个公司的，即使攻破"城墙"找到入口进来，也只会使小范围受到影响。

2017 年 5 月 12 日，WannaCry 勒索病毒大规模网络暴发，即震惊全球的比特币勒索事件。在这起事件中，勒索病毒袭击了全球超过 100 多个国家和地区的众多组织机构，教育、电力、能源、银行、交通、医疗、企业等多个行业均遭受了不同程度的影响，中国也成为此次勒索病毒暴发的重灾区。这一次网络敲诈中，华为抵抗住了病毒的疯狂肆虐，因为黑客攻进"城墙"以后，遭遇层层"巷战"阻击。华为产品的多层安全抵抗能力，能够有效地分层抵抗外来入侵，不会满盘皆输。

宏观上在国民经济中，节能减排、低碳降耗能够缓解经济发展和能源紧张之间的矛盾。微观层面，网络电子设备的能耗还影响设备性能、稳定度、可靠度和使用寿命等，华为把能耗极低视为竞争力优势。

但华为没有简单地把节能与省电费等同起来。华为认为，把能耗降下来，不是电费问题，而是水平问题，可以上升到未来竞争力的问题。通过技术积累和追赶，各个厂家都能做到 5G 的带宽、时延等性能指标，不过是早一点晚一点的问题，但能耗极低的要求非常高，友商不一定能做到。华为建立了一流的热学研究所，提出了要把基站整机能耗降下来的大目标，而不仅着眼于降低芯片的能耗。一旦产生了能耗极低的比较优势，将来的竞争力就会凸显，甚至比电子技术的权重更高。

2.3　多梯次、多路径、多场景

2018 年，任正非向 5G 业务团队再次进行了"多路径、多梯次"的详细解释，并把口号扩大为"多梯次、多路径、多场景",以构筑未来的成功。

多梯次本质上是环节分工。研发从思想火花开始,经过科学实验与验证、科学样机、商业样机、多场景化样机、全简化样机,直到面向客户的最终产品,周而复始地循环优化。

第一梯队的使命是科学验证,只负责思想火花到科学实验与验证,再到科学样机这一段。其聚焦在论证理论的可行性,不管产品是否能取得商业成功。既然是理论的可行性研究,就可以采用天马行空的方式和手段,打破主观思维的天花板,打破任何客观条件的限制,哪怕用钻石或黄金做支架都可以。验证的结果也无所谓一定要"可行",结果论证下来"不可行"也是成功的,只要把逻辑和路径说透,尽管放手大胆探索。对科学实验,华为鼓励"大胆的失败"。

第二梯队负责在科学样机的基础上开发商业样机。这个过程是在科学样机可行的前提下进行的,工作更加发散,要研究适用性,确保商业样机的高质量、易生产、易交付、好维护,从未来产品的全生命周期去考虑。

第三梯队的职责在于多场景化的研究和适配。客户需求是不同的,产品的应用场景也应随之变化,符合客户需求多场景化的产品才是合理、适用的产品,才有性价比,有利于用户的建造成本、运维成本的降低,才能最终有利于客户认可和商业成功。

第四梯队主要负责产品的整体优化。通过大胆广泛的创新和试验,研究如何通过容差设计,用普通的零部件做出最好的产品。例如足球比赛,二流的球员配合默契之后,攻击和防守的竞技表现可达到一流水准,这就是教练根据队员的特长进行了最佳组合,并在日常训练中不断磨合的结果。第四梯队就是要做这个教练,手头的队员就是放眼望去的各种零部件,通过整合集成探究,做出质量最优、使用最易、生产装配维护最简、总体成本最低的成本架构,也就是容差设计。比如,日本电视机的设计就是容差设计,每个元器件都不是最优的,但整体却是最优的。华为的网络设备、5G基站,甚至智能终端,瞄准的就是这种高端容差设计水平。

华为对各梯队进行差异化管理。要保持战略的领先地位,就要使多梯次的各个队伍能发挥所长,调动最大的内在积极性,稳定且长久地进行人力迭代,形成前仆后继的局面，这就要求人力资源部针对四个梯队制定差异化的考核模型。例如，第一梯队和第四梯队，一个在前端发散，一个在后端发散，都是做高难度创新，而创新的点子来自轻松的思想环境，因为只有释放压力之后，才能激发想象力。对这类员工的考核重在过程，成功了必须涨工资，失败了也能涨工资。

多路径有两个层面的解读。

战术层面，一方面，在技术路径和技术方案的研究上采取多种可实现形式，各种技术路径都进行尝试，除非彻底研究清楚，否则不轻易否决；另一方面，在坚持全球标准的同时，一并研究全球化的路径、区域性的差异化路径，以应对各国的差异化要求。

战略层面，解决替代问题，打造备胎，最大程度地避免被人"卡脖子"。任正非在十年前就要求掌握关键技术，包括芯片和操作系统，要按照极端情况进行备战，坚持拥有双版本能力，即 80% 以上都用主流版本，但也为替代版本留有 20% 左右的适用空间，保持动态备胎状态。他刚提出建立备胎这项考虑时，华为内外绝大部分人认为多此一举，事后证明这才是战略家的高瞻远瞩。其实，世界上最大的备胎就是原子弹，国与国之间从来没有打过核战争，但没有核威慑力就会从棋手沦为棋子。数量多少是一回事，有没有是另一回事。

多场景主要针对客户需求而言，但又超越客户需求。华为的产品多场景问题已经基本解决，目前在多场景问题上更多关注如何解决网络问题，降低建造成本和运维成本。多场景化的组网很复杂，未来 5G 大流量在全球铺开，网络一定会拥塞，网络流量疏导的研究、太赫兹对未来影响的研究、反诈骗问题的研究、黑客攻击的研究等，都是网络多场景的研究方向。这些研究不仅需要伟大的科学家做出理论贡献，还要充分发挥人工智能的作用，让人工智能助力决策和问题解决。

华为把 5G 视为世界高地，把 5G 这一战视为争夺"上甘岭"，这场战争关系着华为的生死存亡，华为历经多年打造出强大的管理体系，如今在这个强大体系支撑下，集聚和动员了一切力量，立志在这场"战争"中不惜代价赢得最终胜利。

[1] 黄志伟. 华为人力资源管理 [M]. 苏州：古吴轩出版社，2017.

[2] 王育琨. 苦难英雄任正非 [M]. 南京：江苏凤凰文艺出版社，2019.

[3] 黄卫伟. 以客户为中心：华为公司业务管理纲要 [M]. 北京：中信出版社，2016.

[4] 余胜海. 用好人，分好钱：华为知识型员工管理之道 [M]. 北京：电子工业出版社，2019.

[5] 邢柏. 关键的少数：任正非说干部培养 [M]. 长春：北方妇女儿童出版社，2016.

[6] 吴春波. 华为没有秘密：华为如何探索和坚守常识 [M]. 北京：中信出版社，2014.

[7] 泰勒. 动物法则：管理的金科玉律 [M]. 邹维娜，译. 北京：东方出版社，2004.

[8] 程东升，刘丽丽. 任正非谈国际化经营 [M]. 杭州：浙江人民出版社，2007.

[9] 习风. 华为双向指挥系统 [M]. 北京：清华大学出版社，2020.

后记

反遏制与逆境生长

从 1987 年开始创业，华为就走上了自主研发之路，这是一条筚路蓝缕、考验战略定力的艰辛之路，也是面向未来广阔发展空间的必由之路。经过三十多年卧薪尝胆，华为对内在经营管理的各个维度上不断进行探索和验证，对外在国内国际市场上潜心耕耘和拓展，最终超越了一个个行业竞争对手，进入无人区，实质性领航全球电信行业发展。如今，华为成为全球最大电信设备制造商，拥有通信核心技术众多专利，在 5G 技术领域引领全球发展，核心竞争优势极其显著。

然而，科技霸权是美国霸权体系中极其重要的一环，为了保障美国科技的领先地位，遏制中国科技力量的发展，美国一直对中国科技企业进行干涉和封锁。

实际上，早在 2008 年华为寻求并购美国 3COM 公司时，就未能通过美国外资投资委员会（CFIUS）的批准。此后，华为与美国企业的多次设备销售和并购要约陆续遭遇挫折，背后都有美国政府的无端干预。

2018 年，中美发生贸易冲突后，为了遏制中国崛起，美国更是无所不用其极，华为作为民族高科技产业的优秀代表，首当其冲，被迫站在风口浪尖上，历经坎坷。

从 2018 年至今，美国对华为的粗暴制裁包括：动员英、澳、日等国家禁止华为参与 5G 网络建设，制造孟晚舟事件，发布禁止华为销售的行政命令，以涉嫌盗窃商业秘密和欺诈为由对华为提出 23 项起诉，发布禁止华为销售的国家安全命令，颁布"实体清单"禁令，美国商务部将华为公司列入"黑名单"，美国两党参议员推出将使华为列入黑名单的 5G 立法，传播内置缺陷用于"间谍活动"的谣言，美国司法部指控华为进行敲诈勒索和盗窃商业秘密，美国商务部工业与安全局（BIS）限制华为使用美国的技术、软件设计和制造半导体芯片……

这一系列制裁措施的背后，都是美国在泛化国家安全概念，滥用国家力量，不惜动用政治手段，恶意打压以华为为代表的中国电信企业。这一系列打压行为，违反最基本的公平竞争原则，违反国际社会共同遵守的国际经贸规则，其目的就是切断华为生产供应链，遏制华为占据 5G 时代领导者地位，彻底封杀华为等中国高科技企业，将中国科技企业排挤出全球市场，阻碍中国科技发展的步伐，最终达到阻碍中国经济发展的目的。

市场禁入、合作掐断、供应链断供、大面积诉讼、谣言四起、拘禁高管……任何一家企业遭遇如此国家力量级别的针对性打击，其发展势必受到极大影响。

历经了 3 年 4 轮的美国制裁，华为业务受到了很大的影响。2019 年的制裁，因海思麒麟芯片的备胎计划，加上 90 天延迟禁令期，华为仍整体经营稳健，实现全球销售收入 8588 亿元，同比增长 19.1%，其中，华为消费者业务依旧上涨 34%。2020 年，经历第二、三轮制裁之后，华为消费者业务仅微弱上涨 3.3%，整体业务虽增速放缓，但依旧保持了同比增长 3.8%。到了 2021 年，随着制裁全面加剧，华为消费者业务出现了断崖式下滑，根据 Counterpoint Research 公司公布的 Market Pulse Service 数据显示，华为在 2021 年全球高端手机市场份额从 13% 降至 6%。

真正卓越的企业，从不惧越来越猛烈的暴风雨，反而会顽强自救，逆向生长。子品牌荣耀剥离、5G 专利运营、进军云服务、完善鸿蒙生态、组建智能汽车解决方案 BU……华为积极采取以上各项举措进行突围，在不同领域寻求更多的发展机会，沉着应对美国制裁。2021 年，华为在收入下降 28.6% 的情况下，净利润不降反升，高达 1137 亿元人民币，同比增长 75.9%，经营性现金流达到 587 亿元，上涨 69.4%，不仅实现了逆势增长，而且盈利能力和现金流获取能力都在增强，这说明华为应对不确定性的能力在不断提升。同时，资产负债率降到 57.8% 的水平，整体财务结构的韧性和弹性都在加强。

尤其难能可贵的是，即便面临如此严峻的制裁，华为依然没有放弃加大研发投入，反而在 2021 年投入高达 1427 亿元的研发经费，占全年收入的 22.4%，创下历史新高。

无论中美贸易战的结果如何，相信华为一直会秉持"中华有为"的情怀，用科技驱动和管理优化不断提升自身的盈利水平，锤炼独立自主科技发展的能力。华为的奋斗史依然在精彩书写，中国电信行业的车轮依旧在滚滚向前，华为以及像华为一样艰苦奋斗的科技型企业正担负大国使命，砥砺前行，有朝一日必定会让中国科技真正地屹立于世界强者之林！